Jürgen Mackert · Hans-Peter Müller (Hrsg.)

Citizenship –
Soziologie der Staatsbürgerschaft

Jürgen Mackert · Hans-Peter Müller (Hrsg.)

Citizenship – Soziologie der Staatsbürgerschaft

Westdeutscher Verlag

Die Deutsche Bibliothek – CIP-Einheitsaufnahme
Ein Titeldatensatz für diese Publikation ist bei
Der Deutschen Bibliothek erhältlich

Höchste inhaltliche und technische Qualität unserer Produkte ist unser Ziel. Bei der
Produktion und Verbreitung unserer Bücher wollen wir die Umwelt schonen. Dieses
Buch ist auf säurefreiem und chlorfrei gebleichtem Papier gedruckt. Die Einschweiß-
folie besteht aus Polyäthylen und damit aus organischen Grundstoffen, die weder bei der
Herstellung noch bei der Verbrennung Schadstoffe freisetzen.

Umschlaggestaltung: Horst Dieter Bürkle, Darmstadt
ISBN 978-3-531-13369-0   ISBN 978-3-322-89964-4 (eBook)
DOI 10.1007/978-3-322-89964-4

Inhalt

Vorwort

Spätestens seit Beginn der 1980er Jahre ist Staatsbürgerschaft (Citizenship) im angelsächsischen Sprachraum einer der zentralen Begriffe, die die sozialwissenschaftliche Analyse moderner Gesellschaften angesichts struktureller und kultureller Transformationsprozesse in vielversprechender Weise angeregt haben.

Die deutsche Diskussion um Staatsbürgerschaft ist bisher weitgehend auf politische Auseinandersetzungen beschränkt geblieben, ohne dass diese meist aufgeregten Debatten von wissenschaftlicher Seite durch ein analytisch klar geschnittenes Theorieangebot oder nüchterne empirische Analyse versachlicht worden wären. Hier wie dort, in den Medien wie in den Sozialwissenschaften, wurden sie vielmehr von politischer Korrektheit und einer moralischen Rhetorik in erzieherischer Absicht geleitet – das Gegenteil soziologischer Aufklärung. Gerade in Deutschland aber, das inzwischen unversehens zum Einwanderungsland geworden ist, könnte man von der angelsächsischen Debatte profitieren.

Es scheint deshalb an der Zeit, die grundlegenden soziologischen Texte dieser Diskussionen der deutschen Leserschaft, und insbesondere den Studierenden der Sozial-, Geschichts-, Rechts- und Kulturwissenschaften in einem Band versammelt zugänglich zu machen. Er soll fundierte theoretische Kenntnisse des umstrittenen Konzepts der Staatsbürgerschaft vermitteln, die Analyse seiner Struktur, Funktionsweise und Reichweite vorantreiben, aber nicht zuletzt auch seine Grenzen aufzeigen. Das ist für die Sozialwissenschaften unerlässlich, denn das nationale Modell der Staatsbürgerschaft wird auch und gerade in einer radikal sich verändernden Welt eines der Instrumente sein, auf die sie zur Analyse moderner demokratischer Gesellschaften nicht verzichten können.

Alle Texte sind der Einheitlichkeit halber den Regeln der neuen Rechtschreibung gemäß abgedruckt. Dies gilt auch für die wieder veröffentlichten Aufsätze, die darüber hinaus redaktionell bearbeitet wurden. Die Begriffe ‚Staatsbürgerschaft‘ und ‚Citizenship‘ wurden in den Übersetzungen synonym verwandt, auch wenn wir uns über die unterschiedliche Reichweite der Konzepte im Klaren sind; ebenso wurden ‚civil rights‘ je nach Kontext als ‚zivile‘ oder ‚bürgerliche‘ Rechte ins Deutsche übertragen.

Wir danken Eva Völpel, Jochen Steinbicker und Thomas Heitmann für ihre Unterstützung bei der technischen Fertigstellung dieses Bandes.

Berlin, im Mai 2000   Die Herausgeber

Der soziologische Gehalt moderner Staatsbürgerschaft. Probleme und Perspektiven eines umkämpften Konzepts

Jürgen Mackert/Hans-Peter Müller

Phönix aus der Asche – die unerwartete Renaissance der Staatsbürgerschaft

Wer in der jüngeren Vergangenheit sozialwissenschaftliche Publikationen zur Hand genommen oder aufmerksam die Tagespresse gelesen hat, dem kann kaum die Vielfalt an Diskussionen entgangen sein, die sich gegenwärtig um die Frage der Staatsbürgerschaft drehen. Schlagartig ist das Konzept, gemeinsam mit dem der Staatsangehörigkeit und den Staatsbürgerrechten in den Mittelpunkt politischer und wissenschaftlicher Debatten gerückt. Dass mit der Flut an Veröffentlichungen ein Mangel an begrifflicher und analytischer Präzision einhergeht, ist nicht weiter verwunderlich. Die Staatsbürgerschaft teilt damit das Los der gegenwärtig prominentesten sozialwissenschaftlichen Begriffe: der Risikogesellschaft, der Individualisierung oder der Globalisierung.

Allerdings, und dies unterscheidet die Staatsbürgerschaft von den anderen Konzepten, versteckt sich hinter ihr eigentlich Altbekanntes, wenig Aufregendes, und es gehen mit ihr Annahmen einher, die zweifellos zum Alltagswissen aufgeklärter Bürger gehören. Nichts scheint in modernen politischen Gemeinwesen so unhinterfragt gegeben zu sein wie die Staatsbürgerschaft (Brubaker 1994), denn jeder weiß von sich selbst, dass er als Individuum zugleich Bürger oder Bürgerin eines Staates ist. Niemand zweifelt daran, dass er über bestimmte Grundrechte verfügt, an der politischen Willensbildung teilnehmen und soziale Rechte einfordern kann. Dass nicht nur die Sicherung und Sicherheit der Bürger im Inneren eines Landes durch die Staatsbürgerschaft gewährleistet wird, sondern ihre Gemeinschaft auch nach außen geschützt und gegenüber jenen, die in der Regel ungebeten in das Gemeinwesen einwandern wollen, geschlossen wird, scheint ebenso klar zu sein.

Wie wenig die Staatsbürgerschaft deshalb die wissenschaftliche Aufmerksamkeit auf sich zu ziehen vermochte, zeigt sich daran, dass es neben vereinzelten Ansätzen in den Vereinigten Staaten, das Konzept zur Analyse gesellschaftspolitischer Fragen heranzuziehen (Aron 1974; Bendix 1977; Lipset 1960; Nisbet 1974; Rokkan 1960), in Deutschland außer Dolf Sternbergers ‚Ich wünschte ein Bürger zu sein' (1967) und Ralf Dahrendorfs Beiträgen (1957, 1974) in den Bibliotheken bis vor einigen Jahren kaum etwas zu finden gab.

Auf den ersten Blick hat es daher mit der enormen Aufmerksamkeit, die der Staatsbürgerschaft und damit dem Staatsbürger – der ‚dynamischsten gesellschaftlichen Figur der modernen Gesellschaft' (Dahrendorf) – zukommt, etwas Eigentümliches an sich, denn mit ihr rücken Themen und Probleme in den Mittelpunkt, die im wissenschaftlichen Diskurs eigentlich längst der Vergangenheit überantwortet schienen. Zudem passen Staatsbürger und Citizen wie ihr politischer Raum, die Zivilgesellschaft, nicht recht zu den gängigen Zeitdiagnosen: sei es der ‚Tod des Subjekts', wie ihn die Postmoderne verkündete oder das vermeintliche ‚Ende der Geschichte' (Fukuyama 1992), das Ende der 80er Jahre annonciert wurde. Doch auch für die Soziologie lag es nicht unbedingt nahe, dass nach dem Klassensubjekt der 70er Jahre, das die sozialstrukturellen Veränderungen der letzten 20 Jahre nicht überlebte, und nach dem ohne Rücksicht auf gesellschaftliche Verpflichtungen sich selbst bereichernden und einem aggressiven Individualismus huldigenden Marktsubjekt der 80er Jahre nun ausgerechnet der angegraute und etwas in die Jahre gekommene Staatsbürger – das mit Rechten und Pflichten ausgestattete Individuum – eine ungeahnte Renaissance erleben würde. Statt Tod und Ende also Auferstehung; statt Klassensubjekt und vereinzeltem Einzelnen steht gegenwärtig die untrennbar mit der Durchsetzung der modernen (Klassen-)Gesellschaft verbundene historische Figur des Staatsbürgers im Zentrum sozialwissenschaftlicher und öffentlicher Aufmerksamkeit.

Bei genauerem Hinsehen hat diese Kehrtwende gute Gründe, stehen doch westliche liberal-demokratische Gesellschaften zu Beginn des neuen Millenniums vor einer unerwarteten Situation: Alte Probleme, die ebenfalls untrennbar mit der modernen Gesellschaft verbunden sind, wie etwa soziale Ungleichheit, Armut und Ausgrenzung (Procacci 1998; Wilson 1996) oder die Diskussion gesellschaftlicher Gerechtigkeitsstandards kehren in zum Teil radikalisierter Form zurück (Müller 1996a, 1996b; Müller/Wegener 1995a). Hinzu treten Probleme entlang neuer Konfliktlinien, wie veränderte Formen politischer Partizipation (Crouch 1998; Wiener 1996) oder Fragen der Zugehörigkeit zu nationalen Gemeinschaften im Zeitalter der Massenmigration (Castles/Miller 1993; Mackert 1996, 1999a), die nicht minder harte gesellschaftliche Auseinandersetzungen und ‚Definitionskämpfe um Staatsbürgerschaft' (Neckel 1995) erwarten lassen.

Die Wissenschaft und insbesondere die Soziologie kann gleichwohl nicht den Anspruch erheben, das Konzept der Staatsbürgerschaft in den aktuellen akademischen, intellektuellen und politischen Diskurs eingespeist zu haben. Angestoßen wurde die Debattenpluralität vielmehr wissenschaftsextern im Rahmen politischer Auseinandersetzungen. Die Initialzündung stellt zweifellos die Reaktion der britischen Linken auf die ‚angebotsorientierte Wende' (Dahrendorf) der konservativen Regierung Margaret Thatchers zu Beginn der 80er Jahre dar, und damit die Auseinandersetzung um den Status sozialer Staatsbürgerrechte. Es mag wie ein Paradoxon erscheinen, doch die Diskussion um

Staatsbürgerschaft ist zweifellos eine unerwartete Konsequenz des Angriffs der Neuen Rechten auf vermeintlich unverrückbar geltende Standards sozialer Sicherheit, die bis zu diesem Zeitpunkt als Gradmesser des kulturellen Niveaus fortgeschrittener Klassengesellschaften angesehen wurden. Zudem führten die sich verschärfenden gesellschaftspolitischen Auseinandersetzungen um kulturelle Differenzen im Zuge wachsender Migration in Frankreich zur Diskussion über Exklusion oder soziale Integration. Schließlich wirft auch die Unionsbürgerschaft die Frage auf, wie sich EU-Citizenship und nationale Staatsbürgerschaft im Prozess der europäischen Integration zueinander verhalten (vgl. Eder 1998a).

Im Lichte dieser Probleme und der zu erwartenden gesellschaftlichen Spannungen würde man solide sozialwissenschaftliche Analysen erwarten. Statt dessen kursieren ideologische Diskurse über Citizenship, die realitätsfern schöne neue Welten versprechen. Über Citizenship zu räsonieren gilt gegenwärtig als chic und trendy, vor allem wenn es dabei global, postnational, kosmopolitisch und kulturalistisch zugeht. Solche Diskurse erheischen fast überall unumschränkten Beifall – grenzüberschreitend und jenseits von links und rechts scheint sich ein neuer übergreifender Konsens breit gemacht zu haben. Jeder glaubt zu wissen, wovon er spricht, wenn er über Staatsbürgerschaft diskutiert. Doch bereits die Bedeutung, die der Staatsbürgerschaft an den entgegengesetzten Polen der Status- und Klassenhierarchie moderner Gesellschaften für die Realisierung individueller Lebenschancen beigemessen wird, vermittelt einen ersten Eindruck davon, wie dringend eine soziologische Analyse ihrer Struktur und Funktionsweise ist. So hält das multikulturelle Jet-Set der ‚airport-departure-lounges‘ im Zeitalter der Globalisierung die Vorstellung sozialer Sicherheit oder politischer Partizipation durch die Staatsbürgerrechte eines Nationalstaates für das Antiquierteste und Unbedeutendste, was man in der Ära totaler Mobilität vorzustellen vermag. Globale Eliten (Müller 2000) sind stolz, sich kosmopolitisch zu gebärden und den ewig-gestrigen Charakter des Nationalstaates mit milder, aber überlegener Verachtung strafen zu können. Ulf Hannerz (1992) stellt sich allen Ernstes die Frage, was ein Pass als Symbol nationalstaatlicher Zugehörigkeit überhaupt noch zu bringen vermag, was nicht auch eine gute Kreditkarte leisten könnte. Jene hingegen, die angesichts der Massenarbeitslosigkeit in den hochentwickelten Industrienationen ihre soziale Existenz bedroht sehen, oder auch jene, die aufgrund der ungehinderten Mobilität von Kapital, Gütern und Information nichts unversucht lassen (können), sich durch Migration in die wohlhabenden OECD-Länder zumindest gegen die größten Risiken zu sichern, erhoffen nichts sehnlicher als soziale Sicherheit durch die Staatsbürgerrechte eines ausgebauten Wohlfahrtsstaates.

Angesichts des inflationären Gebrauchs des Konzepts droht Citizenship zum ‚catch-all‘-Begriff (Goodin 1996) zu werden, der alles erklären soll und deshalb am Ende nichts mehr erklären kann. Es gilt deshalb an das analytische Potenzial der Staatsbürgerschaft zu erinnern. Zu diesem Zweck haben wir in diesem Band die wesentlichen klassischen und zeitgenössischen Beiträge zusammengestellt, die zu einer stärker soziologisch informierten Diskussion führen können. Unserer Auffassung nach geht das vorherrschende Verständnis von Staatsbürgerschaft auf historisch-spezifische und einzigartige Umstände im Westen zurück, die einen engen Zusammenhang von Nationalstaatsbildung und Citizenship (Bendix 1977) nahe legen. Was versucht wurde war die Institutionalisierung eines partikularen, weil nationalen Mitgliedschaftsstatus auf universalistischer Grundlage. Das erklärt die beispiellose Dynamik von Citizenship, denn bürgerlich-legale, politische, soziale und kulturelle Forderungen konnten durchgesetzt und als Staatsbürgerrechte kodifiziert und verbindlich institutionalisiert werden. Auf der anderen Seite werden aber zugleich die Probleme deutlich, welche universalistische Forderungen der partikularen Hülle bereiten, obwohl man nicht voreilig die bemerkenswerte Anpassungsfähigkeit des modernen Nationalstaates unterschätzen sollte. Und dennoch, so unsere These, stößt das nationale Modell der Staatsbürgerschaft gegenwärtig an seine Grenzen: Passiver Status versus aktive Praxis, formale Gleichheit versus reale Ungleichheit, Universalismus versus Partikularismus sowie Inklusionsexklusivität (Halfmann 1998) versus Exklusionsintensität umschreiben die zentralen Spannungsverhältnisse, welche die Brüchigkeit des dominanten Modells markieren.

Was Not tut ist, Status und Grenzen des Begriffs genauer zu bestimmen sowie jene Probleme und Fragen klarer herauszuarbeiten, die das Feld der sogenannten ‚Citizenship-Studies' betreffen. Citizenship und Staatsbürgerschaft werden meist synonym verwendet, und wir haben dies auch in unserer Einführung so gehalten. Freilich ist Citizenship der weitere Begriff, denn ob und inwieweit das ‚Bürger-Sein' an einen Staat oder gar an den modernen Nationalstaat gebunden ist, bleibt eine offene Frage. Die Existenz eines EU-Bürgerschaftsstatus ist nicht an die Staatsförmigkeit der Europäischen Union gebunden, vielmehr handelt es sich um ein supranationales Gebilde, eine ‚would-be-polity', deren differentia specifica sich gerade aus der Ablehnung der Nationalstaatsform speist. Ebenso eröffnen doppelte oder multiple Staatsbürgerschaften die Vorstellung pluraler Zugehörigkeiten und differenzieller Identitäten. Dennoch bleibt die Idee von Rechten und Pflichten von Menschen in einem territorialen, politischen und kulturellen Raum als der kleinste gemeinsame Nenner von Citizenship und Nationalstaat erhalten.

Um diese Fragen näher zu beleuchten und unsere Textsammlung im Rahmen der aktuellen Debatten zu kontextuieren, wird im Folgenden in drei Schritten vorgegangen: *erstens* werden in einer knappen Kontrastierung mit früheren Formen der Staatsbürgerschaft die spezifischen Aspekte des modernen, nationalen Konzepts bestimmt; *zweitens* werden die wichtigsten aktuellen Diskurse um Staatsbürgerschaft systematisiert, um die dort diskutierten Probleme und vertretenen Positionen zu klären; *drittens* wird der Frage nachgegangen, weshalb Staatsbürgerschaft aus soziologischer Perspektive für die Analyse moderner Gesellschaften von zentraler Bedeutung ist und vor welchen Herausforderungen eine Soziologie der Staatsbürgerschaft heute steht.

Nationale Staatsbürgerschaft – Modernität, Grundannahmen und Spannungslinien

Das Konzept der Staatsbürgerschaft ist keineswegs neu, seine Geschichte beginnt in der griechischen Polis und sie hängt unmittelbar mit der Herausbildung der ersten demokratischen Gemeinwesen sowie eng mit der Idee der Gleichheit vor dem Gesetz und politischer Partizipation zusammen (Pocock 1992). Aristoteles begriff die Polis als Vereinigung von Bürgern, die über die Fähigkeit verfügen, zu regieren und regiert zu werden. Der Status des Staatsbürgers blieb gleichwohl auf eine kleine Minderheit beschränkt. Nur die dank Sklavenarbeit von ökonomischer Tätigkeit entbundenen freien, in der Polis geborenen Männer nahmen an den Entscheidungen der Regierung, am öffentlichen, tugendhaften Leben teil. Die Bürgerschaft schloss so den größten Teil der Bevölkerung – Frauen, Sklaven, Fremde, Handwerker etc. – aus. Im römischen Recht finden sich ähnliche Bestimmungen wie in der griechischen Polis. Auch der römische Bürger war Bürger des Stadtstaates, der Stadt und Land einschloss, und auch hier setzte sich der Kern der Bürgerschaft aus freien, über ein Haus gebietende Hausherren zusammen, die von der Arbeit der Nicht-Bürger lebten (vgl. Riedel 1979). Die Umgestaltung des Begriffes selbst vollzog sich im Mittelalter im Zuge der Herausbildung eines neuen Typus der Bürgergemeinde. Zwar wurden Gewerbe und Handel, welche die Antike noch ausgeschlossen hatte, in die Bürgerschaft aufgenommen, doch Voraussetzung blieb auch hier der Besitz von Grund und Haus in der Stadt. In den vielfältigen Differenzierungen des mittelalterlichen Bürgerbegriffs, der noch sehr nahe bei der antiken Vorstellung lag, und sich „in die Herrschaftsstrukturen der agrarischen Gesellschaft einfügte, waren also Stadtsässigkeit, wirtschaftliche und herrschaftlich-politische Stellung untrennbar verbunden" (ebd.: 677). Selbst im Florenz der Renaissance, das fast als einzige Stadt eine konstitutionelle Form der Regierung bewahrte, blieb der Status des Bürgers an spezifische Voraussetzungen gebunden: „The rank of citizen was enjoyed by all men except members of lesser guilds and labourers" (Heater 1990: 24).

Auch wenn Bürgerrechte aus der Burg bzw. der Stadt stammen und das Konzept 2500 Jahre zurückverfolgt werden kann, so sollte seine Kontinuität nicht überbetont werden, denn ihre spezifische Ausprägung erhalten Staatsbürgerrechte im modernen Nationalstaat (vgl. Dahrendorf 1994a). So zeigen sich in den strukturellen Voraussetzungen von Staatsbürgerschaft grundlegende Unterschiede: Historische Vorläufer der modernen Staatsbürgerschaft stützten sich *erstens* auf gesellschaftlichen Organisationsformen, die auf Askription beruhende hierarchische Zuweisung von Individuen und eine hierarchische Anordnung unterschiedlichster Status als natürlich begriffen; sie stellten *zweitens* eine auf Blutsbande und Besitz gründende Mitgliedschaft in lokalen Gemeinschaften dar, deren Sozialstruktur auf der Stabilität patriarchaler Autorität gründete; *drittens* waren sie charakterisiert durch Loyalitätsbindungen, die Individuen sowohl auf weltliche als auch auf religiöse Herrschaft verpflichteten. Diese Voraussetzungen führten zu Vorstellungen von Staatsbürgerschaft, die keine persönlichen Freiheiten, keinen egalitären Inklusivismus, sondern natürliche Ungleichheit unter den Individuen und Gruppen institutionalisierte, und keine Idee von Citizenship als öffentlicher Identität kannten.

Ein Verständnis nationaler Staatsbürgerschaft wird man indes nur gewinnen, wenn man die spezifisch modernen strukturellen und kulturellen Voraussetzungen berücksichtigt: die Herausbildung einer städtischen Kultur, die Säkularisierung, den Bedeutungsverlust partikularistischer Werte, die Entstehung der Idee eines öffentlichen Raumes, die Erosion partikularistischer Loyalitäten sowie den administrativen Rahmen des Nationalstaates (Turner 1993a: VII). Unauflöslich eng sind diese Voraussetzungen mit der Industriellen und Französischen Revolution verknüpft. Im Zuge der Industriellen Revolution untergräbt der sich entwickelnde Kapitalismus die bis dahin gültigen hierarchischen, partikularistischen und religiösen Institutionen und Werte. Mit der Auflösung der überkommenen Einbindungen in Über- und Unterordnungsverhältnisse, einem Prozess, in dem ‚alles Ständische verdampft' (Marx/Engels), wird auf ökonomischer Ebene überhaupt erst die Voraussetzung dafür geschaffen, dass sich die Individuen als freie und gleiche Staatsbürger auf dem Markt gegenübertreten können, um Verträge zu schließen. Die moderne Staatsbürgerschaft bricht sich dann aber schließlich im Zuge der Französischen Revolution Bahn. Mit ihr etabliert sich ein vollständig neues Verständnis des Bürgers, denn die Durchsetzung dieser Kennzeichen moderner, nationaler Staatsbürgerschaft im Zuge der Französischen Revolution forderte von den Staatsbürgern nicht mehr den Glauben an gottgewollte Ungleichheiten und Ehrfurcht vor weltlichen und religiösen Autoritäten, sondern ein völlig neues Verständnis der Rolle des Staatsbürgers und seines Verhältnisses gegenüber der rein weltlich gefassten Herrschaft: „[The] recognition of the necessity of an authority which is rational, that is non-arbitrary and non-contradictory; loyalty vis-à-vis the ‚universal' institutions, as opposed to exclusive groups; and an interest in public affairs" (Leca 1992: 17f).

Die Staatsbürgerschaft verändert damit grundlegend ihren Charakter: von nun an kann sie als ein Bündel von Rechten und Pflichten begriffen werden (Andrews 1991a; Grawert 1984; Turner 1997), welches Individuen eine formale, legale Identität verleiht (La Torre 1995). Durch die bürgerlichen, politischen und später sozialen Rechte, die den Status des Staatsbürgers definieren (Marshall 1992a; Dahrendorf 1994a), werden Bürger zu formal Gleichen erklärt

(Brinkmann 1986). Ihre Rechte und Pflichten regeln sowohl das Verhältnis zwischen den Bürgern einer nationalen Gemeinschaft als auch das Verhältnis des einzelnen Bürgers gegenüber dem Staat (Carens 1986; Janowitz 1980). Auf der Grundlage dieser ‚Minimaldefinition' der Staatsbürgerschaft lassen sich Grundannahmen formulieren, die hauptsächlich als Konsequenz der Französischen Revolution begriffen werden können: „Als bürgerliche Revolution schuf sie einen allgemeinen Mitgliedsstatus auf der Basis der Gleichheit vor dem Gesetz. Als eine demokratische Revolution belebte sie die klassische Konzeption der aktiven politischen Staatsbürgerschaft neu, wandelte sie aber von einem Sonderstatus in einen im Prinzip (...) allgemeinen Status um. Als eine nationale Revolution verstärkte sie die Grenzen – und Antagonismen – zwischen den Mitgliedern verschiedener Nationalstaaten. Als eine staatsbildende Revolution verlieh sie der *Staats*bürgerschaft eine neue Unmittelbarkeit und kodifizierte sie. Die nationale Staatsbürgerschaft, wie wir sie kennen, trägt das Gepräge all dieser Entwicklungen" (Brubaker 1994: 78).

Die angeführten Aspekte stellen zweifellos zentrale Elemente eines neuen, sich etablierenden Verständnisses moderner Staatsbürgerschaft dar, und sie machen zudem verständlich, weshalb nationale Staatsbürgerschaft lange Zeit eine Selbstverständlichkeit zu sein schien: Rechtlich kodifizierte *Gleichheit* der Mitglieder einer Gesellschaft, die aktive *politische* Partizipation der Bürger eines Gemeinwesens, ihre *Inklusion* in die Gesellschaft und deren *Exklusion* nach außen sind, modernisierungstheoretisch formuliert, das Resultat einer beispiellosen Erfolgsgeschichte im Übergang zur modernen Gesellschaft (Müller 1995a).

Allerdings, und darauf verweist die rege Diskussion um dieses Konzept in den vergangenen Jahren, kann aufgrund historischer Zäsuren und Umbrüche inzwischen nicht mehr von der unhinterfragten Geltung dieser Grundannahmen ausgegangen werden. In dem Maße, in dem die ‚in Bewegung geratene Welt' die vermeintlich festgefügte Ordnung distinkter Nationalstaaten brüchig werden lässt, so unsere These, beginnt auch das etablierte Erfolgsmodell fraglich zu werden. Ursache dieser Erschütterung sind weitreichende historische Transformationen auf ökonomischer, politischer und kultureller Ebene: *Erstens* stellen Prozesse ökonomischer Globalisierung, die Durchsetzung neoliberaler Strategien und die fiskalischen Krisen ausgebauter Wohlfahrtsstaaten den institutionalisierten Klassenkonflikt fortgeschrittener kapitalistischer Klassengesellschaften in Frage und brechen damit die über wohlfahrtsstaatliche Rechte pazifizierten gesellschaftlichen Verteilungskonflikte auf. Marginalisierung und Deklassierung gehen mit einer asymmetrischer werdenden Reichtumsverteilung in diesen Gesellschaften einher. *Zweitens* stellt die zunehmende Einbindung des Nationalstaates in supranationale Institutionen und seine Verpflichtung auf Internationales Recht eine Herausforderung staatlicher Souveränität dar. Sowohl in seiner Funktion als *Territorial*staat, in der er als souveräner

‚gate-keeper' über die Grenzen seines Territoriums, als auch in jener als *Nationalstaat*, in der er die Exklusivität der Staatsbürgerrechte für ‚seine' Staatsbürger sichern soll, scheint es, dass der Staat durch Prozesse des Übergangs von ‚government' zu ‚governance' in Frage gestellt wird (Caporaso 1996). Mit dem tendenziellen Souveränitätsverlust des Nationalstaates wird deshalb auch das nationale Modell der Staatsbürgerschaft in Mitleidenschaft gezogen und seine Bedeutung als Konstitutions- und Integrationsinstrument moderner Gesellschaften problematisch. *Drittens* haben die Zeitenwende von 1989, die Implosion der Sowjetunion, Kriege und Bürgerkriege, die weltweit fortschreitende Zerstörung der Lebensgrundlagen, politische Verfolgung und ethnische Konflikte zu einem enormen Migrationsschub in die Wohlstandszentren des Westens geführt. Hier vollzieht sich ein Prozess der ethnischen Heterogenisierung der Bevölkerungen, und für Europa lässt sich feststellen, dass es längst, wenn auch wider Willen, zu einem Einwanderungskontinent geworden ist. Im Innern seiner Gesellschaften vollzieht sich ein Wandel, in dem neben den einzigen und allgemeinen Status des Staatsbürgers eine Vielzahl von Status treten, je nachdem, in welchem Maße es Migranten gelingt, in die Staatsbürgerrechte ihrer Aufnahmegesellschaften inkludiert zu werden.

Angesichts dieser Umbrüche müssen die Annahmen, die dem Modell nationaler Staatsbürgerschaft ursprünglich zugrunde lagen, rekonzeptualisiert werden. Um die neuen Probleme und neuartigen Erfahrungen verorten zu können, bietet es sich an, begriffliche Gegensatzpaare zu bilden, die, obgleich nur analytisch trennbar, gleichwohl die spezifischen Spannungslinien herauszuarbeiten erlauben. In dieser komplexen Gemengelage wird die enorme Dynamik moderner Staatsbürgerschaft auch und gerade unter veränderten Bedingungen deutlich.

Status versus Praxis

Ohne Frage stehen die von Brubaker nebeneinander gestellten Grundannahmen moderner Staatsbürgerschaft als allgemeiner Status und politische Praxis in einem *konzeptionellen Spannungsverhältnis* zueinander, denn aus der Frage, ob Staatsbürgerschaft als Status und/oder Praxis zu begreifen sei, resultieren immer wieder neue Anläufe, das Wesen der Staatsbürgerschaft, und damit das Verhältnis staatsbürgerlicher Rechte und Pflichten neu zu bestimmen (vgl. v. Gunsteren 1994; Miller 1995). Dieser Disput findet seine sozialphilosophische Unterfütterung in den gegensätzlichen Traditionen des *Liberalismus* und *Republikanismus*, die Extrempunkte möglicher Konzeptionen des Staatsbürgers markieren. Es ist John Stuart Mill (1859; dt. 1988), der in seinem Essay ‚On Liberty' die grundlegenden individuellen Freiheitsrechte der Person formulierte und damit für die liberal-individualistische Tradition Staatsbürgerschaft als *Status* definierte, der allen über diese Rechte verfügenden Personen zukommt. Mill weist der Staatsbürgerschaft damit einen *privaten* und *passiven* Charakter zu. Der Einzelne wird nicht darauf verpflichtet, sich aktiv an der Gestaltung des öffentlichen Lebens zu beteiligen, er hat lediglich die Rechte aller anderen Staatsbürger zu respektieren. Dem ins Private abgedrängten Staatsbürger, dem *bourgeois*, stellt die Tradition des Republikanismus im Anschluss an Jean Jacques Rousseau die Idee des Staatsbürgers als *citoyen* gegenüber. Ähnlich wie Macchiavelli idealisierte auch Rousseau die griechischen Stadtstaaten, aber auch das Florenz des 15. Jahrhunderts, als homogene Gemeinwesen mit geteilten Traditionen und einer aktiven, an den öffentlichen Belangen partizipierenden politischen Bürgerschaft. Mit den im ‚Gesellschaftsvertrag' (Rousseau 1762; dt. 1986) entwickelten I-deen, die um den mündigen Bürger kreisen, rückt deshalb die individuelle staatsbürgerliche *Praxis* in den Mittelpunkt, die *politische Partizipation* und das Involviertsein des Bürgers in die *öffentlichen* Angelegenheiten werden zu kennzeichnenden Merkmalen des Staatsbürgers, und gegen die in der liberalen Tradition betonten Rechte werden nachdrücklich seine *Pflichten* gegenüber dem Gemeinwesen betont.

Formale Gleichheit versus reale Ungleichheit

Mit dem allgemeinen Status des Staatsbürgers institutionalisiert nationale Staatsbürgerschaft die Gleichheit aller Staatsbürger vor Recht und Gesetz. Mit dieser formalen Gleichheit ist jedoch keineswegs die Absicht verbunden, eine absolute Gleichheit zwischen den Bürgern herzustellen. Im Kern ist die nationale Staatsbürgerschaft deshalb vielmehr von einem *konstitutiven Spannungsverhältnis* zwischen formaler Gleichheit und realer Ungleichheit geprägt, welches gegenwärtig zum Thema wird, weil in ihm die eigentliche Dynamik moderner Staatsbürgerschaft gründet. Während die gesellschaftlichen Auseinandersetzungen in frühen Phasen, wie etwa an der Erkämpfung des Frauenwahlrechts sehr deutlich wird, auf die tatsächliche Durchsetzung formaler Gleichheit gerichtet waren, stellen deshalb gegenwärtig gesellschaftliche Gruppen, die über das ganze Spektrum staatsbürgerlicher Rechte verfügen, die Bedeutung formaler Gleichheit in Frage und skandalisieren existierende reale Ungleichheiten in modernen Gesellschaften.

Universalismus versus Partikularismus

Mit der Durchsetzung des allgemeinen und gleichen Status des Staatsbürgers institutionalisiert die Französische Revolution eine staatsbürgerliche Idee, mit der zum ersten Mal in der Geschichte demokratischer Gemeinwesen ein *universalistischer Anspruch* formuliert wird. Das Inklusionsgebot erstreckt sich auf alle Mitglieder einer Gesellschaft und schließt per definitionem niemanden aus. So sollen alle Bürger eines Gemeinwesens als freie und gleiche Staatsbürger anerkannt werden und über gleiche Rechte und Pflichten verfügen. Gleichwohl, und dies zeigte sich schon unmittelbar nach der Verkündung der Menschen- und Bürgerrechte im Jahr 1789, bricht sich dieser universalistische Anspruch, und damit das eigentliche Ideal der Staatsbürgerschaft daran, dass sie im Rahmen des Nationalstaates *partikularistisch* realisiert wird und deshalb den Bürger gegenüber dem Menschen privilegiert, der nicht zur jeweiligen nationalen Gemeinschaft gehört.

Das *expressive Spannungsverhältnis* zwischen universalistischem Anspruch und partikularistischer Realisierung verkompliziert sich unter aktuellen Bedingungen und wirft neue Probleme auf: So stellt sich aufgrund der ethnischen Heterogenisierung liberal-demokratischer Gesellschaften einerseits die Frage, ob und inwieweit der universalistische Anspruch nationaler Staatsbürgerschaft auf Migranten ausgedehnt werden soll, andererseits aber auch, ob und inwieweit das einheitliche Konzept nationaler Staatsbürgerschaft selbst durch Forderungen nach partikularen Sonder- oder Gruppenrechten für bestimmte, klar definierte Statusgruppen der Bevölkerung in seinem universalistischen Anspruch nicht eingeschränkt wird.

Inklusion versus Exklusion

Die im Zuge der Französischen Revolution etablierte Inklusion der Bürger in die Gesellschaft und die Abschließung gegenüber anderen Gesellschaften nach außen erschöpft keineswegs die entscheidende Bedeutung, die dem Begriffspaar *Inklusion/Exklusion* unter gegenwärtigen Bedingungen zukommt. Es ist nicht mehr nur die einfache Distinktion der Inklusion nach innen und der Exklusion nach außen, die das Begriffspaar kennzeichnet, sondern vielmehr die Tatsache, dass es im Innern selbst entscheidend wird. Das *analytische Spannungsverhältnis* verweist vielmehr auf die Frage der Zugehörigkeit, die innerhalb des Nationalstaates selbst entschieden wird. Denn, so Dahrendorf (1994a: 56): „Es gab und gibt ein doppeltes Problem des Einschlusses und Ausschlusses der Zugehörigkeit zur Bürgergemeinschaft. Die Kämpfe um solche Zugehörigkeit zählen zu den heftigsten, ja gewaltsamsten noch der Gegenwart." Er unterscheidet dabei die Frage, wer unter nationalem oder kulturellem Gesichtspunkt Staatsbürger eines Landes ist von jener, wie umfassend das Spektrum von Staatsbürgerrechten ist, das bestimmten Personen(gruppen) in einem Nationalstaat zukommt. Beide Aspekte sind von grundlegender Bedeutung. Sie verweisen auf die Fragen und Probleme, vor denen Nationalstaaten und Individuen heute stehen: die Frage der Zugehörigkeit zu einer nationalen Gemeinschaft, die aber weit über die kulturelle und nationale Dimension von Zugehörigkeit hinausweist. Das Begriffspaar Inklusion/Exklusion rückt damit die Frage nach der Partizipation von Individuen an den bürgerlichen, politischen, sozialen, ökonomischen und kulturellen Rechten einer Gesellschaft in den Mittelpunkt (vgl. Mackert 1999a).

Entlang dieser Begriffspaare, welche die mit der nationalen Staatsbürgerschaft verbundenen Grundannahmen zu rekonzeptualisieren erlauben, und spezifische Spannungsverhältnisse des Konzepts selbst deutlich werden lassen, können die aktuellen Debatten um Staatsbürgerschaft systematisiert werden.

Kontexte der Diskussion um Staatsbürgerschaft –
Positionen und Probleme

Das Spannungsverhältnis zwischen Status versus Praxis steht gegenwärtig im Zentrum zweier Diskussionen, die in je spezifischer Weise eine neue Relationierung der Rechte und Pflichten des Staatsbürgers zum Thema haben: auf *politisch-wissenschaftlicher Ebene* geht es dabei um den Status sozialer Staatsbürgerschaft und die Legitimität sozialer Rechte; auf *sozialphilosophischer Ebene* hingegen um eine grundlegendes Verständnis des Staatsbürgers selbst.

Als zu Beginn der 80er Jahre der Thatcherismus in Großbritannien, wie jenseits des Atlantiks der Reaganismus, Politik als Umsetzung der neoliberalen Dogmen Milton Friedmans und Friedrich von Hayeks definierte, kam es zwangsläufig zu tiefen Einschnitten in das soziale Netz der britischen Gesellschaft. Die weitgehende Aufkündigung wohlfahrtsstaatlicher Absicherung kritisierte die britische Linke als Beschneidung staatsbürgerlicher Rechte, und sie skandalisierte die Kürzung wohlfahrtsstaatlicher Programme als politischen Angriff auf den Staatsbürgerstatus. In der Debatte wurden fortan die Vorstellung eines gesicherten Status der Staatsbürgerschaft und die Forderung nach eigenverantwortlicher Praxis der Bürger gegeneinander profiliert. Neu an dieser Debatte war jedoch, dass sich die konservative Seite im Zuge der veränderten politischen Situation nicht darauf beschränkte, diese Praxis einzufordern, sondern sich direkt auf eine Auseinandersetzung um den Status sozialer Staatsbürgerschaft selbst einließ. So behaupteten die Verfechter einer marktorientierten Politik, dass wohlfahrtsstaatlich verbürgte Rechte letztlich nicht zu einer Verbesserung der Lebenschancen Armer führten (Kymlicka/Norman 1994), und darüber hinaus nicht ˋfeststellbar sei, dass Wohlfahrtsprogramme auch nur im Geringsten zu einem aktiveren Verständnis von Staatsbürgerschaft geführt hätten (Barry 1990). Die Argumentation gegen den Status sozialer Staatsbürgerschaft verfolgte jedoch eine doppelte Strategie: neben dem profilierten *ökonomischen* Argument erfolgte eine *moralische* Begründung, um die aus sozialen Ansprüchen resultierenden Forderungen der Bürger legitim zurückweisen zu können. Soziale Staatsbürgerrechte, so die zentralen Argumente, seien unvereinbar mit den grundlegenden Freiheitsrechten der Person, ökonomisch ineffizient, sie belasteten den Staatshaushalt und degradierten den Bürger zum abhängigen und zur Untätigkeit verdammten Klienten aufgeblähter wohlfahrtsstaatlicher Bürokratien. Die Auswirkungen ausgedehnter Sozialprogramme hätten zur

Folge, dass die Selbstheilungskräfte des Marktes überhaupt nicht wirksam werden könnten. Vielmehr hielten sie arbeitslose Bürger davon ab, selbst die Initiative zu ergreifen und nach einem Arbeitsplatz zu suchen. Hierdurch würden letztlich persönliche Freiheit und Selbstverantwortung in Abhängigkeit verwandelt. Es geht hier also um den Versuch, eine neue Reziprozität von Rechten und Pflichten einzufordern, die es erlauben würde, die Rolle des Staates zurückzuschrauben und die Individuen als Einzelne dem Marktgeschehen auszusetzen.

Gegen diese ‚Neudefinition des Sozialen' auf der Grundlage neoliberaler Glaubenssätze führten die Verteidiger wohlfahrtsstaatlicher Rechte das Generalargument ins Feld, dass soziale Rechte ein ‚empowerment' der Bürger darstellen, welches es ihnen erst erlaubt, ihre Rechte wahrzunehmen und ihre Pflichten zu erfüllen. Damit wurde in Zweifel gezogen, dass die ökonomistische Interpretation der Gesellschaft überhaupt zur Lösung bestehender Probleme führen könne. Hierzu führte die Linke mehrere Argumente ins Feld: *erstens* sei der Zusammenhang zwischen dem freien Spiel der Märkte und einem gesteigerten Verantwortungssinn der Bürger ungeklärt; *zweitens* stellten deregulierte Märkte erst eine Voraussetzung für ökonomisch riskantes Verhalten dar; *drittens* bleibe mehr als fraglich, ob es tatsächlich zu einem Reintegrationseffekt benachteiligter Bürger durch die Kürzung wohlfahrtsstaatlicher Unterstützung kommt oder diese nicht gerade einer Verschärfung sozialer Unterschiede Vorschub leistet (King/Waldron 1988; Waldron 1993).

In die verhärteten Fronten dieser Debatte um Status und Praxis der Staatsbürgerschaft scheint gegenwärtig jedoch Bewegung zu kommen. Hierzu tragen Versuche bei, die ‚zwischen' den beschriebenen Polen angesiedelt sind und zu einem neuen Verständnis der Rolle und Funktion des Bürgers gelangen wollen. Sie begreifen den Markt als moralische Ordnung, da er dem Bürger Optionen eröffnet, die zugleich aber durch eine Ausdehnung politischer Partizipationsrechte das Gefühl von Zugehörigkeit sicherstellen und die Entfremdung der Bürger angesichts übermächtiger Agenturen in der Sphäre des Öffentlichen verhindern wollen (Saunders 1993; Crouch 1998; Giddens 1998).

Auf sozialphilosophischer Ebene wird die Auseinandersetzung um Status und Praxis der Staatsbürgerschaft seit nunmehr fünfzehn Jahren im Kontext der ‚Kommunitarismus-Debatte' geführt. Hier geht es zum einen um die Frage, ob das mit Rechten ausgestattete Individuum des Liberalismus ein angemessenes Verständnis des Staatsbürgers ermöglicht; zum anderen wird der Zusammenhang von Integration, Legitimation und Staatsbürgerschaft zum Thema.

Im Kern dreht sich die Debatte zwischen Liberalen und Kommunitaristen um Möglichkeit und Grenzen des Liberalismus für die Konstitution einer gerechten gesellschaftlichen Ordnung. Sie nahm ihren Ausgang mit der Veröffentlichung von John Rawls' ‚Eine Theorie der Gerechtigkeit' (1971, dt. 1979), mit der er die Theorie des Gesellschaftsvertrages wieder belebte, dabei die alten Vertragskonzeptionen von Locke, Rousseau und Kant verallgemeinerte und diese auf ein höheres Abstraktionsniveau hob (Müller/Wegener 1995a). Den unhintergehbaren Bezugspunkt der rawlsschen liberalen Theorie stellen die mit Rechten ausgestatteten Individuen dar. Diese, so Rawls Grundannahme, treffen sich in einem Urzustand und einigen sich unter einem ‚Schleier des Nichtwissens' auf abstrakte Grundsätze und Regeln zur Etablierung einer gerechten Gesellschaft. Der deontologische Liberalismus, der die Grundlagen dieses Gesellschaftsentwurfes beschreibt, „basiert auf der Idee unveräußerlicher Menschenrechte, die den Individuen als Rechtsansprüche noch vor jeder gesellschaftlichen Definition des ‚Guten' zukommen. Die Rechte rangieren vor dem ‚Guten', so dass keine Gesellschaft dem einzelnen eine bestimmte Lebensform normativ verbindlich ansinnen kann" (Müller 1992: 369).

Im Hinblick auf die Frage nach dem Verhältnis der Rechte und Pflichten des Staatsbürgers wird zunächst die ‚Konstitution des Selbst' (Forst 1993) zum Problem. Genügt für ein angemessenes Verständnis das Rechtssubjekt des Liberalismus oder muss dieses ‚atomistische' liberale Individuum nicht notwendig durch ein ‚moralisch situiertes Selbst' – das in einer spezifischen Gemeinschaft moralisch geformte Individuum – ergänzt oder gar ersetzt werden (vgl. Taylor 1979)? Im Zuge einer grundlegenden Kritik an der Rawlsschen Konzeption des ‚ungebundenen Selbst' (Sandel 1993), prallten liberale Konzeptionen, welche die individuellen Rechte des Bürgers in den Mittelpunkt stellten und Vorstellungen, welche die Gemeinschaft als unhintergehbare Voraussetzung für ein Verständnis des Individuums als sittlicher Person begreifen, aufeinander (vgl. Sigmund 1993). Rawls revidierte schließlich seine ursprünglichen Annahmen, und seitdem er seine Konzeption der ‚Gerechtigkeit als Fairness' (1993) nicht mehr metaphysisch, sondern politisch begründet und sich auf ein intersubjektivitätstheoretisch erweitertes Konzept der menschlichen Person eingelassen hat (vgl. Honneth 1993a), ist die ‚Kommunitarismus-Debatte' anschlussfähig geworden für eine Vielzahl sozialwissenschaftlicher Themen und Probleme (Brumlik/Brunkhorst 1993; Zahlmann 1992). Es handelt sich jetzt nämlich nicht mehr um abstrakte, rational handelnde Subjekte, die sich in Rawls ursprünglicher Ausgangssituation für den Gesellschaftsvertrag unter einem ‚Schleier des Nichtwissens' auf eine gerechte Gesellschaftskonzeption einigen, sondern „um konkrete Staatsbürger, die in der Tradition der westlichen Demokratie moralisch groß geworden sind"·(Honneth 1993a: 12).

Die an diese Problematik anschließenden unterschiedlichen Vorstellungen des Verhältnisses von politischer Integration, Legitimation und Staatsbürgerschaft machen endgültig deutlich, dass es im Kern der ‚Kommunitarismus-Debatte' tatsächlich um die Frage der Staatsbürgerschaft geht (Kymlicka/Norman 1994; Mouffe 1992a). Doch sowenig wie die Debatte insgesamt, lässt sich auch dieser Zusammenhang nicht schlicht als Konfrontation zweier idealer Positionen begreifen, vielmehr können je zwei liberale und kommunitaristische Modelle unterschieden werden, welche die Frage der Staatsbürgerschaft als Status und/oder Praxis deutlich unterschiedlich beantworten. Mit Forst (1993) können diese als Modell des *modus vivendi* und des *übergreifenden Konsensus* auf liberaler Seite sowie als *substantialistisches* und *republikanisches* Modell aufseiten der Kommunitaristen verstanden werden. Larmores (1993) Modell des modus vivendi, das dieser klar von der hobbesianischen Vorstellung abgrenzt, gründet auf der Überzeugung, dass die gemeinsamen Prinzipien der Bürger „lediglich Verfahrensregeln rationaler Argumentation (bzw. Nichtargumentation) und gegenseitigen Respekt [darstellen]" (Forst 1993: 198), und Larmore lässt keinen Zweifel daran, dass diese beiden Prinzipien innerhalb des politischen Bereichs einen gewissen Individualismus vorrangig machen. Das zweite liberale Konzept, Rawls' übergreifender Konsensus, teilt diese Radikalität nicht gänzlich. Er soll vielmehr klären, „wie eine Gesellschaft pluralistisch und doch stabil sein kann, weniger als eine ethisch integrierte Gesellschaft und doch mehr als ein strategischer ‚Modus vivendi'" (Forst 1996: 152). Erforderlich ist hierzu, dass die Bürger die Fähigkeit zu sozialer Kooperation besitzen, sich gegenseitig tolerieren und über einen Sinn für Gerechtigkeit verfügen. Der kommunitaristischen Gegenseite gehen diese Vorstellungen freilich keineswegs weit genug. Gegenüber den liberalen Minimalanforderungen an den Bürger geht das ‚substantialistische Modell' davon aus, dass der Bürger sich mit der Gemeinschaft als einem sittlichen Ganzen identifizieren müsse, um den Erhalt derselben und Stabilität gewährleisten zu können (Mac-Intyre 1987, 1993; Sandel 1982; Taylor 1993a), während sich das ‚republikanische Modell' zwischen den Extremen bewegt. Staatsbürgerschaft meint hier, „als Mitglied eines Gemeinwesens Autor von dessen Gesetzen zu sein, für die Gemeinschaft als ganzes Verantwortung zu übernehmen und gesellschaftliche Solidarität zu üben" (Forst 1993: 201).

Das Beharren auf idealen Positionen hat in der Debatte zwischen Liberalen und Kommunitaristen lange Zeit zu wenig fruchtbaren Ergebnissen geführt (Taylor 1993; Mouffe 1992a; Benhabib 1993), und es ist Michael Walzers (1992) Verdienst, die jeweiligen Vereinseitigungen benannt und den Versuch unternommen zu haben, sie mittels des liberalen Konzepts der Zivilgesellschaft zu überwinden. Die theoretische Kritik an eindimensionalen Vorstellungen des ‚guten Lebens' (vgl. Barber 1994) und die historische Erfahrung in osteuropäischen Ländern aus der Zeit vor 1989 führten Walzer zu einem Verständnis des Bürgers als aktivem Teilnehmer an der Zivilgesellschaft. Diese begreift er als Geflecht von Gruppen, die zwar kleiner als der *demos* oder die Arbeiterklasse, zugleich aber von eminent politischer Bedeutung sind, um ein Gegengewicht zu totalitärer Macht einerseits, gegen Tendenzen wachsender Desorganisation in modernen Gesellschaften andererseits darzustellen (vgl. auch Bellah et al. 1985).

Die liberale Konzeption der Zivilgesellschaft gerät freilich selbst ins Kreuzfeuer der Kritik, sobald man sich der feministischen Debatte um Staatsbürgerschaft zuwendet. An ihr wird auch deutlich, wie eng die Spannungsverhältnisse von formaler Gleichheit und realer Ungleichheit einerseits, dem universalistischen Anspruch nationaler Staatsbürgerschaft und ihrer partikularistischen Realisierung andererseits miteinander zusammenhängen.

Den Ausgangspunkt der verzweigten feministischen Debatte stellt die Einschätzung dar, dass trotz des gemeinsamen aufklärerischen Impetus von Liberalismus und Feminismus (Phillips 1987) die problematischen Konzeptionen des Geschlechterverhältnisses bei J.S. Mill (1989) und John Locke (1690; dt. 1992) den Beginn eines Verdrängungsprozesses von Frauen aus der Sphäre des Öffentlichen markieren, und diese somit die prinzipielle Unterordnung von Frauen unter die Herrschaft der Männer begründen (Pateman 1989). Diese Unterordnung sieht Gerhard (1990) im bürgerlich-rechtsstaatlichen Prinzip formaler Gleichheit kodifiziert, welches neben den Klassen- auch die Geschlechterverhältnisse zementiert habe.

Gemeinsamer Ausgangspunkt der feministischen Kritik am Liberalismus ist eine dreifache Trennung des Privaten vom Öffentlichen, die dem liberalen Verständnis der Staatsbürgerschaft zugrunde liegt. *Erstens* werden die gesellschaftlichen Sphären des Privaten und Öffentlichen voneinander getrennt und einander gegenübergestellt. Indem Männer der Sphäre des Öffentlichen, Frauen jener des Privaten zugewiesen werden, werden in ersterer Rechte, Gleichheit, Interessen, Erfolg und Besitz konstitutiv, und damit eine spezifisch liberale Auffassung von Staatsbürgerschaft (Lister 1993; Wilde 1995; Young 1995), während in letzterer Blutsbande, mit der Mutterrolle verbundene Zuschreibungen und Gefühle entscheidend werden (Pateman 1987). *Zweitens* vollzieht sich innerhalb der Zivilgesellschaft selbst eine Trennung von privat und öffentlich. Privat bezeichnet hier traditionell den Markt als Sphäre, die dem Staat gegenübersteht. Diese wird Männern zugewiesen, wodurch Frauen quasi aus der Welt des Staatsbürgers in jene von Heim und Herd verbannt werden (Phillips 1987a; Vogel 1991). *Drittens* schließlich thematisieren Feministinnen die patriarchale Strukturierung des Haushalts der bürgerlichen Kleinfamilie. Die Tatsache, dass die alltäglichen Reproduktionsarbeit immer noch in den alleinigen Zuständigkeitsbereich von Frauen fällt, wird unterschiedlich erklärt: Nach Okin (1992) handelt es sich um ein ideologisches Problem, weil dieser Zustand Resultat politischer Entscheidungen ist, die Männer in der Sphäre des Öffentlichen treffen; Vogel (1991) dagegen hält die Institution der Ehe für die entscheidende Ursache für die Unmündigkeit von Frauen, da sie unter wohlfahrtsstaatlichen Bedingungen deren Abhängigkeit von ihren Männern festschreibt.

Von dieser gemeinsamen Basis aus, die das gesellschaftliche Strukturprinzip Geschlecht in den Mittelpunkt stellt und trotz formaler Gleichheit zwischen den Geschlechtern die realen Unterschiede zwischen ihnen thematisiert, wechselt die Debatte den Kontext und skandalisiert diese Unterschiede als Verstoß gegen den universalistischen Anspruch nationaler Staatsbürgerschaft.

Hier lassen sich dann zwei gegensätzliche Positionen unterscheiden: zum einen wird für ein *geschlechtsneutrales* Modell der Staatsbürgerschaft (vgl. Vogel 1991) plädiert, das die Differenzen zwischen Männern und Frauen aufzuheben erlaubt; zum anderen für ein *geschlechtsspezifisches* Modell (vgl. Walby 1994), das diese Differenzen zur Grundlage spezifischer Rechte erhebt. Von diesem Ausgangspunkt aus differenziert sich die Diskussion zunehmend aus, und es wird eine Vielzahl von Strategien feministischer Theorie und Praxis erkennbar, die auf die eine oder andere Art die konstatierten, realen Benachteiligungen von Frauen durch das liberale Modell der Staatsbürgerschaft überwinden wollen. Diese reichen von maternalistischen (Elshtain 1985) über marxistische bis hin zu radikaldemokratischen (Dietz 1985, 1994) Strategien, um nur die profiliertesten aufzuführen. Aus theoretischer Perspektive hat in den vergangenen Jahren gleichwohl Ruth Lister (1993, 1995, 1997, 1998) die interessantesten Versuche unternommen, Universalismus und Partikularismus der Staatsbürgerschaft im Kontext der feministischen Debatte zu vermitteln. Ihr Konzept eines *differentiated universalism* zielt auf ein neues Verständnis von Staatsbürgerschaft, das den universalistischen Anspruch insofern bewahrt, als er Differenzen zu berücksichtigen erlaubt (Lister 1998).

Noch stärker als im feministischen Diskurs vermischen sich in der Diskussion des kulturellen Pluralismus die Argumente, die sich auf formale Gleichheit versus reale Ungleichheit einerseits, Universalismus versus Partikularismus andererseits beziehen. Und dies deshalb, weil zwischen Gruppen, die über das gesamte Spektrum staatsbürgerlicher Rechte verfügen und anderen Gruppen, die nicht über den formal gleichen Status des Staatsbürgers verfügen, nicht klar unterschieden wird. Dies führt in I.M. Youngs (1989, 1990, 1995) radikaler Variante einer *differentiated citizenship* dazu, dass bei der Definition gesellschaftlicher Gruppen, die legitimerweise Ansprüche auf Sonderrechte geltend machen dürfen, nur die Gruppe weißer Männer mittleren Alters, mit hohem Bildungsgrad, gesicherter Berufsposition und überdurchschnittlich hohem Einkommen als diejenige übrigbleibt, die keine Sonderrechte einklagen kann. Die mit diesen Rechten verbundene Idee, das Verhältnis zwischen einer spezifischen Gruppe und einer Mehrheitsgesellschaft zu regeln, um so deren Differenz zu sichern, wird durch exzessive Ausdehnung ad absurdum geführt und Staatsbürgerschaft in ein beliebiges Sammelsurium von Gruppenrechten aufgelöst.

Gänzlich auf das Spannungsverhältnis von Universalismus und Partikularismus verwiesen ist man schließlich, sobald man jene gesellschaftlichen Gruppen in den Blick nimmt, die nicht über die formal gleichen Rechte von Staatsbürgern verfügen. Dies trifft vor allem auf jene Gruppen zu, die im Zuge von Immigration längst zum festen Bestandteil der Zivilgesellschaft ihrer Aufnahmeländer, gleichwohl aber nicht zu deren Staatsbürger geworden sind. In westlichen liberal-demokratischen Gesellschaften, deren ethnische Zusammensetzung immer heterogener wird, klagen Minderheiten in den vergangenen Jahren ihre Rechte im Rahmen der ‚Politik der Anerkennung' ein. Hierbei geht es um die Frage, ob ethnische und kulturelle Gruppen in einem demokratischen Gemeinwesen legitimerweise Sonderrechte zum Schutz ihrer je spezifischen Identitäten beanspruchen dürfen oder ob der prozeduralistische Charakter liberaler Demokratien diesen Schutz auf der Grundlage universalistischer Rechte garantieren kann. Diese von Habermas (1992a, 1992b, 1993, 1994, 1996a) vehement vertretene Position, lässt sich mit Lukes (1993) als ‚Politik gleicher Würde' charakterisieren, die als differenzblindes Prinzip jedem Individuum unter Absehung seiner spezifischen Besonderheiten gleiche Rechte garantiert und damit den universalistischen Charakter nationaler Staatsbürgerschaft verteidigt. Im Gegensatz dazu betont die ‚Politik der Anerkennung' (Taylor 1993b) als ein auf Differenz achtendes Prinzip gerade diese Besonderheiten und fordert deshalb spezielle Gruppenrechte innerhalb eines gemeinsamen, weiterhin universalistisch argumentierenden Rahmens.

Die Diskussion bleibt dabei keineswegs auf einen Streit um abstrakte Prinzipien begrenzt. In ‚pluriethnifizierten Gesellschaften' (Müller), rückt das Spannungsverhältnis von Universalismus und Partikularismus vielmehr immer stärker in den Mittelpunkt, und es lassen sich hierbei zwei Strategien unterscheiden: einerseits geht es um die Durchsetzung von Gruppenrechten, andererseits um die Kodifizierung von Menschenrechten als Bürgerrechte.

Im Innern demokratischer Gesellschaften klagen Gruppen, die nicht über einen Status formaler Gleichheit verfügen, ihre Differenz und Besonderheit ein. Sie machen damit genau das uneingelöste Versprechen nationaler Staatsbürgerschaft, den aufrechterhaltenen universalistischen Anspruch zum Gegenstand ihrer Kritik. Diesem Problem und den daraus resultierenden disruptiven Erscheinungen zwischen Minderheiten und Mehrheitsgesellschaft versucht Will Kymlicka (1995) Herr zu werden. Sein Versprechen einer *multicultural citizenship* zerfällt bei genauerem Hinsehen jedoch in drei Formen gruppenspezifischer Rechte, denn der Differenzierung in nationale Minderheiten und ethnische Gruppen korrespondiert die Unterscheidung in ‚Self-Government Rights', ‚Special Representation Rights' und ‚Polyethnic Rights', die unter spezifischen Bedingungen von diesen Gruppen eingeklagt werden können. Den Versuch, diese Gruppenrechte zu einem gemeinsamen Konzept zu synthetisieren, unternimmt Kymlicka dann erst gar nicht mehr. Während dies im Falle der Ureinwohner Kanadas, aber auch der Vereinigten Staaten und Australiens noch einleuchtend klingen mag, gerät die Anreicherung des Konzepts der Staatsbürgerschaft um gruppenspezifische Rechte im Falle ethnischer Gruppen zu einem Megaprojekt von ‚affirmative action', das, zeitlich begrenzt, die Inklusion von Minderheiten in die Mehrheitsgesellschaft erleichtern soll.

Von Außen setzt mit dem Diskurs um Menschenrechte eine entgegengesetzte Strategie genau am gleichen Problem an. Während bereits mit Youngs, aber auch mit Kymlickas Konzept zwei unterschiedliche Begründungen und Formen

der Partikularisierung, Pluralisierung und letztlich Pulverisierung eines kohärenten Staatsbürgerschaftskonzepts vorliegen, geht Yasemin Soysal (1994) den
umgekehrten Weg. Die Partizipation von Migranten an der Zivilgesellschaft
ihrer Aufnahmeländer, die quantitativ und qualitativ zunehmende Einbindung
des Nationalstaates in supra- und internationale Netzwerke sowie die Schubkraft
des Diskurses um Menschenrechte genügen ihr als Begründung, ein neues Modell der Mitgliedschaft – *postnational citizenship* – vorzuschlagen. Ihr Ansatz
zielt damit auf die tatsächliche Universalisierung des auf diskursiver Ebene
behaupteten Anspruchs nationaler Staatsbürgerschaft, wenngleich auch in diesem Ansatz die entscheidende Institution, welche diese Rechte sichern soll, der
Nationalstaat bleibt (vgl. Joppke 1999).

   Die Diskussion um die Konsequenzen von Migration und ethnischer Heterog-
genisierung liberal-demokratischer Gesellschaften verweist bereits auf das letzte
Begriffspaar, das Spannungsverhältnis von Inklusion und Exklusion. Es wird
deutlich, dass die Inklusion aller Gesellschaftsmitglieder, die Brubaker noch als
Grundannahme formuliert, nicht mehr als gegeben gelten kann. Zugleich wird
mit der Entstehung supranationaler politischer Einheiten der Nationalstaat als
derjenige Kontext, in dem Staatsbürgerschaft ihre historische Durchsetzung und
Institutionalisierung erfahren hat, selbst problematisch. Neben der Vielzahl an
Konzepten und vagen Vorstellungen, die um die *kosmopolitische Bürgerschaft*
(Archibugi/Held 1995), *Weltbürgergesellschaft* (Dahrendorf 1994b), *transnational citizenship* (Bauböck 1994), *global citizenship* (Falk 1994), *postnational
citizenship* (Soysal 1994) oder *citizens of the planet earth* (Steward 1991) kreisen, stellt die in den Artikeln 8-8e des Maastrichter Vertrages kodifizierte Unionsbürgerschaft die bedeutendste und einzige institutionell verankerte Form von
Bürgerschaft dar, die jenseits des Nationalstaates angesiedelt ist. Die Entstehung
der Europäischen Union lässt das typische Kennzeichen nationaler Staatsbürgerschaft, einziger allgemeiner Status zu sein, zumindest fraglich werden. Als Resultat des institutionellen Integrationsprozesses der Mitgliedsstaaten der Europäischen Union wird damit nicht nur die Kompetenz der nationalen Regierungen und Parlamente relativiert, sondern zugleich ein Konzept von (Staats)-
Bürgerschaft institutionalisiert, das gegenwärtig zwar in seiner Reichweite und
Auswirkung äußerst begrenzt sein mag (Closa 1992; D'Oliveira 1994; LaTorre
1995), zugleich aber eine dynamische Konzeption begründet, die eine weitere
Ausdehnung der 'Unionsbürgerrechte' offen hält. Die Unionsbürgerschaft tritt
keineswegs an die Stelle nationaler Staatsbürgerschaft – sie geht mit dieser
vielmehr eine duale (Staats)-Bürgerschaft ein. Unionsbürger erhalten diesen
Status als Staatsangehörige der Mitgliedsstaaten, so dass weder der Vorrang
nationaler Staatsbürgerschaft angetastet noch über das Konzept der Nationalität
als Zugehörigkeitskriterium zu einem Nationalstaat hinausgegangen wird (Closa
1992). Nichtsdestotrotz werden damit Prozesse in Gang gesetzt, die sicherge-
glaubte Prinzipien nationaler Staatsbürgerschaft brüchig werden lassen. Es geht

dabei *erstens* um die Frage, ob Staatsbürgerschaft tatsächlich von der Institution des Nationalstaates losgelöst werden kann und ob die supranationale Ebene ein denkbarer Rahmen zur Institutionalisierung von Rechten und Pflichten sein kann, die mit dem Staatsbürgerstatus zusammenhängen (Eder/Giesen 2000); *zweitens* wird dadurch der inhärente, wenngleich historisch kontingente (Habermas 1994; Meehan 1993) Zusammenhang von Staatsbürgerschaft und nationaler Identität fraglich; *drittens* stellt die demokratische Legitimation politischer Entscheidungen auf europäischer Ebene insofern ein Problem dar, als Entscheidungsprozesse von den Staatsbürgern der Mitgliedsstaaten kaum noch beeinflussbar, geschweige denn in ausreichendem Maße demokratisch legitimiert sind; *viertens*, und damit verbunden, entstehen durch die supranationale Ebene neue Partizipationsmuster angesichts einer ‚(Staats)Bürgerschaft ohne Staat' (Wiener 1996). Insofern EU-Bürger in unterschiedlichen Ländern Rechte geltend machen können, wird die bisherige an den Nationalstaat gebundene Staatsbürgerschaftspraxis durch die Unionsbürgerschaft zu einer ‚fragmentierten Staatsbürgerschaftspraxis'.

Die Bedeutung des Begriffspaares Inklusion/Exklusion und des von ihnen etablierten Spannungsverhältnisses ist damit keineswegs erschöpft. Wechselt man von der konkreten Vorstellung der Inklusion nach innen und Exklusion nach außen zu einem analytischen Verständnis, so öffnet sich die Problematik der Staatsbürgerschaft einer genuin soziologischen Perspektive. Die Frage nach Inklusion/Exklusion rückt dann ins Zentrum einer Auseinandersetzung um den Beitrag moderner Staatsbürgerrechte zur Integration moderner Gesellschaften.

Aspekte einer Soziologie der Staatsbürgerschaft

Wer ist Bürger und wer nicht? Das scheint eine der zentralen Frage zu sein, wenn man sich dem Problem der Integration moderner Gesellschaften zuwendet (vgl. Nassehi/Schroer 1999). Aus soziologischer Perspektive lässt sich Staatsbürgerschaft als Integrationsinstrument nationalstaatlich verfasster Gesellschaften begreifen, das zur Regulierung gesellschaftlicher Krisen und zur Institutionalisierung sozialer Ordnung beiträgt. Die Tradition einer Soziologie der Staatsbürgerschaft, wie sie von Emile Durkheim (1991) über T.H. Marshall (1992a) bis hin zu Talcott Parsons (1977a, 1985) entwickelt wurde, hat diese Funktion der Staatsbürgerschaft mit ihrem Inklusionsaspekt identifiziert und Staatsbürgerschaft modernisierungstheoretisch als fortschreitende Inklusion gesellschaftlicher Gruppen in ein immer größer werdendes Spektrum staatsbürgerlicher Rechte thematisiert. Außer Acht blieb dabei vollständig, dass nationale Staatsbürgerschaft nicht nur die Inklusion der Bürger sicherstellt, sondern zugleich als ‚mächtiges Instrument sozialer Schließung' (Brubaker) fungiert. Die Form sozialer Ordnung, die über Staatsbürgerschaft hergestellt wird, ist deshalb angemes-

sen nur als spezifisches Arrangement von Inklusion in und Exklusion von
staatsbürgerlichen Rechten zu begreifen.

Jenseits des normativ-ideologischen Diskurses um Staatsbürgerschaft lautet
die soziologische Gretchenfrage deshalb, ob das Konzept der Staatsbürgerschaft
sich als ein Mittel zu dem allgemeineren Zweck erweist, „die soziologische
Theoriebildung zur Analyse der Integrationsprobleme von modernen Gesellschaften im Zeitalter der Transnationalisierung und Globalisierung voranzutrei-
ben" (Eder 1998a: 451), und so etwas zu den gegenwärtigen Problemen der
Sozialintegration moderner Gesellschaften beizutragen hat.

An dieser Schnittstelle zeigt sich der Unterschied zu den im vorhergehenden
Kapitel systematisierten Diskussionen. Sie sind gekennzeichnet von meist normativ verteidigten Maximalpositionen, von denen aus ideale Vorstellungen von
Staatsbürgerschaft formuliert und dann eingeklagt werden. Damit vergessen die
jeweiligen Protagonisten jedoch, dass der normative Anspruch an ein wie immer
definiertes Idealbild von Staatsbürgerschaft die Frage nach seiner realen Einlös-
barkeit nach sich zieht, und das ideal geforderte Sollen auch Können implizieren
muss (Zintl 1983).

Im Gegensatz dazu, und dies haben die Versuche von Crouch (1998), Walzer (1992) und Lister (1998) gezeigt, die sich zwischen die formulierten Maximalpositionen schieben, tendiert eine soziologische Diskussion gerade nicht
dazu, sich auf eine Seite zu schlagen, die institutionalisierten Spannungsverhältnisse in eine Richtung aufzulösen und damit die spezifische Dynamik moderner
Staatsbürgerschaft zu untergraben. Die *differentia specifica* einer soziologischen
Perspektive liegt gerade darin, die Bedeutung der Spannung ‚zwischen‘ den
jeweiligen Extrempunkten und damit die enorme ‚Dynamik der sozialen Idee
der Staatsbürgerschaft‘ (Dahrendorf) zu fassen, um so die Bedingungen von
Sozialintegration auszuloten. Es geht deshalb nicht um die Alternative von Status oder Praxis, sondern darum, dass erst die Praxis der Staatsbürger zur Sicherung von Rechten und damit des Staatsbürgerstatus führt, der dann wiederum
neue Praxen eröffnen kann. Es ist also gerade die Vermitteltheit beider Aspekte,
die erst verständlich macht, weshalb Staatsbürgerschaft ohne die politische und
gemeinschaftliche Praxis der Staatsbürger leer bleibt und zur Floskel verkommt;
es geht nicht darum, wegen fortbestehender realer Ungleichheiten die formale
Gleichheit aller Bürger als nutzlos anzuprangern, sondern darum, das im Kern
liberale Modell nationaler Staatsbürgerschaft ernst zu nehmen und das Spannungsverhältnis zwischen ihnen als den eigentlichen Motor sowohl der historischen Entwicklung moderner Staatsbürgerschaft als auch als das dynamische
Moment gegenwärtiger Auseinandersetzungen um die Ausdehnung der Staatsbürgerrechte zu begreifen; es geht deshalb schließlich nicht um die Frage Universalismus oder Partikularismus, sondern darum, zu klären, wie partikulare
Lebensformen und -praxen auf der Grundlage universalistischer Werte möglich
werden.

Wenn aus soziologischer Perspektive die Integration moderner Gesellschaften in den Mittelpunkt des Interesses rückt, so wird verständlich, dass die Vielfalt an Diskursen um Staatsbürgerschaft und die enorme Aufmerksamkeit für das Konzept in Wissenschaft, Politik und Journalismus damit zu tun hat, dass das von ihr institutionalisierte Arrangement zur Lösung der Integrationsprobleme moderner Gesellschaften unter radikal veränderten Bedingungen ins Wanken gerät. Dies bedeutet zugleich, dass fest gefügte und als gegeben erachtete institutionalisierte Mechanismen der Sicherstellung sozialer Ordnung brüchig werden und die Leistungsfähigkeit des Modells nationaler Staatsbürgerschaft damit selbst in Frage gestellt wird. Die aktuelle Debatte ist deshalb mehr als eine Modeerscheinung, sie verweist vielmehr auf Grundsätzliches: auf die Frage nach den Bedingungen, Voraussetzungen und Problemen der Sozialintegration moderner Gesellschaften.

Die bisherige Diskussion kann resümierend knapp zusammengefasst werden: Das über Staatsbürgerrechte institutionalisierte Arrangement zur Sicherstellung der Integration moderner Gesellschaften gerät in den vergangenen Jahren unter doppelten Druck.

Von *Außen* führen Prozesse ökonomischer und politischer Globalisierung und die damit verbundenen ‚Entgrenzungen' (Müller 1997) zum tendenziellen Souveränitätsverlust des Nationalstaates und dessen partieller De-Nationalisierung (Sassen 1998), während auf kultureller Ebene der Prozess transnationaler Migration zur ethnischen/kulturellen Heterogenisierung westlicher liberal-demokratischer Gesellschaften beiträgt.

Im *Innern* liberal-demokratischer Gesellschaften sind angesichts dieser Prozesse zwei zusammenhängende Entwicklungen von zentraler Bedeutung: *Erstens* wird im Zuge der ökonomischen Globalisierung, der fiskalischen Krisen der ausgebauten Wohlfahrtsstaaten und der Implementation neoliberaler Strategien die Pazifizierung der Klassengegensätze über soziale Staatsbürgerrechte, und damit der Nachkriegskonsens zwischen Kapital und Arbeit – das große sozialdemokratische Vermächtnis – aufgebrochen. Das führt zu einer Reorganisation der Klassenstruktur moderner Gesellschaften, die in den kommenden Jahren mit einer Verschärfung der sozialen Gegensätze und einer zunehmenden Ausgrenzung ganzer Bevölkerungsschichten einhergehen dürfte. *Zweitens* wird das Migrationsproblem entscheidend, weil es das kulturelle Problem kollektiver Identitäten in ethnisch homogen geglaubten Gesellschaften mit dem Problem sozialer Inklusion/Exklusion verkoppelt. Neben der Thematisierung kultureller Differenzen, die, wie wir gesehen haben, das Ideal nationaler Staatsbürgerschaft in Frage stellen und sich zur Mobilisierung kollektiver Identitäten eignet, führt „(die) Reorganisation sozialstruktureller Inklusion und Exklusion durch Migration (...) nicht nur zum Skandal der underclass, die von ‚social citizenship' ausgeschlossen ist. Migration ist auch ein Mechanismus der Globalisierung gesellschaftlicher Klassendifferenzierung. Migrierende Populationen steigen in dieses

System globaler Klassenstrukturen von unten oder an der Seite ein, mit Struktureffekten, die die traditionelle Verteilung.der Bevölkerung auf Klassenlagen verändert" (Eder 1998b: 69). Damit stellt sich in westlichen Industrienationen die Frage, ob und inwieweit diese zu nach Staatsbürgerschaftsstatus differenzierten ständisch multikulturellen Klassengesellschaften (vgl. Müller 1995b: 934) werden können, in denen sich die Frage sozialer Integration, die Lösung sozialer Krisen und Konflikte und das Problem sozialer Ordnung unter Bedingungen ethnischer Heterogenität neu und auf radikal andere Weise stellt (vgl. Mackert 1999a).

Rückt unsere zeitdiagnostische Situationsbeschreibung die Probleme der Integration moderner Gesellschaften in den Mittelpunkt, so gewinnt das Begriffspaar Inklusion/Exklusion und das von ihm institutionalisierte Spannungsverhältnis zentrale Bedeutung auf drei Ebenen:

Auf *theoretischer Ebene* liegt es zunächst nahe, das Inklusionsparadigma mit dem Exklusionsparadigma zu konfrontieren und im systemtheoretischen Kontext Inklusion und Exklusion gegeneinander zu diskutieren (Bommes/Halfmann 1998a; Halfmann 1998; Halfmann/Bommes 1998; Nassehi/Schroer 1999; Stichweh 1997; 1998a; 1998b). Das hat Konsequenzen, da die Systemtheorie Staatsbürgerschaft lediglich als Inklusionsinstrument begreift und Exklusion den funktionalen Subsystemen der Gesellschaft überantwortet hat (Luhmann 1994). Im Gegensatz dazu bietet es sich an, Inklusion und Exklusion als Resultat der sozialen Auseinandersetzungen strategisch handelnder kollektiver Akteure zu begreifen, die um die Partizipation am knappen Gut der Staatsbürgerschaft kämpfen. Entgegen dem Dualismus von Inklusion/Exklusion werden so Grade der Inklusion in bzw. Exklusion von einer Teilhabe an staatsbürgerlichen Rechten fassbar, die differenzielle Inklusions- und Exklusionssyndrome spezifischer gesellschaftlicher Gruppen von der Staatsbürgerschaft erkennbar werden lassen (Mackert 1998; 1999b).

Auf der *Ebene staatsbürgerlicher Rechte* geht es darum, ihren jeweiligen Beitrag zur gesellschaftlichen Integration herauszuarbeiten und hier die jeweils institutionalisierten Spannungsverhältnisse aufzuklären. Da mit der Staatsbürgerschaft in modernen Gesellschaften einerseits formale Gleichheit institutionalisiert, andererseits Staatsbürgerrechte aber zugleich zu ‚Architekten sozialer Ungleichheit' (Marshall) werden, aufgrund der aufgezeigten Umbrüche in modernen Gesellschaften aber nicht mehr alle Einwohner eines Landes in einem direkten und gleichen Verhältnis zum Staat stehen (Baker/Lenhart 1988), werden *Neubestimmungen* des Verhältnisses zwischen Individuum und Staat, *Neudefinitionen* der politischen Gemeinschaften und ein *neues Aushandeln* der verbindlichen gesellschaftlichen Werte erforderlich. Hierbei muss der Frage nachgegangen werden, welche Funktion staatsbürgerlichen Rechten in diesem Prozess zukommt: Auf der Ebene bürgerlicher Rechte stellt sich die Frage nach der Sicherstellung persönlicher Freiheit und Autonomie; auf der Ebene politischer Rechte geht es um jene nach der Partizipation am Gemeinwesen; soziale Rechte werfen die Frage wohlfahrtsstaatlicher Umverteilung und damit das Problem relationaler Gleichheit auf; ökonomische Rechte entsprechend jene nach distributiver Gerechtigkeit über die Zulassung zum national regulierten Arbeitsmarkt; kulturelle Rechte schließlich problematisieren die Anerkennung kollektiver Identitäten und stellen Forderungen nach Toleranz.

Auf der *Ebene konkreter Probleme* schließlich erhalten die zu Beginn formulierten alten und neuen Konfliktlinien Bedeutung, so dass sich am jeweiligen Problem die Frage stellt, welchen Beitrag Staatsbürgerschaft zu dessen Beschreibung und Analyse sowie zur Beantwortung der damit aufgeworfenen sozialintegrativen Fragen zu leisten imstande ist. Um nur einige der wichtigsten Probleme zu benennen: Die von außen und im Innern liberal-demokratischer Gesellschaften auf nationale Staatsbürgerschaft einwirkenden Prozesse rücken das Problem sozialer Ungleichheit und der Klassenstruktur moderner Gesellschaften in den Mittelpunkt. Eng damit verbunden ist die Frage, welchen Beitrag Staatsbürgerrechte zur Schichtung moderner Gesellschaften leisten (Lockwood 1992) und welchen Einfluss der unterschiedliche Grad an Inklusion in Staatsbürgerrechte für die Lebenschancen gesellschaftlicher Gruppen hat. Im Extremfall beschwört das die Ausgrenzung ganzer Bevölkerungsschichten herauf und führt zur Herausbildung einer ‚underclass' (Dahrendorf 1994a; Procacci 1998; Wilson 1996). Da Staatsbürgerschaft der wichtigste Status ist, den eine Gesellschaft zu vergeben hat, wirft Migration die Frage auf, wer Staatsbürger einer Gesellschaft werden darf. Damit rückt zugleich das Problem von Staatsbürgerschaft und Gerechtigkeit auf die Tagesordnung (Müller/Wegener 1995a). Ein weiterer entscheidender Punkt ist zweifellos die Frage nach der Partizipation der Bürger an der demokratischen Öffentlichkeit moderner Gesellschaften und dem institutionellen Geflecht der Zivilgesellschaft, sowie jene, wie diese ‚dritte Sphäre' konzeptionell zu fassen ist (Somers 1998). Ferner muss das Augenmerk auf jene Entwicklungen gerichtet werden, die im Ergebnis zu einer Kommodifizierung der Staatsbürgerschaft (Crouch 1998) führen, also Citizenship von einem demokratisch garantierten Rechtsanspruch zu einem armutsabhängigen Bedürftigkeitsanspruch zurückentwickelt. Ebenso wichtig ist schließlich die Frage, welche Bedeutung neue Informationstechnologien für Bürgerrechte und den bestand der Demokratie haben, was dem Thema Staatsbürgerschaft ganz neue Perspektiven eröffnet (Crouch/Eder/Tambini 2000).

Eine Soziologie der Staatsbürgerschaft steht vor großen Herausforderungen, und sie hat angesichts der Vielfalt alter und neuer Problemen einen weiten Weg vor sich, um sich als analytisch brauchbares Konzept zu behaupten. Der vorliegende Band vereinigt jene Studien, die nach Ansicht der Herausgeber als die Grundlagentexte einer Soziologie der Staatsbürgerschaft gelten können. Ihre Lektüre ist unerlässliche Voraussetzung für eine soziologische Auseinandersetzung mit nationaler Staatsbürgerschaft, und mit Ausnahme der Arbeiten von

T.H. Marshall und Anthony Giddens liegen diese Beiträge damit erstmals in deutscher Sprache vor.

T.H. Marshalls klassisch zu nennender Text ‚Staatsbürgerrechte und soziale Klassen' eröffnet den Band. Es gibt wohl kaum eine andere sozialwissenschaftliche Debatte, die in einem vergleichbaren Ausmaß von einem einzigen Aufsatz beeinflusst wurde, wie dies für die Diskussion um Staatsbürgerschaft und Marshalls Text der Fall ist. Marshall geht es um die Erklärung des Einflusses, den die Entwicklung der Staatsbürgerschaft auf das System der Ungleichheit des kapitalistischen Klassensystems nimmt. Seine zentrale These lautet, dass die Ungleichheit eines Systems gesellschaftlicher Ungleichheit unter der Voraussetzung akzeptiert werden kann, dass der gleiche Status aller Mitglieder einer Gesellschaft anerkannt ist: der Status des Staatsbürgers.

Marshalls Periodisierung der historischen Entwicklung staatsbürgerlicher Rechte zeichnet am Beispiel Englands die Anreicherung des Staatsbürgerstatus von bürgerlichen (18. Jhdt.) über politische (19. Jhdt.) bis hin zu sozialen Rechten (20. Jhdt.) nach. Zur Lösung des problematischen Verhältnisses zwischen kapitalistischer Ökonomie und politischer Demokratie schlägt er ein liberales Modell vor, das die Dynamik der kapitalistischen Ökonomie akzeptiert, zugleich aber eine ‚dynamische und gerechte Gesellschaftsordnung' (Müller 1991) verbürgt. Hierzu bestimmt er den Wohlfahrtsstaat als Strukturmerkmal moderner Gesellschaften und weist den sozialen Staatsbürgerrechten die entscheidende Integrationsfunktion zu. Einerseits muss das gesellschaftliche System in der Lage sein, die materiellen Bedürfnisse der Bevölkerung zu sichern, wodurch die Teilhabe an der materiellen Kultur zugleich das Gefühl von Loyalität gegenüber der Gesellschaft wahrt. Andererseits sind die sich entwickelnde Ökonomie und das Bildungswesen einer Gesellschaft derart miteinander verbunden, dass die aus der Bildung, zu der alle Staatsbürger Zugang erhalten müssen, resultierenden Ungleichheiten in den unterschiedlichsten Positionen eines diversifizierten Berufs- und Beschäftigungssystems zum Ausdruck kommen. Damit gehen moderne Gesellschaften endgültig von der gesellschaftlichen Positionierung des Einzelnen auf der Grundlage von Zuschreibung zu einem System über, das auf individuellem Erwerb der Voraussetzungen für spezifische gesellschaftliche Positionen beruht. Der Bildung kommt insofern die entscheidende Funktion zu, nicht nur eine formale Gleichheit auf der Grundlage des Prinzips der Chancengleichheit herzustellen, sondern vielmehr selbst zum Architekten ‚legitimer sozialer Ungleichheit' zu werden.

Talcott Parsons' Beitrag radikalisiert Marshalls Perspektive und formuliert das modernisierungstheoretische Credo der Klassiker einer Soziologie der Staatsbürgerschaft. Sein Aufsatz aus dem Jahr 1977 ist unglücklicherweise völlig auf die Erweiterung der Dreiteilung staatsbürgerlicher Rechte um die kulturelle Dimension reduziert worden. Parsons entwickelt jedoch die Bedeutung und Funktion moderner Staatsbürgerrechte im Kontext einer Diskussion um Gleichheit und Ungleichheit in modernen Gesellschaften. Die Spezifität der Funktion staatsbürgerlicher Rechte, die Parsons dabei herausarbeitet, ist vollkommen unbeachtet geblieben.\Man muss das strukturfunktionalistische Paradigma nicht teilen, um die soziologische Bedeutung dieses Aufsatzes zu erkennen. Für jede der vier Dimensionen staatsbürgerlicher Rechte – bürgerliche, politische, soziale und kulturelle Rechte – zeichnet Parsons nach, wie sie zugleich formale Gleichheit institutionalisieren und reale Ungleichheiten legitimieren. Er legt damit den Kern der Dynamik moderner Staatsbürgerschaft, den Doppelcharakter moderner Staatsbürgerrechte, offen. Die Integrationsfunktion moderner Gesellschaften schreibt er, im Gegensatz zu Marshall, jedoch den kulturellen Rechten zu. Wie bei seinem Vorgänger kommt der Bildung, die Parsons aus den sozialen Rechten herauslöst, dabei entscheidende Bedeutung zu. Es geht hier ebenfalls um den Erwerb von Bildungsabschlüssen und die Legitimation daraus resultierender ‚kultureller Überlegenheit‘, die in spezifischen Berufsrollen zum Ausdruck kommt. Zugleich geht es aber auch darum, dass über die Partizipation am Bildungswesen westlicher Gesellschaften eine universalistische Grundlage geschaffen wird, auf der eine Pluralität partikularistischer Lebensentwürfe gestatten werden kann. Die Bildung ist das entscheidende Moment des Integrationsprozesses moderner Gesellschaften – sie wird zur unhintergehbaren Voraussetzung für ‚volle Staatsbürgerschaft‘.

Für T.H. Marshall und Talcott Parsons, wie im Übrigen auch für ihren Vorläufer Emile Durkheim, der in seiner ‚Physik der Sitten und des Rechts‘ (1991) eine frühe Form der Staatsbürgerschaft als ‚staatsbürgerliche Moral‘ konzipierte, stand außer Frage, dass es im historischen Prozess zu einer Ausdehnung staatsbürgerlicher Rechte auf immer weitere gesellschaftliche Gruppen kommen würde. Diese modernisierungstheoretische Perspektive ist verantwortlich dafür, dass sich die Klassiker einer Soziologie der Staatsbürgerschaft mit dem Inklusionsaspekt moderner Staatsbürgerschaft beschäftigten und der Exklusionsaspekt unbeachtet geblieben ist.

David Lockwood macht genau diese Vernachlässigung zum Gegenstand und diskutiert die Bedeutung des (partiellen) Ausschlusses von Staatsbürgerrechten für die soziale Schichtung, reale soziale Ungleichheiten, die Lebenschancen der Betroffenen und das politische Mobilisierungspotenzial von Gruppen, die in unterschiedlichem Grad über Staatsbürgerrechte verfügen. Statt traditionelle Klassenanalyse zu betreiben, geht er von der Bedeutung des institutionellen Geflechts von Staatsbürgerschaft, Markt und Bürokratie für soziale Kohäsion aus, und der Frage nach, wie Unterschiede in Klasse und Status die Institutionalisierung von Staatsbürgerschaft und deren integrative Funktion beeinflussen. Entlang der Dimensionen ‚moralische und materielle Ressourcen‘ einerseits, der ‚Verfügung über Staatsbürgerrechte‘ andererseits, bestimmt Lockwood vier unterschiedliche Situationen und Interessen, die einen direkten Einfluss auf das Verständnis sozialer Ordnung ausüben: *‚staatsbürgerschaftliche Exklusion‘*, die

Vorenthaltung staatsbürgerlicher Rechte bei gesellschaftlichen Gruppen; *staatsbürgerschaftliches Defizit*, der Mangel an Ressourcen zur Ausübung von Rechten (z.B. Arbeitsvertrag) oder die Verhinderung der Ausübung (z.B. durch mangelnde Umverteilung von Ressourcen durch wohlfahrtsstaatliche Institutionen); *staatsbürgerschaftlicher Zugewinn*, d.h. Vorteile für jene, die aus rechtlichen, formal universalen Ansprüchen tatsächlichen Nutzen ziehen können; *staatsbürgerschaftliche Ausdehnung*, d.h. Durchsetzung neuer Rechte durch Bürgerrechtsaktivisten. Auf der Grundlage dieser vier Kontexte lassen sich dann unterschiedliche Konsequenzen für die Skandalisierung von Benachteiligungen und die Mobilisierung von Ressourcen, und damit der Beitrag von Staatsbürgerschaft zu sozialer Integration aufklären.

Ralf Dahrendorfs Beitrag setzt sich mit der spezifischen Dynamik der Staatsbürgerschaft auseinander. Er geht dabei der Frage nach, ob die historische Entwicklung der über den Staatsbürgerstatus verbürgten gleichen Rechte für alle, des Rechts auf Partizipation und der historisch spezifischen, nationalstaatlichen Verfasstheit der Staatsbürgerschaft letztlich nicht kontraproduktive Konsequenzen hat und zu ihrer eigenen Abschaffung tendiert. Mit der Unterscheidung einer Anrechts- von einer Anspruchsseite von Staatsbürgerschaft wird das Augenmerk auf den enormen, von Lockwood als *staatsbürgerschaftliche Ausdehnung* definierten Prozess gerichtet. Die Ausdehnung der Rechte auf alle hat dazu geführt, dass mit der Problematisierung der real bestehenden Ungleichheiten und dem Versuch, diese abzuschaffen, die Wahlmöglichkeiten, die der Staatsbürgerstatus implizierte, aufgehoben werden und die Chancen, die sich auf eine differenzierte Struktur beziehen, nicht mehr existieren. Diesem Prozess, den Dahrendorf als Entstrukturierung der Gesellschaft beschreibt, entspricht im Hinblick auf politische Partizipation durch die tendenzielle Entwicklung hin zu Formen direkter Demokratie eine Erstarrung des politischen Systems, die er als *Versäulung* charakterisiert. Die Dynamik der Idee der Staatsbürgerschaft – und das demonstriert Dahrendorf am Beispiel *sektoraler Staatsbürgerschaft* – kann am Ende dazu führen, dass Gesellschaften als ganze unregierbar werden. Angesichts Entstrukturierung, Überpartizipation und Fragmentierung, wird es zur Aufgabe eines neuen Liberalismus, deutlich zu machen, so Dahrendorf, dass Staatsbürgerschaft kein Ziel an sich ist, sondern dazu dient, die Lebenschancen der Menschen zu erweitern.

Es ist *Anthony Giddens'* Verdienst, die wissenschaftliche Diskussion um Staatsbürgerschaft zu Beginn der 80er Jahre aus dem Dornröschenschlaf geweckt zu haben, indem er das Augenmerk auf den Zusammenhang zwischen Klassenstruktur und Klassenbeziehungen lenkte. Gegen Marshalls evolutionistische und teleologische Perspektive hebt Giddens mit Nachdruck die Bedeutung des Klassenkonflikts als Motor und Medium der Ausdehnung von Bürgerrechten hervor. Bürgerrechte müssen als Kampfinstrumente begriffen werden, den Spielraum individueller Freiheiten auszudehnen, wodurch sie immer wieder

Konflikte auslösen. Vor diesem Hintergrund begreift Giddens den Wohlfahrtsstaat als widersprüchliches Gebilde, in dem sich die asymmetrischen Beziehungen von Klassenstruktur und Wohlfahrtsrechten überschneiden. Angesichts der
steigenden Überwachungs- und Kontrollaktivitäten des modernen Nationalstaates weist er ferner auf die Bedeutung der bürgerliche Rechte des Individuums
hin und warnt davor, die Diskussion um sie zu einer vagen, leeren Debatte um
Menschenrechte verkommen zu lassen. Während Giddens hier die Aufgabe
einer Politik des demokratischen Sozialismus sieht, macht er deutlich, dass die
Diskussion um Staatsbürgerrechte nicht als Problem abgeschlossener Gesellschaften betrachtet werden kann, sondern den Kontext des weltweiten Systems
von Nationalstaaten in Betracht ziehen muss, um so die Zusammenhänge zwischen der Ausdehnung einer globalisierten Ökonomie und der Durchsetzung des
nationalstaatlichen Prinzips in den Blick nehmen zu können.

Michael Manns Aufsatz formuliert eine wichtige Kritik an all jenen Vorstellungen, die mit der Staatsbürgerschaft ausschließlich eine Ausdehnung individueller Freiheiten verbinden. In einem machttheoretischen Ansatz kritisiert
auch er den evolutionistischen Zugang Marshalls, vor allem aber dessen Anglo-
zentrismus und die Vorstellung eines ,one best way' zur Durchsetzung von
Staatsbürgerschaft. Im Gegensatz dazu definiert Mann mit dem liberalen, reformistischen, autoritären, monarchistischen, faschistischen und autoritär sozialistischen Weg fünf Strategien, die in entwickelten Gesellschaften zur Institutionalisierung von Staatsbürgerschaft führten. Deren Durchsetzung begreift Mann als
,Strategien der herrschenden Klassen' – eine je spezifische Zusammensetzung
aus der dominanten ökonomischen, politischen und militärischen Klasse –, die
über die meiste Macht in diesen Gesellschaften verfügen. Da alle diese Regime
in der Lage sind, über die Gewährung spezifischer Grade staatsbürgerlicher
Rechte Loyalität in der Bevölkerung zu erzeugen, kann die Frage nach ihrer
Stabilität und Instabilität letztlich nur als Resultat von Geo-Politik und den
Auswirkungen von Kriegen begriffen werden, weshalb Mann im Hinblick auf
die weitere Diskussion um Staatsbürgerschaft für eine Analyse des Zusammen-
hanges von innergesellschaftlichen Prozessen und geo-politischen Entwicklungen plädiert.

Bryan S. Turner hat die Soziologisierung der Diskussion um Staatsbürgerschaft entscheidend vorangetrieben. In einer detaillierten Auseinandersetzung
mit Michael Manns Ansatz legt er in einem komparativen, historisch-
soziologischen Zugang Nachdruck auf die kulturellen und strukturellen Transformationsprozesse, die mit der Durchsetzung der Moderne verbunden sind.
Zwei Aspekte sind von zentraler Bedeutung. Zum einen macht Turner gegen
Mann geltend, dass Staatsbürgerschaft nicht nur als Mittel zur Befriedung von
Gesellschaften (Staatsbürgerschaft ,von oben') begriffen werden kann, sondern
vielmehr der Kampf gesellschaftlicher Gruppen um Staatsbürgerrechte (Staatsbürgerschaft ,von unten') berücksichtigt werden muss. Zum anderen verweist

Turner auf die Bedeutung, die der Trennung von öffentlicher und privater Sphäre in modernen Gesellschaften zukommt. Entlang dieser beiden Achsen ‚von unten' vs. ‚von oben' und öffentlich vs. privat, definiert Turner unterschiedliche Kontexte der Entstehung von Staatsbürgerschaft, die dann historisch den unterschiedlichen kulturellen und strukturellen Bedingungen spezifischer Gesellschaften entsprechen. Die Erklärung dieser Entwicklungswege beschränkt sich gleichwohl nicht auf die Kämpfe im Innern von Gesellschaften, sie berücksichtigt ebenso die Geo-Politik der Staatsbürgerschaft sowie den Beitrag beider Faktoren auf die Herausbildung der Staatsbürgerschaft als öffentlicher Identität und der Entstehung öffentlicher politischer Räume. Die Weiterentwicklung des Konzepts der Staatsbürgerschaft angesichts der gegenwärtig einander widersprechenden Prozesse einer Betonung des Globalen einerseits, des Lokalen andererseits, der Probleme nationaler Identität und Staatsbildung im Kontext von Multikulturalismus und ethnischem Pluralismus, sowie Versuchen, eine Form globaler Bürgerschaft als politisches Gegengewicht zur globalisierten Ökonomie zu entwickeln, werden abschließend als Desiderata an eine Soziologie der Staatsbürgerschaft formuliert.

Der vorliegende Band soll nicht nur die soziologischen Grundlagentexte zur Staatsbürgerschaft der deutschen Leserschaft zugänglich machen; vielmehr hoffen wir, dass ein stärkeres soziologisches Gewicht in diesen Debatten die Problematik nicht gänzlich dem normativ-ideologischen Diskurs überlässt. Citizenship zum passe partout für die Lösung gesellschaftlicher Probleme zu erklären, sie zur Grundlage überzogener Hoffnungen und Ansprüche oder zur Rechtfertigung für die politische Mobilisierung nationaler Zusammengehörigkeitsgefühle zu machen, muss notwendig zur Überforderung führen. Das Modell nationaler Staatsbürgerschaft droht deshalb zur Schimäre zu werden, denn es hat zweifellos Grenzen. Das heißt aber keineswegs, dass nationale Staatsbürgerschaft obsolet wird. Vielmehr kann eine wohlumgrenzte Konzeption, wie wir sie angedeutet haben, die zentralen Probleme und Konfliktlinien in fortgeschrittenen Gesellschaften identifizieren und die Richtungen für Kompromisse und Lösungen aufzeigen helfen. Diese Aufgaben können weder mittels einer Universalisierung nationaler Staatsbürgerschaft durch die Menschenrechte noch durch eine Vielzahl vager neuer Konzepte gelöst werden. Die soziologische Analyse zeigt, dass das nationale Modell der Staatsbürgerschaft durch das konstitutive Spannungsverhältnis von formaler Gleichheit und realer Ungleichheit – die Differenz zwischen Anrechten und Ansprüchen – eine historisch beispiellose Dynamik entfaltet hat, die nicht leichtfertig aufgegeben werden darf. Dass mit ihr spezifische Verhältnisse von Inklusion und Exklusion sowie universalistischem Anspruch und partikularistischer Verwirklichung einhergehen, trägt nur der Tatsache Rechnung, dass es innerhalb eines weltweiten Systems von Nationalstaaten weder eine völlig ‚offene' noch eine vollständig ‚geschlossene' Gesellschaft geben kann. Auch angesichts globaler Transformationsprozesse bleibt der Status der Staatsbürgerschaft deshalb auf absehbare Zeit das wichtigste Gut, das wir aneinander zu vergeben haben (Walzer 1994). Trotz seiner Unvollkommenheiten werden wir auf das nationale Modell der Staatsbürgerschaft und die entscheidende Rolle des Nationalstaates deshalb so schnell nicht verzichten können, wenn auch das universalistische Moment künftig stärker gefordert und der Staat immer mehr im Gewand eines kosmopolitischen Hüters auftreten wird.

Literatur

Andrews, G. (1991a): Introduction. In: ders. (Hg.) a.a.O., 11-15.
Andrews, G. (Hg.) (1991): Citizenship. London: Lawrence and Wishart.
Archibugi, D./Held, D. (Hg.) (1995): Cosmopolitan Democracy. An Agenda for a New World Order. Cambridge: Polity Press.
Aristoteles (1994): Politik. Reinbek: Rowohlts Enzyklopädie.
Aron, R. (1974): Is Multinational Citizenship Possible? In: Social Research, Jg. 41, 638-656.
Baker, D. /Lenhart, G. (1988): Ausländerintegration, Schule und Staat. In: Kölner Zeitschrift für Soziologie und Sozialpsychologie, Jg. 40, 40-61.
Barber, B. (1994): Starke Demokratie. Über die Teilhabe am Politischen. Hamburg: Rotbuch Verlag.
Barry, N. (1990): Markets, Citizenship and the Welfare State: Some Critical Reflections. In: Plant, R./Barry N. (Hg.) a.a.O., 33-77
Bauböck, R. (1994): Transnational Citizenship: Membership and Rights in International Migration. Aldershot: Edward Elgar.
Bellah, R.N./Madsen, R./Sullivan, W.M./Swidler, A./Tipton, S.M. (1985): Habits of the Heart. Individualism and Commitment in American Life. Berkeley-Los Angeles-London: University of California Press.
Bendix, R. (1977): Nation-Building and Citizenship: Studies of our Changing Social Order. Berkeley, California: University of California Press.
Benhabib, S. (1993): Demokratie und Differenz. Betrachtungen über Rationalität, Demokratie und Differenz. In: Brumlik, M./Brunkhorst, H. (Hg.) a.a.O., 97-116.
Berding, H. (Hg.) (1994): Nationales Bewußtsein und kollektive Identität. Studien zur Entwicklung des kollektiven Bewußtseins in der Neuzeit 2. Frankfurt/Main: Suhrkamp.
Bommes, M./Halfmann J. (1998a): Einführung: Migration, Nationalstaat, Wohlfahrtsstaat – eine theoretische Herausforderung für die Migrationsforschung. In: dies. (Hg.) a.a.O., 9-45.
Bommes, M./Halfmann J. (Hg.) (1998): Migration in nationalen Wohlfahrtsstaaten. IMIS-Schriften 6. Osnabrück: Universitätsverlag Rasch.
Brink, v.d., B./v. Reijen, W. (Hg.) (1995): Bürgergesellschaft, Recht und Demokratie. Frankfurt/Main: Suhrkamp.
Brinkmann, C. (1986): Citizenship. In: International Encyclopedia of Social Sciences, 471-474.
Brubaker, R.B. (1994): Staats-Bürger. Deutschland und Frankreich im historischen Vergleich. Hamburg: Junius.
Brumlik, M./Brunkhorst. H. (Hg.) (1993): Gemeinschaft und Gerechtigkeit. Frankfurt/Main: Fischer Taschenbuch Verlag.
Brunner, O./Conze, W./Koselleck, R. (Hg.) (1979): Geschichtliche Grundbegriffe. Historisches Lexikon zur politisch-sozialen Sprache in Deutschland. Band 1 Clett-Kotta.

Caporaso, James (1996): The European Union and Forms of the State: Westphalian, Regulatory or Post-Modern?. In: Journal of Common Market Stories, Vol. 34, 29-52.

Carens, J. (1986): Rights and Duties in an Egalitarian Society. In: Political Theory, Vol. 14, 31-49.

Castles, S./Miller, M.J. (1993): The Age of Migration. International Populations in the Modern World. London: MacMillan Press.

Closa, C. (1992): The Concept of Citizenship in the Treaty of the European Union. In: Common Market Law Review, Vol. 29, 1137-1169.

Crouch, C. (1998): Staatsbürgerschaft und Markt. Das Beispiel der neueren britischen Bildungspolitik. In: Berliner Journal für Soziologie, Jg. 8, 453-472.

Crouch, C./Eder, K./Tambini, D. (Hg.) (2000): Citizenship, Markets and the State. Oxford: Oxford University Press (i.E.).

Dahrendorf, R. (1957): Soziale Klassen und Klassenkonflikt in der industriellen Gesellschaft. Stuttgart: Enke Verlag.

Dahrendorf, R. (1974): Citizenship and Beyond: The Social Dynamics of an Idea. In: Social Research, Jg. 41, 673-701.

Dahrendorf, R. (1994a): Der moderne soziale Konflikt. München: Deutscher Taschenbuch Verlag.

Dahrendorf, R. (1994b): The Changing Quality of Citizenship. In: Steenbergen v., B. (Hg) a.a.O., 10-19.

Dehousse, R. (Hg.) (1994): Europe after Maastricht. An ever closer Union? München: Beck.

D'Oliveira, H.U. (1994): European Citizenship: Its Meaning, Its Potential. In: Dehousse, R. (Hg.) a.a.O., 126-148.

Dietz, M. (1985): Citizenship with a Feminist Face. In: Political Theory, Vol. 13, 19-37.

Dietz, M. (1994): Context is all: Feminism and Theories of Citizenship. In: Turner, B.S./Hamilton, P. (Hg.) a.a.O., 443-460.

Durkheim, E. (1991): Physik der Sitten und des Rechts. Vorlesungen zur Soziologie der Moral. Hg. und mit einem Nachwort von H.-P. Müller. Frankfurt/Main: Suhrkamp .

Eder, K. (1998a): Editorial: (Staats)Bürgerschaft – ein analytisch brauchbares Konzept für die Soziologie? In: Berliner Journal für Soziologie, Jg. 8, 445-452.

Eder, K. (1998b): Warum ist Migration ein soziales Phänomen? Von einer politischen Ökonomie zu einer politischen Soziologie der Migration. In: Bommes, M./Halfmann J. (Hg.) a.a.O., 63-79.

Eder, K./Giesen, B. (Hg.) (2000): European Citizenship between National Legacies and Postnational Projects. Oxford: Oxford University Press (i.E.).

Elshtain, J.B. (1985): Reflections on War and Political Discourse. Realism, Just War, and Feminism in a Nuclear Age. In Political Theory, Vol. 13, 39-57.

Falk, R. (1994): The Making of Global Citizenship. In: Steenbergen v. B. (Hg.) a.a.O., 127-140.

Forst, R. (1993): Kommunitarismus und Liberalismus – Stationen einer Debatte. In: Honneth, A. (Hg.) a.a.O., 181-219.

Forst, R. (1996): Kontexte der Gerechtigkeit. Politische Philosophie jenseits von Liberalismus und Kommunitarismus. Frankfurt/Main: Suhrkamp.

Fukuyama, F. (1992): Das Ende der Geschichte: wo stehen wir? München: Kindler.

Gerhard, U. (1990): Bürgerliches Recht und Patriarchat. In: dies. et al. (Hg.) a.a.O., 188-204.

Gerhard, U. et al. (Hg.) (1990): Differenz und Gleichheit. Frankfurt/Main.

Goodin, R.E. (1996): Inclusion and Exclusion. In: Archives Européennes de Sociologie. Vol. XXXVII, 343-371.

Grawert, R. (1984): Staatsangehörigkeit und Staatsbürgerstatus. In: Der Staat, Jg. 23, 179-204.

Gunsteren, v. H. (1994): Four Conceptions of Citizenship. In: Steenbergen, v. B. (Hg.) a.a.O., 36-48.

Habermas, J. (1992): Faktizität und Geltung. Beiträge zur Diskurstheorie des Rechts und des demokratischen Rechtsstaats. Frankfurt/Main: Suhrkamp.

Habermas, J. (1992a): Staatsbürgerschaft und nationale Identität. In: ders. (1992), 632-660.

Habermas, J. (1992b): Citizenship and National Identity: Some Reflections on the Future of Europe. In: Praxis International, Vol. 12, 1-19.

Habermas, J. (1993): Anerkennungskämpfe im demokratischen Rechtsstaat. In: Taylor, C. (1993), 147-196.
Habermas, J. (1994): Citizenship and National Identity. In: Steenbergen v., B. (Hg.) a.a.O., 20-35.
Habermas, J. (1996): Die Einbeziehung des Anderen. Studien zur politischen Theorie. Frankfurt/Main: Suhrkamp.
Habermas, J. (1996a): Inklusion – Einbeziehen oder Einschließen? Zum Verhältnis von Nation, Rechtsstaat und Demokratie. In: ders. (1996), 154-184.
Habermas, J. (1998): Die postnationale Konstellation: politische Essays. Frankfurt/Main: Suhrkamp.
Halfmann, J. (1998): Politischer Inklusionsuniversalismus und migratorisches Exklusionsrisiko. In: Berliner Journal für Soziologie, Jg. 8, 549-560.
Halfmann, J./Bommes, M. (1998): Staatsbürgerschaft, Inklusionsvermittlung und Migration. Zum Souveränitätsverlust des Wohlfahrtsstaates. In: Bommes, M./Halfmann, J. (Hg.) a.a.O., 81-101.
Hannerz, U. (1992): Cultural Complexity: Studies in the Social Organization of Meaning. New York: Columbia University Press.
Heater, D. (1990): Citizenship. The Civic Idea in World History, Politics and Education. London: Longman.
Honneth, A. (1993a): Einleitung. In: ders. (Hg.) a.a.O., 7-17.
Honneth, A. (Hg.) (1993): Kommunitarismus. Eine Debatte über die moralischen Grundlagen moderner Gesellschaften. Frankfurt/Main-New York: Campus.
Janowitz, M. (1980): Observations on the Sociology of Citizenship: Obligations and Rights. In: Social Forces, Vol. 59, 1-24.
King, D.S./Waldron, J. (1988): Citizenship, Social Citizenship and the Defence of Welfare Provision. In: British Journal of Political Science, Vol. 18, 415-443.
Joppke, C. (1999): Einwanderung und Staatsbürgerschaft in den USA und Deutschland. In: Kölner Zeitschrift für Soziologie und Sozialpsychologie, Jg. 51, 34-54.
Kreisky, E./Sauer, B. (Hg.) (1995): Feministische Standpunkte in der Politikwissenschaft. Eine Einführung. Frankfurt/Main-New York: Campus.
Kymlicka, W. (1995): Multicultural Citizenship. A Liberal Theory of Minority Rights. Oxford: Clarendon Press.
Kymlicka, W./Norman, W. (1994): Return of the Citizen: A Survey of Recent Work on Citizenship Theory. In: Ethics, Vol. 104, 352-381.
Larmore, C. (1993): Politischer Liberalismus. In: Honneth, A. (Hg.) a.a.O., 131-156.
La Torre, M. (1995): Citizenship and European Democracy. Paper presented at the Forum Seminar. European University Institute. Florence, 7 December.
Leca, J. (1992): Questions on Citizenship. In: Mouffe, C. (Hg.) a.a.O., 17-32.
Lipset, S.M. (1960): Political Man. The Social Bases of Politics. Garden City, N.Y.: Doubleday & Co.
Lister, R. (1993): Tracing the Contours of Women's Citizenship. In: Policy and Politics, Vol. 21, 3-16.
List er, R. (1995): Problems in Engendering Citizenship. In: Economy and Society, Vol. 24, 1-40.
Lister, R. (1997): Staatsbürgerschaft, Handlungsfähigkeit und Rechte: Feministische Perspektiven. In: Frauen in der einen Welt. Zeitschrift für interkulturelle Frauenalltagsforschung. Jg. 8, 10-25.
Lister, R. (1998): Citizenship and Difference. Towards a Differentiated Universalism. In: European Journal of Social Theory, Vol. 1, 71-90.
Locke, J. (1690): Two Treatises of Government; deutsch (1992): Zwei Abhandlungen über die Regierung. 5. Auflage. Frankfurt/Main: Suhrkamp
Lockwood, D. (1992): Solidarity and Schism. ‚The Problem of Disorder' in Durkheimian and Marxian Sociology. Oxford: Clarendon Press.
Luhmann, N. (1994): Inklusion und Exklusion. In: Berding, H. (Hg.) a.a.O., 15-45.
Lukes, S. (1993): The Politics of Equal Dignity and the Politics of Recognition. Vortrag im Rahmen des Inaugurationskolloquiums zur Georg-Simmel-Gastprofessur am Fachbereich Sozialwissenschaften der Humboldt-Universität zu Berlin. 7./8. Dezember.

MacIntyre, A. (1987): Der Verlust der Tugend. Zur moralischen Krise der Gegenwart. Frankfurt/Main-New York: Campus.
MacIntyre, A. (1993): Ist Patriotismus eine Tugend? In: Honneth, A. (Hg.) a.a.O., 84-102.
Mackert, J. (1996): Review-Essay: Citizenship und Immigration: Heterogenisierung des Nationalstaates und neue Formen der Zugehörigkeit. Neuere Beiträge zur Diskussion um Staatsbürgerschaft. In: Berliner Journal für Soziologie, Jg. 6, 261-275.
Mackert, J. (1998): Jenseits von Inklusion/Exklusion. Staatsbürgerschaft als Modus sozialer Schließung. In: Berliner Journal für Soziologie, Jg. 8, 561-576.
Mackert, J. (1999a): Kampf um Zugehörigkeit. Nationale Staatsbürgerschaft als Modus sozialer Schließung. Opladen: Westdeutscher Verlag.
Mackert, J. (1999b): Struggle for Belonging. Paper presented at the Workshop ,Social Ideas in Europe'. New York University 11-13 April.
Marshall, T.H. (1992): Bürgerrechte und soziale Klassen. Zur Soziologie des Wohlfahrtsstaates. Frankfurt/Main-New York: Campus.
Marshall, T.H. (1992a): Staatsbürgerrechte und soziale Klassen. In: ders. (1992) a.a.O., 33-94.
Meehan, E. (1993): Citizenship and the European Union. In: The Political Quarterly, Vol. 64, 172-186.
Mill, J.S. (1859): On Liberty. Harmondsworth; deutsch (1988): Über die Freiheit. Stuttgart: Philipp Reclam Jun.
Mill, J.S. (1989): On Liberty with the Subjection of Women and Chapters on Socialism. Cambridge Texts in the History of Political Thought. Cambridge University Press.
Miller, D. (1995): Citizenship and Pluralism. In: Political Studies, Vol. XLIII, 432-450.
Mongardini, C. (Hg.) (2000): Old and New Elites. Roma: Bulzoni.
Mouffe, C. (1992a): Democratic Citizenship and the Political Community. In: dies. a.a.O., 225-239.
Mouffe, C. (Hg.) (1992): Dimensions of Radical Democracy. Pluralism, Citizenship, Community. London/New York: Verso.
Müller, H.-P. (1991): Die Moralökologie moderner Gesellschaften. Nachwort zu Emile Durkheim (1991), 307-341.
Müller, H.-P. (1992): Individualismus als gemeinschaftliche Lebensform? Die „kommunitaristische" Herausforderung der Sozialwissenschaften. In: Kölner Zeitschrift für Soziologie und Sozialpsychologie, Jg. 44, 368-375.
Müller, H.-P. (1995a): Citizenship and National Solidarity. In: Thompson, K. (Hg.) a.a.O., 42-61.
Müller, H.-P. (1995b): Differenz und Distinktion. Über Kultur und Lebensstile. In: Merkur. Deutsche Zeitschrift für europäisches Denken. Jg. 49, 927-934.
Müller, H.-P. (1996a): De Iustitia Non Est Disputandum? Social Justice in Today's Germany. In: Schweizerische Zeitschrift für Soziologie, Jg. 22, 583-600.
Müller, H.-P. (1996b): Soziale Gerechtigkeit heute. In: Merkur. Deutsche Zeitschrift für europäisches Denken. Jg. 50, 34-46.
Müller, H.-P. (1997): Spiel ohne Grenzen? In: Merkur. Deutsche Zeitschrift für europäisches Denken. Jg. 51, 805-820.
Müller, H.-P. (2000): Global Elites? In: Mongardini, C. (Hg.) a.a.O., 41-61.
Müller, H.-P./Wegener, B. (1995a): Die Soziologie vor der Gerechtigkeit. Konturen einer soziologischen Gerechtigkeitsforschung. In: dies. (Hg.) a.a.O., 7-49.
Müller, H.-P./Wegener, B. (Hg.) (1995): Soziale Ungleichheit und soziale Gerechtigkeit. Opladen: Leske und Budrich.
Nassehi, A./Schroer, M. (1999): Integration durch Staatsbürgerschaft. In: Leviathan, Jg. 27, 95-112.
Neckel, S. (1995): Politische Ethnizität. Das Beispiel der Vereinigten Staaten. In: Nedelmann, B. (Hg.) a.a.O., 113-148.
Nedelmann, B. (Hg.) (1995): Politische Institutionen im Wandel. Kölner Zeitschrift für Soziologie und Sozialpsychologie, Sonderheft 35. Opladen: Westdeutscher Verlag.
Okin, S.M. (1992): Women, Equality and Citizenship. In: Queen's Quarterly, Vol. 99, 56-71.
Parsons, T. (1977): Social Systems and the Evolution of Action Theory. New York: The Free Press.

Parsons, T. (1977a): Equality and Inequality in Modern Societies, or Social Stratification Revisited. In ders. (1977), 321-380.

Parsons, T. (1985): Das System moderner Gesellschaften. Weinheit und München: Juventa.

Pateman, C. (1987): Feminist Critiques of of the Public/Private Dichotomy. In: Phillips, A. (Hg.) a.a.O., 103-126.

Pateman, C. (1989): The Disorder of Women: Democracy, Feminism and Political Theory. Cambridge: Polity Press.

Phillips, A. (1987a): Introduction. In: dies. (Hg.) a.a.O., 1-23.

Phillips, A. (Hg.) (1987): Feminism and Equality. New York University Press.

Plant, R./Barry, N. (Hg.) (1990): Citizenship and Rights in Thatcher's Britain: Two Views. London: IEA Health and Welfare Unit.

Pocock, J.G.A. (1992): The Ideal of Citizenship since Classical Times. In: Queen's Quarterly, Vol. 99, 33-55.

Procacci, G. (1998): Arme Bürger. Soziale Staatsbürgerschaft versus Individualisierung von Wohlfahrt. In: Berliner Journal für Soziologie, Vol. 8, 473-488.

Rawls, J. (1971): A Theory of Justice. Cambridge: Cambridge University Press; deutsch (1979): Eine Theorie der Gerechtigkeit. Frankfurt/Main: Suhrkamp.

Rawls, J. (1993): Gerechtigkeit als Fairneß: politisch und nicht metaphysisch. In: Honneth, A. (Hg.) a.a.O., 36-67.

Riedel, M. (1979): Bürger, Staatsbürger, Bürgertum. In: Brunner, O./Conze, W./Koselleck, R. (Hg.) a.a.O., 672-725.

Rokkan, S. (1960): Introduction. In: International Social Science Journal, Vol. XII, 1-14.

Rousseau, J.J. (1762): Du Contrat Sociale. Ou Principes du Droit Politique; deutsch (1986): Vom Gesellschaftsvertrag oder Grundsätze des Staatsrechts. Stuttgart: Philipp Reclam Jun.

Sandel, M. (1982): Liberalism and the Limits of Justice. Cambridge.

Sandel, M. (1993): Die verfahrensrechtliche Republik und das ungebundene Selbst. In: Honneth, A. (Hg.) a.a.O., 18-35.

Sassen, S. (1998): Zur Einbettung des Globalisierungsprozesses: Der Nationalstaat vor neuen Aufgaben. In: Berliner Journal für Soziologie, Jg. 8, 345-357.

Saunders, P. (1993): Citizenship in a Liberal Society. In: Turner, B.S. (Hg.) a.a.O., 57-90.

Sigmund, S. (1993): Gerechte Gesellschaft zwischen individueller Freiheit und institutioneller Bindung. Neuere Veröffentlichungen zur Kommunitarismus-Debatte. Review-Essay. In: Berliner Journal für Soziologie, Jg. 3, 580-585.

Somers, M.R. (1998): ,Citizenship' zwischen Staat und Markt. Das Konzept der Zivilgesellschaft und das Problem der ,dritten Sphäre'. In: Berliner Journal für Soziologie, Jg. 8, 489-505.

Soysal, Y.N. (1994): Limits of Citizenship. Migrants and Postnational Membership in Europe. The University of Chicago Press.

Steenbergen, v. B. (Hg.) (1994): The Condition of Citizenship. London-Thousand Oaks-New Delhi: SAGE Publications.

Sternberger, D. (1967): Ich wünschte ein Bürger zu sein. Neun Versuche über den Staat. Frankfurt/Main: Suhrkamp.

Steward, F. (1991): Citizens of Planet Earth. In: Andrews, G. (Hg.) a.a.O., 65-75.

Stichweh, R. (1997): Inklusion/Exklusion, funktionale Differenzierung und die Theorie der Weltgesellschaft. In: Soziale Systeme, Jg. 3, 123-136.

Stichweh, R. (1998a): Migration, nationale Wohlfahrtsstaaten und die Entstehung der Weltgesellschaft. In: Bommes, M./Halfmann J. (Hg.) a.a.O., 49-61.

Stichweh, R. (1998b): Zur Theorie politischer Inklusion. In: Berliner Journal für Soziologie, Jg. 8, 539-547.

Taylor, C. (1979): Hegel and Modern Society. Cambridge.

Taylor, C. (1993a): Aneinander vorbei: Die Debatte zwischen Liberalismus und Kommunitarismus. In: Honneth, A. (Hg.) a.a.O., 103-130.

Taylor, C. (1993b): Multikulturalismus und die Politik der Anerkennung. Hg. von Amy Gutman. Frankfurt/Main: Fischer.

Thompson, K. (Hg.) (1995): Durkheim, Europe and Democracy. Occasional Papers No. 3, British Centre for Durkheimian Studies. Oxford.

Turner, B.S. (1993a): Preface. In: ders. (Hg.) a.a.O., VII-XII.

Turner, B.S. (1997): Citizenship Studies: A General Theory. In: Citizenship Studies, Vol. 1, 5-18.

Turner, B.S. (Hg.) (1993): Citizenship and Social Theory. London-Newbury Park-New Delhi. SAGE Publications.

Turner, B.S./Hamilton, P. (Hg.) (1994): Citizenship. Critical Concepts. 2 Volumes. London-New York: Routledge.

Vogel, U. (1991): Is Citizenship Gender-Specific? In: Vogel, U./Moran, M. (Hg.) a.a.O., 58-85.

Vogel, U./Moran, M. (Hg.) (1991): The Frontiers of Citizenship. London: MacMillan.

Waldron, J. (1993): Liberal Rights. Collected Papers 1981-1991. Cambridge: Cambridge University Press.

Walby, S. (1994): Is Citizenship Gendered? In: Sociology, Vol. 28, 379-395.

Walzer, M. (1992): The Civil Society Argument. In: Mouffe, C. (Hg.) a.a.O., 89-107.

Wiener, A. (1996): (Staats)Bürgerschaft ohne Staat. Ortsbezogene Partizipationsmuster am Beispiel der Europäischen Union. In: Prokla. Zeitschrift für kritische Sozialwissenschaft, Jg. 26, 497-513.

Wilde, G. (1995): Geschlecht und das Prinzip der Ungleichheit. Zur Problematik der Gleichheit in demokratietheoretischen Ansätzen. In: Kreisky, E./Sauer, B. (Hg.) a.a.O., 122-160.

Wilson, W.J. (1996): When Work Disappears. The World of the New Urban Poor. Vintage Books.

Young, I.M. (1989): Polity and Group Difference: A Critique of the Ideal of Universal Citizenship. In: Ethics, Vol. 99, 250-274.

Young, I.M. (1990): Justice and the Politics of Difference. Princeton: Princeton University Press.

Young, I.M. (1995): Unparteilichkeit und bürgerliche Öffentlichkeit. Implikationen feministischer Kritik an Theorien der Moral und der Politik. In: Brink, v.d., B./v. Reijen, W. (Hg.) a.a.O., 245-280.

Zahlmann, C. (Hg.) (1992): Kommunitarismus in der Diskussion. Berlin: Rotbuch Verlag.

Zintl, R. (1983): Individualistische Theorien und die Ordnung der Gesellschaft. Berlin: Duncker & Humblot.

I. Die Klassiker einer Soziologie der Staatsbürgerschaft

Staatsbürgerrechte und soziale Klassen[1]

Thomas H. Marshall

Die Einladung zu diesen Vorlesungen bereitete mir ein sowohl persönliches wie berufliches Vergnügen. Aber während meine persönliche Reaktion bei aller Bescheidenheit die offene Anerkennung einer Ehre war, die ich mit keinem Recht zu erwarten habe, war meine berufliche Reaktion alles andere als zurückhaltend. Die Soziologie hat meiner Meinung nach jedes Recht, ihren Anteil an dieser jährlichen Gedenkfeier für Alfred Marshall einzufordern. Ich betrachte es als Zeichen von Wohlwollen, dass eine Universität, die die Soziologie noch nicht als Bewohnerin akzeptiert, trotzdem bereit ist, sie als Gast willkommen zu heißen. Es mag durchaus sein – und der Gedanke ist beunruhigend – dass hier die Soziologie in meiner Person zur Prüfung steht. Wenn dem so ist, dann werde ich mich darauf verlassen, dass Ihr Urteil sorgfältig und gerecht sein wird, dass Sie die Aufschlüsse, die Sie vielleicht in meinen Vorlesungen finden, als Zeichen des akademischen Wertes des Faches sehen, das ich hier vertrete, und alles andere, das Ihnen dürftig, alltäglich oder falsch verstanden erscheint, als Ausdruck von Qualitäten die ausschließlich mir zuzuschreiben sind und die sie bei keinem meiner Kollegen finden werden.

Ich will die Bedeutung meines Themas für diese Gelegenheit nicht dadurch behaupten, indem ich Marshall für die Soziologie reklamiere. Denn nachdem er die ersten Objekte seiner Liebe, Metaphysik, Ethik und Psychologie verlassen hatte, widmete er sein Leben der Entwicklung der Ökonomie als eigenständige Wissenschaft und der Perfektionierung ihrer eigenen Forschungs- und Untersuchungsmethoden. Er hat dabei bewusst einen Weg eingeschlagen, der sich deutlich von den Wegen unterscheidet, die von Adam Smith und John Stuart Mill

---

1 Anmerkung zur Übersetzung des Begriffs ‚Citizenship‘: Im englischen und amerikanischen Sprachgebrauch verweist ‚citizenship‘ stärker als in der deutschen politischen Sprache auf Bürgerrechte und die damit verknüpfte aktive Rolle der Bürger bei der Diskussion und Gestaltung der öffentlichen Angelegenheiten, als auf Staatsbürgerschaft im Sinne eines vorrangig rechtlich definierten und eher passiv orientierten Konzepts der Mitgliedschaft in einem Staat. Obwohl auch im deutschen Sprachgebrauch Staatsbürgerschaft mehr bedeuten kann als die bloße Staatsangehörigkeit und den rechtlichen, politischen und sozialen Status der Staatsbürger verweist, wird im Folgenden, je nach Kontext, ‚Citizenship‘ entweder als Staatsbürgerrechte oder als Staatsbürgerstatus übersetzt. Damit spiegeln sich in der Übersetzung wichtige Unterschiede in der politischen Kultur und der staatlichen Entwicklung in England und Deutschland wider. Für kritische Bemerkungen zu einer früheren Fassung der Übersetzung von ‚Citizenship and Social Class‘ habe ich Claus Offe zu danken.

verfolgt wurden. In seiner Antrittsvorlesung, die er im Jahr 1885 hier in Cambridge hielt, kommt die Stimmung zum Vorschein, in der diese Entscheidung getroffen wurde. Anlässlich Comtes' Glauben an eine einheitliche Sozialwissenschaft sagte er Folgendes: „Ohne Zweifel würde die Ökonomie unter ihren Fittichen Zuflucht suchen, wenn es etwas derartiges gäbe. Es gibt sie aber nicht; es gibt keinerlei Anzeichen für ihr Kommen. Es macht keinen Sinn, untätig auf sie zu warten; wir müssen mit unseren jetzt verfügbaren Ressourcen tun, was immer uns möglich ist" (Pigou 1925: 164). Aus diesem Grund verteidigte er die Eigenständigkeit und Überlegenheit der Methode der Ökonomie, eine Überlegenheit, die sich hauptsächlich „dem Maßstab des Geldes verdankt, das auf konkurrenzlose Art und Weise in der Lage ist, Motive zu messen" (ebd.: 158).

Wie Sie wissen, war Marshall ein Idealist – so sehr, dass Keynes über ihn sagte, er „sei zu ängstlich, um von Nutzen zu sein" (ebd.: 37). Ihn aus diesem Grund für die Soziologie zu reklamieren ist das letzte, was ich hier tun möchte. Es ist richtig, dass einige Soziologen von einer ähnlichen Krankheit, Gutes tun zu wollen, geschlagen waren, oft genug zum Nachteil ihrer intellektuellen Leistungsfähigkeit. Ich würde mich aber niemals dazu hinreißen lassen, den Ökonomen vom Soziologen dadurch zu unterscheiden, dass der eine von seinem Kopf regiert sein soll, und der andere von seinen Gefühlen hinweggerissen werden kann. Genauso wie jeder ehrliche Soziologe weiß auch jeder ehrliche Ökonom, dass die Wahl der Ziele und Ideale außerhalb des Gebietes der Sozialwissenschaften, auf dem Gebiet der Sozialphilosophie liegt. Marshalls Idealismus ließ ihn aber mit aller Leidenschaft danach streben, die Ökonomie der Politik zu ihrem Gebrauch anzudienen – ein durchaus legitimer Gebrauch der Wissenschaften –, um Wesen und Inhalt der Probleme vollständig offen zu legen, mit denen sich die Politik beschäftigen muss, und um die relative Wirksamkeit alternativer Mittel zur Erreichung gegebener Ziele zu beurteilen. Er erkannte dabei, dass selbst in jenen Fällen, die ganz selbstverständlich als ökonomische Probleme gesehen werden, die Ökonomie allein nicht in der Lage ist, diese beiden Dienste zu leisten. Denn das macht die Betrachtung der sozialen Kräfte notwendig, die sich genauso dem Zugriff des Messbands der Ökonomen entziehen wie der Krocketball den Schlägen, die Alice vergeblich mit dem Kopf ihres Flamingos anzubringen versucht. Wenn er sich in einer bestimmten Stimmung befand, hat Marshall vielleicht aus diesem Grund eine völlig unangemessene Enttäuschung über seine Leistung empfunden, sogar seinem Bedauern Ausdruck verliehen, der Psychologie die Ökonomie vorgezogen zu haben, eine Wissenschaft, die ihn näher an den Puls und das Lebensblut der Gesellschaft gebracht und ihm ein tieferes Verständnis menschlichen Strebens gegeben hätte.

Die Erläuterung des Problems mit der Hilfe von Alfred Marshall

Es wäre einfach, die vielen Passagen zu zitieren, in denen Marshall sich gezwungen sah, von jenen schwer fassbaren Faktoren zu sprechen, von deren
Bedeutung er so fest überzeugt war. Ich ziehe es aber vor, meine Aufmerksamkeit auf einen Aufsatz zu beschränken, dessen Thema jenem sehr nahe kommt,
das ich für diese Vorlesung gewählt habe. Es handelt sich um einen Vortrag,
den er im Jahr 1873 unter dem Titel ‚The Future of the Working Classes' im
Cambridge Reform Club vorgetragen hat und der in dem von Professor Pigou
herausgegebenen Gedächtnisband wieder abgedruckt wurde. Es gibt einige
inhaltliche Unterschiede zwischen den beiden Veröffentlichungen, die, soweit
ich weiß, auf Verbesserungen zurückzuführen sind, die Marshall selbst vorgenommen hat, nachdem die ursprüngliche Fassung als Broschüre erschienen
war.[2] Ich wurde auf diesen Aufsatz von meinem Kollegen Professor Phelps
Brown aufmerksam gemacht, der vergangenen November in seiner Antrittsvorlesung von ihm Gebrauch machte (Marshall, A. 1949). Er ist vor allem auch
deshalb für mein heutiges Vorhaben geeignet, weil Marshall, als er einen Aspekt des Problems sozialer Gleichheit vom Standpunkt ökonomischer Kosten
aus untersuchte, auf jene Grenze stieß, die das Gebiet der Soziologie um-
schließt, sie überschritt und einen kurzen Vorstoß auf die andere Seite unter-
nahm. Sein Vorgehen kann als Herausforderung an die Soziologie aufgefasst
werden, einen Emissär zu senden, der ihn an der Grenze trifft, und der mit ihm
zusammen die Aufgabe in Angriff nimmt, das Niemandsland in Allgemeinbesitz
zu überführen. Ich war anmaßend genug, als Historiker und Soziologe diese
Herausforderung anzunehmen, und mich zu jenem Punkt an der ökonomischen
Grenze aufzumachen, wo sich dieses gemeinsame Problem sozialer Gleichheit
befindet.

In seinem Vortrag warf Marshall die Frage auf, „ob es einen triftigen Grund
für die Vermutung gibt, dass die Verbesserung der Lage der arbeitenden Klasse
Grenzen hat, die sie nicht überschreiten kann." „Die Frage ist nicht", sagte er,
„ob letztlich alle Menschen gleich sind – sie sind es selbstverständlich nicht –,
sondern ob der Fortschritt nicht gleichmäßig, wenn auch langsam vorwärts
schreiten wird, bis zuletzt, zumindest dem Beruf nach, jedermann ein Gentleman ist. Ich behaupte, dass dies geschehen wird und auch geschehen soll"
(ebd.: 3f.). Seine Überzeugung gründete sich auf den Glauben, dass das unter-
scheidende Kennzeichen der arbeitenden Klassen schwere und übermäßige
Arbeit ist, und dass das Ausmaß dieser Arbeit stark verringert werden kann.
Sich umschauend fand er Zeichen dafür, dass die gelernten Handwerker, deren
Arbeit nicht stumpf und geisttötend war, sich bereits auf dem Weg in jenen

---

2 Privatdruck durch Thomas Tofts. Die Seitenzahlen beziehen sich auf diese Ausgabe.

Zustand befanden, den er als die endgültige Errungenschaft aller voraussah. Sie lernen, meinte er, Bildung und Freizeit mehr zu schätzen als „bloße Lohnsteigerungen und Verbesserungen der materiellen Umstände." „Ihre Unabhängigkeit und mannhafte Selbstachtung wächst stetig, und damit auch die freundliche Anerkennung anderer; mehr und mehr akzeptieren sie die privaten und öffentlichen Pflichten des Staatsbürgers; sie begreifen zunehmend die Wahrheit, dass sie Menschen sind, und keine arbeitenden Maschinen. Sie werden immer mehr zu Gentlemen" (ebd.: 6). Wenn der technische Fortschritt Schwerstarbeit auf ein Minimum reduziert hat, und dieses Minimum in kleinen Teilen auf alle verteilt wird, dann werden, „insofern als die arbeitenden Klassen aus Menschen bestehen, die übermäßige Arbeit zu verrichten haben, auch die arbeitenden Klassen abgeschafft (...) sein" (ebd.: 16).

Marshall war sich darüber im klaren, dass man ihm die Übernahme sozialistischer Ideen vorwerfen könnte, die er, wie er uns selber sagte, in dieser Periode seines Lebens mit großen Hoffnungen und mit noch größeren Enttäuschungen studierte. Aus diesem Grunde sagte er: „Das Bild, das ich entwerfen werde, wird in mehr als einer Hinsicht dem ähneln, das uns die Sozialisten gezeigt haben, diese noblen aber unbelehrten Enthusiasten, die allen Menschen jene unbegrenzte Aufnahmebereitschaft jener Tugenden der Selbstaufgabe zuschrieben, die sie in ihrer eigenen Brust gefunden haben."[3] Er behauptete dagegen, sein System würde sich insofern grundsätzlich vom Sozialismus unterscheiden, als in ihm die wesentlichen Elemente eines freien Marktes bewahrt bleiben würden. Er hielt aber daran fest, dass der Staat einigen Gebrauch von seiner Zwangsgewalt machen müsse, wollten seine Ideale verwirklicht werden. Er muss die Kinder zum Schulbesuch zwingen, weil die Ungebildeten nicht urteilen können und sich deshalb auch nicht für jene nützlichen Dinge entscheiden können, die den Unterschied zwischen den Leben der Gentlemen und dem Leben der arbeitenden Klassen ausmachen. „Er ist verpflichtet, sie zu zwingen und ihnen dadurch zu helfen, die ersten Schritte vorwärts zu unternehmen; und er ist verpflichtet, ihnen zu helfen, wenn sie dazu bereit sind, viele Schritte vorwärts zu gehen" (ebd.: 15). Bemerken Sie bitte, dass nur der erste Schritt erzwungen wird. Sobald die Fähigkeit ausgebildet ist, sich zu entscheiden, hat man die freie Wahl.

Marshalls Vortrag war an einer soziologischen Hypothese und einer ökonomischen Berechnung aufgehängt. Die Berechnung gab ihm die Antwort auf seine Ausgangsfrage, indem sie ihm zeigte, dass die Ressourcen und die Pro-

---

3   Die überarbeitete Fassung dieses Abschnitts lautet an entscheidenden Punkten anders: „Das zu entwerfende Bild wird in mehr als einer Hinsicht jenem ähneln, das uns von einigen Sozialisten gezeigt wird, die allen Menschen (...) zuschrieben (...)" usw. Die Missbilligung ist hier weniger umfassend und Marshall spricht auch nicht mehr von Sozialisten en masse, als Partei und in der Vergangenheitsform.

duktivität der Erde, die notwendig sind, die materiellen Grundlagen bereit zu stellen, sich wahrscheinlich als ausreichend erweisen, um jeden Menschen in die Lage zu versetzen, ein Gentleman zu sein. In anderen Worten: Die Kosten der Bereitstellung von Bildung für alle und für die Abschaffung schwerer und ü-übermäßiger Arbeit können gedeckt werden. Es gibt keine unüberschreitbaren Grenzen der Verbesserung der Lage der arbeitenden Klassen – zumindest nicht hinsichtlich dieses Aspektes des von Marshall beschriebenen Ziels. Bei der Ausarbeitung dieser Ergebnisse benutzte Marshall die üblichen Techniken der Ökonomen, obwohl er sie zugegebenermaßen auf ein Problem anwandte, das einen hohen Grad an Spekulation verlangt.

Die soziologische Hypothese ist nicht so offensichtlich. Für die Enthüllung ihrer vollständigen Gestalt muss ein bisschen tiefer gegraben werden. Ihr Kern ist in jener Passage enthalten, die ich zitiert habe, aber Marshall gibt uns einen zusätzlichen Hinweis, wenn er darauf aufmerksam macht, dass dann, wenn wir von jemandem sagen, er gehöre den arbeitenden Klassen an, wir „an die Wirkung denken, die seine Arbeit auf ihn ausübt, und weniger an den Einfluss, den er auf seine Arbeit ausübt" (ebd.: 5). Das ist ganz sicher keine Definition, die wir von einem Ökonomen erwarten, und tatsächlich wäre es nicht gerecht, sie überhaupt als Definition zu betrachten oder sie einer näheren und kritischen Untersuchung zu unterziehen. Die Bemerkung sollte die Vorstellung gefangen nehmen und in die allgemeine Richtung weisen, in die sich Marshalls Gedanken bewegten. Und diese Richtung war nicht die quantitative Beurteilung des Lebensstandards, der konsumierten Güter und Dienstleistungen, sondern die qualitative Beurteilung des Lebens als Ganzes, hinsichtlich der unvergleichbaren Elemente von Zivilisation oder Kultur. Er akzeptierte eine ziemliche Spanne quantitativer oder wirtschaftlicher Ungleichheit als richtig und angemessen, verdammte aber die qualitative Ungleichheit oder den Unterschied zwischen jenem, der „zumindest der Beschäftigung nach ein Gentleman ist" und jenem, der es nicht ist. Ich denke, wir können, ohne Marshalls Überlegungen Gewalt anzutun, das Wort ‚Gentleman' durch das Wort ‚zivilisiert' ersetzen. Denn es ist unbestreitbar, dass er die in seiner Generation einem Gentleman angemessenen Lebensumstände als Maßstab eines zivilisierten Lebens ansah. Wir können noch weitergehen und sagen, dass der Anspruch aller, sich dieser Umstände zu erfreuen, ein Anspruch auf einen Anteil am gesellschaftlichen Erbe ist, und der wiederum einen Anspruch bedeutet, als volles Mitglied der Gesellschaft anerkannt zu werden, und das ist: als Staatsbürger.

Ich glaube, das ist die soziologische Hypothese, die in Marshalls Aufsatz steckt. Sie behauptet eine Art grundsätzlicher menschlicher Gleichheit, die mit der Vorstellung einer vollen Mitgliedschaft in der Gemeinschaft – oder, wie ich sagen sollte, mit dem Staatsbürgerstatus – verbunden ist, die nicht mit jenen

Ungleichheiten unvereinbar ist, die die zahlreichen wirtschaftlichen Ebenen einer Gesellschaft voneinander unterscheiden. Mit anderen Worten: Die Ungleichheit eines Systems sozialer Ungleichheit kann unter der Voraussetzung akzeptiert werden, dass die Gleichheit des Staatsbürgerstatus anerkannt ist. Marshall setzte nicht das Leben eines Gentleman mit dem Status des Staatsbürgers gleich. Dafür müsste seinem Ideal die Form gesetzlicher Rechte gegeben werden, auf die jedermann Anspruch hat. Und das wiederum würde bedeuten, die Verantwortung für die Gewährung dieser Rechte ohne Umschweife auf die Schultern des Staates zu legen und damit Schritt für Schritt zu staatlichen Interventionen führen, die er missbilligt hätte. Wenn er den Status des Staatsbürgers als etwas bezeichnet, was gelernte Handwerker auf dem Weg ihrer Entwicklung zu Gentlemen zu schätzen lernen, dann erwähnt er nur seine Pflichten, nicht seine Rechte. Er sah ihn als eine Lebensform, die in einem selbst wächst, und nicht als etwas, das einem von außen angetragen wird. Er erkannte nur ein bestimmtes Recht an, nämlich das Recht der Kinder auf Bildung, und nur in diesem Fall billigte er den Einsatz staatlicher Zwangsmittel, um dieses Ziel zu erreichen. Er konnte kaum weitergehen, ohne sein eigenes Kriterium für die Unterscheidung seines Systems von jeder Art von Sozialismus zu gefährden, nämlich die Bewahrung der Freiheit der Wettbewerbswirtschaft.

Aber auch noch heute liegt seine soziologische Hypothese genauso nahe am Kern des Problems wie vor einem dreiviertel Jahrhundert – tatsächlich sogar noch näher. Die grundlegende menschliche Gleichheit der Mitgliedschaft, von der ich behaupte, dass er auf sie hingewiesen hat, wurde mit neuen Inhalten angereichert und mit einer stattlichen Anzahl von Rechten ausgestattet. Sie hat sich weit über das hinausentwickelt, was er voraussah oder gewünscht hätte. Sie wurde eindeutig mit dem Status des Staatsbürgers identifiziert. Und es ist an der Zeit, seine Hauptthese neu zu untersuchen und seine Fragen neu zu stellen, um zu sehen, ob die Antworten immer noch die gleichen sind. Ist es nach wie vor richtig, dass grundsätzliche Gleichheit, wenn ihr Inhalt mit Bedeutung gefüllt wird und formale Rechte des Staatsbürgerstatus in ihr Ausdruck finden, mit der Ungleichheit sozialer Klassen zu vereinbaren ist? Ich werde behaupten, dass unsere heutige Gesellschaft davon ausgeht, dass sie sich nach wie vor ergänzen, und das in einem Maße, dass der Staatsbürgerstatus in gewisser Hinsicht selbst zum Architekten legitimer sozialer Ungleichheit geworden ist. Ist es nach wie vor wahr, dass ein Mindestmaß von Gleichheit geschaffen und bewahrt werden kann, ohne die Freiheit der Wettbewerbswirtschaft zu beschneiden? Offensichtlich ist das nicht der Fall. Ohne Zweifel ist unser modernes System ein sozialistisches System, dessen Schöpfer – anders als Marshall – sich nicht darum bemühen, es vom Sozialismus abzugrenzen. Aber es ist gleichermaßen offensichtlich, dass der Markt immer noch funktioniert innerhalb gewisser Grenzen. Hier

haben wir die weitere Möglichkeit eines grundsätzlichen Konflikts, der nach
einer Untersuchung verlangt. Und drittens, was sind die Folgen der bemerkenswerten Verlagerung des Schwerpunkts von den Pflichten zu den Rechten? Handelt es sich dabei um ein unvermeidliches Merkmal des modernen Staatsbürgerstatus – unvermeidlich und unumkehrbar? Abschließend möchte ich Marshalls
Ausgangsfrage in eine neue Form kleiden. Er fragte, ob es Grenzen gibt, die die
Verbesserung der Lage der arbeitenden Klassen nicht überschreiten können,
wobei er an Grenzen dachte, die durch natürliche Ressourcen und die Leis-
tungskraft der Wirtschaft gesetzt werden. Ich werde fragen, ob Grenzen denkbar
sind, die die moderne Tendenz in Richtung sozialer Gleichheit nicht oder wahrscheinlich nicht überschreiten werden. Ich denke dabei nicht an die ökonomischen Kosten (diese zentrale Frage überlasse ich den Ökonomen), sondern an
inhärente Grenzen der Prinzipien dieser Tendenz. Denn die moderne Tendenz in
Richtung Gleichheit ist die letzte Phase der Entwicklung des Staatsbürgerstatus,
die seit ungefähr 250 Jahren ununterbrochen andauert. Aus diesem Grund besteht meine erste Aufgabe darin, der Inangriffnahme der Probleme der Gegenwart dadurch den Weg zu bereiten, dass ich für eine Weile im Untergrund unserer Geschichte grabe.

Die Entwicklung des Staatsbürgerstatus bis zum Ende des neunzehnten Jahrhunderts

Ich halte mich an die geläufige Vorstellung von einem Soziologen, wenn ich mit
dem Vorschlag beginne, den Staatsbürgerstatus in drei Bestandteile zu zerlegen,
wobei in diesem Fall die Analyse eindeutig mehr durch die Geschichte als durch
die Logik bestimmt wird. Diese drei Teile oder Elemente werde ich das bürgerliche, politische und soziale Element nennen. Das bürgerliche Element besteht
aus jenen Rechten, die notwendig sind, die individuelle Freiheit zu sichern:
Freiheit der Person, Redefreiheit, Gedanken- und Glaubensfreiheit, Freiheit des
Eigentums, die Freiheit, gültige Verträge abzuschließen, und das Recht auf ein
Gerichtsverfahren. Das letzte entspringt einer anderen Entwicklung als die anderen, weil es das Recht ist, seine eigenen Rechte auf der Grundlage der Gleichheit und eines rechtsstaatlichen Verfahrens zu verteidigen und zu behaupten.
Das zeigt uns, dass die Institutionen, die unmittelbar mit den bürgerlichen
Rechten verbunden sind, die Gerichtshöfe sind. Mit dem politischen Element
bezeichne ich das Recht auf die Teilnahme am Gebrauch politischer Macht,
entweder als Mitglied einer mit politischer Autorität ausgestatteten Körperschaft
oder als Wähler der Mitglieder einer derartigen Körperschaft. Die entsprechenden Institutionen sind Parlament und Gemeinderat. Mit dem sozialen Element
bezeichne ich eine ganze Reihe von Rechten, vom Recht auf ein Mindestmaß an

wirtschaftlicher Wohlfahrt und Sicherheit, über das Recht an einem vollen Anteil am gesellschaftlichen Erbe, bis zum Recht auf ein Leben als zivilisiertes Wesen entsprechend der gesellschaftlich vorherrschenden Standards. Die am Engsten mit ihm verbundenen Institutionen sind das Erziehungswesen und die sozialen Dienste.[4]

In früheren Zeiten waren diese drei einzelnen Elemente zu einem Strang gedreht. Die Rechte waren miteinander verbunden, weil die Institutionen untereinander verschmolzen waren. Bereits Maitland stellte fest: „Je weiter zurück wir unsere Geschichte verfolgen, desto schwieriger wird es für uns, eindeutige Grenzlinien zwischen den zahlreichen Aufgaben des Staates zu ziehen: Ein und dieselbe Institution ist eine gesetzgebende Körperschaft, der Rat einer Regierung und ein Gerichtshof. (...) Beim Übergang vom Altertümlichen zum Modernen beobachten wir, in den Worten einer modischen Philosophie, eine Differenzierung" (Maitland 1925: 105). Maitland spricht hier von der Verschmelzung politischer und bürgerlicher Institutionen und Rechte. Aber auch die sozialen Rechte eines Mannes waren Bestandteil desselben Amalgams. Sein davon abgeleiteter Status bestimmte den Ort und die Art von Gerechtigkeit, die er bekommen konnte, und die Art und Weise, in der er als Mitglied der Gemeinschaft an der Verwaltung ihrer Angelegenheiten teilhaben konnte. Dieser Status entspricht allerdings nicht dem Status des Staatsbürgers in unserem modernen Sinne. In der Feudalgesellschaft war Status ein Klassenmerkmal und Maßstab der Ungleichheit. Es gab keine einheitliche Sammlung von Rechten und Pflichten, mit der alle Männer, ob adlig oder gemein, frei oder unfrei, Kraft ihrer Mitgliedschaft in der Gesellschaft ausgestattet waren. Es gab in dieser Hinsicht keine grundsätzliche Gleichheit der Bürger, die gegen das Prinzip der Ungleichheit der Klasse gesetzt werden konnte. Auf der anderen Seite können in den mittelalterlichen Städten Beispiele echten und egalitären Bürgerrechts gefunden werden. Seine spezifischen Rechte und Pflichten waren aber strikt lokal, während der Staatsbürgerstatus, dessen Geschichte ich nachzeichnen möchte, definitionsgemäß national ist.

Die Entwicklung des Staatsbürgerstatus bestand aus dem doppelten Prozess der Verschmelzung und der Trennung. Die Verschmelzung war geographisch, die Trennung funktional. Der erste entscheidende Schritt datiert vom zwölften Jahrhundert, als eine königliche Gerichtsbarkeit aufgebaut und mit Mitteln ausgestattet wurde, die bürgerlichen Rechte von Individuen zu definieren und zu verteidigen – und das nicht auf der Grundlage örtlicher Gebräuche, sondern auf der des gemeinen Landrechts. Als Institution waren die Gerichtshöfe zwar nati-

---

4 Nach dieser Terminologie würde das, was Ökonomen manchmal ‚Einkommen aus bürgerlichen Rechten' nennen, als ‚Einkommen aus sozialen Rechten' bezeichnet werden. Vgl. Dalton (1920).

onal, aber spezialisiert. Es folgte ein Parlament, das bereits dem Ansatz nach die politischen Befugnisse einer nationalen Regierung besaß und das bis auf wenige Reste, die früher zur Curia Regis gehörten, alle gerichtlichen Funktionen abgegeben hatte. Die Curia Regis war „jene Art konstitutionellen Protoplasmas, aus dem mit der Zeit die zahlreichen Räte der Krone, die Kammern des Parlaments und die Gerichtshöfe sich entwickelten" (Pollard 1926: 25). Schließlich wurden die sozialen Rechte, die in der Mitgliedschaft in der Dorfgemeinschaft, der Stadt und der Zunft wurzelten, Schritt für Schritt durch den wirtschaftlichen Wandel aufgelöst, bis nichts mehr als das Armenrecht übrig blieb, wiederum eine spezialisierte Institution, die, obwohl es weiterhin lokal verwaltet wurde, eine nationale Grundlage erhielt.

Zwei wichtige Konsequenzen folgten aus dieser Entwicklung. Erstens, als die Institutionen, in denen die drei Bestandteile des Staatsbürgerstatus gründeten, sich voneinander lösten, wurde es für jeden von ihnen möglich, einen getrennten Weg einzuschlagen und mit eigener Geschwindigkeit der Richtung der eigenen Grundsätze zu folgen. Nicht lange, und sie hatten sich weit voneinander entfernt. Erst in diesem Jahrhundert, tatsächlich könnte ich sagen, seit ein paar Monaten, bewegen sich die drei Läufer wieder Seite an Seite. Zweitens können nationale und spezialisierte Institutionen nicht so eng dem Leben der sozialen Gruppen, denen sie dienen, verbunden sein, wie jene, die lokal begrenzt und allgemeiner Natur waren. Die schiere Größe der Wählerschaft bedingte die Entferntheit des Parlaments; die technische Förmlichkeit des Rechts und des Verfahrens bedingte die Entferntheit der Gerichte, die die Bürger zwang, Rechtsexperten anzuheuern, die sie über die Natur ihrer Rechte aufklärten und ihnen halfen, sie zu behaupten. Es wurde wiederholt darauf hingewiesen, dass im Mittelalter die Teilnahme an den öffentlichen Angelegenheiten eher eine Pflicht als ein Recht war. Die Männer schuldeten dem ihrer Klasse und ihrer Nachbarschaft zugehörigen Hof Gefolgschaft und Dienst. Ihr Hof gehörte zu ihnen und sie zu ihm, sie hatten Zugang zu ihm weil er sie brauchte und weil sie über seine Angelegenheiten Bescheid wussten. Aber das Ergebnis des doppelten Prozesses der Verschmelzung und Trennung war, dass die Mechanismen, die Zugang zu den Institutionen gaben, auf denen die Rechte des Staatsbürgerstatus gründeten, neu gebildet werden mussten. Im Fall der politischen Rechte ist es die bekannte Geschichte des Wahlrechts und der Bedingungen der Parlamentsmitgliedschaft. Im Fall der bürgerlichen Rechte waren es die Rechtsprechung der verschiedenen Gerichtshöfe, die Privilegien der Juristen und vor allem natürlich die Fähigkeit, die Kosten des Verfahrens zu tragen. Im Falle sozialer Rechte stand im Mittelpunkt des Geschehens das Niederlassungsrecht und die verschiedenen Formen der Bedürftigkeitsermittlung. Zusammen bestimmten diese Mechanismen nicht nur, welche Rechte im Prinzip anerkannt wurden, sondern auch das Maß, nach dem diese grundsätzlichen Rechte in der Praxis in Anspruch genommen werden konnten.

Als die drei Elemente des Staatsbürgerstatus sich voneinander lösten, entwickelten sich bald Konflikte zwischen ihnen. Die Trennung war dermaßen vollständig, dass es möglich ist, ohne der historischen Genauigkeit zu viel Gewalt anzutun, einer jeden der für ihre Form entscheidende Entwicklung ein anderes Jahrhundert zuzuordnen: bürgerliche Rechte dem achtzehnten, politische Rechte dem neunzehnten, und soziale Rechte dem zwanzigsten Jahrhundert. Diese Periodisierung darf natürlich nicht zu ernst genommen werden. So gibt es einige offensichtliche Überschneidungen, vor allem zwischen den beiden letzten Elementen.

Damit das 18. Jahrhundert die formgebende Phase der Freiheitsrechte umfasst, muss es einmal nach hinten verlängert werden, um Habeas Corpus, den Toleration Act und die Abschaffung der Zensur der Presse einzuschließen. Dann muss es nach vorn verlängert werden, damit es die Gleichstellung der Katholiken, die Abschaffung der Verbote der Gewerkschaftsbildung und den erfolgreichen Abschluss des Kampfes um die Pressefreiheit umfasst, der mit den Namen Cobbett und Richard Carlile verbunden ist. Die Abgrenzung der Periode mit der Revolution und dem ersten Reformgesetz wäre zwar genauer, aber weniger knapp. Am Ende dieses Zeitraums, als im Jahr 1832 die politischen Rechte ihre ersten unbeholfenen Gehversuche machten, hatten sich die bürgerlichen Rechte zu ihrer vollen Größe ausgewachsen und trugen in wesentlichen Bereichen jene Züge, die sie heute haben.[5] „Die spezifische Errungenschaft der frühen hannoveranischen Epoche", schreibt Trevelyan, „war die Durchsetzung der Rechtsstaatlichkeit; und dieses Recht war trotz seiner schwerwiegenden Mängel ein Recht, das Freiheit begründete. Auf dieser stabilen Grundlage bauten alle unsere späteren Reformen auf" (Trevelyan 1942: 351). Diese Errungenschaft des 18. Jahrhunderts, von der französischen Revolution unterbrochen und im Anschluss an sie vollendet, war zum großen Teil eine Leistung der Gerichtshöfe, sowohl in ihrer täglichen Praxis als auch durch eine Reihe berühmter Entscheidungen, wo sie in einigen Fällen für die Verteidigung der Freiheit des Individuums gegen das Parlament kämpften. Ich glaube, der wichtigste Akteur in diesem Drama war John Wilken. Obwohl wir das Fehlen jener noblen und heiligen Qualitäten, die wir in unseren nationalen Helden sehen möchten, an ihm beklagen könnten, können wir uns nicht beschweren, wenn die Sache der Freiheit manchmal von einem Freigeist verfochten wird.

---

5   Die wichtigste Ausnahme ist das Streikrecht. Die Umstände, die diesem Recht für den Arbeiter zu einer zentralen Bedeutung verhalfen und der politischen Meinung akzeptabel machten, waren allerdings noch nicht vollständig gegeben.

Auf dem Gebiet der Wirtschaft ist das grundlegende Freiheitsrecht das Recht auf Arbeit, das heißt, das Recht, die Art und den Ort der Beschäftigung selbst zu wählen, eingeschränkt allein durch die legitime Forderung einer vorbereitenden technischen Ausbildung. Sowohl Gesetz als auch Brauch haben dieses Recht versagt. Auf der einen Seite gab es das Elisabethanische Handwerksstatut, das bestimmte Beschäftigungen bestimmten sozialen Klassen zuordnete, auf der anderen Seite standen örtliche Bestimmungen, die eine Anstellung den Stadtbewohnern vorbehielten, indem sie die Lehrzeit eher als Instrument der Ausschließung als der Rekrutierung einsetzten. Die Anerkennung dieses ‚Rechts' brachte die formale Bestätigung einer grundsätzlichen Einstellungsänderung mit sich. Die alte Vorstellung, örtliche Monopole und Gruppenmonopole seien deshalb im öffentlichen Interesse, weil „Handel und Verkehr ohne Ordnung und Regierung weder aufrechterhalten noch gefördert werden" (Heckscher 1934: 269-325), wurde durch die neue Vorstellung ersetzt, dass derartige Restriktionen einen Anschlag auf die Freiheit der Person und eine Bedrohung des Wohlstandes der Nation seien. Wie im Fall der anderen bürgerlichen Rechte spielten die Gerichtshöfe bei der Förderung und beim Schutz der Fortschritte des neuen Prinzips eine entscheidende Rolle. Das Gewohnheitsrecht war elastisch genug, den Richtern seine Anwendung auf eine Art und Weise zu erlauben, die die Anpassung an den sich in kleinen Schritten vollziehenden Wandel der Umstände und Einstellungen kaum wahrnehmbar und so schließlich die Ketzerei der Vergangenheit zur Orthodoxie der Gegenwart machte. Das Gewohnheitsrecht ist im wesentlichen eine Sache des gesunden Menschenverstandes, wie es im Urteil des Oberrichters Holt im Fall des Bürgermeisters von Winton gegen Wilks (1705) zum Ausdruck kommt: „Jedermann steht es frei, in Winchester zu wohnen, und wie sollen sie auch davon abgehalten werden, sich auf rechtmäßige Art und Weise ihres Lebensunterhalts dort zu versichern? Ein derartiger Brauch ist eine Ungerechtigkeit gegenüber dem Kläger und ein Schaden für die Allgemeinheit" (King's Bench Reports (Holt): 1002). Die Bräuche waren eines der beiden großen Hindernisse des Wandels. Als allerdings in einem technischen Sinne altertümliches Brauchtum nicht mehr mit den gegenwärtigen Bräuchen der allgemein geteilten Lebensart übereinstimmte, konnte sehr schnell ihre Verteidigung den Angriffen des Gewohnheitsrechts nicht mehr standhalten. Das Gewohnheitsrecht brachte bereits im Jahr 1614 seine Abscheu vor allen Monopolen zum Ausdruck, „die irgendjemand daran hindern, einen rechtmäßigen Beruf auszuüben" (Heckscher 1934: 283). Das andere Hindernis war das Gesetzesrecht, aber selbst diesem großen Gegner versetzten die Richter einige scharfe Schläge. Lord Mansfield beschrieb im Jahr 1756 das Elisabethanische Handwerksstatut aufgrund seiner Einschränkungen natürlicher Rechte und seines Widerspruchs zum Gewohnheitsrecht des

Königreichs als ein Strafrecht. Er fügte hinzu, dass „die Politik, der sich das Gesetz verdankt, durch die damit gemachten Erfahrungen Anlass zu Zweifeln gegeben habe" (ebd.: 396).

Seit Beginn des 19. Jahrhunderts galt der Grundsatz persönlicher Freiheit als selbstverständlich. Sie sind wahrscheinlich mit dem Absatz vertraut, der von den Webbs aus dem Bericht des Sonderausschusses au dem Jahr 1811 zitiert wurde und der sagt, „dass keine Eingriffe des Gesetzgebers in die Verkehrsfreiheit oder in die absolute Freiheit eines jeden Individuums, über seine Zeit und seine Arbeitskraft auf eine Art und Weise und unter Bedingungen zu verfügen, die es seinem eigenen Interesse nach als zuträglich erachtet, ohne Verletzung allgemeiner Grundsätze von erstrangiger Bedeutung bezüglich des Wohlstands und des Glücks der Gemeinschaft vorgenommen werden können" (Webb/Webb 1920: 60). Der Widerruf der Elisabethanischen Gesetze folgte schnell, als verspätete Anerkennung einer Revolution, die bereits stattgefunden hatte.

Die Geschichte der bürgerlichen Rechte ist in ihrer formgebende Phase eine Geschichte der schrittweisen Hinzufügung neuer Rechte zu einem Status, der bereits existierte und von dem man annahm, dass er allen erwachsenen Mitgliedern der Gemeinschaft zustehe – oder man sollte vielleicht sagen, allen männlichen Mitgliedern, weil der Status der Frau, zumindest der verheirateten Frauen, einige besondere Züge aufwies. Dieses demokratische oder allgemeine Merkmal des Status erwuchs naturgemäß aus der Tatsache, dass es im wesentlichen ein Status der Freiheit war. Im England des siebzehnten Jahrhunderts waren alle Männer frei. Dienstzwang oder erbliche Leibeigenschaft klangen in der Zeit Elisabeths als offenkundige Anachronismen nach und waren kurze Zeit später verschwunden. Dieser Wandel von der Sklavenarbeit zur freien Arbeit wurde von Professor Tawney als „Höhepunkt der Entwicklung sowohl der Wirtschaftsgesellschaft als auch des politischen Verbandes" beschrieben, „als der endgültige Triumph des Gewohnheitsrechts" in Bereichen, von denen es seit vier Jahrhunderten ausgeschlossen war. Ab diesem Zeitpunkt ist der englische Landbewohner „Mitglied einer Gesellschaft, in der zumindest dem Namen nach das gleiche Gesetz für jedermann gilt" (Tawney 1912: 43f.). Die Freiheit, die seine Vorgänger durch die Flucht in die freien Städte gewonnen hatten, wurde zu seinem Recht. In den Städten waren die Begriffe ‚Freiheit' und ‚Bürgerrecht' austauschbar. Als die Freiheit allgemein wurde, entwickelte sich das Bürgerrecht von einer lokalen zu einer nationalen Institution.

Die Geschichte der politischen Rechte unterscheidet sich sowohl hinsichtlich der Zeit als auch ihrem Wesen nach. Wie ich bereits sagte, begann ihre formgebende Phase Anfang des 19. Jahrhunderts, als die Bürgerrechte, die mit dem Status der Freiheit verbunden waren, bereits genügend an Substanz gewonnen hatten, um uns mit einigem Grund von einem allgemeinen Staatsbürgerstatus

sprechen zu lassen. Als ihre Entwicklung in Gang kam, hatte sie nicht die Form
der Schaffung neuer Rechte, die einen von allen geteilten Status bereicherten,
sondern sie bestand in der Ausdehnung alter Rechte auf neue Bevölkerungsgruppen. Im achtzehnten Jahrhundert waren politische Rechte nicht ihrem Inhalt, sondern ihrer Verteilung nach mit Mängeln behaftet – Mängel, das muss
man hinzufügen, nach den Maßstäben demokratischer Staatsbürgerrechte. In
einer rein quantitativen Sicht tat das Gesetz von 1832 wenig, diesem Mangel
abzuhelfen. Nach seiner Verabschiedung beschränkte sich der Anteil der Wähler
nach wie vor auf ein Fünftel der erwachsenen männlichen Bevölkerung. Das
Wahlrecht war zwar immer noch das Monopol einiger weniger Gruppen, hatte
aber den ersten Schritt in eine Richtung erfahren, eine Art von Monopol zu
werden, das den Ideen des Kapitalismus des neunzehnten Jahrhunderts gemäß
war – ein Monopol, das mit einem gewissen Grad an Plausibilität als offen und
nicht als geschlossen beschrieben werden kann. Von dem geschlossenen Monopol einer Gruppe spricht man dann, wenn niemand aufgrund eigener Anstrengungen den Zutritt erzwingen kann; die Eintrittserlaubnis liegt in den Händen
der gegenwärtigen Gruppenmitglieder. Die Beschreibung passt auf einen beträchtlichen Teil des Bezirkswahlrechts vor dem Jahr 1832, und sie liegt nicht
allzu weit daneben, wenn sie auf das Wahlrechtskriterium eines unbeschränkten
Grundbesitzes angewendet wird. Grundbesitz ist für den Suchenden nicht immer
zu haben, selbst wenn er das Geld hat, ihn zu bezahlen, vor allem in einer Zeit,
in der die Familien ihr Land als soziale und wirtschaftliche Grundlage ihrer
Existenz sehen. Aus diesem Grund öffnete das Gesetz aus dem Jahr 1832 das
Monopol durch die Anerkennung der politischen Ansprüche jener, die auf die
normalen Beweise des Erfolgs im wirtschaftlichen Kampf verweisen konnten,
indem es das Wahlrecht auf Pächter und Mieter mit ausreichender wirtschaftlicher Substanz ausdehnte und die ‚rotten boroughs‘[6] abschaffte.

Wenn wir die Behauptung aufrechterhalten, dass im neunzehnten Jahrhundert der Staatsbürgerstatus hinsichtlich der bürgerlichen Rechte allgemein war,
dann ist offensichtlich, dass das Wahlrecht kein Recht des Staatsbürgerstatus
war. Es war das Privileg einer beschränkten wirtschaftlichen Klasse, deren
Grenzen von jedem der nachfolgenden Reformgesetze ausgedehnt wurden. Es
kann aber trotzdem behauptet werden, dass der Staatsbürgerstatus in dieser
Periode politisch nicht bedeutungslos war. Er verlieh zwar kein Recht, anerkannte aber eine Fähigkeit. Kein geistig gesunder und die Gesetze befolgender
Bürger war aufgrund seines persönlichen Status davon ausgeschlossen, das

---

6   Wahlkreise, deren Grenzen nicht mehr bestehende soziale Verhältnisse spiegelten und in denen
    es nur noch wenige Wahlberechtigte gab. Die Abgeordneten dieser Wahlkreise wurden auf dem
    Weg über Abhängigkeiten und Bestechung von lokal tonangebenden Gutsherren bestellt. Vgl.
    Setzer 1973: 38f. (A.d.Ü.).

Stimmrecht zu erwerben und sich als Wähler registrieren zu lassen. Er war frei, sich Eigentum zu verdienen, zu ersparen oder zu kaufen oder ein Haus zu mieten und sich dadurch jedes politische Recht zu verschaffen, das mit diesen wirtschaftlichen Leistungen verknüpft war. Das zu tun ermöglichten ihm seine bürgerlichen Rechte und die Wahlrechtsreform versetzte ihn dazu zunehmend in die Lage.

Wie wir sehen werden, war es durchaus angebracht, dass die kapitalistische Gesellschaft des neunzehnten Jahrhunderts die politischen Rechte als untergeordnete Frucht bürgerlicher Rechte behandelte. Es war gleichermaßen angebracht, dass das zwanzigste Jahrhundert diese Position aufgeben und politische Rechte direkt und unmittelbar dem Staatsbürgerstatus als solchem hinzufügen sollte. Dieser entscheidende Wandel der Grundsätze wurde mit dem Gesetz des Jahres 1918 durch die Einführung des allgemeinen Männerwahlrechts vollzogen, das die Grundlage politischer Rechte vom wirtschaftlichen Vermögen auf den Status als Person verlagerte. Ich sage absichtlich ‚Männerwahlrecht‘, um die große Bedeutung dieser Reform von der zweiten und nicht weniger wichtigen Reform, die zur gleichen Zeit stattfand, zu unterscheiden, nämlich die Einführung eines Frauenwahlrechts. Aber das Gesetz von 1918 schuf keine vollständige politische Gleichheit aller im Sinne der Rechte des Staatsbürgerstatus. Reste einer Ungleichheit, die an Unterschieden in der ökonomischen Substanz festgemacht waren, fristeten bis zum vergangenen Jahr, als das Mehrstimmenwahlrecht (das bereits auf ein doppeltes Stimmrecht reduziert worden war) endgültig abgeschafft wurde, ein kümmerliches Dasein.[7]

Als ich die formgebende Periode der drei Elemente jeweils einem anderen Jahrhundert zuordnete – bürgerliche Rechte dem achtzehnten, politische Rechte dem neunzehnten und soziale Rechte dem zwanzigsten – sprach ich von einer beträchtlichen Überschneidung der beiden letzteren. Ich habe die Absicht, das, was ich über soziale Rechte zu sagen habe, auf diese Überschneidung zu beschränken, damit ich mit dem Ende des neunzehnten Jahrhunderts meine historische Übersicht abschließen und meine Schlüsse aus ihr ziehen kann, bevor ich meine Aufmerksamkeit der zweiten Hälfte meines Themas zuwende, der Untersuchung unserer gegenwärtigen Erfahrungen und der unmittelbar vorhergehenden Geschehnisse. In diesem zweiten Akt des Schauspiels werden soziale Rechte im Mittelpunkt der Bühne stehen.

Die Mitgliedschaft in lokalen Gemeinschaften und Zweckvereinigungen waren die ursprünglichen Quellen sozialer Rechte. Diese Quellen wurden durch das Armenrecht und ein System der Lohnfestsetzung zuerst ergänzt und dann zunehmend ersetzt. Sie wurden auf einer nationalen Ebene konzipiert und örtlich verwaltet. Das letztere, das System der Lohnfestsetzung, verschwand sehr

---

7 A.d.Ü.: 1949 geschrieben.

schnell im achtzehnten Jahrhundert, nicht nur weil der industrielle Wandel seine Verwaltung unmöglich machte, sondern auch weil es mit der neuen Auffassung von bürgerlichen Rechten auf dem Gebiet der Wirtschaft unvereinbar war, die das Recht betonte, wo auch immer und nach selbst gewählten vertraglichen Bedingungen zu arbeiten. Lohnfestsetzungen verstießen gegen dieses individualistische Prinzip des freien Arbeitsvertrages.

Das Armenrecht war in einer etwas unklaren Lage. Die Elisabethanische Gesetzgebung hatte mehr aus ihm gemacht als nur ein Mittel, dem Elend abzuhelfen und die Landstreicherei zu unterdrücken. Ihre konstruktiven Ziele ließen eine Interpretation sozialer Wohlfahrt vermuten, die an die primitiven, aber ursprünglicheren sozialen Rechte erinnerten, die es zum größten Teil ablöste. Das Elisabethanische Armenrecht war alles in allem Teil eines breiteren Programms einer Wirtschaftsplanung, deren Ziel letztlich nicht die Schaffung einer neuen sozialen Ordnung war, sondern mit einem Minimum an einschneidenden Veränderungen die bestehende Ordnung zu erhalten. Als sich die Struktur der alten Ordnung unter den Schlägen einer Wettbewerbswirtschaft auflöste und die Planung verschwand, blieb das Armenrecht als isoliertes Überbleibsel auf dem Trockenen zurück, dem nach und nach die Idee sozialer Rechte entzogen wurde. Genau am Ende des achtzehnten Jahrhunderts fand die letzte Schlacht zwischen dem Alten und dem Neuen statt, zwischen der geplanten (oder geordneten) Gesellschaft und der Wettbewerbswirtschaft. Und in diesem Kampf war der Staatsbürgerstatus in sich gespalten: Soziale Rechte fanden sich auf der Seite des Alten, bürgerliche Rechte auf der Seite des Neuen.

Karl Polanyi schreibt in seinem Buch ,The Great Transformation' (1978) dem Speenhamland-System der Armenhilfe eine Bedeutung zu, die vielleicht einige Leser in Erstaunen versetzen könnte. Es scheint ihm das Ende einer Epoche zu markieren und zu symbolisieren. Die alte Ordnung versammelte unter seinem Banner ihre zurückweichenden Kräfte und trug einen energischen Angriff in das gegnerische Gebiet vor. So sollte sich letztlich seine Bedeutung für die Geschichte der Staatsbürgerrechte beschreiben. Tatsächlich bot das Speenhamland-System ein garantiertes Mindesteinkommen und Familienzuschüsse, in Verbindung mit einem Recht auf Arbeit oder auf Einkommenssicherung. Das ist selbst nach modernen Maßstäben ein beträchtliches Maß sozialer Rechte, das weit über das hinausgeht, was man als angemessenen Wirkungskreis des Armenrechts sehen könnte. Die Schöpfer des Programms waren sich vollkommen darüber im Klaren, dass vom Armenrecht etwas verlangt wurde, das die Lohnfestsetzung nicht mehr länger leisten konnte. Das Armenrecht war deshalb das Überbleibsel eines Systems, das versuchte, das verfügbare Einkommen nicht dem Marktwert der Arbeitskraft, sondern den sozialen Bedürfnissen und dem Status des Staatsbürgers anzupassen. Dieser Versuch, in die Struktur des Lohnsystems selbst, mit Hilfe des Armenrechts, ein Element sozialer Sicherheit einzufügen, war aber nicht nur aufgrund seiner katastrophalen praktischen Konsequenzen von vornherein zum Scheitern verurteilt, sondern auch, weil es dem herrschenden Zeitgeist extrem verhasst war.

Das Armenrecht ist in dieser kurzen Periode unserer Geschichte ein aggressiver Verteidiger der sozialen Staatsbürgerrechte. In der anschließenden Phase finden wir den Angreifer weit hinter seine Ausgangslage zurückgeschlagen. Mit dem Gesetz aus dem Jahr 1834 widerrief das Armenrecht alle Ansprüche, als Bestimmungsfaktor des Einkommens aufzutreten oder die Kräfte des freien Marktes zu stören. Es bot nur jenen eine Hilfe, die aufgrund ihres Alters oder einer Krankheit den Kampf nicht mehr fortsetzen konnten, oder jenen anderen Schwächlingen, die den Kampf aufgaben, ihre Niederlage erklärten und um Gnade bettelten. Der tastende Schritt in Richtung soziale Sicherheit wurde in sein Gegenteil verkehrt. Darüber hinaus wurden aber auch die verbleibenden Reste sozialer Rechte vom Status des Staatsbürgers abgetrennt. Das Armenrecht behandelte die Anrechte der Armen nicht als integralen Bestandteil der Rechte eines Bürgers, sondern als Alternative zu ihnen – als Ansprüche, die nur dann befriedigt werden konnten, wenn der Anwärter aufhörte, ein Bürger in jedem wahren Sinn des Wortes zu sein. Denn in der Praxis verwirkten die Armenhäusler durch die Internierung im Armenhaus ihr Recht auf persönliche Freiheit, so wie das Gesetz ihnen alle politischen Rechte nahm, die sie vielleicht besaßen. Diese Benachteiligung durch den Verlust des Stimmrechts blieb bis zum Jahr 1918 in Kraft und die Bedeutung ihrer schließlich erfolgten Entfernung wurde vielleicht noch nicht voll erkannt. Das Stigma, mit dem die Armenhilfe behaftet war, drückte die starken Gefühle eines Volkes aus, das verstand, dass jene, die Armenhilfe in Anspruch nahmen, die Straße überqueren mussten, die die Gemeinschaft der Bürger von der ausgestoßenen Gruppe der Verarmten trennte.

Das Armenrecht ist kein alleinstehendes Beispiel der Trennung sozialer Rechte vom Status des Staatsbürgers. Die frühe Fabrikgesetzgebung zeigte die gleiche Tendenz. Obwohl sie tatsächlich für die Beschäftigten in der Industrie, auf die das Gesetz Anwendung fand, eine Verbesserung der Arbeitsbedingungen und eine Verringerung der Arbeitszeit brachte, wurde peinlich genau darauf geachtet, diesen Schutz dem erwachsenen Mann – dem Bürger *par excellence* – nicht direkt zu geben. Das geschah aus Achtung vor seinem Status als Bürger, aus dem Grund, als erzwungene Schutzmaßnahmen das Bürgerrecht, einen freien Arbeitsvertrag einzugehen, beschnitten. Schutz war auf Frauen und Kinder beschränkt. Verfechter der Rechte der Frau erkannten schnell die dahinter steckende Beleidigung. Frauen waren geschützt, weil sie keine Bürger waren. Wollten sie den vollen und verantwortlichen Staatsbürgerstatus genießen, dann mussten sie auf Schutz verzichten. Mit dem Ende des neunzehnten Jahrhunderts waren derartige Argumente überholt und das Fabrikgesetzbuch zu einer der Säulen im Gefüge sozialer Rechte geworden.

Die Geschichte des Bildungswesens zeigt eine oberflächliche Ähnlichkeit mit der Geschichte der Fabrikgesetzgebung. In beiden Fällen war das neunzehnte Jahrhundert zu einem großen Teil jene Zeit, in der die Grundlagen sozialer Rechte gelegt wurden, aber der Grundsatz sozialer Rechte als wesentlicher Bestandteil des Staatsbürgerstatus entweder ausdrücklich verneint oder nicht eindeutig anerkannt wurde. Es gibt aber wichtige Unterschiede. Wie Marshall bemerkte, als er die Erziehung als geeignetes Objekt für staatliches Handeln hervorhob, ist sie eine Dienstleistung ganz besonderer Art. Es ist einfach, zu sagen, dass das Recht der Kinder auf Erziehung genauso wenig den Staatsbürgerstatus berührt wie die Anerkennung des Rechts der Kinder auf Schutz vor übermäßiger Arbeit oder vor gefährlichen Maschinen, einfach weil Kinder definitionsgemäß keine Bürger sein können. Aber eine derartige Behauptung ist irreführend. Die Bildung der Kinder hat einen direkten Einfluss auf den Staatsbürgerstatus. Wenn der Staat allen Kindern eine Erziehung sicherstellen will, dann hat er dabei ausdrücklich die Voraussetzungen und das Wesen des Staatsbürgerstatus im Blick. Er versucht, die Entwicklung der werdenden Staatsbürger zu fördern. Das Recht auf Bildung ist ein genuines soziales Recht der Staatsbürgerschaft, weil während der Kindheit das Ziel der Erziehung die Formung des zukünftigen Erwachsenen ist. Grundsätzlich sollte es nicht als das Recht des Kindes auf den Besuch der Schule gesehen werden, sondern als das Recht des erwachsenen Staatsbürgers, eine Erziehung genossen zu haben. Hier gibt es dann keinen Konflikt mit den bürgerlichen Rechten, wie sie im Zeitalter des Individualismus interpretiert wurden. Bürgerrechte sind für den Gebrauch durch vernünftige und intelligente Personen bestimmt, die lesen und schreiben gelernt haben. Bildung ist eine unverzichtbare Voraussetzung der bürgerlichen Freiheit.

Aber am Ende des neunzehnten Jahrhunderts war die Elementarbildung nicht nur für jedermann kostenlos, sondern auch eine Pflicht. Diese deutliche Abkehr vom *laissez faire* kann natürlich dadurch gerechtfertigt werden, dass eine freie Wahl allein für den reifen Verstand ein Recht ist, dass Kinder von Natur aus diszipliniert werden müssen und dass den Eltern nicht die Verantwortung dafür übertragen werden kann, was im Interesse der Kinder das Beste ist. Aber das Prinzip geht noch darüber hinaus. Wir haben es hier mit einem persönlichen Recht zu tun, das mit der öffentlichen Pflicht verbunden ist, von ihm Gebrauch zu machen. Dient diese Auferlegung einer öffentlichen Pflicht allein dem individuellen Nutzen – weil Kinder nicht in der Lage sind, ihre eigenen Interessen richtig zu erkennen, und die Eltern vielleicht nicht fähig, sie aufzuklären? Ich glaube kaum, dass das eine angemessene Erklärung ist. Mit dem Fortgang des neunzehnten Jahrhunderts wurde zunehmend anerkannt, dass eine politische Demokratie eine gebildet Wählerschaft braucht, und dass eine verwissenschaftlichte Fabrikarbeit auf ausgebildete Arbeiter und Techniker

angewiesen ist. Die Pflicht zum eigenen Fortschritt und zur eigenen Zivilisie-
rung ist eine soziale Pflicht und nicht nur eine persönliche, weil die soziale
Gesundheit der Gesellschaft von der Kultur ihrer Mitglieder abhängig ist. Und
eine Gesellschaft, die diese Pflicht durchsetzt, beginnt zu erkennen, dass ihre
Kultur eine organische Einheit und ihre Zivilisation ein nationales Erbe ist.
Daraus folgt, dass die Ausdehnung der öffentlichen Elementarbildung im neunzehnten Jahrhundert der erste maßgebliche Schritt auf dem Weg zur Wiederherstellung der sozialen Staatsbürgerrechte im zwanzigsten Jahrhundert war.

Als Marshall im Cambridge Reform Club seinen Vortrag hielt, in dem er
sagte, dass der Staat „verpflichtet ist, sie (die Kinder) zu zwingen, und ihnen zu
helfen, den ersten Schritt vorwärts zu tun", bereitete sich der Staat gerade darauf
vor, diese Verantwortung zu übernehmen, die er ihm zuschrieb. Für die Verwirklichung seines Ideals, aus jedem Mann einen Gentleman zu machen, war
das noch lange nicht ausreichend, noch war das überhaupt beabsichtigt. Es gab
immer noch sehr wenige Zeichen für den Wunsch, „ihnen zu helfen, viele
Schritte vorwärts zu machen, wenn sie es wollen." Die Idee lag in der Luft, war
aber kein wesentlicher Punkt in der Politik. In den frühen neunziger Jahren
führte das London City Council durch das Amt für Technische Erziehung ein
Stipendiensystem ein, das Beatrice Webb ganz offensichtlich für epochema-
chend hielt. Sie schrieb: „In Bezug auf seine öffentliche Wirkung war es eine
Bildungsleiter mit ungeahnten Ausmaßen. Tatsächlich war es unter irgendwo
auf der Welt errichteten Bildungsleitern vom Umfang her das größte, das am
meisten ausgefeilte im Hinblick auf ‚Input' und Förderung, und das mannigfal-
tigste hinsichtlich der ausgewählten Begabungen und Arten von Ausbildungen,
die es bereitstellte" (Webb/Webb 1920: 79). Der Enthusiasmus dieser Worte
befähigt uns zu erkennen, wie weit unsere Maßstäbe seit dieser Zeit fortgeschritten sind.

Der frühe Einfluss der Staatsbürgerrechte auf die sozialen Klassen

Bis jetzt bestand mein Ziel darin, die Umrisse der Entwicklung der Staatsbürgerrechte bis zum Ende des neunzehnten Jahrhunderts nachzuzeichnen. Zu
diesem Zweck habe ich den Staatsbürgerstatus in drei Bestandteile aufgeteilt, in
sein bürgerliches, politisches und soziales Element. Ich habe zu zeigen versucht,
dass bürgerliche Rechte zuerst kamen und in einer Form, die ihrer modernen
sehr ähnlich ist, vor der Verabschiedung des ersten Reformgesetzes im Jahr
1832 durchgesetzt wurden. Politische Rechte folgten als nächste, und obwohl
der Grundsatz allgemeiner politischer Staatsbürgerrechte vor 1918 nicht anerkannt wurde, war ihre Ausdehnung eines der wesentlichen Merkmale des neunzehnten Jahrhunderts. Auf der anderen Seite sanken soziale Rechte im acht-

zehnten und frühen neunzehnten Jahrhundert bis auf den Nullpunkt. Ihre Erneuerung begann mit der Entwicklung einer öffentlichen Elementarschulbildung, ohne dass sie aber bis zum Beginn des zwanzigsten Jahrhunderts mit den beiden anderen Elementen der Staatsbürgerschaft auf die gleiche Stufe gestellt wurden. Ich habe bis jetzt noch nichts über soziale Klassen gesagt, und ich sollte an dieser Stelle erklären, dass bei meinem Thema soziale Klassen einen zweitrangigen Stand einnehmen. Ich habe nicht die Absicht, mich auf die lange und schwierige Aufgabe einer Prüfung ihrer Natur und die Analyse ihrer Bestandteile einzulassen. Die mir zur Verfügung stehende Zeit würde es mir nicht erlauben, einem derart großen Thema gerecht zu werden. Mein vorrangiges Anliegen betrifft Staatsbürgerrechte, und mein spezielles Interesse gilt ihrem Einfluss auf soziale Ungleichheit. Ich werde das Wesen sozialer Klassen nur insoweit diskutieren, als es für die Verfolgung dieser speziellen Interessen notwendig ist. Ich habe mit meiner Schilderung am Ende des neunzehnten Jahrhunderts Halt gemacht weil ich glaube, dass der Einfluss der Staatsbürgerrechte auf die soziale Ungleichheit nach diesem Datum sich grundsätzlich gegenüber dem früheren unterschieden hat. Wahrscheinlich wird niemand diese Behauptung in Frage stellen. Es ist die konkrete Beschaffenheit des Unterschiedes, die einer näheren Untersuchung bedarf. Bevor ich fortfahre, will ich deshalb versuchen, einige allgemeine Schlüsse aus dem Einfluss der Staatsbürgerrechte auf die soziale Ungleichheit in dem ersten der beiden Zeiträume zu ziehen.

Staatsbürgerrechte verleihen einen Status, mit dem all jene ausgestattet sind, die volle Mitglieder einer Gemeinschaft sind. Alle, die diesen Status innehaben, sind hinsichtlich der Rechte und Pflichten, mit denen der Status verknüpft ist, gleich. Es gibt kein allgemeines Prinzip das bestimmt, was dies für Rechte und Pflichten sein werden. Die Gesellschaften aber, in denen sich die Institutionen der Staatsbürgerrechte zu entfalten beginnen, erzeugen die Vorstellung eines idealen Staatsbürgerstatus, an der die Fortschritte gemessen und auf die die Anstrengungen gerichtet werden können. Der Drang, auf dem damit vorgezeichneten Pfad vorwärts zu kommen, ist ein Drang zu einem volleren Maß an Gleichheit, zu einer Bereicherung der dem Status Inhalt gebenden Substanz und zu einer Zunahme der Zahl jener, denen der Status gewährt wird. Auf der anderen Seite sind soziale Klassen ein System sozialer Ungleichheit. Genauso wie der Staatsbürgerstatus kann es auf einen Satz von Idealen, Anschauungen und Werten bezogen werden. Es gibt deshalb gute Gründe für die Erwartung, dass der Einfluss der Staatsbürgerrechte auf soziale Klassen die Form eines Konflikts zwischen gegensätzlichen Prinzipien annehmen wird. Sollte ich mit meiner Behauptung Recht haben, dass der Staatsbürgerstatus zumindest seit der zweiten Hälfte des siebzehnten Jahrhunderts eine sich entfaltende Institution war, dann fällt offensichtlich sein Wachstum mit dem Aufstieg des Kapitalismus zusammen, der kein System ist, das auf Gleichheit, sondern auf Ungleichheit basiert. Wie kommt es, dass diese beiden gegensätzlichen Prinzipien Seite an Seite wachsen und sich entfalten? Was macht es ihnen möglich, sich miteinander auszusöhnen und zumindest für eine bestimmte Zeit Verbündete anstatt Gegner zu sein? Diese Fragen sind deshalb angemessen, weil es offensichtlich ist, dass im zwanzigsten Jahrhundert Staatsbürgerrechte und kapitalistisches Klassensystem miteinander im Krieg liegen.

An diesem Punkt wird eine genauere Betrachtung sozialer Klassen notwendig. Ich kann zwar nicht den Versuch unternehmen, alle ihre vielen und verschiedenartigen Formen zu untersuchen, aber eine allgemeine Unterscheidung zwischen zwei verschiedenen Typen von Klassen ist für meine Argumentation von besonderer Bedeutung. Im Fall des ersten der beiden Typen basieren Klassen auf einer Statushierarchie und der Unterschied zwischen der einen Klasse und der anderen wird in Begriffen gesetzlich verbriefter Rechte und feststehender Sitten ausgedrückt, wobei die letzteren den gleichen, absolut bindenden Charakter des Rechts haben. In seiner extremen Form trennt ein derartiges System eine Gesellschaft in unterschiedliche und vererbbare Klassen von Menschen – Patrizier, Plebejer, Diener, Sklaven usw. In dieser Form waren Klassen eine Institution aus eigenem Recht. Die gesamte Struktur hatte in dem Sinne die Qualität eines Plans, als sie eine mit Bedeutung und Sinn ausgestattete und als natürlich hingenommene Ordnung war. Auf jeder Ebene ist die Kultur Ausdruck dieser Bedeutung und dieser natürlichen Ordnung. Unterschiede zwischen den sozialen Schichten sind keine Unterschiede des Lebensstandards, weil es keinen gemeinsamen Lebensstandard gibt, an dem die Unterschiede gemessen werden können. Genauso wenig gibt es irgendwelche Rechte, die alle gemeinsam teilen – zumindest keine von irgendeiner Bedeutung.[8] Der Einfluss der Staatsbürgerrechte auf ein derartiges System war zwangsläufig verwirrend und sogar zerstörerisch. Die Rechte, mit denen der allgemeine Staatsbürgerstatus ausgestattet wurde, waren dem hierarchischen Statussystem sozialer Klassen abgerungen und nahmen ihm damit seine lebenswichtige Substanz. Die implizit im Konzept der Staatsbürgerrechte enthaltene Gleichheit, selbst wenn sie ihrem Inhalt nach begrenzt war, unterminierte die Ungleichheit des Klassensystems, welche im Prinzip eine totale Ungleichheit darstellte. Eine nationale Gerichtsbarkeit und ein Recht, dem alle gleichermaßen unterworfen sind, schwächen und zerstören letztendlich eine Klassenjustiz, und persönliche Freiheit, als allgemeines Geburtsrecht, bringt die Leibeigenschaft zum Verschwinden. Man braucht keine spitzfindigen Argumente, um zu zeigen, dass Staatsbürgerrechte mit mittelalterlichem Feudalismus nicht vereinbar sind.

---

8   Vgl. die bewundernswerte Charakterisierung bei Tawney (1914: 121f.).

Soziale Klassen der zweiten Art sind weniger eine Institution aus eigenem Recht als das Nebenprodukt anderer Institutionen. Obwohl wir immer noch von ‚sozialem Status' sprechen können, dehnen wir damit den Begriff über seine strikt technische Bedeutung hinaus aus. Klassenunterschiede werden durch das Recht und die gesellschaftlichen Gebräuche (im mittelalterlichen Sinne des Begriffs) weder geschaffen noch definiert, sondern resultieren aus dem Zusammenspiel einer Vielzahl von Faktoren, die mit den Institutionen des Eigentums, der Bildung und der Struktur der nationalen Volkswirtschaften im Zusammenhang stehen. Klassenkulturen verschwinden bis auf einen kleinen Rest, so dass es, wenn auch nicht zur vollen Zufriedenheit, möglich wird, die verschiedenen Ebenen wirtschaftlicher Wohlfahrt am Maßstab eines gemeinsamen Lebensstandards zu messen. Die arbeitenden Klassen werden mit der billigen und schäbigen Nachahmung einer national gewordenen Kultur ausgestattet, anstatt eine unterscheidbare, aber einfache Kultur vererbt zu bekommen.

Es ist wahr, Klassen funktionieren nach wie vor. Soziale Ungleichheit wird als etwas Notwendiges und Sinnvolles gesehen. Sie stellt Leistungsanreize bereit und steuert die Verteilung der Macht. Aber es gibt kein allgemeines Muster an Ungleichheit, das a priori jeder sozialen Schicht einen angemessenen Wert zuteilt. Obwohl Ungleichheit notwendig ist, kann sie übermäßig werden. Patrick Colquhoun (1806: 7f.) drückte es in einem oft zitierten Absatz folgendermaßen aus: „Ohne ein großes Maß an Armut kann es keine Reichtümer geben, weil Reichtum der Arbeit entspringt, wobei Arbeit ihren Ursprung nur im Stande der Armut haben kann. Aus diesem Grunde ist Armut der am meisten notwendige und unverzichtbare Bestandteil einer Gesellschaft, ohne die keine Nation und keine Gemeinschaft im Stande der Zivilisation sich erhalten kann." Obwohl Colquhoun Armut akzeptierte, missbilligte er Bedürftigkeit, oder, wie wir sagen sollten, Mittellosigkeit. Mit Armut bezeichnete er die Situation eines Mannes, der aufgrund des Fehlens jeglicher wirtschaftlicher Reserven gezwungen ist zu arbeiten, hart zu arbeiten, um leben zu können. Mit Bedürftigkeit bezeichnete er die Situation einer Familie, der das Minimum fehlt, das für eine anständige Lebensführung notwendig ist. Das System der Ungleichheit, das es der Armut erlaubt, als Antriebskraft zu existieren, produziert dabei ein gewisses Maß an Mittellosigkeit. Colquhoun und andere Menschenfreunde bedauerten dies zwar und suchten nach Mitteln, die Leiden, die sie verursachte, zu mildern. Sie stellten aber die Gerechtigkeit des Systems der Ungleichheit als solches nicht in Frage. Man kann zur Verteidigung ihrer Gerechtigkeit anführen, dass Armut notwendig sein mag, es aber nicht notwendig ist, dass irgendeine bestimmte Familie arm bleiben sollte, oder so arm bleiben sollte, wie sie es war. Je mehr man Wohlstand als schlüssigen Beweis von Leistung sieht, desto mehr neigt man dazu, Armut als Zeichen des Versagens zu betrachten – wobei die Strafe

für das Versagen größer zu sein scheint als es der Verstoß verlangt. Unter solchen Umständen ist es nur natürlich, dass die eher unerfreulichen Merkmale der
Ungleichheit ziemlich unverantwortlich als eine Belästigung empfunden werden, ähnlich dem schwarzen Rauch, der unkontrolliert aus unseren Fabrik-
schornsteinen aufzusteigen pflegt. Und mit der Zeit, wenn das soziale Bewusstsein sich zu regen beginnt, wird die Verringerung von Klassenunterschieden,
wie die Rauchbeseitigung, zu einem wünschenswerten Ziel, das so weit verfolgt
wird, als es mit der fortschreitenden Effizienz der sozialen Maschinerie vereinbar ist.

In dieser Form war die Verringerung von Klassenunterschieden noch kein
Angriff auf das Klassensystem. Sie zielte im Gegenteil oft sehr bewusst darauf,
das Klassensystem dadurch weniger verletzlich zu machen, als die weniger
verteidigungsfähigen Konsequenzen gemildert wurden. Sie hob die Fußboden-
höhe im Keller des sozialen Gebäudes und machte ihn vielleicht etwas hygieni-
scher als er es vorher war. Aber es blieb ein Keller, und die oberen Stockwerke
blieben unberührt. Die Leistungen, die die Unglücklichen empfingen, entspran-
gen nicht einer Bereicherung des Staatsbürgerstatus. Wenn sie offiziell durch
den Staat ausgegeben wurden, dann wurden dafür Mittel eingesetzt, die, wie ich
bereits gesagt habe, eher Alternativen zu staatsbürgerlichen Rechten als eine
Ergänzung ihres Umfangs boten. Der größte Teil dieser Aufgabe blieb allerdings privater Wohltätigkeit überlassen, wobei allgemein, wenn auch nicht von
allen Wohltätigkeitseinrichtungen, angenommen wurde, dass ein Empfänger
ihrer Hilfe kein persönliches Recht darauf beanspruchen könne.

Es ist trotzdem wahr, dass der Staatsbürgerstatus, selbst in seiner früheren
Form, eine grundsätzliche Gleichheit ausdrückte, und dass er sich in dieser
Periode als Institution entfaltete. Von dem Punkt ausgehend, dass alle Menschen
frei sind, und, theoretisch, in der Lage sind, Rechte in Anspruch zu nehmen,
wuchs der Staatsbürgerstatus durch die Zunahme der Zahl der Rechte, die zu
ihm gehörten. Diese Rechte gerieten allerdings mit der Ungleichheit der kapitalistischen Gesellschaft nicht in Konflikt. Sie waren im Gegenteil für die Aufrechterhaltung dieser besonderen Art von Ungleichheit unabdingbar. Die Erklärung dafür liegt in der Tatsache, dass sich auf dieser Stufe der Kern des Staatsbürgerstatus aus bürgerlichen Rechten zusammensetzte. Und bürgerliche Rechte
waren für eine Marktwirtschaft unverzichtbar. Sie gaben jedem Mann als Teil
seines individuellen Status die Macht, sich als selbstständige Einheit am wirtschaftlichen Kampf zu beteiligen. Der Staatsbürgerstatus machte es dadurch
möglich, ihm sozialen Schutz aus dem Grund zu versagen, als er mit den Mitteln ausgestattet war, sich selbst zu schützen. Maines berühmte Feststellung,
dass „bis jetzt der Wandel fortschrittlicher Gesellschaften eine Bewegung vom
Status zum Vertrag war" (Maine 1878: 170), drückt eine tiefe Wahrheit aus, die

mit wechselnder Terminologie von vielen Soziologen weiter ausgeführt wurde. Sie muss aber eingeschränkt werden. Denn sowohl Status als auch Vertrag sind in allen außer den primitivsten Gesellschaften zu finden. Maine selbst stimmt dem später im selben Buch zu, wenn er schreibt, dass die frühen feudalen Gemeinschaften, verglichen mit ihren archaischen Vorgängern, „weder durch Gefühle allein zusammengebunden noch durch eine Idee zusammengehalten wurden. Das Band, das sie vereinigte, war der Vertrag" (ebd.: 365). Das vertragliche Element im Feudalismus koexistierte allerdings mit einem Klassensystem auf der Grundlage von Status, und als Vertragsverhältnisse sich zu Gebräuchen verfestigten, half es, das Klassensystem aufrechtzuerhalten. Gebräuche erhielten die Form gegenseitiger Verpflichtungen aber nicht die Wirklichkeit freiwilliger Übereinkunft. Der moderne Vertrag entwickelte sich nicht aus dem feudalen Vertrag; er markierte eine neue Entwicklung, deren Fortschritt durch den Feudalismus aufgehalten wurde und der deshalb zur Seite geschoben werden musste. Denn der moderne Vertrag ist im wesentlichen eine Vereinbarung zwischen Menschen, die ihrem Status nach frei und gleich, nicht notwendig aber auch gleich mächtig sind. Status war nicht vom sozialen System ausgeschlossen. Statusunterschiede, verknüpft mit Klasse, Funktion und Familie, wurden durch den einzigen und allgemeinen Staatsbürgerstatus ersetzt, der die Grundlage an Gleichheit bereitstellte, auf der die Struktur der Ungleichheit aufbauen konnte.

Zur Zeit Maines war dieser Status eindeutig eine Hilfe und keine Bedrohung des Kapitalismus und der freien Marktwirtschaft, weil er von bürgerlichen Rechten dominiert wurde, die die rechtliche Eigenschaft übertrugen, nach den Dingen zu streben, die man besitzen möchte, ohne dass sie aber ihren Besitz garantieren. Ein Eigentumsrecht ist kein Recht auf Eigentum, sondern das Recht, es zu erwerben, wenn man dazu in der Lage ist, und, wenn man es hat, es zu verteidigen. Wenn Sie allerdings diese Argumente gebrauchen, um einem Armenhäusler zu erklären, dass seine Eigentumsrechte dieselben sind wie die eines Millionärs, wird er Sie wahrscheinlich der Wortklauberei beschuldigen. Ähnlich hat auch das Recht auf Redefreiheit nur wenig wirkliche Substanz, wenn Sie aufgrund fehlender Erziehung nichts zu sagen haben, was der Rede Wert ist, und Sie nicht die Mittel haben, sich Gehör zu verschaffen. Diese offensichtlichen Ungleichheiten sind aber nicht auf unzureichende Freiheitsrechte zurückzuführen, sondern auf das Fehlen sozialer Rechte, die in der Mitte des neunzehnten Jahrhunderts im Windschatten lagen. Das Armenrecht war eine Stütze, und keine Bedrohung des Kapitalismus, weil es der Industrie alle soziale Verantwortung außerhalb des Arbeitsvertrags abnahm, während es den Wettbewerb auf dem Arbeitsmarkt verschärfte. Elementarschulbildung war ebenfalls eine Unterstützung, weil sie den Wert des Arbeiters steigerte, ohne ihm eine über seine Position hinausreichende Bildung zu geben.

Es wäre allerdings absurd zu behaupten, dass die im achtzehnten und neunzehnten Jahrhundert genossenen bürgerlichen Rechte frei von Mängeln gewesen
wären, oder dass sie in der Praxis so egalitär waren, wie sie es dem Prinzip nach
zu sein behaupteten. Es gab keine Gleichheit vor dem Gesetz. Das Recht gab es
zwar, doch die Rechtsmittel sollten sich häufig als außerhalb der Reichweite
liegend erweisen. Es gab zwei Arten von Schranken zwischen Rechten und
Rechtsmitteln. Die erste erwuchs aus Klassenvorurteil und Parteinahme, die
zweite aus den automatischen Folgen einer ungleichen Vermögensverteilung,
vermittelt über das Preissystem. Klassenvorurteile, die ohne Zweifel die gesamte Rechtsprechung des neunzehnten Jahrhunderts färbten, können nicht
durch Gesetz abgeschafft werden, sondern allein durch gesellschaftliche Erziehung und die Bildung einer Tradition der Unparteilichkeit. Das ist ein langsamer
und schwieriger Prozess, der in allen oberen Rängen der Gesellschaft einen
Wandel des Meinungsklimas voraussetzt. Ich glaube aber mit Recht sagen zu
können, dass es sich dabei um einen Prozess handelt, der in dem Sinne erfolgreich abgeschlossen wurde, als die Tradition der Unparteilichkeit zwischen den
sozialen Klassen in unserer Zivilrechtsprechung eine sichere Grundlage hat. Es
ist auch interessant, dass das ohne einen grundlegenden Wandel in der Klassenstruktur unserer juristischen Berufe geschehen sein soll. Wir haben zu diesem
Punkt keine genauen Informationen. Ich bezweifle allerdings, dass sich das Bild
entscheidend verändert hat, seit Professor Ginsberg herausfand, dass der Anteil
der an das Lincoln's Inn Zugelassenen, deren Vater Lohnempfänger war, von
0,4 Prozent in den Jahren von 1904-1908 auf 1,8 Prozent in den Jahren von
1923-1927 anstieg und dass zum zuletzt genannten Zeitpunkt fast 72 Prozent
Söhne freiberuflich tätiger Väter, hochrangiger Geschäftsleute und Rentiers
waren (Ginsberg 1932: 171). Das Verschwinden von Klassenvorurteilen als ein
Hindernis für den vollen Genuss von Rechten ist deshalb weniger auf die Auflösung des Klassenmonopols der juristischen Berufe zurückzuführen, als auf die
Ausbreitung eines humaneren und realistischeren Gefühls sozialer Gleichheit in
allen Klassen.

Ein Vergleich mit der entsprechenden Entwicklung auf dem Gebiet der politischen Rechte ist besonders interessant. Auch hier verhinderten Klassenvorurteile, wie sie in der Einschüchterung der unteren Klassen durch die oberen zum
Ausdruck kamen, den freien Gebrauch des Stimmrechts durch die neu mit dem
Wahlrecht ausgestatteten Bürger. In diesem Fall war durch die Einführung der
geheimen Stimmabgabe Abhilfe möglich. Genauso notwendig waren aber die
Erziehung der Gesellschaft und ein Wandel des Meinungsklimas. Aber selbst
als die Wähler sich von unzulässigem Einfluss frei fühlten, nahm es immer noch
einige Zeit in Anspruch, die sowohl in den arbeitenden als auch in den anderen
Klassen vorherrschende Idee zu entwerten, dass die Vertreter des Volkes, und

noch mehr die Mitglieder der Regierung, aus den Eliten stammen sollten, die zur Führerschaft geboren, aufgezogen und ausgebildet worden waren. Im Unterschied zum Klassenmonopol in der Justiz wurde das Klassenmonopol in der Politik eindeutig gebrochen. Damit wurde auf diesen beiden Gebieten das gleiche Ziel auf ziemlich unterschiedlichen Wegen erreicht.

In technischer Hinsicht war die Entfernung des zweiten Hindernisses, die Folge der ungleichen Vermögensverteilung, im Fall der politischen Rechte eine einfache Angelegenheit, weil die Registrierung einer Stimme nur wenig oder nichts kostet. Trotzdem kann durch den Einsatz von Vermögen eine Wahl beeinflusst werden. Es wurden deshalb eine Reihe von Maßnahmen ergriffen, um diesen Einfluss zurückzuschneiden. Die früheren Maßnahmen, die bis in das siebzehnte Jahrhundert zurückverfolgt werden können, waren gegen Bestechung und Korruption gerichtet, die späteren aber, vor allem seit dem Jahr 1883, hatten das breitere Ziel, die Wahlkampfausgaben allgemein zu beschränken, um sicherzustellen, dass Kandidaten mit ungleichen Vermögensverhältnissen zu mehr oder weniger gleichen Bedingungen kämpfen können. Die Notwendigkeit derartiger ausgleichender Maßnahmen hat stark abgenommen, seit Kandidaten der Arbeiterklasse finanzielle Unterstützung durch die Partei und andere Fonds bekommen können. Deshalb werden wahrscheinlich Restriktionen, die einen übermäßigen Wettbewerb verhindern, allgemein begrüßt. Als letzter Schritt blieb nur noch die Öffnung des Unterhauses für alle Männer, ohne Ansehen des Vermögens. Das geschah zuerst durch die Abschaffung der Vermögensqualifikation für die Abgeordneten, und dann durch die Einführung von Diäten im Jahr 1911.

Auf dem Gebiet der bürgerlichen Rechte war es weit schwieriger, ähnliche Resultate zu erzielen. Anders als die Stimmabgabe ist die Schlichtung von Streitigkeiten sehr teuer. Gerichtsgebühren sind zwar nicht sehr hoch, die Anwaltshonorare und die Forderungen des Solicitors[9] können sich allerdings auf große Summen belaufen. Weil rechtliche Schritte die Form eines Wettstreits annehmen, geht jede Partei davon aus, dass ihre Gewinnchancen verbessert werden, wenn sie sich die Dienste eines Streiters sichern kann, der besser ist als der, der von der Gegenseite beschäftigt wird. Daran ist natürlich etwas Wahres, aber nicht so viel, wie allgemein geglaubt wird. Wie bei Wahlen besteht aber die Wirkung dieser Praxis im Gerichtsverfahren in der Einführung einer übermäßigen Betonung der Konkurrenz, die es schwierig macht, im Voraus abzuschätzen, wie hoch die Kosten des Verfahrens sein werden. Unser System erhöht außerdem das Risiko und die Ungewissheit, weil es im Normalfall nur dem Sieger den Ersatz seiner Aufwendungen zuspricht. Wenn jemand mit beschränkten Mitteln weiß, dass er im Fall seiner Niederlage die durch den Taxing

---

9 Anwalt, der nur vor niederen Gerichten plädieren darf (A.d.Ü.).

Master[10] gestutzten Kosten seines Gegners genauso wie die eigenen tragen
muss, kann er aufgrund seiner Befürchtungen sehr leicht zur Annahme einer un-
befriedigenden Entscheidung bewegt werden, vor allem wenn sein Gegner reich
genug ist, um von derartigen Überlegungen nicht berührt zu werden. Und selbst
wenn er gewinnt, sind die erstatteten Kosten nach Steuerabzug in der Regel
niedriger als seine tatsächlichen Ausgaben, oft sogar beträchtlich niedriger. So
konnte es geschehen, dass der Sieg die Ausgaben nicht wert war, wenn man sich
dazu verführt sah, seinen Kampf mit hohen Ausgaben zu bestreiten.

Es wurde nur eine Sache von wirklicher Substanz unternommen, um diese
Schranken zur vollen und gleichen Ausübung der bürgerlichen Rechte zu beseitigen. Hierbei handelte es sich um die Einführung von Grafschaftsgerichten im
Jahr 1846, um den gemeinen Leuten eine billige Gerichtsbarkeit zugänglich zu
machen. Diese wichtige Neuerung hatte eine tiefgreifende und wohltätige Wirkung auf unser Rechtssystem und hat viel dazu beigetragen, einen angemessenen Sinn für die Bedeutung der Fälle des kleinen Mannes zu entwickeln – für
Fälle, die nach seinen Maßstäben oft sehr groß sind. Die Kosten der Graf-
schaftsgerichte sind aber nicht unerheblich und ihre Gerichtsbarkeit ist eingeschränkt. Der zweite wichtige Schritt, der unternommen wurde, war die Einführung eines Verfahrens nach dem Armenrecht. Dadurch konnte ein kleiner Teil
der ärmeren Mitglieder der Gemeinschaft *in forma pauperis* klagen, so gut wie
ohne Kosten und mit Unterstützung der freien und freiwilligen Dienstleistung
von Juristen. Weil aber die Einkommensgrenze sehr niedrig angesetzt war (seit
dem Jahr 1919 2 Pfund wöchentlich) und das Verfahren vor den Grafschaftsgerichten keine Anwendung fand, hatte es mit Ausnahme von Ehesachen nur geringe Wirkung. Die ergänzende Hilfeleistung einer kostenlosen Rechtsberatung
wurde bis vor kurzen durch die alleinigen Anstrengungen freiwilliger Einrichtungen erbracht. Das Problem wurde allerdings nicht übersehen, genauso wenig
wie die Tatsache der Mängel unseres Systems verleugnet wurden. In den letzten
hundert Jahren haben sie zunehmend Aufmerksamkeit gefunden. Die Einrichtung der Royal Commission und des Komitees fand wiederholt Verwendung
und hatte einige Verfahrensänderungen zur Folge. Zwei derartige Komitees sind
zur Zeit an der Arbeit, wobei es mir nicht zusteht, mich auf ihre Überlegungen
zu beziehen.[11] Ein drittes, das früher seine Arbeit aufnahm, veröffentlichte
einen Bericht, der dem Gesetz über Rechtshilfe und Rechtsberatung, das gerade
vor drei Monaten dem Parlament vorgelegt wurde, zugrunde lag.[12] Hier handelt
es sich um eine einschneidende Maßnahme, die weit über das hinausgeht, was

---

10 Beamter, der die Gerichtskosten festsetzt (A.d.Ü.).
11 Das Austin Jones Committee über Verfahrensfragen vor Grafschaftsgerichten und das Evershed
   Committee über Praxis und Verfahrensfragen des Obersten Gerichtshofes. Der Abschlussbe-
   richt des ersteren und ein Zwischenbericht des letzteren wurden inzwischen veröffentlicht.
12 Das Rushcliffe Committee über Rechtshilfe und Rechtsberatung.

früher für die Unterstützung der ärmeren Parteien getan wurde. Ich werde später
mehr dazu sagen.

Wie die hier von mir kurz beschriebenen Geschehnisse gezeigt haben, entwickelte sich im zweiten Teil des neunzehnten Jahrhunderts ein wachsendes
Interesse an Gleichheit als Grundsatz sozialer Gerechtigkeit und eine Anerkennung der Tatsache, dass die formale Anerkennung einer gleichen Rechtsfähig-
keit nicht genügt. In der Theorie würde selbst die vollständige Beseitigung aller
Hindernisse, die die bürgerlichen Rechte von den Mitteln ihrer Verwirklichung
trennen, nicht mit den Grundsätzen oder mit der Klassenstruktur des kapitalistischen Systems in Konflikt geraten. In Wirklichkeit würde eine Situation geschaffen, von der viele Befürworter einer Wettbewerbswirtschaft fälschlicher-
weise annehmen, dass sie bereits existiert. In der Praxis aber wuchs diese Einstellung, die die Anstrengungen zur Beseitigung dieser Hindernisse inspirierte,
aus einer Vorstellung von Gleichheit, die diese engen Grenzen überschritt,
nämlich eine Vorstellung gleichen sozialen Wertes, und nicht nur gleicher natürlicher Rechte. Obwohl also Staatsbürgerrechte selbst noch am Ende des
neunzehnten Jahrhunderts wenig zum Abbau sozialer Ungleichheit beigetragen
haben, haben sie doch geholfen, den Fortschritt auf jenen Pfad zu leiten, der
direkt zu der egalitären Politik des zwanzigsten Jahrhunderts führte.

Staatsbürgerrechte hatten darüber hinaus eine integrierende Wirkung oder
waren zumindest wichtiger Bestandteil eines Integrationsprozesses. Maine
sprach in dem vorher zitierten Absatz von vorfeudalen Gesellschaften, die durch
ein Gefühl zusammengehalten und durch eine Fiktion belebt wurden. Er bezog
sich dabei auf die Verwandtschaft bzw. die Fiktion einer gemeinsamen Ab-
stammung. Der Staatsbürgerstatus setzt eine Bindung anderer Art voraus, ein
unmittelbares Gefühl der Mitgliedschaft in einer Gemeinschaft auf der Grundlage der Loyalität gegenüber einer Kultur, die von allen geteilt wird. Es ist die
Loyalität freier Menschen, die mit Rechten ausgestattet sind und durch ein gemeinsames Recht geschützt werden. Ihre Ausdehnung wird durch den Kampf
gefordert, diese Rechte zu gewinnen, und durch ihre Inanspruchnahme, nachdem sie gewonnen wurden. Das ist sehr klar im achtzehnten Jahrhundert zu
sehen, das nicht nur die Geburt der modernen Freiheitsrechte, sondern auch die
Geburt des modernen Nationalbewusstseins erlebte. Die bekannten Instrumente
der modernen Demokratie wurden durch die oberen Klassen geformt und Schritt
für Schritt an die unteren weitergegeben. Politischem Journalismus für die Intelligenz folgten Zeitungen für alle, die lesen konnten, öffentliche Versammlungen, Propagandafeldzüge und Vereinigungen für die Förderung öffentlicher
Angelegenheiten. Repressive Maßnahmen und Steuern waren kaum in der Lage,
die Flut aufzuhalten. Und mit ihr kam ein nationaler Patriotismus, der der Einheit Ausdruck verlieh, die unter diesen kontroversen Ausbrüchen lag. Wie tief

und wie verbreitet dieses war, ist schwer zu sagen, aber über die Vitalität ihrer
äußeren Merkmale kann kein Zweifel bestehen. Wir benützen immer noch die
Lieder des achtzehnten Jahrhunderts, ‚God Save the King' und ‚Rule Bri-
tannia', aber wir übergehen die Passagen, die unsere modernen und gemäßigteren Gefühle verletzen könnten. Dieser Hurrapatriotismus und die „allgemeine
und parlamentarische Agitation", die Temperley als den „wichtigsten Faktor des
Ausbruchs des Krieges" der Ära Jenkins sah (Robertson 1911: 491), waren neue
Erscheinungen, in denen die ersten kleinen Rinnsale gesehen werden können,
die im zwanzigsten Jahrhundert zu dem breiten Strom nationaler Kriegsanstren-
gungen anschwollen.

Dieses zunehmende Nationalbewusstsein, das Erwachen einer öffentlichen
Meinung und die ersten Rührungen eines Gefühls gemeinschaftlicher Zusam-
mengehörigkeit und eines gemeinsamen Erbes hatten aus dem offensichtlichen
Grund keinerlei wirklichen Einfluss auf die Klassenstruktur und auf die soziale
Ungleichheit, weil selbst am Ende des neunzehnten Jahrhunderts die Masse der
arbeitenden Bevölkerung keine wirksame politische Macht ausübte. Zu diesem
Zeitpunkt war das Wahlrecht relativ ausgedehnt, aber jene, die erst vor kurzem
das Stimmrecht erhalten hatten, hatten seinen Gebrauch noch nicht erlernt. Anders als die bürgerlichen waren die politischen Staatsbürgerrechte voll möglicher Gefahren für das kapitalistische System, obwohl jene, die sie behutsam die
soziale Leiter hinunter ausdehnten, wahrscheinlich nicht wahrnahmen, wie groß
die Gefahr tatsächlich war. Es konnte kaum von ihnen erwartet werden, voraus-
zusehen, welche riesigen Veränderungen durch den friedlichen Gebrauch politischer Macht ohne eine gewalttätige und blutige Revolution herbeigeführt wurden. Die ‚Geplante Gesellschaft' und der Wohlfahrtsstaat waren noch nicht über
dem Horizont aufgetaucht, waren noch nicht in das Gesichtsfeld pragmatischer
Politiker getreten. Die Grundlagen der Marktgesellschaft und des Vertragswe-
sen schienen stark genug, jedem möglichen Anschlag zu widerstehen. Tatsächlich gab es einige Gründe für die Vermutung, dass die arbeitenden Klassen mit
der Zunahme ihrer Bildung die grundlegenden Prinzipien des Systems akzeptieren und bereit sein würden, für ihren Schutz und ihren Fortschritt sich auf die
bürgerlichen Staatsbürgerrechte zu verlassen, die keine offensichtliche Bedrohung des Konkurrenzkapitalismus bedeuteten. Eine derartige Sichtweise wurde
durch die Tatsache ermutigt, dass im späten neunzehnten Jahrhundert eine der
wichtigsten Errungenschaften politischer Macht die Anerkennung des Rechts
auf Tarifverhandlungen war. Das bedeutete, dass sozialer Fortschritt über die
Stärkung von Freiheitsrechten gesucht wurde, nicht über die Schaffung sozialer
Rechte, sondern durch den Gebrauch von Verträgen in einem offenen Markt,
und nicht durch Mindestlöhne und soziale Sicherheit.

Diese Interpretation unterschätzt aber die Bedeutung der Ausdehnung der bürgerlichen Rechte im Bereich der Wirtschaft. Freiheitsrechte waren ursprünglich ausgenommen individualistisch, was der Grund ist, warum sie mit der individualistischen Phase des Kapitalismus harmonierten. Durch die Möglichkeit der Bildung einer Körperschaft wurden Gruppen in die Lage versetzt, wie Individuen legal zu handeln. Diese wichtige Entwicklung vollzog sich nicht ohne Herausforderungen. Die Einschränkung der Haftpflicht wurde allgemein als Beeinträchtigung individueller Verantwortung verurteilt. Die Stellung der Gewerkschaften war allerdings noch weit ungewöhnlicher, weil diese weder um den Status einer Körperschaft nachsuchten noch ihn erhielten. Aus diesem Grund können sie ohne eine formale kollektive Verantwortung im Namen ihrer Mitglieder zentrale Bürgerrechte gemeinschaftlich ausüben, während die individuelle Verantwortung des Arbeiters gegenüber dem Vertrag zum größten Teil nicht erzwingbar ist. Diese bürgerlichen Rechte entwickelten sich für die Arbeiter zu einem Mittel der Anhebung ihres sozialen und wirtschaftlichen Status, und unterstützten damit auch die Behauptung des Anspruchs, dass sie, als Staatsbürger, auf bestimmte soziale Rechte ein Anrecht haben. Der normale Weg der Schaffung sozialer Rechte ist aber der Einsatz politischer Macht, weil soziale Rechte ein absolutes Recht auf einen bestimmten Kulturstandard implizieren, das nur im Fall des Entzugs der allgemeinen Pflichten des Staatsbürgerstatus abgesprochen werden kann. Der Inhalt hängt nicht vom wirtschaftlichen Wert des einzelnen Anspruchsberechtigten ab. Es gibt deshalb einen bedeutsamen Unterschied zwischen echten Tarifverhandlungen, durch die wirtschaftliche Kräfte in einem freien Markt ein Gleichgewicht zu erreichen suchen, und dem Gebrauch kollektiver Freiheitsrechte, um grundlegende Ansprüche auf wesentliche Bestandteile sozialer Gerechtigkeit zu behaupten. Die Anerkennung von Tarifverhandlungen war deshalb nicht einfach eine natürliche Ausdehnung bürgerlicher Rechte. Sie bedeutete die Übertragung eines wichtigen Fortschritts von der politischen auf die bürgerliche Sphäre des Staatsbürgerstatus. ‚Übertragung‘ ist aber vielleicht ein irreführender Begriff, weil zu dem Zeitpunkt, an dem sie stattfand, die Arbeiter das politische Recht des Wahlgangs entweder noch nicht besaßen, oder noch nicht gelernt hatten, es zu benützen. Inzwischen haben sie dieses Recht erhalten und vollen Gebrauch von ihm gemacht. Die Gewerkschaftsbewegung hat damit ein zweites System wirtschaftlicher Staatsbürgerrechte geschaffen, parallel und ergänzend zum System politischer Staatsbürgerrechte.

Es ist aufschlussreich, diese Entwicklung mit der Geschichte der parlamentarischen Repräsentation zu vergleichen. Pollard sagt, dass in den frühen Parlamenten „Repräsentation niemals als Mittel gesehen wurde, den Rechten von Individuen Ausdruck zu verleihen oder individuelle Interessen zu fördern. Es waren Gemeinschaften, nicht Individuen, die repräsentiert wurden" (Pollard 1926: 155). Mit dem Blick auf die Situation am Vorabend des Reformgesetzes von 1918 fügte er hinzu: „Das Parlament, anstatt Gemeinschaften und Familien zu repräsentieren, wird nunmehr allein Individuen repräsentieren" (ebd.: 165). Ein System aus Männer- und Frauenwahlrecht behandelt jede Stimme als Stimme eines Individuums. Politische Parteien organisieren diese Stimmen, um Gruppierungen handlungsfähig zu machen. Sie tun das allerdings auf einer nationalen Basis, und nicht auf der Basis von Funktionen, Örtlichkeit oder Interessen. Im Fall der Freiheitsrechte ging die Bewegung in die entgegengesetzte Richtung, nicht von der Repräsentation von Gruppen zu der Repräsentation von Individuen, sondern von der Repräsentation von Individuen zu der Repräsentation von Vereinigungen. Pollard weist noch auf einen weiteren Punkt hin. Wie er sagt, war es ein kennzeichnendes Merkmal des frühen parlamentarischen Systems, dass sich die Repräsentanten aus jenen zusammensetzten, die die Zeit, die Mittel und die Berufung zu dieser Arbeit hatten. Wahlentscheidungen über Stimmenmehrheiten und eine strikte Rechenschaftspflicht gegenüber dem Wähler waren nicht entscheidend. Abgeordnete wurden nicht durch ihre Wählerschaft instruiert, Wahlversprechen waren unbekannt. Abgeordnete „wurden gewählt, um ihre Wählerschaft zu verpflichten, und nicht, um von ihr verpflichtet zu werden" (ebd.: 152). Die Vermutung ist nicht allzu weit hergeholt, dass sie einige dieser Merkmale in den modernen Gewerkschaften wiederfinden, allerdings natürlich mit wichtigen Unterschieden. Einer besteht darin, dass Gewerkschaftsfunktionäre keine lästigen und unbezahlten Aufgaben übernehmen, sondern eine einträgliche Berufslaufbahn einschlagen. Diese Bemerkung ist nicht verletzend gemeint. Es ist einem Universitätsprofessor auch kaum angemessen, aus dem einen Grund eine öffentliche Institution zu kritisieren, dass sie ihre Arbeit hauptsächlich durch bezahlte Angestellte erledigen lässt.

Alles, was ich soweit gesagt habe, diente der Vorbereitung meiner eigentlichen Aufgabe. Ich habe nicht versucht, Ihnen aus arbeitsreicher Forschung hervorgegangene neue Tatsachen vorzulegen. Mein Ehrgeiz hat sich in der Umgruppierung vertrauter Tatsachen in ein Muster erschöpft, die dadurch vielleicht für einige von Ihnen in ein neues Licht gestellt werden. Ich hielt das für notwendig, um den Boden für die schwierigere, spekulative und kontroverse Untersuchung des gegenwärtigen Schauplatzes zu bereiten, auf dem die führende Rolle von den sozialen Staatsbürgerrechten gespielt wird. Ihrem Einfluss auf soziale Klassen wende ich jetzt meine Aufmerksamkeit zu.

Soziale Rechte im zwanzigsten Jahrhundert

In dem bis jetzt besprochenen Zeitraum gab es trotz des substanziellen und beeindruckenden Wachstums des Staatsbürgerstatus nur eine geringe unmittelbare Wirkung auf die soziale Ungleichheit. Bürgerliche Rechte beinhalteten rechtliche Befugnisse, deren Gebrauch durch Klassenvorurteile und fehlende wirtschaftliche Mittel drastisch eingeschränkt war. Politische Rechte beinhalteten Einflusschancen, deren Anwendung Erfahrung, Organisation und einen Wandel der Vorstellungen über die angemessene Funktionsweise der Regierung voraussetzten. Das alles brauchte Zeit, um sich zu entwickeln. Soziale Rechte waren minimal und nicht in das Gewebe des Staatsbürgerstatus verwoben. Das gemeinsame Ziel gesetzlicher und freiwilliger Anstrengungen war die Minderung des Übels der Armut, ohne dabei die Struktur der Ungleichheit zu gefährden, deren offensichtlichste und unerfreulichste Konsequenz Armut war.

Mit dem Ende des neunzehnten Jahrhunderts begann eine neue Periode, die passenderweise durch Booths Untersuchung ,Life and Labour of the People of London' (1892) und die Royal Commission on the Aged Poor markiert wurde. Sie sah die ersten großen Fortschritte sozialer Rechte, die deutliche Veränderungen der egalitären Prinzipien, wie sie im Staatsbürgerstatus zum Ausdruck kamen, beinhalteten. Es waren aber auch andere Kräfte am Werk. Das Ansteigen der ungleich über die sozialen Klassen verteilten Geldeinkommen veränderte die wirtschaftliche Distanz, die diese Klassen voneinander trennte, verringerte die Kluft zwischen gelernter und ungelernter Arbeit und zwischen Arbeitern und Angestellten, während die stetige Zunahme der kleinen Ersparnisse die Klassentrennung zwischen den Kapitalisten und den besitzlosen Proletariern trübte. Zweitens stauchte ein immer stärker gestaffeltes System direkter Besteuerung die gesamte Skala verfügbarer Einkommen zusammen. Drittens ermöglichte die Massenfertigung für den Binnenmarkt und ein wachsendes Interesse auf der Seite der Industrie an den Bedürfnissen und Vorlieben der gemeinen Leute den weniger Wohlhabenden die Teilhabe an einer materiellen Kultur, deren Qualität sich im Unterschied zu früher weniger deutlich von der der Reichen absetzte. Das alles veränderte auf grundlegende Weise den Rahmen, in dem sich der Fortschritt der Staatsbürgerrechte abspielte. Die soziale Integration dehnte sich von der Sphäre des Gefühls und des Patriotismus in die Sphäre materieller Teilhabe aus. Die Bestandteile eines zivilisierten und kultivierten Lebens, früher das Monopol Weniger, wurde zunehmend in die Reichweite der Vielen gebracht, die dadurch ermutigt wurden, ihre Hände nach dem auszustrecken, was sich immer noch ihrem Zugriff entzog. Der Abbau der Ungleichheit stärkte die Forderung nach ihrer Abschaffung, zumindest hinsichtlich der Grundbestandteile sozialer Wohlfahrt.

Diese Bestrebungen wurden zum Teil durch die Aufnahme sozialer Rechte in den Staatsbürgerstatus befriedigt und schufen dadurch ein allgemeines Recht auf ein verfügbares Einkommen, das sich nicht nach dem Marktwert des Beanspruchenden bemaß. Die Abschaffung von Klassen ist nach wie vor das Ziel sozialer Rechte, hat aber eine neue Bedeutung gewonnen. Sie ist nicht mehr länger der Versuch der Milderung des offensichtlichen Übels der Verarmung in den untersten Rängen der Gesellschaft, sondern hat nun die Form von Maßnahmen angenommen, die die gesamte Struktur sozialer Ungleichheit verändern. Man ist nicht mehr länger damit zufrieden, die Höhe des Bodens im Keller des sozialen Gebäudes anzuheben, und dabei den Überbau so zu belassen, wie er ist. Sie hat damit begonnen, das gesamte Gebäude umzubauen, und sie kann sogar mit dem Ergebnis aufhören, den Wolkenkratzer in einen Bungalow umgewandelt zu haben. Deshalb ist die Frage wichtig, ob ein derartiges Ziel letztlich in der Natur dieser Entwicklung liegt, oder, wie ich es zu Anfang formuliert habe, ob es natürliche Grenzen dieser gegenwärtigen Tendenz in Richtung einer größeren sozialen und wirtschaftlichen Gleichheit gibt. Um diese Frage zu beantworten, muss ich die sozialen Einrichtungen des zwanzigsten Jahrhunderts im Einzelnen betrachten und analysieren.

Ich sagte vorher, dass die Versuche der Entfernung der Schranken zwischen den Freiheitsrechten und den Mitteln ihrer Verwirklichung Zeichen einer neuen Einstellung gegenüber dem Problem der Gleichheit waren. Es liegt deshalb nahe, meinen Überblick mit einem Blick auf das neueste Beispiel eines derartigen Versuchs zu beginnen. Dabei handelt es sich um das Gesetz über Rechtshilfe und Rechtsberatung, welches einen sozialen Dienst zur Verfügung stellt, der das Recht des Bürgers stärken soll, seine Streitigkeiten vor einem Gericht auszutragen. Dieses Beispiel bringt uns direkt zu einer der Hauptfragen unseres Problems, nämlich der Möglichkeit, die beiden Grundsätze soziale Gerechtigkeit und Preisbildung auf dem Markt in einem System zusammenzuführen. Der Staat ist nicht bereit, das Rechtswesen für jedermann kostenfrei zu machen. Ein Grund dafür – allerdings nicht der einzige – besteht darin, dass Kosten die sinnvolle Funktion erfüllen, leichtfertig geführte Prozesse zu verhindern und die Annahme vernünftiger Urteile zu unterstützen. Wenn alle eröffneten Verfahren zur Verhandlung kämen, würde die Maschinerie der Rechtsprechung zusammenbrechen. Außerdem hängt die Höhe des Betrages, der vernünftigerweise für einen Fall aufgewendet wird, vom Wert der Streitsache für die Parteien ab, und dafür, so wird behauptet, sind sie selbst der einzige Richter. Das ist in einem Gesundheitswesen ganz anders, wo der Ernst einer Krankheit und die Natur der erforderlichen Behandlung objektiv abgeschätzt werden kann, mit sehr wenig Rücksicht auf die Bedeutung, die der Patient ihr beimisst. Obwohl also eine Bezahlung verlangt werden sollte, muss es nicht dergestalt geschehen, dass dem

Kläger sein Recht auf Gerechtigkeit versagt oder er gegenüber seinem Widersacher benachteiligt wird.

Die Grundzüge des Programms sind wie folgt. Die Einrichtung wird auf jene wirtschaftliche Klasse beschränkt, deren verfügbares Einkommen und Kapital nicht 420 bzw. 500 Pfund übersteigt.[13] ‚Verfügbar‘ bezieht sich auf jene Höhe, die nach beträchtlichen Abzügen für Angehörige, Miete, Hauseigentum und Besitz von Werkzeugen usw. in Anschlag gebracht worden sind. Der Höchstsatz der Beteiligung des Prozessführenden an seinen eigenen Kosten ist auf die Hälfte dessen beschränkt, was von seinem verfügbaren Einkommen 156 Pfund übersteigt, plus des Mehrbetrags seines verfügbaren Kapitals, das 75 Pfund übersteigt. Wenn er verliert, liegt seine Haftung für die Kosten der Gegenseite vollständig im Ermessen des Gerichts. Er wird die professionelle Unterstützung durch Solicitor und Anwalt haben, die beide aus einem Gremium stammen, das sich aus Freiwilligen zusammensetzt, und die vor dem High Court und den nachrangigen Gerichten mit Sätzen bezahlt werden, die 15 Prozent unter denen liegen, die der Taxing Master als dem freien Markt angemessen sieht. In den Grafschaftsgerichten werden sie nach allgemeinen Sätzen bezahlt, die noch nicht festgesetzt sind.

Wie man sieht, macht das Programm von den Grundsätzen der Einkommensgrenzen und der Bedürftigkeitsermittlung, die in den anderen wichtigen sozialen Einrichtungen gerade aufgegeben wurden, Gebrauch. Die Bedürftigkeitsermittlung oder die Anrechnung des Höchstsatzes findet auch beim National Assistance Board Verwendung, dessen Beamte, zusätzlich zu der Gewährung der in den gesetzlichen Bestimmungen vorgeschriebenen Leistungen, „allgemeine Ermessensspielräume haben werden, um alle Beträge vom Einkommen abziehen zu können, die sie normalerweise im Zusammenhang mit der Beantragung einer Unterstützung nach dem Nationalen Unterstützungsgesetz aus dem Jahr 1948 nicht berücksichtigen.“[14] Es wird interessant sein zu sehen, ob diese Verbindung mit dem alten Armenrecht die Rechtshilfe für viele abschreckend machen wird, die berechtigt sind, aus ihr einen Vorteil zu ziehen, und ob sie die Personen mit jährlichen Bruttoeinkommen bis zu 600 oder 700 Pfund einschließen wird. Ganz abgesehen aber von den Mitteln, die zu ihrer Durchführung bereitgestellt werden, ist der Grund für die Einführung einer Bedürftigkeitsermittlung offensichtlich. Der Preis, der für die Dienstleistung des Gerichtes und der Juristen bezahlt werden muss, spielt eine nützliche Rolle bei der Beurteilung der Dringlichkeit der Nachfrage. Er muss deshalb erhalten bleiben. Aber der

---

13 Auch wenn das verfügbare Kapital 500 Pfund übersteigt, liegt die Gewährung der Rechtshilfe im Ermessen des örtlichen Komitees, vorausgesetzt, das verfügbare Einkommen liegt nicht über 420 Pfund.

14 Cmd. 7563: Summary of the Proposed New Service, S. 7, Abschnitt 17.

Einfluss des Preises auf die Nachfrage muss durch die Anpassung der zu beglei-
chenden Rechnung an das Einkommen weniger ungleich gemacht werden. Die
Methode der Anpassung erinnert an die Arbeitsweise einer progressiven Steuer.
Wenn wir nur das Einkommen nehmen und Kapital außer Acht lassen, dann
können wir sehen, dass jemand mit einem verfügbaren Einkommen von 200
Pfund mit einem eigenen Beitrag von 22 Pfund oder 11 Prozent dieses Einkommens rechnen muss, und jemand mit einem verfügbaren Einkommen von
420 Pfund würde einen maximalen Beitrag von 132 Pfund zu leisten haben,
oder über 31 Prozent dieses Einkommens.

Vorausgesetzt das Maß der Anpassung ist zufriedenstellend, kann ein System dieser Art recht gut funktionieren, wenn der Marktpreis der Dienstleistung
für das kleinste, nicht mehr für eine Unterstützung qualifizierende Einkommen
noch angemessen ist. Die Preisskala kann von diesem Fixpunkt langsam nach
unten abnehmen, bis sie den Nullpunkt erreicht, wo das Einkommen zu klein ist,
um noch irgend Etwas bezahlen zu können. Es wird keine schmerzlich empfun-
dene Lücke zwischen den Unterstützten an der Spitze und den Nichtunterstütz-
ten geben. Diese Methode findet bei der Vergabe der staatlichen Stipendien für
Hochschulen Verwendung. In diesem Fall sind die zu tragenden Kosten der
standardisierte Betrag für Gebühren und Lebenshaltung. Nach ähnlichen Regeln
wie bei den für die Rechtshilfe vorgeschlagenen werden vor Bruttoeinkommen
der Eltern Abzüge in Anschlag gebracht, mit der Ausnahme, dass die Einkom-
menssteuer nicht abgezogen wird. Der resultierende Betrag ist als ‚Skaleneinkommen‘ bekannt. Dieses wird dann in einer Tabelle benützt, die an jedem
Punkt den Beitrag der Eltern zeigt. Skaleneinkommen bis zu 600 Pfund werden
nicht belastet, und die Obergrenze, bei der die Eltern ohne Subventionierung die
vollen Kosten tragen müssen, liegt bei 1500 Pfund. Eine Arbeitsgruppe hat vor
kurzem empfohlen, die Obergrenze „auf mindestens 2000 Pfund" (vor Steuern)
anzuheben[15], was für eine soziale Einrichtung eine ziemlich großzügige Ar-
mutslinie darstellt. Die Vermutung ist deshalb nicht zu weit hergeholt, dass auf
diesem Einkommensniveau die Familien ohne ungerechtfertigte Härten den
Marktpreis für eine Universitätsausbildung aufbringen können.

Das Rechtshilfeprogramm wird wahrscheinlich auf dieselbe Weise bei Verfahren vor den Grafschaftsgerichten funktionieren, wo die Kosten moderat sind.
Jene mit einem Einkommen an der Spitze der Skala werden normalerweise
keinen Beitrag zu ihren eigenen Kosten erhalten, selbst wenn sie ihren Fall
verlieren. Der Beitrag, den sie aus ihren eigenen Rücklagen zu leisten haben,
wird in der Regel zur Deckung ausreichen. Sie werden sich deshalb in der gleichen Lage befinden wie jene, die außerhalb des Programms stehen – und des-

---

15 Ministry of Education: Report of the Working Party on University Awards, 1948, Abschnitt 60.
    Die allgemeine Darstellung des gegenwärtigen Systems stammt aus dieser Quelle.

halb wird sich keine unangenehme Lücke auftun. Prozessführende, die unter das Programm fallen, werden allerdings professionelle rechtliche Unterstützung zu einem kontrollierten und abgesenkten Preis erhalten, was schon an sich ein wertvolles Privileg ist. Vor dem High Court wird aber in einem schwierigen Fall der maximale Beitrag der Person an der Spitze der Skala weit davon entfernt sein, im Fall der Niederlage die Kosten zu decken. Die Haftung einer Person im Rahmen des Programms kann deshalb sehr viel niedriger sein als die einer Person gerade noch außerhalb des Programms, die ein identisches Verfahren eingeleitet und verloren hat. In diesen Fällen kann die Lücke beträchtlich sein. Das ist in Gerichtsverfahren besonders ernst, weil sie die Form einer Konkurrenz haben. Der Wettbewerb kann zwischen einem unterstützten und einem nicht unterstützten Prozessteilnehmer stattfinden, die deshalb nach unterschiedlichen Regeln kämpfen werden. Die eine Seite wird nach den Grundsätzen sozialer Gerechtigkeit geschützt, während die andere Seite der Gnade des Marktes und den üblichen Verpflichtungen aus Verträgen und den Regeln des Gerichts ausgesetzt wird. Es gibt Fälle, wo Maßnahmen zur Abschwächung von Klassenunterschieden ein Klassenprivileg scharfen können. Ob dies geschieht, hängt hauptsächlich vom Inhalt jener Regeln ab, die bis jetzt noch nicht verabschiedet wurden, und von der Art und Weise, in der das Gericht bei der Verteilung der Kosten gegenüber unterstützten Prozessteilnehmern, die das Verfahren verloren haben, seinen Ermessensspielraum nützt.

Diese Schwierigkeit kann dadurch bewältigt werden, dass man das System entweder vollständig oder fast vollständig verallgemeinert, indem man die Skala maximaler Beiträge auf sehr viel höhere Einkommensniveaus anhebt. Mit anderen Worten, die Bedürftigkeitsermittlung kann aufrechterhalten, die Einkommensgrenze aber fallengelassen werden, was aber bedeuten würde, alle, oder nahezu alle Juristen in das Programm einzubeziehen und sie kontrollierten Preisen für ihre Dienstleistungen zu unterwerfen. Das würde fast zur Nationalisierung des Berufsstandes führen, zumindest was die Gerichtsverfahren betrifft. Zumindest den Barristern[16], deren Berufsstand durch einen ausgeprägt individualistischen Geist geprägt ist, würde es so erscheinen. Das Verschwinden der privaten Praxen würde den Steuerbehörden den Maßstab nehmen, nach dem sie den kontrollierten Preis festsetzen.

Ich habe diese Beispiele gewählt, um einige der Schwierigkeiten zu illustrieren, die entstehen, wenn man versucht, die Grundsätze sozialer Gleichheit und die des Marktes zu kombinieren. Eine Methode, dies zu bewerkstelligen, besteht darin, mittels einer Skala unterschiedliche Preise an unterschiedliche Einkommen anzupassen – eine Methode, die unter Ärzten und Hospitälern breite Verwendung fand, bis sie durch den Nationalen Gesundheitsdienst überflüssig ge-

---

16 Vor höheren Gerichten plädierende Anwälte.

macht wurde. Sie befreit in unterschiedlichen Formen das verfügbare Einkommen von der Abhängigkeit vom Markteinkommen. Würde man den Grundsatz allgemein anwenden, dann würden Unterschiede zwischen den Markteinkommen bedeutungslos. Zu dem gleichen Ergebnis kommt man über die Angleichung der Bruttoeinkommen oder über die Verminderung ungleicher Bruttoeinkommen durch die Besteuerung. Bis zu einem bestimmten Punkt kann man beide Vorgehensweisen beobachten, wobei beide durch die Notwendigkeit gebremst werden, Einkommensunterschiede als Quelle wirtschaftlicher Anreize zu bewahren. Wenn aber unterschiedliche Methoden kombiniert werden, um die gleiche Sache zu erledigen, dann ist es vielleicht möglich, den Prozess viel weiter vorwärts zu treiben, ohne die Maschinerie der Wirtschaft zu gefährden. Die verschiedenen Konsequenzen addieren sich nicht so leicht und der Gesamteffekt bleibt in der allgemeinen Verwirrung unbemerkt. Und wir dürfen nicht vergessen, dass unbesteuerte Markteinkommen das Maßband sind, mit dem wir traditionell soziale und wirtschaftliche Leistung und Ansehen messen. Selbst wenn sie im Hinblick auf das verfügbare Einkommen ihre Bedeutung verloren haben, dann können sie nach wie vor ähnlich den Orden und Auszeichnungen als Ansporn für Leistung und Zeichen von Erfolg funktionieren.

Ich muss zu meinem Überblick über die sozialen Einrichtungen zurückkehren. Das bekannteste Verwendung findende Prinzip, welches ich oben diskutiert habe, ist natürlich nicht der gestaffelte Preis, sondern das garantierte Minimum. Der Staat garantiert die Versorgung mit einem Minimum an lebenswichtigen Gütern und Dienstleistungen (wie zum Beispiel medizinische Betreuung und Arzneimittel, Schutz und Erziehung), oder ein Mindesteinkommen, das zur Deckung des Lebensnotwendigen verwandt werden kann – wie im Fall der Altersrenten, der Versicherungsleistungen und des Kindergeldes. Jeder, der in der Lage ist, mittels eigener Ressourcen über das garantierte Minimum hinaus zu kommen, ist frei, es zu tun. Allem Anschein nach sieht ein derartiges System wie eine großzügigere Version der Abschaffung von Klassen in ihrer ursprünglichen Form aus. Es hebt die untere Bodenhöhe, ohne dabei automatisch den Überbau einzuebnen. Seine Wirkungen verlangen aber eine nähere Untersuchung.

Der Grad der erreichten Egalisierung hängt von vier Sachverhalten ab: ob die Leistung allen angeboten wird oder nicht, ob es sich um eine Geldzahlung oder um eine Dienstleistung handelt, ob das Minimum hoch oder niedrig festgesetzt ist und wie das Geld für die Einrichtung aufgebracht wird. Geldleistungen, die an eine Einkommensgrenze und eine Mittelüberprüfung gebunden sind, haben eine einfache und offensichtlich egalisierende Wirkung. Sie erreichen eine Abschwächung von Klassenschranken in dem frühen und eingeschränkten Sinn des Wortes. Das Ziel bestand darin, sicherzustellen, dass alle Bürger zumindest das vorgeschriebene Minimum erreichen, entweder durch ihre eigenen Möglichkeiten, oder mit Unterstützung, wenn sie nicht ohne auskommen. Die Leistung wurde nur an jene ausgeben, die sie brauchten, und damit wurden Ungleichheiten am unteren Ende der Skala beseitigt. Im Fall des Armenrechts und der Altersrenten arbeitete das System in seiner einfachsten und am wenigsten verfälschten Form. Die wirtschaftliche Gleichstellung kann aber von einer psychologischen Klassendiskriminierung begleitet werden. Das Stigma, das dem Armenrecht anhaftete, machte ‚Armenhäusler' zu einem abwertenden Begriff, der eine Klasse definierte. ‚Altersrentner' mag ein wenig vom gleichen Beigeschmack gehabt haben, aber ohne den Makel der Schande.

Die generelle Wirkung der Sozialversicherung war ähnlich, wenn sie auf eine Einkommensgruppe beschränkt wurde. Sie war insofern anders, als es keine Bedürftigkeitsermittlung gab. Das Recht auf Leistungen wurde durch Beitragszahlungen erworben. Ganz allgemein gesprochen wurde aber das Einkommen der Gruppe durch den Überschuss der Leistungen über die aus Beiträgen und zusätzlichen Steuermitteln aufgebrachten Gesamtausgaben der Gruppe erhöht. Der Unterschied zwischen dem Einkommen dieser Gruppe und der über ihr wurde dadurch verringert. Die große Bandbreite der Einkommen innerhalb der Gruppe und die unterschiedliche Verbreitung der abgedeckten Risiken machen es schwierig, die genaue Wirkung abzuschätzen. Mit der Ausdehnung des Programms auf alle wurde diese Kluft wieder geöffnet, obwohl hier wieder die gemeinsame Wirkung regressiver, pauschaler Beiträge und der teilweise progressiven Besteuerung berücksichtigt werden müssen, die zusammen das Programm finanzieren. Es kann mich aber nichts zu einer Diskussion dieses Problems bewegen. Ein umfassendes Programm ist allerdings in einem rein wirtschaftlichen Sinne weniger spezifisch klassenabschwächend als ein begrenztes, und eine Sozialversicherung ist es weniger als eine bedürfnisabhängige Einrichtung. Einheitssätze bei den Leistungen reduzieren nicht die Unterschiede zwischen verschiedenen Einkommen. Ihre ausgleichende Wirkung beruht auf der Tatsache, dass sie bei kleineren Einkommen prozentual einen größeren Anstieg bewirken als bei größeren. Und obwohl man das Konzept des abnehmenden Grenznutzens – wenn man sich noch darauf beziehen will – im Grunde nur auf das steigende Einkommen ein und desselben Individuums anwenden kann, bleibt es doch eine Tatsache von einigem Gewicht. Wenn, wie im Fall des Gesundheitswesens, eine kostenlose Einrichtung von einer begrenzten Einkommensgruppe auf die Gesamtbevölkerung ausgedehnt wird, dann besteht die unmittelbare Wirkung teilweise in einer Zunahme der Ungleichheit zwischen den verfügbaren Einkommen – wiederum in Abhängigkeit von der Steuerbelastung. Mitglieder der mittleren Klassen, die ihre Ärzte selbst bezahlten, können nun diesen Teil ihres Einkommens auf andere Dinge verwenden.

Um dieses Argument anzubringen, bin ich so behutsam wie möglich über sehr dünnes Eis geglitten. Die Ausdehnung der sozialen Einrichtungen ist nicht in erster Linie ein Mittel, die Einkommen aneinander anzugleichen. Das mag in einigen Fällen stimmen, in anderen aber nicht. Die Frage ist vergleichsweise unwichtig. Sie gehört in eine andere Abteilung der Sozialpolitik. Hier interessiert die allgemeine Bereicherung der konkreten Substanz eines zivilisierten Lebens, die generelle Verminderung der Risiken und Unsicherheiten, der Ausgleich zwischen den mehr und den weniger Glücklichen auf allen Ebenen – zwischen dem Gesunden und dem Kranken, dem Alten und dem Erwerbstätigen, dem Junggesellen und dem Vater einer großen Familie. Die Gleichstellung geschieht weniger zwischen Klassen als vielmehr zwischen den Individuen einer Bevölkerung, die jetzt für diesen Zweck so behandelt werden, als seien sie eine Klasse. Statusgleichheit ist wichtiger als Einkommensgleichheit.

Selbst wenn Leistungen in bar ausbezahlt werden, wird diese Klassenverschmelzung nach außen in Form einer gemeinsamen neuen Erfahrung ausgedrückt. Alle wissen, was es bedeutet, eine Versicherungskarte zu haben, die regelmäßig gestempelt werden muss, oder Kindergeld und Pensionen in Anspruch zu nehmen. Wenn aber die Leistung die Form einer Dienstleistung hat, dann wird das qualitative Element Teil der Leistung, und nicht nur Teil des Verfahrens, durch das man sie erhält. Die Ausdehnung derartiger Leistungen kann deshalb einen grundsätzlichen Einfluss auf die qualitativen Aspekte der sozialen Differenzierung haben. Obwohl die alten Volksschulen für alle offen waren, wurden sie von einer sozialen Klasse – zugegeben sei, dass es sich um eine sehr große und heterogene handelte – in Anspruch genommen, für die keine andere Art von Bildung zur Verfügung stand. Ihre Angehörigen wurden getrennt von den höheren Klassen erzogen und dabei Einflüssen ausgesetzt, die den Kindern ihren Stempel aufdrückten. ‚Ehemaliger Volksschüler‘ wurde zu einem Etikett, das man sein ganzes Leben hindurch trug und dessen Natur auf einen wirklichen und keinen bloß konventionellen Unterschied verwies. Ein gegliedertes Bildungswesen gibt durch die Förderung der Gleichartigkeit innerhalb einer Klasse und von Unterschieden zwischen den Klassen dem Merkmal sozialer Distanz Nachdruck und Eindeutigkeit. Professor Tawney drückte es folgendermaßen aus, als er die Ansichten der Erziehungswissenschaftler in seine eigene, unnachahmliche Prosa übersetzte: „Das Eindringen der Unsitten des Klassensystems in die Organisationen des Bildungswesens ist nicht tragbar, hat verderbliche Konsequenzen, und ist seiner Konzeption nach abscheulich" (Tawney u.a. 1914: 64). Der beschränkte Zugang zu dieser Einrichtung wirkte gleichzeitig klassenbildend und klassenabschwächend. Die Ausgrenzung ist heute noch zu beobachten, aber darauf aufbauende Bildungsmöglichkeiten, die für alle zugänglich sind, machen Umgruppierungen möglich. Ich werde anschließend noch kurz auf die Frage eingehen müssen, ob sich bei diesen Umgruppierungen ‚Klassen' auf eine andere Weise bemerkbar machen.

Auf eine ähnliche Art und Weise hat das frühere Gesundheitswesen ‚panel patient'[17] unserem Wörterbuch sozialer Klassen hinzugefügt. Viele Angehörige der Mittelklassen sind dabei zu lernen, was genau der Begriff bedeutet. Die Ausdehnung des Dienstes hat aber die soziale Bedeutung dieses Unterschieds verringert. Die gemeinsame Erfahrung eines allgemeinen Gesundheitsdienstes umfasst alle bis auf eine kleine Minderheit an der Spitze und überschreitet die wichtigen Klassenschranken in den mittleren Rängen der Hierarchie. Gleichzeitig wurde das garantierte Minimum auf einen so hohen Betrag angehoben, dass die Bezeichnung ‚Minimum' falsch ist. Es besteht zumindest die Absicht, es schätzungsweise so weit an das noch tragbare Maximum heranzuführen, dass die Extras, die sich die Reichen nach wie vor leisten können, nur mehr Kinkerlitzchen und Luxusgüter sein werden. Der bereitgestellte Dienst, und nicht die erworbene Dienstleistung, wird zur Norm sozialer Wohlfahrt. Manche nehmen an, dass unter diesen Umständen der unabhängige Sektor nicht lange überleben kann. Wenn er verschwindet, dann wird der Wolkenkratzer zu einem Bungalow umgebaut worden sein. Wenn das gegenwärtige System fortbesteht und seine Ideale aufrechterhält, dann kann das Ergebnis als Bungalow beschrieben werden, der durch ein architektonisch unbedeutendes Türmchen gekrönt wird.

Leistungen in Form von Diensten zeichnen sich auch dadurch aus, dass die Rechte des Staatsbürgers nicht genau bestimmt werden können. Das qualitative Element ist zu groß. Ein Mindestmaß an gesetzlich erzwingbaren Rechten mag zwar gewährleistet werden, für den Bürger ist aber der Überbau legitimer Erwartungen ausschlaggebend. Es mag einigermaßen leicht fallen, jedem Kind unter einem bestimmten Alter zu ermöglichen, die erforderlichen Stunden in der Schule zu verbringen, viel schwieriger ist es, die legitime Erwartung zu befriedigen, dass die Erziehung durch ausgebildete Lehrer in Klassen mit moderatem Umfang vermittelt wird. Es mag für jeden Bürger, der das wünscht, möglich sein, sich bei einem Arzt anzumelden, viel schwieriger ist es aber sicherzustellen, dass seine Leiden richtig behandelt werden. Und so kommen wir zu dem Schluss, dass die Gesetzgebung, anstatt der entscheidende Schritt zu sein, der die Politik unmittelbar zur Geltung bringt, mehr und mehr den Charakter einer politischen Absichtserklärung annimmt, von der gehofft wird, dass sie eines Tages verwirklicht wird. Wir denken dabei sofort an County Colleges und Gesundheitszentren. Die Geschwindigkeit des Fortschritts hängt von der Größe der

---

17 Das Krankenversicherungssystem, das bis zur Einführung des Nationalen Gesundheitsdienstes bestand, zeichnete sich dadurch aus, dass die Träger des Systems, die Versicherungsgesellschaften, Listen (‚panel') jener Ärzte führten, mit denen sie Verträge hatten und die ihre Versicherten besuchen konnten (A.d.Ü.).

nationalen Ressourcen und ihrer Verteilung zwischen konkurrierenden Ansprüchen ab. Genauso wenig ist es für den Staat eine einfache Aufgabe, die Kosten seiner Verpflichtungen abzuschätzen, weil der von den Einrichtungen erwartete Standard steigt – was in einer sich entwickelnden Gesellschaft unvermeidlich ist – und die Verpflichtungen automatisch schwerer werden. Das Ziel bewegt sich fortlaufend vorwärts und der Staat mag niemals auch nur in seine Reichweite kommen. Daraus folgt, dass individuelle Rechte nationalen Plänen unterworfen werden müssen.

Offiziell als legitim anerkannte Erwartungen sind keine Ansprüche, die in jedem Fall ihrer Anmeldung befriedigt werden müssen. So wie es auch geschieht, wurden sie Teil des Entwurfs des Lebens einer Gemeinschaft. Die Verpflichtung des Staates besteht gegenüber der Gesellschaft als Ganzes, und Parlament oder Gemeinderat schaffen Abhilfe im Fall des Versagens. Sie besteht nicht gegenüber dem einzelnen Bürger, dessen Einspruchsmöglichkeiten bei einem Gerichtshof oder zumindest einem quasigerichtlichen Tribunal liegen. Die Aufrechterhaltung eines angemessenen Gleichgewichts zwischen diesen kollektiven und individuellen Elementen sozialer Rechte ist eine Sache von grundlegender Bedeutung für den demokratisch-sozialistischen Staat.

Dieses Argument ist im Fall des Wohnungsbaus am klarsten. Hier wurden die Eigentumstitel an bestehenden Wohnungen durch eindeutig gesetzliche Rechte geschützt, die vor Gericht erzwungen werden können. Das System wurde überaus kompliziert, weil es Stück für Stück gewachsen ist. Man kann nicht behaupten, dass die Vorteile im Vergleich zu den tatsächlichen Bedürfnissen gleich verteilt sind. Aber das grundlegende Recht des einzelnen Bürgers auf eine Unterkunft ist kaum vorhanden. Er kann kaum mehr beanspruchen als ein Dach über seinem Kopf, und dieser Anspruch kann, wie wir in den letzten Jahren gesehen haben, durch eine Strohdecke in einem ehemaligen Kino, das in ein Obdachlosenasyl umgewandelt wurde, eingelöst werden. Nichtsdestotrotz ist die allgemeine Verpflichtung des Staates gegenüber der Gesamtgesellschaft im Hinblick auf das Wohnungswesen die schwerste, die er zu tragen hat. Die staatliche Politik hat unmissverständlich dem Bürger die legitime Erwartung für ein familiengerechtes Heim gegeben, und dieses Versprechen ist nicht mehr auf verdiente Kriegsteilnehmer beschränkt. Es stimmt, dass bei der Bearbeitung der einzelnen Ansprüche die Behörden so weit wie möglich nach einer Dringlichkeitsskala der Bedürfnisse verfahren. Wenn aber ein Elendsgebiet saniert wird, eine alte Innenstadt umgestaltet oder eine neue Stadt geplant wird, dann müssen individuelle Ansprüche dem allgemeinen Programm sozialen Fortschritts untergeordnet werden. So etwas wie Zufall und damit auch Ungleichheit ist dann unumgänglich. Eine Familie mag außerhalb der Reihe in eine Modellwohnung umgesiedelt werden, weil sie Teil einer Gruppe ist, die bevorzugt behandelt wird. Eine zweite wird vielleicht warten müssen, obwohl die baulichen Gegebenheiten schlimmer als bei der ersten sind. Mit dem Fortschreiten der Arbeiten mögen zwar an vielen Orten Ungleichheiten verschwinden, dafür aber wieder an anderen umso deutlicher auftauchen. Lassen Sie mich das anhand eines kleinen Beispiels erläutern. In der Stadt Middlesbrough wurde ein Teil der Bewohner einer verwahrlosten Gegend in eine neue Wohnsiedlung umgesiedelt. Man hat herausgefunden, dass von den Kindern dieser Siedlung, die sich um Plätze in höheren Schulen bewarben, eines von acht erfolgreich war. Bei dem zurückbleibenden Teil der Bewohner betrug das Verhältnis eins zu einhundertvierundfünfzig (Glass 1948: 129). Der Unterschied ist dermaßen phantastisch, dass man zögert, eine genaue Erklärung anzubieten. Es bleibt aber als treffendes Beispiel einer Ungleichheit zwischen Individuen, die als Zwischenergebnis der fortschreitenden Befriedigung kollektiver sozialer Rechte auftaucht. Mit dem Abschluss des Wohnungsbauprogramms sollten derartige Ungleichheiten verschwinden.

Es gibt noch einen anderen Aspekt der Wohnungsbaupolitik, der, so glaube ich, das Eindringen eines neuen Elements in die Rechte des Staatsbürgerstatus impliziert. Er kommt dann zum Tragen, wenn die Ordnung des Lebens, von der ich sagte, dass individuelle Rechte ihr untergeordnet werden müssen, nicht auf eine Sektion am Ende der sozialen Stufenleiter oder auf eine besondere Art von Bedürftigkeit beschränkt ist, sondern die allgemeinen Merkmale des Lebens der Gesamtgesellschaft umfasst. Stadtplanung ist in diesem Sinne eine derartige umfassende Planung. Sie nimmt nicht nur die Gemeinschaft als Ganzes, sondern beeinflusst und stellt alle sozialen Aktivitäten in Rechnung, alle Bräuche und Interessen. Sie zielt auf die Schaffung neuer physischer Umwelten, die aktiv das Wachsen neuer, humaner Gesellschaften fördern sollen. Sie muss entscheiden, wie diese Gesellschaften aussehen werden, und sie muss versuchen, für die grundlegenden Verschiedenartigkeiten zu sorgen, die sie enthalten sollte. Stadtplaner lieben es, über eine ‚ausgeglichene Gemeinschaft' als ihr Ziel zu sprechen. Damit ist eine Gesellschaft gemeint, die eine angemessene Mischung aller sozialer Klassen enthält, ebenso der Altersgruppen und der Geschlechter, der Beschäftigung usw. Sie wollen keine Arbeitersiedlungen oder Mittelklasse-Siedlungen bauen. Sie schlagen aber vor, Arbeiterhäuser und Mittelklassehäuser zu bauen. Ihr Ziel ist nicht die klassenlose Gesellschaft, sondern eine Gesellschaft, in der Klassenunterschiede im Hinblick auf die soziale Gerechtigkeit legitim sind, und in der deshalb die Klassen für das Allgemeinwohl enger zusammenarbeiten als sie es jetzt tun. Wenn eine Planungsbehörde entscheidet, dass sie in ihrer Stadt einen größeren Mittelklasseanteil braucht (was sehr oft der Fall ist), und Pläne aufstellt, um deren Bedürfnisse zu erfüllen und ihren Standards gerecht zu werden, dann reagiert sie nicht wie ein kommerzieller

Bauherr auf eine wirtschaftliche Nachfrage. Sie muss die Nachfrage mit dem Gesamtplan in Einklang bringen, und dann die Zustimmung der Verwaltung als dem verantwortlichen Organ der Gemeinschaft der Bürger einholen. Der Angehörige der Mittelklasse kann dann nicht sagen, ‚ich werde kommen, wenn du den Preis bezahlen kannst, den ich glaube fordern zu können‘, sondern: ‚Wenn du mich als Bürger haben willst, dann musst du mir den Status geben, der mir als ein Recht für die Art von Bürger zusteht, die ich bin.‘ Das ist ein Beispiel für die Art und Weise, in der der Staatsbürgerstatus selbst zum Architekten sozialer Ungleichheit wird.

Das zweite und wichtigere Beispiel, das ebenfalls mein früheres Argument über das Gleichgewicht zwischen individuellen und kollektiven sozialen Rechten illustriert, betrifft die Erziehung. In der ersten Phase unserer öffentlichen Erziehung waren Rechte minimal und gleich. Wie wir aber gesehen haben, wurde zu dem Recht eine Pflicht hinzugefügt, nicht nur, weil der Bürger eine Verpflichtung gegenüber sich selbst hat, genauso wie das Recht, alles in ihm liegende zu entwickeln – eine Verpflichtung, die weder das Kind noch die Eltern voll erfassen müssen – sondern weil die Gesellschaft erkennt, dass sie eine gebildete Bevölkerung braucht. Tatsächlich wurde das neunzehnte Jahrhundert beschuldigt, die Volksschulbildung allein als Mittel zu sehen, kapitalistische Arbeitgeber mit wertvolleren Arbeitskräften zu versorgen, und das höhere Bildungswesen nur als Instrument, die Macht der Nation im Wettbewerb mit ihren wirtschaftlichen Rivalen zu vergrößern. Und Sie haben vielleicht auch bemerkt, dass neuere Untersuchungen über die Bildungschancen in den Vorkriegsjahren damit beschäftigt waren, sowohl das Ausmaß an sozialer Verschwendung zu enthüllen, als auch gegen die Versagung natürlicher Menschenrechte zu protestieren.

In der zweiten Phase der Geschichte unseres Bildungswesens, die im Jahr 1902 begann, wurde formell die Stufenleiter der Bildung als wichtiger, wenn auch nach wie vor kleiner Teil des Systems anerkannt. Das Gleichgewicht zwischen kollektiven und individuellen Rechten blieb aber im großen und ganzen dasselbe. Der Staat entschied über seine Ausgaben für ein kostenloses Sekundarschulwesen und höhere Bildungseinrichtungen, und die Kinder konkurrierten um die geringe Zahl bereitgestellter Plätze. Es wurde nicht angenommen, dass allen, die von einer weiterführenden Bildung profitieren könnten, sie auch zur Verfügung gestellt werden sollte. Es gab auch keine Anerkennung irgendeines absoluten Naturrechts auf Bildung gemäß den eigenen Fähigkeiten. In der dritten Phase allerdings, die im Jahr 1944 einsetzte, wurde individuellen Anrechten nachdrücklich Priorität eingeräumt. Konkurrenz um knappe Plätze soll durch Selektion und Verteilung auf ausreichende Plätze ersetzt werden, deren Zahl zumindest auf der Ebene des Volksschulwesens für die Befriedigung aller ausreichen sollte. In dem Gesetz aus dem Jahr 1944 gibt es eine Passage, die sagt, dass das Angebot an Volksschulen so lange als nicht angemessen betrachtet wird, bis sie „für alle Schüler Bildungsmöglichkeiten bereitstellen und eine Vielfalt an Unterricht und Übung anbieten, wie im Hinblick auf die unterschiedlichen Altersstufen, Fähigkeiten und Begabungen wünschenswert ist." Der Respektierung individueller Rechte kann kaum stärker Ausdruck verliehen werden. Ich frage mich aber, ob sich auch die Praxis entsprechend gestalten wird.

Wenn es dem Schulwesen möglich wäre, den Schüler ausschließlich als Zweck an sich zu behandeln, Erziehung als etwas zu sehen, dessen Wert er voll in Anspruch nehmen kann, ohne Rücksicht auf seinen Platz im späteren Leben, dann mag es möglich sein, der Bildungsplanung die von individuellen Bedürfnissen geformte Gestalt zu geben, ohne Berücksichtigung irgendwelcher anderer Überlegungen. Wie wir aber alle wissen, ist Bildung heutzutage mit der Erwerbstätigkeit verknüpft, und zumindest einer der Werte, die der Schüler von ihr erwartet vermittelt zu bekommen, ist die Qualifikation für eine Anstellung auf einem angemessenen Niveau. Solange jedenfalls keine größeren Anstrengungen stattfinden, ist es wahrscheinlich, dass die Bildungsplanung an die berufliche Nachfrage angepasst wird. Das Verhältnis zwischen Volksschulen, Technischen Schulen und modernen Sekundarschulen kann kaum ohne Rücksicht auf das Verhältnis zwischen den Arbeitsstellen auf den entsprechenden Stufen bestimmt werden. Ein Ausgleich zwischen den beiden Systemen sollte vielleicht auch deshalb gesucht werden, um dem Schüler selbst Gerechtigkeit widerfahren zu lassen. Einem Jungen, dem man allein die Volksschulbildung hat zukommen lassen, kann auch nur eine entsprechende Arbeitsstelle offen stehen, was ihm Grund zur Klage und das Gefühl geben kann, betrogen worden zu sein. Es ist äußerst wünschenswert, dass sich diese Einstellung ändert, so dass ein Junge unter derartigen Umständen für seine Erziehung dankbar ist und sich über seine Beschäftigung nicht ärgert. Einen derartigen Wandel zu bewerkstelligen ist allerdings keine leichte Aufgabe.

Ich kann keine Zeichen für eine Lockerung der Fesseln erkennen, die die Erziehung an die Erwerbstätigkeit binden. Sie scheinen im Gegenteil stärker zu werden. Bildungsabschlüssen, Zulassungsprüfungen, akademischen Graden und Diplomen wird viel und zunehmender Respekt als Qualifikation für eine Beschäftigung gezollt. Der Zahn der Zeit zeigt bei ihnen keine Wirkung. Ein Vierzigjähriger kann nach seiner Leistung in einer Prüfung beurteilt werden, die er im Alter von fünfzehn Jahren abgelegt hat. Die Fahrkarte, die einem am Ende der Schulzeit oder des Colleges ausgehändigt wird, gilt für eine lebenslange Reise. Dem Mann mit der Fahrkarte dritter Klasse, der später das Gefühl hat, einen Platz im Wagen der ersten Klasse beanspruchen zu können, wird der Zutritt verwehrt, selbst wenn er bereit ist, für die Differenz selbst aufzukommen. Das wäre anderen gegenüber nicht gerecht. Er muss an den Anfang zurück und die Fahrkarte durch die Ablegung der vorgeschriebenen Prüfungen neu lösen. Und es ist unwahrscheinlich, dass der Staat ihm anbietet, die Fahrt zurück zu bezahlen. Das gilt natürlich nicht für das gesamte Beschäftigungssystem, aber es ist eine gerechtfertigte Beschreibung eines großen Teils von ihm, dessen Ausdehnung außerdem fortlaufend gefordert wird. Ich habe zum Beispiel kürzlich einen Artikel gelesen, in dem darauf gedrungen wird, dass von jedem Anwärter auf eine Verwaltungs- oder Managerstelle in der Wirtschaft verlangt werden soll, sich durch „die Ablegung der Zulassungsprüfungen zu den Universitäten oder durch äquivalente Prüfungen" zu qualifizieren (Bowie 1949: 17). Diese Entwicklung ist zum Teil das Ergebnis der technischen Systematisierung der Fertigkeiten in immer mehr professionellen, halb-professionellen und gelernten Berufen, obwohl ich bekennen muss, dass einige der Ansprüche der sogenannten Professionen auf den ausschließlichen Besitz esoterischer Fertigkeiten und Wissensbestände mir reichlich dünn zu sein scheinen. Sie wird aber auch gefördert durch die Perfektionierung des Selektionsprozesses innerhalb des Bildungswesens selbst. Je größer die Sicherheit des Anspruchs der Bildung, in der Lage zu sein, das menschliche Material in den frühen Jahren zu sieben, desto mehr konzentriert sich die Mobilität auf diese Jahre und schränkt sie in den folgenden entsprechend ein.

In diesem Prozess der Selektion und Mobilität ist das Recht des Bürgers ein Recht auf Chancengleichheit. Sein Ziel ist die Eliminierung vererbbarer Privilegien. In seinem Kern ist es das für jeden gleiche Recht, Verschiedenartigkeit oder Ungleichheit zu zeigen und zu entwickeln; das für jeden gleiche Recht, als ungleich anerkannt zu werden. Auf den früheren Stufen der Errichtung eines derartigen Systems ist die wichtigste Wirkung natürlich die Enthüllung versteckter Gleichheit – den armen Jungen in die Lage zu versetzen zu zeigen, dass er so gut ist wie der reiche Junge. Aber letztlich ist das Ergebnis eine Struktur ungleichen Status, die einigermaßen ungleichen Fähigkeiten entspricht. Dieser Prozess wird manchmal mit den Ideen eines *laissez faire*-Individualismus in Verbindung gebracht, aber im Bildungswesen selbst ist es keine Sache des *laissez faire,* sondern der Planung. Der Prozess, durch den Fähigkeiten erkannt werden, die Einflüsse, denen sie ausgesetzt sind, die Tests, mit deren Hilfe sie gemessen werden – das alles ist geplant. Allen Kindern, die in die Volksschule eintreten, wird Chancengleichheit geboten, aber in einem frühen Alter werden sie üblicherweise in drei Ströme gegliedert – die Besten, die Durchschnittlichen und die Zurückgebliebenen. Damit werden bereits die Chancen ungleich verteilt und die Bandbreite der Möglichkeiten des Kindes beschränkt. Ungefähr im Alter von elf Jahren werden sie nochmals getestet, wahrscheinlich durch eine

Gruppe von Lehrern, Prüfern und Psychologen. Keiner von ihnen ist unfehlbar, aber vielleicht ergeben manchmal drei Fehlurteile ein richtiges. Der Verteilung auf die drei Zweige der Sekundarschule folgt eine Klassifizierung. Die Chancen werden noch ungleicher und die Möglichkeiten einer weiterführenden Bildung sind bereits auf wenige Auserwählte beschränkt. Einige unter ihnen, nachdem sie nochmals getestet wurden, werden sie auch bekommen. Am Ende wird das Mischmasch unterschiedlicher Samen, mit dem am Anfang die Maschine gefüttert wurde, als sauber etikettierte Päckchen wieder auftauchen, bereit, in die entsprechenden Gärten gesät zu werden.

Ich habe diese Beschreibung absichtlich in eine zynische Sprache gefasst, um dem Argument Gewicht zu geben, dass ohne Rücksicht darauf, wie echt der Wunsch der Bildungsbehörden auch sein mag, ausreichend Vielfalt anzubieten, um alle Bedürfnisse zu befriedigen, sie doch, bei einer Masseneinrichtung wie dieser, eine fortlaufende Einteilung in Gruppen vornehmen müssen, der auf jeder Stufe eine Assimilierung innerhalb der Gruppe und eine Differenzierung zwischen den Gruppen folgt. Das ist genau die Art und Weise, in der in einer offenen Gesellschaft soziale Klassen geformt werden. Unterschiede innerhalb einer Klasse werden als unbedeutend ignoriert; Unterschieden zwischen Klassen wird eine überhöhte Bedeutung zugemessen. Dadurch werden Eigenschaften, die in Wirklichkeit auf einer kontinuierlichen Skala angeordnet sind, so behandelt, dass sie eine hierarchische Ordnung von Gruppen hervorbringen, wobei jede einen besonderen Charakter und Status hat. Die hauptsächlichen Merkmale des Systems sind unvermeidlich, und seine Vorteile, vor allem die Ausschaltung ererbter Privilegien, wiegen die anfänglichen Defekte bei weitem auf. Die letzteren können bekämpft und in Schranken gehalten werden, wenn weiteren, die Klassifizierung betreffende Überlegungen so viel Raum wie möglich eingeräumt wird, sowohl über das Bildungssystem selbst als auch über die Zeit danach.

Die gewichtigste Schlussfolgerung meiner Argumentation ist die, dass durch die Bildung in ihren Beziehungen zur Beschäftigungsstruktur Staatsbürgerrechte als Instrument sozialer Schichtung wirken. Es gib keinen Grund, das zu beklagen. Wir sollten aber die Konsequenzen nicht vergessen. Der durch die Bildung erlangte Status, der in die Welt hinausgetragen wird, trägt den Stempel der Legitimität, weil er durch eine Institution verliehen wird, die eingerichtet wurde, dem Bürger seine ihm zustehenden Rechte zu erfüllen. Was der Markt anbietet, kann an dem gemessen werden, was der Status beansprucht. Wenn eine große Diskrepanz auftaucht, werden die anschließenden Versuche ihrer Abschaffung nicht die Form eines Handels über wirtschaftliche Werte annehmen, sondern die einer Debatte über soziale Rechte. Und es mag durchaus sein, dass es bereits eine ernst zu nehmende Diskrepanz zwischen den Erwartungen jener gibt, die

die mittleren Bildungsabschlüsse erreichen, und dem Status der Angestelltentätigkeiten, für die sie normalerweise bestimmt sind.

Ich habe bereits gesagt, dass im zwanzigsten Jahrhundert Staatsbürgerrechte und kapitalistisches Klassensystem miteinander im Krieg liegen. Vielleicht ist die Wortwahl etwas zu stark, aber es ist ohne weiteres einzusehen, dass die ersteren dem zweiten Beschränkungen auferlegt haben. Wir sollten uns aber nicht mit der Vermutung zufrieden geben, dass trotz des grundsätzlichen Widerspruchs zwischen Status und Vertrag das geschichtete Statussystem, das zunehmend vom Staatsbürgerstatus Besitz ergreift, in der außerhalb liegenden Welt der Wirtschaft ein Fremdkörper ist. In ihrer modernen Form implizieren soziale Rechte ein Eindringen des Status in den Vertrag, die Unterwerfung des Marktpreises unter die soziale Gerechtigkeit, die Ersetzung des freien Tauschs durch die Erklärung von Rechten. Aber sind diese Grundsätze tatsächlich den heutigen Verhaltensweisen auf dem Markt so fremd, oder sind sie bereits innerhalb des Vertragssystems selbst fest verankert? Ich denke, dass das ganz offensichtlich der Fall ist.

Wie ich bereits gezeigt habe, war eine der wichtigsten Errungenschaften der politischen Macht im neunzehnten Jahrhundert, den Weg für die Ausbreitung der Gewerkschaftsbewegung dadurch zu bereiten, dass die Arbeiter in die Lage versetzt wurden, von ihren bürgerlichen Rechten gemeinschaftlichen Gebrauch zu machen. Das war insofern eine Anomalie, als es bis zu diesem Zeitpunkt politische Rechte waren, die über das Parlament und die kommunalen Ratsversammlungen gemeinschaftlich ausgeübt wurden, während bürgerliche Rechte grundsätzlich individualistisch waren und deshalb mit dem Individualismus des Frühkapitalismus im Einklang standen. Die Gewerkschaftsbewegung schuf eine Art sekundärer, wirtschaftlicher Staatsbürgerschaft, die auf natürliche Weise mit dem Geist erfüllt wurde, der einer Institution des Staatsbürgerstatus angemessen ist. Die kollektiven Freiheitsrechte konnten nicht nur in Verhandlungen (eigentlich beim Feilschen) benützt werden, sondern auch für die Behauptung von Grundrechten. Diese Lage war untragbar und konnte nur vorübergehenden Charakter haben. Rechte sind kein geeigneter Gegenstand für Verhandlungen. In einer Gesellschaft, die das Existenzminimum als soziales Recht anerkennt, ist das Feilschen um das Existenzminimum genauso absurd wie das Feilschen um das Stimmrecht in einer Gesellschaft, die das Stimmrecht als politisches Recht akzeptiert. Das frühe zwanzigste Jahrhundert versuchte allerdings, dieser Absurdität einen Sinn abzugewinnen. Es bestätigte Tarifverhandlungen als normales und friedliches Marktgeschehen, während es das Recht des Bürgers auf den Mindeststandard eines zivilisierten Lebens grundsätzlich anerkannte. Die Gewerkschaften haben mit gutem Grund angenommen, dass sie genau das mit den Waffen des Vertrags für ihre Mitglieder zu erreichen suchten.

Mit dem Ausbruch der großen Streiks unmittelbar vor dem Ersten Weltkrieg war dieses Zeichen für eine gemeinsame Forderung nach sozialen Rechten unübersehbar. Die Regierung war zum Eingreifen gezwungen. Sie beteuerte, ausschließlich zum Schutz der Öffentlichkeit zu handeln, und gab vor, sich nicht in die unmittelbaren Streitpunkte einzumischen. Im Jahr 1912 unterrichtete Mr. Askwith, der Hauptverhandlungsführer, den Premierminister Mr. Asquith, dass die Intervention erfolglos geblieben war und dass das Ansehen der Regierung gelitten habe. Der Premierminister antwortete darauf: „Jedes von Ihnen gesagte Wort bestätigt die von mir geformte Meinung. Es ist eine Erniedrigung der Regierung" (Askwith 1971: 228). Die Geschichte hat aber bald gezeigt, dass eine derartige Sichtweise völlig überholt war. Die Regierung konnte sich nicht mehr länger aus den Tarifauseinandersetzungen heraushalten, als ob die Höhe der Löhne und der Lebensstandard der Arbeiter Dinge wären, mit denen sie sich nicht selbst zu beschäftigen brauchte. Darüber hinaus wurden auf der anderen Seite Eingriffe in Tarifauseinandersetzungen durch Einmischungen der Gewerkschaften in die Arbeit der Regierung begleitet. Das ist eine bezeichnende und auch willkommene Entwicklung, vorausgesetzt ihre Implikationen werden vollständig erkannt. In der Vergangenheit hat die Gewerkschaftsbewegung soziale Rechte durch Angriffe von außerhalb des Systems erkämpft, in dem die Macht ihren Sitz hat. Heute verteidigt sie sie von innen, in Zusammenarbeit mit der Regierung. Bei wichtigen Fragen wurde rohes wirtschaftliches Verhandeln in etwas umgewandelt, das eher nach einer gemeinsamen Diskussion der Politik aussieht.

Es wird stillschweigend vorausgesetzt, dass Entscheidungen, die auf diese Weise gefällt werden, Anerkennung finden. Wenn zur Verteidigung von Rechten der Staatsbürgerstatus angerufen wird, dann können die entsprechenden Pflichten des Staatsbürgerstatus nicht außer Acht gelassen werden. Sie verlangen von keiner Person die Preisgabe ihrer individuellen Freiheit oder ihre unbedingte Unterordnung unter jede von der Regierung aufgestellte Forderung. Sie verlangen aber, dass ihre Handlungen von einem lebendigen Sinn der Verantwortung gegenüber der Wohlfahrt der Gemeinschaft inspiriert sein sollten. Im allgemeinen akzeptieren die Gewerkschaftsführer diese Implikationen, aber das gilt nicht für alle Mitglieder ihrer Gefolgschaft. Die in jener Zeit, in der die Gewerkschaften um ihre Existenz kämpften, aufgebauten Traditionen, in der die Beschäftigungsbedingungen vollständig von dem Ergebnis eines ungleichen Handels abhingen, machten ihre Anerkennung sehr schwierig. Wilde Streiks wurden sehr zahlreich, und es ist offensichtlich, dass ein wichtiges Element in Tarifstreitigkeiten Meinungsunterschiede zwischen Gewerkschaftsführern und bestimmten Gruppierungen der Gewerkschaftsmitglieder sind. Nun können sich Pflichten entweder aus dem Status oder aus dem Vertrag herleiten. Führer von

wilden Streiks neigen dazu, beides abzulehnen. Die Streiks bedeuten in der
Regel einen Vertragsbruch oder den Widerruf von Vereinbarungen. Vermeintlich höhere Prinzipien werden angerufen – in Wirklichkeit, obwohl das nicht
ausdrücklich behauptet werden muss, die Statusrechte wirtschaftlicher Staatsbürgerschaft. Es gibt heute viele Beispiele für die Unterordnung des Vertrags
unter den Status. Das bekannteste ist wohl die Behandlung der Wohnungsfrage.
Die Mieten werden kontrolliert und die Rechte der Bewohner selbst nach dem
Auslaufen des Vertrages geschützt. Häuser werden beschlagnahmt, freiwillig
eingegangene Vereinbarungen werden durch Tribunale zur Seite geschoben
oder verändert, die Grundsätze sozialer Gerechtigkeit und des gerechten Preises
zur Anwendung gebracht. Die Unverletzlichkeit des Vertrags beugt sich den
Erfordernissen staatlicher Politik. Ich unterstelle für keinen Moment, dass dem
nicht auch so sein sollte. Wenn aber vertragliche Verpflichtungen durch den
Verweis auf Staatsbürgerrechte beiseite geschoben werden, dann müssen die
Pflichten des Staatsbürgerstatus genauso akzeptiert werden. Bei einigen kürzlich
stattgefundenen wilden Streiks wurde, wie ich glaube, der Versuch unternommen, Rechte sowohl aus dem Status als auch aus dem Vertrag zu beanspruchen
und die Pflichten aus beiden abzulehnen.

Meine hauptsächliche Sorge gilt allerdings weniger dem Wesen von Streiks,
sondern der gegenwärtigen Auffassung darüber, was einen gerechten Lohn
ausmacht. Ich denke, es ist offensichtlich, dass diese Auffassung die Idee von
Status beinhaltet. Wir fragen, was ein Facharzt oder ein Zahnarzt verdienen
sollte. Ist das doppelte Gehalt eines Universitätsprofessors in etwa ausreichend,
oder ist das nicht genug? Selbstverständlich ist das dabei ins Auge gefasste
Statussystem ein geschichtetes, und kein einheitliches. Der Anspruch erstreckt
sich nicht nur auf ein grundlegendes Existenzminimum, mit Unterschieden über
diesem Niveau, die auf jeder Ebene von der entsprechenden Schicht aus den
momentanen Marktgegebenheiten herausgeholt werden können. Die Statusan-
sprüche beziehen sich auf eine hierarchische Lohnstruktur, in der jede Ebene für
ein soziales Recht steht, und nicht allein für einen Marktwert. Tarifverhandlungen müssen selbst in ihren elementaren Formen die Klassifizierung der Arbeiter
in Gruppen oder Stufen beinhalten, innerhalb derer kleinere berufliche Unterschiede ignoriert werden. Genauso wie bei der Massenverschulung können auch
bei der Beschäftigung von Massen Fragen über Rechte, Standards, Möglichkeiten usw. auf vernünftige Weise nur dadurch diskutiert und gehandhabt werden,
dass eine beschränkte Zahl von Kategorien gebildet wird und eine kontinuierli-
che Kette von Unterschieden in Reihen von Klassen aufgeteilt werden, deren
Namen sofort die entsprechende Glocke im Kopf des fleißigen Bürokraten zum
Klingen bringen. Wenn sich der Wirkungskreis der Vereinbarung ausdehnt,
folgt der Aufnahme der Individuen notwendigerweise die Aufnahme von Grup-

pen, solange, bis die Schichtung der Gesamtbevölkerung so weit wie möglich standardisiert ist. Erst dann können allgemeine Grundsätze sozialer Gerechtigkeit formuliert werden. Innerhalb jeder Stufe muss Gleichartigkeit herrschen und zwischen den Stufen muss es Unterschiede geben. Diese Grundsätze beherrschen die Köpfe jener, die Lohnforderungen diskutieren, obwohl Rationalisierungen andere Argumente produzieren, zum Beispiel, die Gewinne seien übermäßig hoch und die Industrie könne es sich leisten, höhere Löhne zu bezahlen, oder dass hohe Löhne für die Aufrechterhaltung eines Angebots an geeigneten Arbeitskräften oder für die Vermeidung eines Rückgangs notwendig seien.

Das Weißbuch über persönliche Einkommen hat einen Lichtstrahl in diese dunkle Ecke im Kopf geschickt.[18] Das Endergebnis bestand aber nur darin, den Prozess der Rationalisierung schwieriger und arbeitsreicher zu machen. Der grundlegende Konflikt zwischen sozialen Rechten und dem Marktwert wurde nicht gelöst. Ein Sprecher der Labour Party sagte: „Zwischen den verschiedenen Zweigen der Industrie muss ein gerechtes Verhältnis herrschen."[19] Eine gerechte Beziehung ist ein soziales, und kein wirtschaftliches Konzept. Die Generalversammlung des Gewerkschaftsverbandes hat den Grundsätzen des Weißbuchs insoweit zugestimmt, als „sie die Notwendigkeit anerkennen, jene Einkommensunterschiede zu verteidigen, die wesentliche Elemente der Lohnstruktur vieler wichtiger Industrien sind und die benötigt werden, jene Standards der Handwerkskunst, Ausbildung und Erfahrung zu erhalten, die unmittelbar zur industriellen Effizienz und höheren Produktivität beitragen."[20] Hier finden Marktwert und wirtschaftliche Anreize in einer Argumentation Platz, die sich im Wesentlichen mit Status auseinander setzt. Das Weißbuch selbst übernahm eine etwas andere, und wahrscheinlich eher der Wahrheit entsprechende Sichtweise der Unterschiede. „Die letzten hundert Jahre haben das Wachstum gewisser traditioneller oder gebräuchlicher Beziehungen zwischen persönlichem Einkommen sowohl der Löhne als auch der Gehälter – und verschiedenen Berufen gesehen (...). Sie haben unter modernen Bedingungen keine zwingende Bedeutung." Tradition und Brauch sind soziale, und keine wirtschaftlichen Grundsätze, und es sind alte Namen für die moderne Struktur von Statusrechten.

Das Weißbuch hat deutlich ausgesprochen, dass Lohnstufen auf der Grundlage dieser Vorstellungen heutigen wirtschaftlichen Erfordernissen nicht genügen. Sie stellen nicht die Anreize bereit, die für die Sicherstellung einer optimalen Verteilung der Arbeitskräfte notwendig sind. „Unterschiedliche Ein-

---

18 Cmd. 7321, 1948.
19 Wie es die Times berichtete.
20 Empfehlung des Special Committee on the Economic Situation, wie sie vom General Council beim Sondertreffen am 18. Februar 1948 angenommen wurde.

kommensniveaus müssen so gestaltet sein, dass sie eine Abwanderung in die
Industrie auslösen, die sie am meisten braucht. Sie sollten nicht, wie es in einigen Fällen nach wie vor zu beobachten ist, in die entgegengesetzte Richtung
führen." Achten Sie auf das ‚nach wie vor'. Das moderne Konzept sozialer
Rechte wird einmal mehr als Relikt einer dunklen Vergangenheit behandelt.
Wenn wir weiterlesen, wird die Verwirrung noch größer: „Jeder Anspruch auf
Lohn- und Gehaltserhöhung muss im Hinblick auf seinen nationalen Wert be-
trachtet werden", d.h. im Hinblick auf die staatliche Politik. Diese Politik kann
aber nicht durch den Gebrauch der politischen Staatsbürgerrechte gegenüber der
Regierung unmittelbar erzwungen werden, weil das „eine Einmischung der
Regierung in die Sphäre des freien Vertrags zwischen Individuen und Organisa-
tionen" bedeuten würde, einen Einbruch in die bürgerlichen Rechte des Bürgers.
Bürgerliche Rechte sind deshalb für die Behauptung politischer Verantwortlich-
keit bestimmt, und der Staat muss den freien Vertrag als Instrument staatlicher
Politik einsetzen. Es gibt darüber hinaus noch ein weiteres Paradox. Der Anreiz,
der im System der freien Vertragsbeziehungen seine Aufgabe erfüllt, ist der
Anreiz eines persönlichen Gewinns. Der Anreiz, der sozialen Rechten entspricht, ist der einer öffentlichen Pflicht. Welcher der beiden wird hier angerufen? Die Antwortet lautet: beide. Dem Bürger wird dadurch eine Reaktion auf
den Ruf zur Erfüllung der Pflicht nahe gelegt, indem dem Motiv des individuellen Eigeninteresses etwas Platz eingeräumt wird. Diese Paradoxa sind nicht
immer die Erfindung verwirrter Geister; sie sind in unser gegenwärtiges soziales
System fest eingebaut. Und sie brauchen uns auch nicht übermäßig zu beunru-
higen, weil in der Welt des Handelns ein kleinwenig gesunder Menschenver-
stand oft einen Berg von Paradoxa bewegen kann, obwohl in der Welt des Ge-
dankens die Logik unfähig sein kann, ihn zu übersteigen.

Schlussfolgerungen

Ich habe zu zeigen versucht, wie Staatsbürgerrechte und andere von ihr unabhängige Kräfte die Struktur sozialer Ungleichheit verändert haben. Um das Bild
abzurunden, sollte ich jetzt einen Gesamtüberblick der Wirkungen auf die
Struktur sozialer Klassen geben. Sie waren ohne Zweifel sehr tiefgreifend und
es mag durchaus sein, dass die vom Staatsbürgerstatus zugestandene und sogar
geformte Ungleichheit nicht mehr länger Klassenunterschiede in jenem Sinn
hervorbringt, in dem der Begriff für vergangene Gesellschaften gebraucht wird.
Um aber dieser Frage nachgehen zu können, brauchte es eine weitere Vorlesung, und sie würde wahrscheinlich aus einer Mischung aus trockenen Statistiken mit ungewisser Bedeutung und bedeutungsschweren Urteilen von zweifelhafter Qualität bestehen. In dieser Angelegenheit ist unsere Unwissenheit ziem-

lich groß. Es ist deshalb vielleicht für den Ruf der Soziologie von Glück, wenn ich mich auf ein paar vorsichtige Bemerkungen beschränke, als Versuch, jene vier Fragen zu beantworten, die ich am Ende der Einleitung zu meinem Thema gestellt habe.

Wir müssen auf die gemeinsamen Wirkungen dreier Faktoren schauen. Erstens auf die Verdichtung an den beiden Enden der Einkommensverteilung. Zweitens auf die breite Ausdehnung des Bereiches einer gemeinsamen Kultur und gemeinsamer Erfahrungen. Und drittens auf die Bereicherung des allgemeinen Staatsbürgerstatus, verbunden mit der Anerkennung und Stabilisierung bestimmter Statusunterschiede, hauptsächlich durch die Verknüpfung des Bildungswesens mit dem Beschäftigungssystem. Die beiden ersten Entwicklungen haben die dritte möglich gemacht. Statusunterschiede können hinsichtlich der demokratischen Staatsbürgerrechte den Stempel der Legitimität aufgedrückt bekommen, vorausgesetzt, sie sind nicht zu tiefgreifend und in einer Bevölkerung angesiedelt, die zu einer einzigen Kultur vereinigt ist, und vorausgesetzt, sie sind nicht Ausdruck vererbter Privilegien. Das bedeutet, dass in einer grundsätzlich egalitären Gesellschaft Ungleichheit toleriert werden kann, vorausgesetzt, sie ist nicht dynamisch, d.h. sie erzeugt keine Anreize, die aus Unzufriedenheit und dem Gefühl entstehen, ‚diese Art von Leben ist nicht gut genug für mich', oder: ‚ich habe die feste Absicht, meinem Sohn jene Art von Leben zu ersparen, das ich habe führen müssen'. Die Art von Ungleichheit aber, für die im Weißbuch Stellung bezogen wird, kann nur gerechtfertigt werden, wenn sie dynamisch ist und wenn sie Anreize für Veränderungen und Verbesserungen schafft. Es kann sich deshalb herausstellen, dass die durch Staatsbürgerrechte zugelassene und geformte Ungleichheit im wirtschaftlichen Sinn nicht als eine Kraft wirkt, die die freie Verteilung der Arbeitskräfte beeinflusst. Oder dass soziale Schichtung weiter besteht, soziale Ambitionen aber aufhören, ein normales Phänomen zu sein und um den Jargon der Soziologie zu benützen – zu einem abweichenden Verhaltensmuster werden.

Sollten sich die Dinge in diese Richtung entwickeln, dann könnte es sich herausstellen, dass die allein verbleibende Kraft mit einer dauerhaften Verteilungswirkung – die Verteilung der Arbeitskräfte auf die Hierarchie wirtschaftlicher Ebenen – der Ehrgeiz des Schülers war, seine Lektionen ordentlich zu lernen, seine Prüfungen abzulegen und auf der Bildungsleiter aufzusteigen. Und wenn das offizielle Ziel einer ‚Parität des Ansehens' zwischen den drei Zweigen der Sekundarschule verwirklicht wird, dann könnten wir sogar den größeren Teil davon verlieren. Das wäre das radikale Ergebnis der Einführung sozialer Bedingungen, unter denen jedermann mit der Stellung im Leben zufrieden ist, auf die zu berufen es dem Staatsbürgerstatus gefallen hat.

Damit habe ich zwei meiner Fragen beantwortet, die erste und die letzte. Ich habe gefragt, ob die soziologische Hypothese, die in Marshalls Aufsatz latent vorhanden ist, nämlich die Hypothese, dass es eine grundsätzliche menschliche Gleichheit, verbunden mit einer vollen Mitgliedschaft in der Gemeinschaft, gibt, die nicht mit dem Überbau wirtschaftlicher Ungleichheit unvereinbar ist. Ich habe weiter gefragt, ob es irgendeine Grenze in der gegenwärtigen Tendenz in Richtung sozialer Gleichheit gibt, die in die leitenden Prinzipien dieser Bewegung eingebaut ist. Meine Antwort darauf ist, dass die Bewahrung wirtschaftlicher Ungleichheit durch die Anreicherung des Staatsbürgerstatus schwieriger gemacht wurde. Es gibt weniger Raum für sie, und die Wahrscheinlichkeit wird immer größer, dass sie in Frage gestellt wird. Wir gehen aber gegenwärtig ganz sicher von der Vermutung aus, dass die Hypothese gültig ist. Und diese Vermutung gibt die Antwort auf die zweite Frage. Wir zielen nicht auf eine absolute Gleichheit. Es gibt in dieser egalitären Bewegung eingebaute Grenzen. Die Bewegung ist aber eine doppelte. Sie wirkt teilweise durch Staatsbürgerrechte und teilweise durch das Wirtschaftssystem. In beiden Fällen ist das Ziel die Entfernung von Ungleichheiten, die nicht als legitim gelten können. Der Maßstab der Legitimität ist allerdings jeweils ein anderer. In dem ersteren ist es der Maßstab sozialer Gerechtigkeit, im letzteren ist es soziale Gerechtigkeit kombiniert mit wirtschaftlicher Notwendigkeit. Es ist deshalb möglich, dass die durch die zwei Hälften der Bewegung zugelassenen Ungleichheiten nicht miteinander übereinstimmen. Klassenunterschiede können ohne eine entsprechende wirtschaftliche Funktion überleben, genauso wie wirtschaftliche Unterschiede, die nicht mit akzeptierten Klassenunterschieden übereinstimmen.

Meine dritte Frage bezog sich auf das veränderte Gleichgewicht zwischen Rechten und Pflichten. Rechte haben sich vervielfältigt, sind präzise und jeder Einzelne weiß genau, was er beanspruchen kann. Die Pflicht, deren Einlösung am zwingendsten und unmittelbare Notwendigkeit für die Befriedigung des Rechts, ist die Pflicht zur Zahlung von Steuern und Versicherungsbeiträgen. Weil diese obligatorisch sind, ist keine Willenserklärung damit verbunden und kein ausgeprägtes Gefühl der Loyalität. Bildung und Militärdienst sind ebenfalls obligatorisch. Die anderen Pflichten sind unbestimmt und in die allgemeine Verpflichtung eingeschlossen, das Leben eines guten Bürgers zu führen und so viel wie möglich dazu beizutragen, die Wohlfahrt der Gemeinschaft zu fördern. Die Gemeinschaft ist aber so groß, dass die Verpflichtung abgehoben und unwirklich zu sein scheint. Von überwältigender Bedeutung ist die Pflicht zu arbeiten, aber die Wirkung der Arbeit eines einzelnen Menschen auf die Wohlfahrt der ganzen Gesellschaft ist so unendlich klein, dass es ihm sehr schwer fällt zu glauben, dass er durch die Verweigerung oder Verringerung viel Schaden anrichten könnte.

Es gab noch keine Pflicht zu arbeiten, als die sozialen Beziehungen durch Verträge dominiert wurden. Es war Sache des Einzelnen, ob er arbeiten wollte oder nicht. War es seine Wahl, bescheiden in Armut zu leben, dann war er frei, es auch zu tun, vorausgesetzt, er wurde zu keinem Ärgernis. Wenn er in der Lage war, müßig und in Komfort zu leben, dann wurde er nicht als Schmarotzer gesehen, sondern als Aristokrat – beneidet und bewundert. Als die Wirtschaft dieses Landes sich im Prozess der Transformation in die gegenwärtig existierende befand, wurde eine große Unsicherheit empfunden, ob die notwendigen Arbeitskräfte zur Verfügung stehen würden. Die Triebkräfte gemeinschaftlicher Bräuche und Kontrollen mussten durch Anreize des persönlichen Gewinns ersetzt werden. Dabei wurden erste Zweifel laut, ob auf diesen Anreiz Verlass sein konnte. Das erklärt Colquhouns Sicht der Armut und die mitleidige Bemerkung Mandevilles, die Arbeiter „hätten nichts als ihre Wünsche, so dass nichts weiter sie dazu antreibt, sich nützlich zu machen, als ihre Armut, die es zwar klug ist zu mildern, töricht aber ganz zu beseitigen" (Mandeville 1980: 232). Im achtzehnten Jahrhundert waren ihre Bedürfnisse noch sehr einfach. Sie wurden durch die hergebrachten Lebensgewohnheiten ihrer Klasse geformt. Es gab keine fortlaufende Skala steigender Standards des Konsums, die die Arbeiter dazu hätte bewegen können, mehr zu verdienen um für erstrebenswerte Dinge mehr ausgeben zu können, die bisher außerhalb ihrer Reichweite lagen – Radiogeräte, Fahrräder, Kinobesuch oder ein Urlaub am Meer. Der folgende Kommentar eines Schriftstellers aus dem Jahr 1728 ist eines von vielen gleichlautenden Beispielen und könnte sehr wohl auf zutreffenden Beobachtungen fußen: „Menschen in niedrigen Lebensumständen", sagt er, „die nur für ihr tägliches Brot arbeiten, werden häufig in der Woche drei Tage Urlaub machen, wenn sie drei Tage gearbeitet haben, oder sie werden den Preis für ihre Arbeit selbst festsetzen" (Furniss 1920: 125). Wenn sie den zweiten Weg einschlagen, dann, so wurde allgemein angenommen, werden sie das überschüssige Geld für Getränke ausgeben, der einzige leicht erreichbare Luxus. Der allgemeine Anstieg des Lebensstandards hat zu einem erneuten Auftauchen dieses oder eines ähnlichen Phänomens geführt, obwohl Zigaretten heute eine wichtige Rolle spielen als Getränke.

Es ist keine leichte Sache, jenes Gefühl persönlicher Verpflichtung gegenüber der Arbeit in der neuen Form zu wecken, in der sie mit dem Staatsbürgerstatus verbunden ist. Sie wird auch nicht durch die Tatsache leichter gemacht, dass die elementare Pflicht nicht darin besteht, eine Stellung zu haben und sie zu behalten, was unter den Bedingungen der Vollbeschäftigung relativ einfach zu bewerkstelligen ist, sondern sein Herz an seine Stellung zu hängen und hart zu arbeiten. Denn der Standard, nach dem harte Arbeit gemessen wird, ist äußerst elastisch. In Zeiten der Not kann erfolgreich an die Pflichten des Staatsbürgerstatus appelliert werden. Aber in keiner Kultur kann der Geist von Dünkirchen ein ständiges Merkmal sein. Nichtsdestotrotz haben die Gewerkschaftsführer den Versuch unternommen, ein Gefühl dieser allgemeinen Pflicht einzuimpfen. Auf einer Konferenz am 18. November des letzten Jahres bezog sich Mr. Tanner auf „die unumgängliche Verpflichtung beider Seiten der Wirtschaft, ihren vollen Beitrag für die Wiederherstellung der Volkswirtschaft und die Erholung der Welt zu leisten" (Times, 19.11.1948). Die nationale Gemeinschaft ist aber zu groß und zu weit entfernt, um diese Art von Loyalität verlangen zu können und zu einer dauernden Antriebskraft zu machen. Darum glauben viele Menschen, dass die Lösung unseres Problems in der Entwicklung beschränkter Loyalitäten gegenüber der lokalen Gemeinschaft und vor allem gegenüber den Arbeitskollegen liegt. In dieser letzten Form mögen wirtschaftliche Staatsbürgerrechte, indem sie ihre Verpflichtungen an die untersten Ebenen der Produktion abgeben, etwas von jener Lebendigkeit erlangen, die dem Staatsbürgerstatus im Allgemeinen zu fehlen scheint.

Ich komme am Schluss zu der zweiten meiner vier Fragen vom Anfang, die allerdings weniger eine Frage als eine Feststellung war. Ich habe gezeigt, dass Marshall davon ausging, dass Maßnahmen zur Anhebung des allgemeinen Standes der Kultur nicht die Freiheit des Marktes stören müssen. Wenn sie das tun würden, dann könnten sie vom Sozialismus nicht mehr unterschieden werden. Und ich sagte weiter, dass in der Zwischenzeit diese Einschränkung der Politik offensichtlich aufgegeben wurde. Sozialistische Maßnahmen im Sinne Marshalls wurden von allen politischen Parteien akzeptiert. Das hat mich zu der Platitüde verleitet, dass im Verlauf eines jeden Versuchs, Marshalls soziologische Hypothese in die moderne Zeit hineinzutragen, der Konflikt zwischen egalitären Maßnahmen und dem freien Markt untersucht werden muss.

Ich habe dieses riesige Thema nur an einigen Punkten berühren können. Bei der abschließenden Diskussion werde ich mich auf einen Aspekt des Problems beschränken. Die vereinte Kultur, die soziale Ungleichheit akzeptabel macht, und die droht, sie wirtschaftlich funktionslos zu machen, wird durch eine fortschreitende Scheidung zwischen verfügbaren und nominellen Einkommen erreicht. Das ist natürlich bei unseren wichtigsten sozialen Dienstleistungen der Fall, wie im Gesundheits- und Bildungswesen, die Sachleistungen ohne eine gleichzeitige Bezahlung abgeben. Die Höhe der Stipendien und der Rechtsberatungshilfe werden an die Einkommensentwicklung gekoppelt und halten dabei das verfügbare Einkommen insofern konstant, als es durch diese besonderen Bedürfnisse beeinflusst wird. Mietpreisbindungen, zusammen mit einem Mieterschutz, führen mit anderen Mitteln zu ähnlichen Ergebnissen. Auf diese Weise wirken auch in unterschiedlichen Maßen Rationierungen, Nahrungsmittelsubventionen, Sachbeihilfen und Preiskontrollen. Die Vorteile, die dadurch erreicht werden, dass man ein größeres Bruttoeinkommen hat, verschwinden dadurch nicht, aber sie werden auf einen begrenzten Bereich des Konsums eingeschränkt.

Ich habe eben von der traditionellen Hierarchie der Lohnstruktur gesprochen. Die Betonung liegt hier auf den Unterschieden der nominellen Einkommen. Von höheren Einkommen wird erwartet, dass sie wirkliche und substanzielle Vorteile mit sich bringen – wie sie es selbstverständlich trotz der Entwicklung in Richtung einer Angleichung der verfügbaren Einkommen auch tun. Ich bin mir aber sicher, dass die Bedeutung der Einkommensunterschiede zumindest teilweise symbolisch ist. Sie wirken als Etiketten, die an den wirtschaftlichen Status geheftet werden, und nicht nur als Instrumente einer echten wirtschaftlichen Schichtung. Wir können aber auch Zeichen dafür erkennen, dass der Anerkennung des Systems wirtschaftlicher Ungleichheit durch die Arbeiter selbst – vor allem bei jenen auf der unteren Stufe der Leiter – manchmal durch Ansprüche auf größere Gleichheit im Hinblick auf jene Formen wirklicher Befriedigung begegnet wird, für die nicht mit dem Einkommen aufgekommen werden kann. Handarbeiter mögen es als richtig und angemessen betrachten, dass sie weniger Geld als bestimmte Schichten der Angestellten verdienen sollten, gleichzeitig aber können Lohnempfänger für die gleichen allgemeinen Annehmlichkeiten streiten, die von den Gehaltsempfängern in Anspruch genommen werden, weil diese die grundsätzliche Gleichheit aller Bürger reflektieren sollten, und nicht die Ungleichheiten der Einkommen und der beruflichen Abstufungen. Wenn der leitende Geschäftsführer für ein Fußballspiel einen Tag frei nehmen kann, warum dann nicht auch der einfache Arbeiter? Gemeinsame Freude ist ein gemeinsames Recht.

Neuere Studien über die Einstellungen von Erwachsenen und Kindern haben gezeigt, dass es, wenn die Frage allgemein gehalten ist, ein abnehmendes Interesse am Verdienen größerer Summen gibt. Ich glaube nicht, dass das auf die schwere Bürde einer progressiven Besteuerung zurückzuführen ist, sondern auf den unausgesprochenen Glauben, dass die Gesellschaft auf jeder Ebene, unabhängig von der Höhe der verdienten Summe, die wesentlichen Bestandteile eines angenehmen und sicheren Lebens garantieren sollte und will. In einer Gruppe von Schülern der Sekundarschule, die vom Bristol Institute of Education untersucht wurde, wollten 86 Prozent eine interessante Stellung mit einem vernünftigen Lohn, und nur 9 Prozent wollten eine Arbeit, mit der sie viel Geld machen können. Der durchschnittliche Intelligenzquotient in der zweiten Gruppe lag um 16 Punkte niedriger als in der ersten (Research Bulletin No. 11: 23). In einer Umfrage, die vom British Institute of Public Opinion durchgeführt wurde, wollten 23 Prozent einen Lohn so hoch wie möglich, und 73 Prozent

bevorzugten Sicherheit bei niedrigeren Löhnen.[21] Man kann sich denken, dass
zu jedem Zeitpunkt, als Erwiderung auf eine bestimmte Frage nach ihren gegenwärtigen Umständen, die meisten Menschen den Wunsch nach mehr Geld,
als sie tatsächlich erhalten, bekennen würden. Eine andere Umfrage, die im
November 1947 stattfand, legt nahe, dass selbst diese Vermutung übertrieben
ist. Denn 51 Prozent sagten, ihr Einkommen läge über dem Betrag, der zur Deckung der Bedürfnisse der Familie notwendig wäre, und nur 45 Prozent, dass es
nicht ausreiche. Diese Einstellung wird in den verschiedenen sozialen Schichten
unterschiedlich sein. Von den Klassen, die am meisten von den sozialen Einrichtungen profitiert haben, und in denen das verfügbare Einkommen im allgemeinen gestiegen ist, kann angenommen werden, dass sie sich weniger mit
Einkommensunterschieden beschäftigen werden. Wir sollten aber darauf gefasst
sein, in jenen Teilen der Mittelklassen andere Reaktionen zu finden, in denen im
Moment die Entwicklung der Bruttoeinkommen am weitesten auseinanderge-
hen, während gleichzeitig die traditionell am meisten geschätzten Elemente
eines zivilisierten Lebens mit diesem Einkommen – oder mit anderen Mitteln –
schwieriger zu erreichen sind.

Der Kern der Sache wurde von Professor Robbins angesprochen, als er vor
zwei Jahren hier die Vorlesung hielt. Er sagte: „Wir folgen einer Politik, die
widersprüchlich ist und die sich selbst durchkreuzt. Wir nehmen die Besteuerung zurück und suchen, wo immer es möglich ist, Transfersysteme einzufüh-
ren, deren Bewegungen der Nachfrage folgen. Zur gleichen Zeit sind unsere
Preisbindungen und die daraus folgenden Rationierungen durch egalitäre
Grundsätze inspiriert. Das Ergebnis ist sowohl im einen wie im anderen Fall
schlimm" (Robbins 1947: 9). Und weiter: „Der Glaube, dass in normalen Zeiten
der Versuch besonders vernünftig ist, die Prinzipien zu vermengen, und neben
einem System egalitärer verfügbarer Einkommen ein System ungleicher Markteinkommen zu steuern, scheint mir etwas *simpliste* zu sein" (ebd.: 16). Dem
mag vielleicht der Ökonom zustimmen, wenn er versucht, die Lage nach der
Logik einer Marktwirtschaft zu beurteilen. Von einem Soziologen, der sich
daran erinnert, dass soziales Verhalten nicht durch Logik beherrscht wird und
dass eine humane Gesellschaft aus einem Mischmasch aus Paradoxa ohne Ver-
dauungsschwierigkeiten anständige Mahlzeiten machen kann – zumindest für
eine relativ lange Zeit – mag das nicht unbedingt genauso gesehen werden.
Tatsächlich mag die Politik alles andere als *simpliste* sein, sondern subtiler; eine
neue Anwendung der alten Maxime des *divide et impera,* das Ausspielen des
einen gegen den anderen, um den Frieden zu erhalten. Aber, ernsthafter, das
Wort *simpliste* lässt vermuten, dass der Widerspruch allein das Ergebnis des
verwirrten Denkens unserer Führer ist, und dass es nichts mehr gibt, das sie

---

21 Zeitpunkt: Januar 1946.

davon abhalten könnte, den Kurs ihrer Politik zu ändern, wenn sie einmal das Licht gesehen haben. Ich glaube aber im Gegenteil, dass in der gegenwärtigen Phase der Entwicklung demokratischer Staatsbürgerrechte gerade dieser grundsätzliche Prinzipienstreit den Wurzeln unserer sozialen Ordnung entspringt. Tatsächlich sind die offensichtlichen Unvereinbarkeiten eine Quelle der Stabilität, die durch einen Kompromiss erreicht wurde, der nicht der Logik gehorcht. Diese Phase wird nicht unendlich dauern. Es mag sein, dass einige Konflikte in unserem sozialen System zu groß werden, als dass der Kompromiss seinen Zweck noch länger erfüllen könnte. Wünschen wir aber zu ihrer Lösung beizutragen, dann müssen wir versuchen, ihre tiefere Natur zu verstehen und die tiefgreifenden und verwirrenden Wirkungen zu erkennen, die von jedem übereilten Versuch der Umkehr gegenwärtiger moderner Trends ausgehen könnten. Es war das Ziel meiner Vorlesung, ein wenig Licht auf das eine Element zu werfen, von dem ich glaube, dass es von grundlegender Bedeutung ist, nämlich den Einfluss einer sich rapide entfaltenden Vorstellung von Rechten des Staatsbürgerstatus auf die Struktur sozialer Ungleichheit.

Literatur

Askwith, G.R.. (1971): Industrial Problems and Disputes. Freeport, New York.
Booth, C. (Hg.) (1892): Life and Labour of the People of London. London-New York: MacMillan.
Bowie, J.A. (1949): In: Industrie.
Colquhoun, P. (1806): A Treatise on Indigence: Exhibiting a General View of the National Resources for Productive Labour. London: J. Hatchard.
Dalton, H.D. (1920): Some Aspects of the Inequality of Incomes in Modern Communities. London: G. Routledge.
Furniss, E.S. (1920): The Position of the Labourer in a System of Nationalism. A Study in the Labor Theories of the later English Mercantilists. Boston/New York: Houghton Mifflin Company
Ginsberg, M. (1932): Studies in Sociology. London: Methuen & Co., Ltd.
Glass, R. (Hg.) (1948): The Social Background of a Plan. A Study at Middlesborough. London: Routledge & Paul
Heckscher, E.F. (1934): Mercantilism. London: G. Allen & Unwin Ltd.
Mandeville, B. (1980): Die Bienenfabel. Frankfurt/Main: Suhrkamp.
Maine, H.S. (1916): Ancient Law. London: Yale University Press.
Maitland, F.W. (1925): Constitutional History of England. Cambridge, England: The University Press.
Marshall, A. (1949): Prospects of Labour. In: Economics.
Ministry of Education (1948): Report of the Working Party on University Awards.
Pigou, A.C. (Hg.) (1925): Memorials of Alfred Marshall. London: Macmillan and Co. Ltd.
Polanyi, K. (1978): The Great Transformation. Politische und ökonomische Ursprünge von Gesellschaften und Wirtschaftssystemen. Frankfurt/Main: Suhrkamp.
Pollard, A.F. (1926): Evolution of Parliament. London: Longmans, Green and Co. Ltd.
Robertson, C.G. (1911): England under the Hanoverians. New York: G. P. Putman's Sons.

Robbins, L.C. (1947): The Economic Problem in Peace and War. London: MacMillan.

Setzer, H. (1973): Wahlsystem und Parteienentwicklung in England. Wege zur Demokratisierung der Institutionen 1832 bis 1848. Frankfurt/Main: Suhrkamp.

Tawney, R.H. (1912): Agrarian Problems in the Sixteenth Century. New York: Burt Franklin.

Tawney, R.H. (1914): Equality. London, G. Bell and Sons Ltd.

Tawney, R.H./Bland, A.E./Brown, P.A. (Hg.) (1914): Secondary Education for All. London: G. Bell and Sons Ltd.

Trevelyan, G.M. (1942): English Social History. A Survey of six Centuries. Chaucer to Queen Victoria. London/New York: Longmans, Green and Co.

Webb, S./Webb, B. (1920): History of Trade Unionism. Printed by the Authors for the Trade Unionists of the United Kingdom.

Übersetzung: Elmar Rieger

Gleichheit und Ungleichheit in modernen Gesellschaften: Zur Bedeutung sozialer Schichtung[1]

Talcott Parsons

Soziologisches Interesse hat gemeinhin sein Augenmerk auf Ungleichheit und ihre Rechtfertigungsweisen gerichtet. Seit einigen Jahrhunderten schon beobachten wir jedoch einen säkularen Trend zur Institutionalisierung von Gleichheit, deren Grundlagen ständig ausgedehnt wurden. Dieser Prozess hatte einen ersten bedeutenden Höhepunkt im 18. Jahrhundert während der Gründungsphase eines politisch unabhängigen Amerika – einer besonderen Variante der westlichen Gesellschaft. Kulturelle Einflüsse wie die Vorstellungen des Naturrechts und die Idee der Menschenrechte hatten erste tiefgreifende Wirkung und kamen in der *Bill of Rights* zum Ausdruck, die als die ersten zehn Zusätze (Amendments) in die amerikanische Verfassung eingebaut wurden. Der egalitäre Charakter dieses Systems von ‚Rechten' war unverkennbar, und es stand ferner in unmittelbarem Zusammenhang mit dem Konzept der Staatsbürgerschaft, wie es in der Französischen Revolution fast zur gleichen Zeit Bedeutung erlangte. In den Vereinigten Staaten konnte dieses Konzept in einem Ausmaß von den religiösen und ethnischen Grundlagen der Solidarität gesellschaftlicher Gemeinschaften gelöst werden, wie es zu diesem Zeitpunkt in Europa unmöglich war. Ursächlich hierfür war die bereits fortgeschrittene Trennung von Kirche und Staat sowie die Pluralisierung religiöser Glaubensgemeinschaften. Diese ‚Liberalisierung' wurde in dem Maße noch verstärkt, wie die Annahme, die neue amerikanische Gesellschaft sei ‚ihrem Wesen nach' angelsächsisch, an Überzeugungskraft zu verlieren begann. Obgleich Englisch die gebräuchliche Sprache für die ganze Gesellschaft blieb, verstärkte die im Zuge der Immigration sich ausbreitende ethnische und religiöse Vielfalt die in der kulturellen Tradition bereits vorhandenen pluralistischen Entfaltungsmöglichkeiten. Tatsächlich ver-

---

1 Die Übersetzung von *Equality and Inequality in Modern Societies, or Social Stratification Revisited.* In: Talcott Parsons (1977): Social Systems and The Evolution of Action Theory, 321-380, beschränkt sich auf die Seiten 322 sowie 324 (letztes Drittel) - 346 (Mitte) und damit auf jene Passagen, in denen Parsons sich konkret mit dem Verhältnis von citizenship und sozialer Ungleichheit auseinander setzt. Der Übersichtlichkeit und Lesbarkeit halber wurde auf drei Teile des Aufsatzes verzichtet: auf die Ausführungen zur Vorgeschichte des Aufsatzes; auf Parsons' Versuch, die Überlegungen zu citizenship in den Kontext seines im Entstehen begriffenen Theoriegebäudes zu stellen; und schließlich auf den Schlussteil, in dem er die Interpenetration der Subsysteme sowie den Integrationsprozess der gesellschaftlichen Gemeinschaft beschreibt und den Aufsatz mit einem ausführlichen technischen Anhang versieht. (A.d.Ü.).

änderte sich auch der Status des amerikanischen Schwarzen – das am schwersten zu inkludierende Element – nach einer langen und tragischen Geschichte inzwischen eindeutig in Richtung Gleichheit. Obgleich hier noch weit verbreitete Skepsis herrscht, deuten m.E. nach einer sehr langen Phase großer Spannungen und erbitterter Kämpfe die Zeichen auf erfolgreiche Inklusion hin. Religion und Ethnizität, zwei der am tiefsten verwurzelten askriptiven Grundlagen von Ungleichheit, so können wir festhalten, haben viel an Wirkungskraft in unserer in dieser Hinsicht pluralistischen Gesellschaft eingebüßt.

Zwei weitere, historisch ehemals zentrale Brennpunkte der Zuschreibung – lokale und regionale Partikularismen sowie soziale Klasse – haben ebenfalls an Bedeutung verloren. Beide stellen sehr komplexe Probleme dar, auf die hier nur verwiesen werden kann. Im Hinblick auf lokale und regionale Partikularismen möchte ich Daniel Bells Feststellung zitieren, dass die Vereinigten Staaten erst mit der letzten Generation zu einer „nationalen Gesellschaft" geworden sind (Bell 1968: 19).

(...)

Im Zuge des generellen Emanzipationsprozesses von den machtvollen historischen Zuschreibungen bewegten sich die Makrosolidaritäten tendenziell zwischen den Polen religiöser und weltlicher Verankerung. Vielleicht stimmt es ja, dass die Reformation schon deshalb unumgänglich wurde, weil das Zentrum des Katholizismus unveränderlich in Rom lag, während sich das entscheidende Zentrum der westlichen Gesellschaft – hinsichtlich Regierungsgewalt und ökonomischer Macht etc. – seit dem 16. Jahrhundert nördlich der Alpen befand. Andererseits hat das neue Niveau eines breit gefächerten Pluralismus die Differenzierung territorialer Zentren auf funktionaler Grundlage ermöglicht. Der frühe ‚Nationalismus' führte zu extremer Konzentration – nicht nur der Regierung, sondern auch des gesamten kulturellen Systems. Aus diesem Grund hatte in Frankreich nirgendwo eine Institution für akademische Berufungen auch nur annähernd die Bedeutung von Paris. In den Vereinigten Staaten hingegen stehen sowohl die Boston Area als auch die San Francisco Bay und ein Teil des Mittleren Westens nicht nur mit Washington als Regierungssitz, sondern ebenso mit New York, der ökonomischen und nicht-akademischen, kulturellen Hauptstadt des Landes im Wettstreit.

Dieses komplizierte Problem der territorialen Konzentration von Funktionen steht natürlich mit dem in dynamischer Beziehung, was gewöhnlich der Kontext von ‚Klasse' genannt wurde. Ihm wurde jüngst die größte Aufmerksamkeit zuteil, wie sich an den vielen Versionen und Nuancen des marxschen Denkens ablesen lässt.

Die These, die ich folgender Analyse zugrunde legen möchte, lautet, dass Klasse in diesem Sinne ein Übergangsphänomen in der Entwicklung der Schichtungssysteme darstellt, die seit der Industriellen Revolution für moderne Gesellschaften so kennzeichnend geworden sind. Das unmittelbar vorhergehende historisch wichtige Muster teilte die Bevölkerung eines Territoriums grundsätzlich in zwei Hauptgruppen – die Aristokratie und das ‚gemeine Volk' –, wenngleich es hier natürlich viele Differenzierungen gab.

Die entscheidende Ursache für den Zusammenbruch dieser Ordnung lag darin, dass der urbane Zweig der europäischen Gesellschaft seit dem Mittelalter von einer dritten Gruppe gebildet wurde, die später die ‚Bourgeoisie' genannt werden sollte. Da nicht mehr der Boden sondern das Industriekapital das primäre Mittel zur Kontrolle der Produktion geworden war, wurde angenommen, dass sie an die Stelle der landbesitzenden Aristokratie getreten sei und der Prozess der Industrialisierung eine neue untergeordnete Klasse, die ‚Arbeiter' oder das Proletariat, erzeugt habe.

Diesem vorherrschenden Bild des frühen modernen Europas entsprechend, beinhaltete dieses Muster zwei grundlegende Verschiebungen. Einerseits verfügte die neue dominante Klasse über eine Position, die auf dem Besitz der so bedeutsam gewordenen Produktionsmittel beruhte. Während andererseits die auf Landbesitz gründende Herrschaft der Aristokratie in der politischen Herrschaft der Regierung wurzelte, als deren Anhängsel sie galt, wurde nun behauptet, dass die Regierung selbst von der Organisation der Ökonomie abhängig und ‚ausführendes Organ der Bourgeoisie' geworden sei. Trotz dieser Veränderungen überlebten zwei Faktoren: erstens die Vorstellung, dass Schichtungssysteme ‚in letzter Instanz' als dualistische Angelegenheit zu begreifen sind; zweitens jene, dass ‚Mitgliedschaft' in einer der beiden Klassen, wie im Falle der Aristokratie, grundsätzlich durch den qua Geburt zugeschriebenen Status festgelegt sei.

Beide Annahmen sind jetzt in Zweifel gezogen worden, so dass dem Privatbesitz kein höherer Status mehr zugeschrieben wird. An seine Stelle ist vielmehr eine hochgradig diversifizierte Berufsstruktur getreten, die keine klare Trennung zwischen ‚Kontrolleuren' und der untergeordneten Klasse mehr zulässt. Diese Berufsstruktur zeichnet sich durch eine feine Abstufung der Prestigestatus aus, während Herrschafts- und Machtbeziehungen nur noch eine unter mehreren Grundprinzipien für Statusdifferenzierungen darstellen. Ferner wird vor allem durch Bildung der Zusammenhang zwischen der Position eines Erwachsenen in der Berufswelt und dem qua Geburt zugeschriebenen Status lockerer als Marx annahm. Zwar besteht über die familiale Herkunft ein beträchtlicher Teil eines zugeschriebenen Status fort, doch die ‚Isolierung' der Kernfamilie und die anderen diskutierten Mobilitätsfaktoren haben dessen Bedeutung reduziert. Angesichts der hochgradig ‚aktivistischen' Wertorientierung in modernen Gesellschaften allgemein, in den Vereinigten Staaten im Besonderen, hat gerade der Rückgang der ‚Zuschreibung' in der Sozialstruktur neuartigen Potentialen von Ungleichheit Tür und Tor geöffnet. Erstens entwickelt eine moderne Gesellschaft einen völlig neuen Grad an Organisation, der den Regierungsbereich wie den Privatsektor durchzieht. Kein Wunder also, dass ‚Bürokratie' als das kennzeichnende Charakteristikum der modernen Gesellschaft angesehen wird – eine Behauptung von etwas zweifelhafter Richtigkeit freilich. Wie dem auch sei, sicherlich ermöglicht die Vorherrschaft der Großorganisation Ungleichheiten hinsichtlich Herrschaft und Macht. Das zweite offenkundige Potential betrifft die enorm gewachsene Bedeutung von Kompetenz in mannigfachen Spielarten und Formen, die einen viel größeren Spielraum für Differenzierungen eröffnen, als es unter einfacheren Bedingungen möglich war. Diese Faktoren wurden im Leistungskomplex institutionalisiert, wobei Leistung für das Individuum die Erringung einer Machtposition oder die Nutzung einer speziellen und überlegenen Kompetenz oder auch beides bedeuten können.

Zugleich schwächt der Bedeutungsverlust von Zuschreibung die auf Vererbung beruhende Gleichheit und Ungleichheit in verschiedener Hinsicht, wofür der Rückgang ethnischer und religiöser Homogenität sowie von Lokalismen gute Beispiele sind. Da das Problem der Gleichheit für das Wertesystem der modernen Gesellschaft von entscheidender Bedeutung ist, kann die Intensität der Auseinandersetzung um diesen Wertkomplex nicht überraschen. Ohne Übertreibung wird man behaupten dürfen, dass seit dem späten 18. Jahrhundert die Verteidiger verschiedener Formen sozialer Ungleichheit nicht mehr so sehr in der Defensive waren wie zum gegenwärtigen Zeitpunkt.

Gleichheit und soziale Klasse

Es wird später noch erforderlich sein, diejenigen Kontexte genauer darzulegen, in denen die egalitären Prinzipien der modernen Gesellschaft bereits institutionalisiert wurden oder es noch werden. Zunächst jedoch möchte ich einfach behaupten, dass die Fortschritte der jüngsten Phase dieses Prozesses so weitreichend sind, dass dies zu einer Umkehr der Beweislast geführt hat. Bisher haben die Ungleichheiten, die ein System sozialer Schichtung konstituieren, im Zentrum des Interesses gestanden, und die Institutionalisierung von Gleichheiten wurde dabei als notwendig erachtet, um ein Übermaß an Ungleichheit einzudämmen. Nun geht die Tendenz aber dahin, jene Aspekte zu betonen, hinsichtlich derer soziale Einheiten, besonders aber Personen, Gleiche sind und als solche behandelt werden sollten. Aus diesem Grund lastet auch nicht nur auf der Erklärung, sondern vor allem auf der Rechtfertigung von Komponenten von

Ungleichheit eine Beweislast, deren grundlegendes Prinzip die funktionalen Bedürfnisse der Handlungssysteme sind, die Gegenstand der Analyse werden.

Eines der kennzeichnendsten Merkmale moderner Gesellschaften, daran sei hier nur noch einmal erinnert, ist der pluralistische Charakter ihrer Strukturen, so dass, ganz gleich wie groß die auf das Gesamtsystem gerichtete Aufmerksamkeit auch immer ist, vielfältige Beziehungen zum sozialen System immer bedacht werden müssen.

Trotz dieser Verschiebung des Gewichts möchte ich an meiner älteren Einschätzung festhalten, wonach die Institutionalisierung sozialer Schichtung, oder genauer, der Beziehungen von Statusungleichheit, durch die Legitimation notwendiger Ungleichheiten einen entscheidenden Aspekt der Lösung des Ordnungsproblems in sozialen Systemen darstellt. Das gleiche gilt, *pari passu*, für die Institutionalisierung von Gleichheitsmustern. Ansprüche auf Statusgleichheit müssen ebenfalls legitimiert werden, und ihre Begründung ist ein äußerst kompliziertes Problem. Ich schlage deshalb vor, von einem dualen, ‚dialektisch' strukturierten Aspekt des ‚Ordnungsproblems' zu sprechen, und im Gegensatz zu früheren Beiträgen behandle ich Gleichheit nicht mehr als Grenzfall, wo Schichtdifferenzen einfach verschwinden. Mit anderen Worten: Alle Gesellschaften institutionalisieren eine Balance zwischen Gleichheit und Ungleichheit.

Ich habe oben die Tendenz einer Schwächung vieler historischer Grundlagen eines askriptiven Status, wie Religion, Ethnizität, territorialem Ort und Klasse im alten Sinne, erläutert. Diese Veränderungen haben ganz allgemein zu einem Bedeutungszuwachs von Kollektiven und Rollen, (die um funktionale Spezifität und universalistische Standards von Selektion und Ausführung organisiert sind), zu einer herausragenden Position im Berufssystem und den meisten modernen Herrschaftsstrukturen geführt. Solche Strukturen sind mit dem Problem der Gleichheit über das Prinzip der Chancengleichheit verbunden. Selbst hier behält das Verwandtschaftssystem jedoch einen wichtigen residualen Status, indem es über Generationen hinweg eine Kontinuität auf askriptiver Basis sichert. Es ist schwer vorstellbar, wie dieser Mechanismus deutlich zurückgeschraubt werden kann, ohne zugleich die Familie selbst abzuschaffen.

In gewissem Sinne ist daher der Prototyp jener kollektiven Strukturen, in denen die funktional spezifischen und erworbenen Ungleichheitsformen am wenigsten zulässig sind, die Familie, die eine höchst zweideutige Position in modernen Gesellschaften einnimmt. Das Maß an obligatorischer Solidarität und daher nur sehr spezifisch gerechtfertigter Ungleichheit, wie etwa auf Basis des Lebensalters, ist im Vergleich zu evolutionär früheren Verwandtschaftssystemen in der verbliebenen Kernfamilie – heute die konstitutive Einheit – enorm reduziert worden. Trotz der notwendigen Differenz zugeschriebener Rollen durch Generation und Geschlecht, und, etwas weniger bedeutend, durch die Abfolge und Abstände der Geburten, ist die moderne Familie intern in gewissem Sinne prototypisch egalitär. Da jedoch ihre Mitgliedschaftsrollen nicht unmittelbar an die stärker instrumentellen, spezifische Funktionen erfüllenden Strukturen angepasst werden können, dient das Überleben der Familie als solidarischer Einheit letztlich als Agentur des Fortbestands askriptiver Diskriminierungen. Für eine rein egalitäre Ethik ist dies nicht tolerabel, doch das Dilemma ist seit Plato wohlbekannt.

In Begriffen der ‚pattern-variables‘ resultiert das Problem zum einen aus der Tatsache, dass die Familie in ihrer Funktion primär eher diffus als spezifisch ist und zum anderen daraus, dass sie auf ‚Qualität‘ gründet, d.h. auf Zuschreibung, besonders was den Status von Kindern angeht. Eine kurze Erläuterung dieser Punkte mag hilfreich sein. Der Status eines Kindes ist weniger problematisch. In den frühen Jahren der Kindheit hat sich weder seine Rolle noch seine Persönlichkeit weit genug ausdifferenziert, um einen anderen als den ihm zugeschriebenen Status einzunehmen oder ein anderes als ein funktional diffuses Verhältnis zu seinen Eltern oder Geschwistern zu haben. Der Differenzierungsprozess mit all seinen anderen Begleiterscheinungen ist langwierig und komplex. Die Ehe ist in struktureller Hinsicht völlig anders. Sie ist, wie Durkheim als einer der ersten beobachtete, in gewisser Hinsicht der Prototyp einer assoziativen Struktur, ohne Zuschreibung und hierarchische Rangordnung. Die Institutionalisierung des Rechts auf persönliche Wahl des Ehepartners hat sich sehr weit durchgesetzt, so wie auch die Definition von Ehemann und Ehefrau als grundsätzlich Gleichen, deren Beziehung deshalb auf ‚Konsens‘ beruhen soll.

Zugleich ist sie für die Partner selbst in dem Sinne diffus, dass sie – ganz gleich, womit die Partner z.B. im Beruf oder in öffentlichen Angelegenheiten auch immer beschäftigt sein mögen – doch aufeinander zurückverwiesen sind, und zwar in ihrem alltäglichen Leben als auch in der Frage ihrer letztendlichen persönlichen Sicherheit.[2] Die Tatsache, dass Ehepartner fast immer die Nutznießer der Regelungen persönlicher Besitzverhältnisse sind, verdeutlicht das.

Die Erwartung, dass zur typischen Ehe die Elternschaft tritt und die askriptive Komponente durch die Beziehung der Partner zu ihren Kindern deshalb deutlich hervorgehoben wird, entfernt die Beziehung in gewissem Sinn vom Assoziationsmuster. Die Tendenz ging jüngst jedoch dahin, die inhärent hierarchische Komponente der Generationendifferenz in Familien weniger zu betonen und die Kinder langsam und vorsichtig in den Assoziationsaspekt zu ‚inkludieren‘, indem die assoziative Beziehung der Eltern zueinander betont wurde. Aus dieser Perspektive wird die gute Familie zum Teil zu einem Übungsfeld für die Kunst der Partizipation, die den Kindern, entsprechend der Entwicklung ihrer Fähigkeiten, nicht nur Partizipationsrechte gewährt, sondern ihnen den verantwortlichen Gebrauch derselben lehrt (Weinstein/Platt 1969). Einerseits

---

2   So bspw. im Eheversprechen: „... in guten und in schlechten Tagen....“

schwächt diese Betonung des Erlernens der Unabhängigkeit und Partizipation die askriptiven Merkmale der Identifikation mit dem elterlichen Status. Andererseits kann der Einfluss der Familie auf Statusunterschiede jedoch insoweit gesteigert werden, als Kinder von Eltern mit höherem Status aus ihrer Erziehung bestimmte kompetitive Vorteile ziehen, besonders in der Form spezifischer Fähigkeiten für unabhängigeres und verantwortlicheres Handeln, so dass ihre Chancen, den Status ihrer Eltern zu bewahren oder zu verbessern tatsächlich besser sind im Vergleich zu Kindern aus weniger ‚privilegierten' Elternhäusern. Dies muss nicht unbedingt eine Frage des elterlichen Einkommens oder des Zugangs zu den ‚besten' Schulen sein, obwohl es hier vermutlich einen sehr engen Zusammenhang gibt (Spady 1967). Hieraus resultiert das scheinbare Paradox, dass die qua Geburt erfolgte Zuschreibung von Kindern zu Familien, die auf der elterlichen Ehe beruhten, die kompetitiven Vorteile des Kindes in solchen Institutionen, die vom Wert der Chancengleichheit geprägt sind, eher noch verstärkt als zur Kompensation von Statusnachteilen beizutragen.[3]

Wenn das auf die durch und durch ‚demokratisierte' Familie zutrifft, so stellt sich natürlich die Frage, ob es nicht ähnliche Erscheinungen in anderen solidarischen Gruppen gibt, deren konstitutive Grundlage nur teilweise oder gar nicht die der Verwandtschaft ist. Ethnische Gruppen sind der typische Vertreter dieser Kategorie. Sie decken sich natürlich oft mit religiösen und ‚nationalen' Gruppen, die im Normalfall intern stratifiziert sind, so dass in ihnen regelmäßig das Problem auftritt, in welchem Umfang Mobilitätsmechanismen auftreten und welches Wesen sie haben. Zwischen solchen Gruppen besteht ein Problem hinsichtlich des Ausmaßes, in dem die Gruppenmitgliedschaft Implikationen für den Status innerhalb des Schichtungssystems hat. Das ist häufig überhaupt nicht eindeutig. Der Status des Schwarzen in den Vereinigten Staaten ist ein besonders deutliches Beispiel, doch selbst hier zeigen Phänomene wie die ‚schwarze Bourgeoisie', dass ethnischer Status nur eine Bestimmungsgröße des allgemeinen ‚Klassenstatus' darstellt, wenngleich er für eine große Anzahl von Personen der bei weitem bedeutendste ist (Parsons 1965).

Andererseits gibt es wichtige Arten auf Assoziation beruhender Gruppen, in denen Verwandtschaft, wenn überhaupt, lediglich eine minimale Rolle spielt. Jenseits der zugegebenermaßen wichtigen Frage nach der Klasse und der ethnischen Zusammensetzung von Nachbarschaften, sind Schulklassen und die ‚peer groups' Jugendlicher im Verhältnis zur Familie nicht-askriptiv; ihre Zusammensetzung steht in strukturellem Gegensatz zum Familienstatus ihrer Mitglieder,

---

3 Dies ist ein sehr bemerkenswerter Fall dessen, was Merton (1968) den ‚Matthäus-Effekt' genannt hat. Um die kumulativen Tendenzen in Richtung Ungleichheit zu symbolisieren, benutzt Merton den biblischen Aphorismus: „Dem, der hat, wird gegeben, dem der nichts hat, wird selbst das genommen, was er hat."

und selbst in dem Fall, in dem die Familien relativ statusgleich sind, unterscheidet sich der Status der Mitglieder innerhalb der Gruppe oft von jenem innerhalb der Familie. Dies ist ein allgemeiner und wichtiger Bereich residualer Zuschreibungen in modernen Gesellschaften, mit denen sich Mayhew (1968) auseinandersetzt (vgl. Parsons 1959).

Die Mitgliedschaft in solchen Gruppen und der in ihnen erreichte Status konstituieren unvermeidlich askriptive Grundlagen, die alle aktuellen oder zukünftigen Statuschancen in anderen Zusammenhängen beeinflussen werden. Zu den ‚oberen zehn Prozent' der Klasse in einer sehr guten Schule zu gehören oder in einem sehr guten College zu sein, verbessert deshalb entscheidend die Zukunftschancen eines Individuums, verglichen mit denen eines Individuums, dessen Schule oder College am Ende der Bewertungsskala rangiert. In der Tat: je ‚besser' die Schule oder das College, desto mehr tragen sie zum Matthäus-Effekt bei, denn sie verleihen nicht nur unmittelbar ‚Prestige', sondern tragen dazu bei, Fähigkeiten zu schulen und Möglichkeiten zu eröffnen, die, falls sie kompetent genutzt werden, die Chancen auf einen höheren Status in einem Maße verbessern, wie es anders nicht möglich wäre. So lange deshalb der Leistungskomplex und die damit verbundenen Komplexe der Bewertung organisationaler Effektivität, Herrschaft und Macht fortbestehen, löst die ‚Demokratisierung' des Systems durch eine rigorose Institutionalisierung der Chancengleichheit allein nicht das Problem der Gleichheit. Was auf Familien, Schulen und peer groups zutrifft, gilt natürlich mindestens genauso für Nachbarschaften und Berufsorganisationen.

Von den vier primären historischen Grundlagen der Zuschreibung, die zu Beginn kurz erwähnt wurden (Religion, Ethnizität, lokale und regionale Partikularismen sowie soziale Klasse), bezog sich nur soziale Klasse primär auf das interne gesellschaftliche Problem der Ungleichheit. Hier wurde angenommen, dass der entscheidende Hintergrund in der Institution der ‚erblichen Aristokratie' lag, und dass in der jüngeren Konzeption von Klasse die Vererbbarkeit von Status durch die Familie auf spezifische Weise mit den Besitzverhältnissen der entstehenden industriellen Ökonomie verbunden wurde. In aktuellen, nichtmarxistischen Diskussionen über Klasse ist dieser spezifische Bezug auf das Privateigentum an Produktionsmitteln jedoch praktisch verschwunden, während die Beschäftigung mit der Verteilung von Wohlstand und Macht sowie der Bedeutung der Verwandtschaft geblieben sind.

Trotz ihrer extremen ‚Vereinfachung' bleibt die Marxsche Konzeption ein sehr hilfreicher Bezugspunkt. Sie war zwar schon 1848 nicht völlig korrekt, und dies gilt gegenwärtig für die grundsätzlich modernen Gesellschaften natürlich noch viel mehr. Doch worin bestehen die entscheidenden Veränderungen? Hinsichtlich der Verwandtschaftsbeziehungen war die wichtigste der Bedeutungsverlust der Herkunft mit ihrer intergenerationalen Solidarität, der zunehmend zur ,Isolierung' der Kernfamilie führte. Die wichtigste singuläre Veränderung war jene von einem Zustand, in dem Heiraten (fast) gänzlich durch eine Übereinkunft zwischen Familien geregelt wurden, hin zu einer Situation, in der ein relativ hoher Grad individueller Freiheit bei der Heiratswahl herrscht, die sich zwar nicht ohne askriptive ,Präferenzen' vollzieht, aber doch ein viel größeres Maß an Verbindungen über askriptive Linien hinweg erlaubt. Dies wiederum ging mit einer Lockerung der Bindungen der Familie an die drei anderen askriptiven Kontexte einher: religiöser Zugehörigkeit – was die Zunahme von ,Mischehen' verdeutlicht –, Ethnizität und lokalem Partikularismus. Diese spezifischeren Grundlagen einer Identifikation der Klassenzugehörigkeit wurden zunehmend durch stärker generalisierte ,Lebensstil-Muster' ersetzt, die mit Gehaltsklassen und dem Zugang zu Konsumgütern in unmittelbarem Zusammenhang stehen.

Im Hinblick auf den Besitz können wir ganz offensichtlich nicht mehr von einer kapitalistischen Klasse der Besitzer von Produktionsmitteln sprechen, die an die Stelle der früheren ,feudalen' Klasse der Landbesitzer getreten ist. Die Veränderungen sind doppelter Natur. Die eine betrifft das enorme Ausmaß, in dem Haushaltseinkommen vom Beruf und nicht von Besitz herrühren, was sich vom proletarischen Lohnarbeiter bis hinauf an die Spitze der Berufsskala ausdehnt und als unterschiedlicher Status gefasst werden kann. Dabei bleibt das Verhältnis zwischen den Beziehern von Einkommen und der beschäftigenden Organisation zwar problematisch, doch es kann dabei nicht einfach dichotomisiert werden in den klassischen ,Arbeiter', der von demjenigen bezahlt wird, der Kontrolle über die Produktionsmittel ausübt, und den ,Besitzer', der, falls er ein Einkommen bezieht, notwendig als derjenige begriffen werden muss, der ,sich selbst bezahlt'. Die zweite Veränderung betrifft die relative Trennung der Besitzrechte von der effektiven Kontrolle über die Produktionsmittel. Aus diesem Grund haben die meisten Empfänger von Firmendividenden nicht mehr Kontrolle über die Unternehmen, in die sie investieren, als Kunden über jene, von denen sie etwas kaufen.

Die marxsche Synthese behauptete im Grunde die *gemeinsame Bestimmung* des Klassenstatus durch ökonomische *und* politische Faktoren – d.h., dass der Besitz an ökonomischen Mitteln unmittelbar *Kontrolle* über die Firma als Organisation verleiht. Von diesem Zusammenhang wurde wiederum angenommen, dass er an den Abstammungsaspekt des Verwandtschaftssystems gekoppelt ist. Insofern dieser doppelte Zusammenhang überhaupt existiert haben sollte, so hat ihn der Differenzierungsprozess in modernen Gesellschaften in der Phase des klassischen ,Kapitalismus' des 19. Jahrhunderts aufgebrochen. Als Folge davon wurde nicht nur die Mobilität ökonomischer und politischer Ressourcen enorm gesteigert, neben den klassischen drei Faktoren – der verwandtschaftlichen Solidarität, dem Eigentum und politischer Macht – wurde vielmehr auch anderen Faktoren die Tür zu privaten Organisationen geöffnet. Ein Effekt ist dabei, dass andere askriptive Faktoren in der erweiterten Unabhängigkeit ‚minoritärer' religiöser und ethnischer Solidaritäten weiterbestehen können oder gar wiederbelebt werden, und dies gilt ebenso im Hinblick auf die ‚Mikrozuschreibungen', von denen Mayhew spricht. Die entscheidende makrosoziale Struktur hat sich jedoch viel weiter von askriptiven Kontexten, und selbst von dem der Klasse entfernt, als Marx' Analyse dies wahrhaben wollte.

Zugleich hat sich der gesamte ‚Besitz'-Komplex viel stärker ausdifferenziert. Nicht nur trennten sich die Besitzkomponente, die Anspruch auf Einkommen verbürgt, und die das Recht auf Kontrolle verbürgende Komponente politischer Macht voneinander, das vielgliedrige Berufssystem hat darüber hinaus eine Vielfalt qualitativ unterschiedlicher Typen entwickelt. Das wichtigste neue Element ist vermutlich das von Marx nicht im entferntesten erkannte Ausmaß des Einflusses vieler Formen beruflicher Kompetenz auf eine effektive Ausübung beruflicher Tätigkeiten. Dies hat besonders in der Wissenschaft zu einer Vielfalt von Verbindungen zwischen Berufs- und Bildungssystem geführt, die zuvor nicht existierte. Das Entstehen einer großen Anzahl von Angestelltenberufen, die höhere Bildung voraussetzen, ist eine entscheidende Folge davon, doch die wichtigste ist vielleicht, dass neue Berufe entstanden sind, die eine universitäre Ausbildung erfordern.

Viel mehr als Besitz ist der Beruf zum primären Kriterium des Haushaltsstatus geworden, und dies sowohl durch das mit Berufspositionen verbundene Prestige als auch durch das Einkommen und den Lebensstil, den sie ermöglichen. Dabei gibt es weder eine einfache Dichotomie noch ein klares hierarchisches Kontinuum im Statussystem, am allerwenigsten zwischen dem Status des Eigentümers und jenem des Beschäftigten. Es gibt natürlich eine Hierarchie im Berufssystem, über die noch einiges gesagt werden muss, doch speziell in den oberen Rängen ist sie nur eine von mehreren Dimensionen der Differenzierung. Es ist besonders wichtig, dass es keine eindeutige und scharfe Trennung zwischen Ober- und Unter‚klasse' gibt; selbst die berühmte Trennungslinie zwischen Hand- und Kopfarbeit hat ihre zentrale Bedeutung eingebüßt.[4]

Im Lichte dieser Entwicklungen ist es hilfreich, das Konzept der sozialen Klasse von seiner historischen Beziehung zu Verwandtschaft und Besitz als solchen zu lösen: *Klassenstatus*, als Einheit der Sozialstruktur, stellt dann eine Position auf der hierarchischen Dimension der Differenzierung des gesellschaftlichen Systems dar; *soziale Klasse* hingegen ist ein Aggregat solcher indi-

---

4   Es ist bekannt, dass die höheren Nicht-Handarbeits-Tätigkeiten, einschließlich jener industrieller Manager und Wissenschaftler in kommunistischen Gesellschaften zur ‚Intelligentsia' gezählt werden, die wiederum explizit als Teil der ‚Arbeiterklasse' definiert wird. Theoretisch gibt es in solchen Gesellschaften dann natürlich keine ‚bürgerliche' Klasse mehr.

vidueller oder kollektiver Einheiten, die in ihrer eigenen Wahrnehmung und in der anderer solche Positionen in der Gesellschaft einnehmen, die in dieser Hinsicht im Status mehr oder weniger übereinstimmen.

Ich werde weiter unten behaupten, dass der Klassenstatus und die ‚Teilung der Gesellschaft in Klassen'– um Malthus zu zitieren – mehr oder weniger erfolgreiche Resultate derjenigen Mechanismen darstellen, die das Integrationsproblem der Gesellschaft lösen sollen, besonders jener, die mit einem Gleichgewicht zwischen Faktoren von Gleichheit und Ungleichheit zu tun haben.

Nimmt man das männliche Individuum als Einheit, so sind die beiden entscheidenden Bestimmungsgrößen des Klassenstatus Beruf und Verwandtschaft. Der Beruf kommt gemeinsam mit einer Vielfalt anderer, im wesentlichen universalistischer und funktional spezifischer Strukturen der Gesellschaft zum Ausdruck: insbesondere mit dem Marktsystem, v.a. dem sehr komplexen Phänomen des Arbeitsmarktes, der Struktur von Macht und Herrschaft in spezialisierten Organisationen sowie dem Bildungssystem und anderen Kontexten der Institutionalisierung unterschiedlicher Formen und Niveaus von Kompetenzen.

Hingegen ist die Funktion der Verwandtschaft sowohl für das individuelle Mitglied als auch für das soziale System diffus. Sie ist die wichtigste verbliebene Grundlage diffuser Solidarität sowie persönlicher Sicherheit und kommt deshalb gemeinsam mit den anderen wichtigen Grundlagen diffuser Solidarität zum Ausdruck. Diese umfassen sowohl die historisch wirkungsmächtigen Kontexte von Ethnizität und Religion als auch die Beziehungen zwischen Haushalt und umfassenderen verwandtschaftlichen Gruppen sowie jene der Nachbarschaft und darüber hinaus eine komplexe Vielfalt von Solidaritäten, die sich von kleinen territorialen Einheiten bis hin zur gesellschaftlichen Gemeinschaft erstrecken. Der Klassenstatus als sozialstrukturelle Einheit muss diesen gesamten Komplex der Mitgliedschaft in diffusen solidarischen Kollektiven umfassen.

Diffuse Solidaritäten in diesem Sinne konstituieren die Struktur moderner ‚Gemeinschaften'. Es ist für mein allgemeines Argument wichtig klarzustellen, dass es nicht eine Gemeinschaft in einem soziologisch relevanten Sinn gibt, sondern dass eine moderne Gesellschaft eine sehr komplexe Zusammensetzung differenzierter und gegliederter, manchmal konfligierender Einheiten von Gemeinschaften darstellt. Dies ist einer der beiden grundlegenden Aspekte, hinsichtlich derer solche Gesellschaften ‚pluralistisch' sind, und das typische Individuum partizipiert nicht nur in einer, sondern in einer Vielzahl von ihnen. Es ist natürlich Familienmitglied, doch es gibt hier für jedes Individuum zwei typische Mitgliedschaftsformen. Sowohl seine ethnische als auch seine religiöse Identität mögen zum Teil von seiner Familienmitgliedschaft unabhängig sein – es kann beispielsweise eine ethnische oder religiöse Mischehe eingehen. Selbst relativ wohlhabende Nachbarschaften können in beiderlei Hinsicht ‚gemischt' und im Hinblick auf Berufsrollen heterogen sein. Auch auf der Ebene der gesellschaftlichen Gemeinschaft besteht eine große Variationsbreite, z.B. hinsichtlich des Grades, in dem Individuen auf der Grundlage von Verwandtschaft, Beruf etc. transnationale Beziehungen haben.

Der zweite grundlegende Aspekt des Pluralismus moderner Gesellschaften hat mit den funktional spezifischen Rollen zu tun, für die der Beruf prototypisch ist. Während der Beruf selbst und auch die Ehe gewöhnlich Formen der Eingebundenheit darstellen, die zu einem bestimmten Zeitpunkt andere ausschließen, hat dieser Pluralismus vor allem mit Mitgliedschaften in mehr oder weniger formellen freiwilligen Assoziationen zu tun, die für das partizipierende Individuum in unterschiedlicher Form und auf unterschiedlichen Ebenen von Bedeutung sind.

Um die integrativen Probleme erkennen zu können, die aus der Klassenhierarchie einer modernen Gesellschaft resultieren, müssen wir uns zunächst jenen Aspekten ihrer Struktur zuwenden, in denen der egalitäre Impetus stark und in der Tat in der gegenwärtigen Entwicklungsphase von großer Bedeutung ist. Wir haben die Entwicklung dieser Phase mit dem Bedeutungsverlust bestimmter Aspekte der historischen Zuschreibung von Status verbunden. Es sollte jedoch klar sein, dass Gleichheit vs. Ungleichheit und Zuschreibung vs. Leistung als unabhängig voneinander variierend begriffen werden müssen. Ich schlage hier nicht ihre Identität, sondern spezifische Zusammenhänge zwischen ihnen vor, dass nämlich der Bedeutungsverlust historischer Formen der Zuschreibung neuen Weisen und Formen von Gleichheit und Ungleichheit ‚die Pforten öffnet‘. Damit entsteht eine Situation, in der die Beziehungen zwischen beiden neu definiert werden müssen.

Kontexte der Institutionalisierung von Gleichheit

Die Verfassungsrechte drängen sich geradezu auf, um der Frage nach dem Status der fast ‚unbedingten‘ Gleichheitskomponente des modernen Systems nachzugehen. Die Konzeption der Chancengleichheit stellt dann von der Gleichheitsseite aus die wichtigste institutionelle Verbindung – nicht allgemein zwischen Gleichheit und Ungleichheit – sondern zwischen Gleichheit und jenem Set von Ungleichheitskomponenten dar, die so gut wie vollständig über Leistung und funktional gerechtfertigte Herrschaft in den Gleichheitskomplex integriert werden können.

Vor allem seit dem Werk T.H. Marshalls (1992a) wird jene Komponente der ‚Rechte‘, die Muster von Gleichheit verbürgt, und die er ‚bürgerliche‘ nennt, als Teil eines größeren Komplexes gesehen, der, folgt man Marshall, vor allem ‚politische‘ und ‚soziale‘ Komponenten beinhaltet. Zu diesen sollte m.E. noch eine weitere hinzugefügt werden, die in einem ziemlich vagen Sinne als ‚kulturell' bezeichnet werden kann. Jede dieser vier Kategorien ist zugleich sowohl ein Kontext der Institutionalisierung von Komponenten eines Status der Gleichheit als auch der Legitimation von Komponenten der Schichtung.

Bürgerliche Rechte sichern grundlegende Gleichheiten hinsichtlich der Person, Rede, Versammlung, des Zusammenschlusses und ähnliche. Zugleich institutionalisieren sie jedoch auch solche ‚gleichen Freiheiten', deren Konsequenzen es jenen, die sie für ihr Handeln nutzen können, gestatten, Statusunterschiede herzustellen. Die im ersten Amendment der Vereinigten Staaten garantierte Religionsfreiheit legitimiert daher die Wahl der Mitgliedschaft in einer angesehenen religiösen Vereinigung, vorausgesetzt, dass Konfessionen sich tatsächlich hinsichtlich ihres sozialen Prestiges voneinander unterscheiden. Dies gilt natürlich auch für Aspekte der Vereinigungsfreiheit. Hierbei ist der wichtigste ‚rechtliche' Komplex vermutlich jener der Vertragsfreiheit. Von großer Bedeutung sind vor allem jene Vertragsaspekte, die eher Handel und Finanzen betreffen, doch von spezifischer Bedeutung für die soziale Schichtung war die Einbeziehung des Arbeitsvertrages. In dem Maße, in dem sich der Schwerpunkt des Berufssystems von Status durch Besitz – d.h. als Landbesitzer, Handwerker oder kleiner Geschäftsmann – hin zu funktional spezifischen Organisationen verlagert hat, ist die unmittelbare Grundlage individueller Teilnahme immer stärker vertragsförmig geworden. Dies wird deutlich in der Beziehung zwischen der Vertragsfreiheit und dem Muster der Chancengleichheit.

Die potentiellen Möglichkeiten der Vertragsfreiheit, Ungleichheit zu befördern, sollten jedoch nicht dazu führen, dass die Bedeutung der Tendenz dieses Komplexes von ‚Rechten' in Richtung Gleichheit zu gering geschätzt wird. Jüngste Rechtsentwicklungen auf anderen Feldern als den bürgerlichen Rechten machen dies sehr deutlich.

Ähnliche doppelte Prozesse im Hinblick auf Probleme von Gleichheit und Ungleichheit sollten in Marshalls zweitem Komplex der Staatsbürgerschaft gesehen werden, den er den politischen nennt. Historisch gesehen resultierte der entscheidende Wandel aus einem egalitären Schub, nämlich der Durchsetzung des Wahlrechts für die Masse der Bürger durch die Demokratische Revolution. Insbesondere Rokkan (1960) hat gezeigt, wie fundamental und universell die Institutionalisierung von Gleichheiten hinsichtlich dieses Aspektes des Regierens zumindest in der ‚liberalen' Welt gewesen ist. Dass es zu gleichen Entwicklungen in einer großen Zahl privater Assoziationen kam, muss nicht betont werden.

Dieses Phänomen stellt natürlich die Frage nach der Kehrseite der Medaille. Einerseits stellte die Entwicklung des demokratischen Wahlrechts, ob im Hinblick auf politische Herrschaft oder im Bereich privater Organisationen, eine Reaktion auf die Legitimationskrise ‚willkürlicher' Herrschaft dar, d.h. einer

Herrschaft, die nicht auf dem expliziten Konsens oder dem Mandat der Regierten beruht. Andererseits entwickelte sich dadurch zugleich eine neue Legitimationsgrundlage für Ungleichheiten, die aus der Herrschaft und Macht entsteht, die die Inhaber eines durch Wahl besetzten Amtes gegenüber jenen ausüben, auf deren Wahlentscheidung diese Macht beruht.

Wie ich bereits erwähnt habe, dehnt sich diese neue Legitimation von Ungleichheit auf den Bereich privater Assoziationen aus. Zugleich steht sie in Zusammenhang mit der Legitimation von Herrschaft hinsichtlich der eher bürokratischen Aspekte moderner formaler Organisationen. Am deutlichsten wird dies im Fall von Organisationen der Exekutive, wo die durch Wahl verliehene Herrschaft des Amtes direktive Macht legitimiert. In modernen Regierungen wird dies in der Tat zu einem sehr verbreiteten Problem.

Ein besonderer Typus dieses Falles ist das Unternehmen, das, zumindest historisch, in seiner Führungsetage quasi-demokratisch war, da Herrschaft auf den Stimmen der Kapitaleigner und nicht auf der Zahl der Personen beruhte, die in dem Unternehmen zu tun hatten. Historisch gesehen ist dies natürlich von den Besitzrechten abgeleitet, deren funktionale Bedeutung in ihrer frühen Phase weder strikt politisch noch strikt ökonomisch war. Im Fall des Unternehmens haben dessen ökonomische Funktionen Priorität über die politischen gewonnen, wodurch es dem in der modernen politischen Organisation herrschenden egalitären Druck entkommen ist.

Um den politischen Aspekt des Komplexes der Staatsbürgerschaft in Marshalls Sinne zusammenzufassen: Der Fokus von Gleichheit war das demokratische Wahlrecht auf der Grundlage des Prinzips ,eine Person – eine Stimme'. Die meisten demokratischen Assoziationen werden jedoch auf einer repräsentativen Grundlage geführt, in denen gewählte Amtsinhaber im Namen ihrer Mitglieder handeln. Das Prinzip der Repräsentation wird ferner mit dem der Gewaltenteilung kombiniert, wie bspw. in der Verfassung der Vereinigten Staaten und auch in jenen der Bundesstaaten.

In jüngster Vergangenheit ist es zu einer neuen Welle des Engagements für die sog. partizipatorische Demokratie gekommen, die in ihrer eher extremen Variante so weit gehen würde, die Unterscheidung zwischen dem Mitgliedschaftsstatus und dem gewählten Amt aufzuheben, so dass jedes Mitglied sein eigener Funktionär wäre. Ein verbreiteter Slogan war die Notwendigkeit, dass Menschen die Entscheidungen, die ihr Leben betreffen, kontrollieren können müssen. Die pure Tatsache sozialer Interdependenz lässt dies jedoch, wenn es ins Extrem getrieben wird, zu einer Absurdität werden. Wenn A alle Entscheidungen kontrolliert, die sein Leben berühren, so muss er *ipso facto* auch viele Entscheidungen kontrollieren, die das Leben anderer betreffen, und ihnen deshalb das Recht auf Ausübung von Kontrolle absprechen, das er für sich beansprucht. Trotzdem geht die Tendenz eindeutig dahin, Partizipation deutlich über die traditionellen Grenzen des repräsentativen Systems hinaus auszudehnen.

Das umfassendste amerikanische Beispiel ist der Versuch, bei der Durchführung von Programmen im Rahmen des ‚Kriegs gegen die Armut‘ eine ‚maximal mögliche Partizipation‘ der Betroffenen zu erreichen (Moynihan 1969a, 1969b). Dieses Programm zielte erstens auf die Bürokratien der Wohlfahrt und dann auf jene der Bildung, die in erster Linie Steuerzahlern, Klienten und Eltern verantwortlich sind. In extremeren Fällen gab es die direkte Forderung lokaler Gruppen, voll über die Ausgabe solcher Fonds zu verfügen. Ein weiteres wichtiges Beispiel, das keineswegs auf die Vereinigten Staaten beschränkt ist, war natürlich die Forderung von Studentengruppen nach mehr Partizipation in akademischen Entscheidungsprozessen, die nicht nur die eher bürokratische Komponente der Universitätsverwaltung in Frage stellte – einschließlich ihrer ‚treuhänderischen Ausschüsse‘ – sondern ebenso die professionellen Privilegien des Lehrkörpers.

Diese Entwicklungen sind nicht völlig neu. Betrachtet man nur den amerikanischen Fall, so zeigt sich durchaus, dass in unserer Geschichte ‚populistische‘ Bewegungen lange Zeit auf den Feldern des Volksentscheids, der Abberufung von Ämtern und der öffentlichen Wahl von Richtern sehr verbreitet waren.

Es ist tatsächlich schwierig, die Grenzen solcher Bewegungen einzuschätzen. Die Geschichte des Populismus würde nahe legen, dass die Grenzen für eine stabile Institutionalisierung relativ eng sind, obgleich diese unter öffentlichem Druck sehr weit ausgedehnt werden könnten. Es ist jedoch wichtig, sich daran zu erinnern, dass diese Bewegung für Partizipation die komplexe Balance dessen zum Problem macht, was im analytischen Sinne die politische Kontrolle kollektiver Prozesse darstellt, und dass es hierbei mindestens drei nicht-egalitäre Formen gibt, die angegriffen werden: vor allem die bürokratische Hierarchie, aber auch die professionelle Kontrolle von Funktionen, die spezifische Kompetenzen erfordern und schließlich das Machtungleichgewicht, das der Institution des durch Wahl verliehenen Amtes inhärent ist, obgleich der Prozess der Wahl selbst völlig demokratisch ist. Einerseits geht die Entwicklung dahin, immer mehr Angelegenheiten durch demokratische Assoziationen zu organisieren, doch andererseits soll die demokratische Assoziation auch selbst demokratisiert werden, indem das Machtgefälle zwischen gewählten Vertretern und dem normalen Mitglied verringert wird.

Die dritte Komponente der Staatsbürgerschaft, die von egalitären Prinzipien geleitet ist, bezeichnet Marshall als ‚soziale‘. Es ist oft erwähnt worden, dass diese sich als notwendig erwiesen hat, um den eher ‚formalen‘ bürgerlichen und politischen Gleichheiten Substanz zu verleihen. Es muss natürlich erwähnt werden, dass jede ‚industrielle‘ Gesellschaft Merkmale eines sogenannten Wohlfahrtsstaates angenommen hat. Inhaltlich kommt dies der Zuständigkeit der amerikanischen Bundesbehörde für ‚Gesundheit, Bildung und Wohlfahrt' nahe. Aus unserer Perspektive gibt es wie bei den anderen Kontexten auch hier einen doppelten Bezugspunkt. Der eine Aspekt bezieht sich auf das Einkommensniveau und betrifft das Ausmaß ökonomischer Wohlfahrt, das verschiedene Sektoren der Gesellschaft in Anspruch nehmen. Dies beinhaltet den Zugang zum Gesundheitswesen und anderen wohlfahrtsstaatlichen Dienstleistungen. Der zweite Aspekt führt uns zurück zum Komplex der Chancengleichheit, jedoch dergestalt, dass es unausweichlich zu Unterschieden zwischen jenen kommen wird, die zu Beginn über gleiche Chancen verfügen.

Es ist vielleicht richtig anzumerken, dass es zumindest in der amerikanischen Gesellschaft während der beiden letzten Generationen zu einer bemerkenswerten Veränderung gekommen ist: von Sorgen um die Ungerechtigkeiten aufgrund der Vorteile der Reichen – hier geht es inzwischen vielmehr um Machtunterschiede als um Wohlstand – hin zu Sorgen über das andere Ende der Leiter, nämlich um das Problem der Armut. Es ist ferner erwähnenswert, dass sich im Verlauf einer Generation an den grundlegenden Mustern der Einkommensverteilung kaum etwas verändert hat.[5] Da das Niveau insgesamt gestiegen ist, geht es den ‚Armen' nicht in einem absoluten Sinne schlecht, so dass sich eher die Frage stellt, weshalb der Armut erneut solch großes Interesse entgegengebracht wird.

Wie vor allem Rainwater (1969) deutlich gemacht hat, liegt angesichts steigender Produktivität die entscheidende Antwort auf dieses Problem in der *relativen Deprivation*, einer Einschätzung, die in unserem Kontext von besonderer Bedeutung ist. Dies bedeutet, dass jene Gruppen, die, aus welchen Gründen auch immer, mit einem Einkommen, das deutlich unter dem ‚durchschnittlichen' Einkommen einer Familie liegt, auf vielfältige Weise nicht dazu in der Lage sind, vollständig an normalen Aktivitäten teilzunehmen und normale Symbole von Selbstrespekt zu nutzen. Es versteht sich von selbst, dass eine solche Situation – teilweise durch Selbstisolierung, teilweise durch den Druck anderer Gruppen – zu einem Rückzug aus der Gesellschaft und damit zu einer ‚Subkultur der Armut' führt, die innerhalb der größeren Gesellschaft nur eine sehr instabile, partielle Integration bietet. Zunehmend und immer lauter wird die Meinung vertreten, dass die effektivste singuläre Hilfe in dieser Situation eine massive Umverteilung ökonomischer Ressourcen hin zum untersten Sektor der Einkommensskala sei.

In diesem Zusammenhang wird der ökonomische Faktor als solcher hervorgehoben, doch die Entwicklung einer Subkultur der Armut scheint darauf hin-

---

5   S.M. Miller zeigt, dass der ökonomische Aspekt der Wohlfahrt drei Komponenten umfasst: Einkommen, Vermögen und Dienstleistungen. Zur Einkommensverteilung siehe Miller (1964).

zuweisen, dass das entscheidende Problem die gesellschaftliche Integration darstellt und wir hier über eine wichtige Bedingung für die Integration eines bedeutenden Teils der Bevölkerung in die größere Gemeinschaft reden. Es bietet sich an, im Hinblick auf diese Integration zwischen zwei analytisch getrennten, wenngleich empirisch miteinander verbundenen Komponenten zu unterscheiden. Die erste kann als ‚Lebensstil' bezeichnet werden, der das beschreibt, was gewöhnlich als unterschiedliche Konsumstandards beschrieben wird. Dabei handelt es sich nicht notwendig um jene Bedingungen der Entwicklung von Fähigkeiten zur optimalen Nutzung von Chancen. In diese Kategorie fällt indes vieles aus den Bereichen der Bekleidung, Wohnung, Inneneinrichtung, Ernährungsgewohnheiten und so weiter. Die zweite Komponente bezieht sich auf die Fähigkeit und Motivation von Individuen, aus Chancen Vorteile zu ziehen für eine gewisse soziale Mobilität.

Für beide Komponenten ist die ökonomische Grundlage von enormer Bedeutung, doch sie bietet vermutlich nur im ersten Fall relativ automatisch Schutz. Wahrscheinlich ist der wichtigste Punkt in diesem Zusammenhang die Bildung. Was immer über die mindere Qualität von ‚Slumschulen' auch gesagt werden mag, es kann einfach nicht behauptet werden, dass den ‚Armen' der Zugang zu Bildungsmöglichkeiten verweigert wurde. Hierüber wird natürlich viel diskutiert, doch sowohl die Ergebnisse des ‚Coleman Report' (1966) als auch viele aktuelle Forschungen über den Einfluss der Klasse auf die kognitive Entwicklung des Kindes scheinen nahe zu legen, dass es sich hier um eine genuine Komponente bestimmter Fähigkeiten handelt, die ihrerseits eine Funktion der Kultur der Armut ist (Bowles 1963; Coleman et al. 1966; Kagan 1967). Der gleiche Zugang zum Bildungssystem ist ganz offensichtlich eine der wichtigsten Komponenten des Komplexes der Chancengleichheit, der entscheidend dazu beiträgt, dass jene, die daraus Vorteile ziehen können, aus ökonomischer Abhängigkeit herauskommen und ihnen die Tür für den Aufstieg auf der beruflichen Leiter sowie für anderen Erfolg offen steht. Zugleich ist es aber auch mehr, nicht nur in dem negativen Sinne, dass die Kapazitäten der Benachteiligten beeinträchtigt sind, sondern ebenso in dem Sinne, dass das Bildungsniveau eine extrem wichtige Bedingung für allgemeine gesellschaftliche Partizipation wird, die volle Staatsbürgerschaft symbolisiert. Was hier gemeint ist, ist Partizipation im Sinne einer Teilhabe an kollektiven Entscheidungsprozessen, im umfassenderen Sinne der Zugehörigkeit und des ‚Akzeptiert-Seins' in vielen Situationen sozialer Interaktion. So sehr deshalb Intellektuelle auf die Massenmedien und das von ihnen gebotene kulturelle Niveau auch herabschauen mögen, die Teilnahme an vielen Aspekten der massenmedialen Kultur ist nichtsdestoweniger entscheidend für ein Gefühl der Zugehörigkeit zu einer Gesellschaft – sie ist eine Form der Partizipation, die auch Politik und spezifische ‚kulturelle' Themen einschließt.

In vielen Zusammenhängen habe ich auf die Bedeutung der sogenannten ‚Bildungsrevolution‘ für die moderne Gesellschaft hingewiesen (Parsons/Platt 1973). Wenn diese Einschätzung zutrifft, so folgt daraus, dass die Gleichheits-Ungleichheits-‚Variable‘ neben der bürgerlichen, politischen und sozialen Dimension auch eine kulturelle hat. In einer Gesellschaft, in der kultureller Aufstieg ein Prozess von zentraler Bedeutung ist, steht außer Frage, dass es in der Bevölkerung auf kultureller Ebene eine grundlegende Gleichheit geben sollte. In der Tat wurde, oft mit deutlich aristokratischen Untertönen, viel über die Unterschiede zwischen der Eliten- und Massenkultur gesagt (vgl. Ortega y Gasset 1932; White 1961), doch wie immer gerechtfertigt diese Unterscheidung auch sein mag, es folgt daraus keineswegs, dass es nicht auch in dieser Arena ein Gleichheitsproblem gibt, das jenem der politischen und ökonomischen Sphäre strukturell ähnlich ist.

Ein Aspekt dieses Problems betrifft das Ausmaß, in dem die ‚Eliten‘-Kultur mit einem diffusen Schichtungsmuster askriptiv verknüpft bleiben muss, wie es unübersehbar in jenen Gesellschaften der Fall war, die durch eine starke Institutionalisierung der Aristokratie charakterisiert waren. In dieser Hinsicht ist die zunehmende Bedeutung kultureller Grundlagen des jeweiligen Status eine entschieden moderne Tendenz, die auf dem Feld der intellektuellen Disziplinen und den Berufen vielleicht besonders deutlich wird. Kulturelle Überlegenheit als Teil der Kompetenz, die für eine Berufsrolle entscheidend ist, unterscheidet sich *recht deutlich* von der ‚Kultiviertheit‘ des Aristokraten.

Wenn ihre grundlegenden Werte die moderne Gesellschaft verbindlich auf die Minimierung institutionalisierter Aristokratie verpflichtet, was tatsächlich der Fall zu sein scheint, dann stellt sich unmittelbar die Frage nach der ‚Allgemeinbildung‘, ihrem Wesen und ihrer Problematik (Parsons 1966). Hier besteht ein Problem nicht nur, was die Gleichheit der ‚Niveaus‘, sondern auch was die ‚Gemeinsamkeit‘ von Bildung betrifft.

Unter dem Aspekt der Gleichheit bedeutet die moderne Verpflichtung auf die Bildung für alle, dass es ein ‚Minimum‘ geben muss, hinter das nur ‚geistig Zurückgebliebene‘ zurückfallen dürfen. Ursprünglich definiert durch die Fähigkeit, lesen und schreiben zu können, wurde dieses Niveau ständig angehoben. Wie krude auch immer die demographischen Messungen des Bildungsniveaus sein mögen, es ist eine fundamentale Tatsache der Gesellschaft unserer Generation, dass der Abschluss einer weiterführenden Schule für die *gesamte* Alterskohorte zu einer normativen Forderung geworden ist. Wie beim Einkommen besteht auch auf dem Feld der Bildung ein ‚Armuts‘-Problem, und es sind die ‚drop-outs‘, welche die weiterführende Schule nicht abschließen können oder wollen, die zum Kern der ‚Bildungsarmen‘ gehören werden.

Wenn kulturelle Standards prinzipiell ein Kriterium für die Position auf einer Schichtungsskala bereitstellen sollen, so wird die Definition eines bestimmten

Niveaus kultureller Leistung zu einer kritischen Frage. In den unteren Bereichen ist das Problem relativ einfach zu lösen, preist doch fast niemand die kulturellen Tugenden der Unfähigkeit, lesen, schreiben oder rechnen zu können. Zu den Mindestvoraussetzungen gehören also eindeutig grundlegende kognitive Fähigkeiten und ein Fundus an Basiswissen. Auf ‚höherem' Niveau entstehen deutliche Probleme, die zumindest mit Kompetenzunterschieden zwischen den weit verästelten Zweigen der kognitiven Welt, aber auch mit ideologischen und religiösen Differenzen zu tun haben.

Die allgemeine Antwort auf diese Frage lautet, dass der Faktor der ‚Gemeinsamkeit', wie ich ihn genannt habe, selbst eine Funktion der Allgemeinheitsebene ist, auf der kulturelle Orientierungen angesiedelt sind, und mithin der Fähigkeit, die heterogene Vielfalt innerhalb der kulturellen Sphäre unter allgemeineren Kategorien zu ‚subsumieren'. Der ökumenische Trend in der Religion ist vermutlich das spektakulärste Beispiel auf einem sozio-kulturellen Feld, auf dem einstmals wechselseitig als fremd oder feindselig angesehene Auffassungen nun mehr oder weniger in ein sinnvolles Kultursystem ‚inkludiert' werden. Die Anwendung dieses Prinzips auf die Wissenschaften ist relativ klar. Sicher, die Spezialisierung ist rasch fortgeschritten, aber ebenso geht die Integration des Spezialwissens in einem Korpus wissenschaftlicher Erkenntnis weiter; ja, es scheint fast so, als habe dieser Prozess begonnen, die Kluft zwischen ‚Naturwissenschaften' und ‚Verhaltenswissenschaften' zu überwinden, vielleicht selbst jene zwischen Naturwissenschaften und Geisteswissenschaften.

Anders gesagt: Wir leben in einer zunehmend pluralistischen Kultur, die eng mit der Pluralisierung der modernen Gesellschaftsstruktur verbunden ist. In beiden Fällen muss die Differenzierung, welche die Pluralisierung erzeugt, mit korrespondierenden integrativen Prozessen und Mustern einhergehen. In einer anderen Sprache hieße das, dass der universalistische Charakter der allgemeineren kulturellen Muster eine gewisse Vorherrschaft über die Partikularismen weniger allgemein bedeutsamer ‚Sektoren' der kulturellen Welt gewonnen hat. M.E. besteht der einzig vernünftige Weg, ‚Allgemeinbildung' im Sinne einer progressiven Anhebung auf ein höheres Niveau zu definieren, darin, sie als Partizipation an diesem Prozess der universalistischen Verallgemeinerung kultureller Traditionen zu begreifen.

Das System der Gleichheits-Dimensionen

Einstweilen konnten vier prinzipielle Kontexte identifiziert werden, in denen das Gleichheits-Ungleichheits-Problem entsteht, und wenigstens einige sinnvolle Hinweise gegeben werden, warum diese Kontexte in einer hochgradig differenzierten und mithin pluralistischen modernen Gesellschaft in erheblichem Maße unabhängig voneinander variieren. Es handelt sich um den zivilen, politischen, sozialen und ökonomischen sowie den kulturellen Kontext. Allesamt öffnen sie das Tor zu Chancen für unterschiedliche Leistungen, die gleichzeitig legitimiert und auf vielerlei Weise ungleich entlohnt werden. Wir haben ferner diskutiert, auf welche unterschiedlichen Weisen Bedingungen institutionalisiert werden oder wurden, unter denen solche Unterschiede als legitim angesehen werden dürfen.

Betrachtet man die vier Kontexte als System, so wird eine wichtige Asymmetrie erkennbar. Während ökonomische, politische und kulturelle Ungleichheiten durch die allgemeine Formel der Chancengleichheit, und natürlich auch durch andere wie den ,fairen Wettbewerb', legitimiert werden, trifft dies für die Kategorie ,bürgerlicher Rechte' nicht im selben Maße zu. Hier erhält die alte verfassungsrechtliche Formel der ,unveräußerlichen' Rechte Bedeutung. Es ist insbesondere von großer Bedeutung, dass das Gleichheitsprinzip in Form der Nicht-Diskriminierung für zwei grundlegende, unhintergehbare Bedingungen menschlichen Handelns, im fünften und vierzehnten Amendment der US-amerikanischen Verfassung institutionalisiert wurden. Die erste betrifft die askriptiven Qualitäten des Körpers, die mit den Begriffen der ,Rasse' oder ,Farbe' beschrieben werden. Vermutlich hängen Alter und Geschlecht als weitere biologische Grundlagen mit diesen so eng zusammen, dass sie unter die gleiche große Kategorie fallen. Die zweite betrifft die äußerste Grenze am kulturellen Ende der kybernetischen Skala. Hier stellt die Religion den Kontext dar und das entsprechende Wort der Verfassung ist ,Glaube', doch auch die Voraussetzungen der ,Gründung' von Religionsgemeinschaften und ,freien Ausübung' der Religion im ersten Amendment sind von entscheidender Bedeutung (Parsons 1966: 9ff.; Freund/Ulich 1965).

In theoretischer Perspektive legen diese Überlegungen nahe, dass dem ,zivilen' im Verhältnis zu den anderen drei Komplexen die Funktion der Aufrechterhaltung von Wertmustern zukommt. Er hat sich in den meisten modernen Gesellschaften bis zu dem Punkt der Institutionalisierung des Prinzips entwickelt, dass es im Status der Staatsbürgerschaft eine ,Grundlage' geben soll, auf die hin alle individuellen Bürger Gleiche sind, und dass diese Muster der Gleichheit mindestens in drei Sphären zum Tragen kommen sollen: erstens in den Rechten des Bürgers, mit Hilfe des Wahlrechts an der Regierung zu partizipieren, zweitens in seinen Rechten gegenüber der Regierung, und drittens in einem beträchtlichen Ausmaß an Rechten im Kontext privater Assoziationen. Im letzten Fall ist die Situation nicht ganz so offensichtlich, doch jüngste Gerichtsentscheidungen haben vor allem im Kontext von Rasse aber auch in jenem von Religion klargestellt, dass die Freiheit zu diskriminieren innerhalb privater Assoziationen grundsätzlich beschränkt ist. Man kann mit großer Sicherheit davon ausgehen, dass diese Restriktionen eher schärfer als lockerer werden dürften.

In zwei früheren Aufsätzen über die Schichtungstheorie habe ich besonders die Bedeutung von Werten zur Legitimierung von Rangunterschieden betont. Wenn die Interpretation stimmig ist, dass wir es beim Komplex bürgerlicher Rechte mit der Funktion der Aufrechterhaltung von Wertmustern zu tun haben, so möchte ich behaupten, dass diese Wertakzentuierung nicht nur auf die Faktoren einer ungleichen Rangordnung zutrifft – das scheint offensichtlich. Vielmehr gilt das auch für die Gleichheit, denn in diesem Fall stellt die Wertunterstützung des Verfassungsrechts die *Spezifizierung* des allgemeinen Wertsystems der Gesellschaft für die Ebene der *normativen Struktur der gesellschaftlichen Gemeinschaft* dar. Das läuft auf die Feststellung hinaus, dass die moderne gesellschaftliche Gemeinschaft ‚grundsätzlich' eine ‚Gemeinschaft von Gleichen' sein sollte. Legitime Ungleichheiten sollten deshalb, soweit empirisch möglich, auf der Grundlage von Chancengleichheit ‚gewonnen' werden, und die Belohnungen aus unterschiedlichen Status und Leistungen sollten als funktionaler Beitrag für die Entwicklung und Wohlfahrt der gesamten Gesellschaft gerechtfertigt werden (Davis/Moore 1945). Festgehalten sei, dass diese Formel durchaus ungleiche Chancen legitimieren kann, wie sie sich etwa aus dem Verwandtschaftssystem für Kinder besser gestellter Gruppen ergeben, wenn und nur wenn sie ihren entsprechend hohen Verpflichtungen nachkommen und einen besonderen Beitrag leisten. Eine solche Qualifikation dehnt das Muster der Chancengleichheit über eine Generation hinaus aus, und es entspricht damit in der Tat der alten aristokratischen Vorstellung der *noblesse oblige*.[6]

In diesem Zusammenhang ist Klarheit über die Systemreferenzen geboten. Wenn ich davon spreche, dass der zivilen oder bürgerlichen Komponente des Staatsbürgerschaftskomplexes die Funktion der Aufrechterhaltung von Wertmustern zukommt, so beziehe ich mich nicht auf die Gesamtgesellschaft, sondern auf die gesellschaftliche Gemeinschaft als jenem System, innerhalb dessen oder für das diese Komponente diese Funktion erfüllt. Die gesellschaftliche Gemeinschaft wird hier als ein primäres, funktional differenziertes *Subsystem einer Gesellschaft* verstanden (Parsons 1969a: Kap. 2), und dies muss deutlich unterschieden werden vom Subsystem zur Aufrechterhaltung von Wertmustern

---

6   Frühere Gesellschaften, v.a. in der westlichen Welt institutionalisierten durch die Aristokratie jedoch ein Muster *diffuser* Ungleichheit. Dies scheint mit einer Vorstellung von inhärenter ‚Substanz' zusammenzuhängen, d.h. Qualität in Begriffen der pattern-variables. In mancher Hinsicht war die ‚Klassen'-trennung jener der christlichen Kirche in Geweihte und Laien ähnlich. Der Prozess der Auflösung diffuser Unterscheidungen von Über- und Unterlegenheit hat einen Verlauf genommen, der zu einer Aufwertung der ‚Laienkomponente' geführt hat, und nicht umgekehrt (Parsons 1968a, 1968b, 1968c). Es ist vermutlich richtig, dass die fortbestehende Stigmatisierung von Gruppen auf der Grundlage von ‚Rasse' oder' Armut' oder auch deren Kombination als Überrest dieser allgemeineren historischen Trennung zu betrachten.

der Gesamtgesellschaft. Letzteres liegt auf allgemeiner Ebene eindeutig innerhalb des Systems institutionalisierter Werte und steht in diesem Sinne mit dem
Kultursystem in enger Beziehung. Es sollte klar sein, dass die den Rechten und
Verpflichtungen vorausgehenden Werte, die hier als egalitär und unveräußerlich
begriffen werden, ihrerseits in einem allgemeineren Wertesystem gründen. Die
spezifisch relevanten ‚Formen‘, die sie annehmen, sind aber Spezifikationen
dieser vorausgehenden Werte auf jener Grundlage, auf der der Aspekt der Wertbindungen allgemeiner untersucht wurde (Parsons 1969b).

Ich habe gerade behauptet, dass die Gleichheitskomponente der normativen
Struktur der modernen Gesellschaft im zivilen Komplex der Staatsbürgerschaft
– der Annahme grundlegender Gleichheit und entsprechender Verpflichtungen –
verankert ist. Dieser Komplex gründet normativ im allgemeinen gesellschaftlichen Wertesystem. Es gibt zwei besonders wichtige Kontexte der Wertspezifi-
zierung, die in gewissem Sinne den konkreten Kontexten, in denen das Gleichheits-Ungleichheits-Problem entsteht, zugrunde liegen. Diese gehen einen
Schritt über die gerade diskutierte Spezifizierung auf der Ebene der gesellschaftlichen Gemeinschaft hinaus.

Den ersten bezeichne ich als *treuhänderischen* Komplex. Er gründet in der
Tatsache, dass eine Grundlage von Ungleichheit darin besteht, dass die Mitglieder der gesellschaftlichen Gemeinschaft aus ganz unterschiedlichen Gründen
nicht in der Lage sind, effektiv Verantwortung für den Schutz und die Förderung ihrer eigenen Rechte zu übernehmen, weshalb diese Aufgabe an Personen
oder Gruppen delegiert wird.

Dieses Prinzip wirkt am deutlichsten in jenen Kollektiven, die Verantwortung für die Interessen abhängiger Personen haben. Ein hervorragendes Beispiel
ist hier das Kleinkind, dessen Interessen in erster Linie seinen Eltern aber auch
verschiedenen anderen Instanzen anvertraut werden. In diesem Sinne besteht
eine ‚treuhänderische‘ Komponente in praktisch jeder Form differenzierter Verantwortung für die gesamtgesellschaftliche Funktion. Die Beziehung zum
Rechtssystem ist jedoch besonders auffällig, wie etwa im Falle der Gerichte, die
formal Verantwortung für den Einsatz einer Vormundschaft, verschiedener
Formen der Treuhandschaft etc. übernehmen. Wir sollten also festhalten, dass
die Gerichtshöfe selbst primär ‚treuhänderische Institutionen‘ sind, in denen
kleine Gruppen von Personen Verantwortung für die vielfältigen Interessen
Anderer tragen. Es gibt jedoch zwei besonders auffällige und allgemeinere Fälle: zum einen den ‚treuhänderischen Aufsichtsrat‘ als leitende Körperschaft in
Organisationen; zum anderen und in diffuserem Sinne die modernen Berufe.

Was ich den ‚treuhänderischen Komplex‘ genannt habe, steht in einer wichtigen, aber komplexen und häufig mehrdeutigen Beziehung zu den legitimieren-
den Funktionen der Regierung. In der Tat wird behauptet, dass das Privatunter-
nehmen in der modernen Welt in einem wichtigen Sinne das Prinzip der Regie-

rungsherrschaft auf private Gruppen überträgt, so wie es historisch gesehen die Institution des Privatbesitzes selbst tut. Eine derartige Argumentationslinie beruht jedoch auf einem Verständnis von der Regierung als Grundform, von der aus sich ein wesentlicher Differenzierungsprozess entwickelt. Mir scheint hingegen, dass die angemessene Bezugsgröße eher die gesellschaftliche Gemeinschaft ist, und dass sich die Regierung in der modernen Phase gesellschaftlicher Entwicklung auf der Grundlage dieser diffuseren Matrix selbst ausdifferenziert hat, wobei das demokratische Wahlrecht eine wichtige Phase der Differenzierung kennzeichnet. Es scheint angebrachter zu sein, Besitz und Unternehmen auf der einen Seite, die Regierung auf der anderen als zwei unterschiedliche Entwicklungszweige zu begreifen, die aus dem gleichen evolutionären Stamm hervorgehen. Sie beide beinhalten die Institutionalisierung von Herrschaft und Macht und deshalb die Elemente von Ungleichheit, die dieser Institutionalisierung inhärent sind. Beide beruhen jedoch zugleich viel mehr auf einer gemeinsamen Legitimationsgrundlage gemeinsamer Werte, als dass erstere durch die letztere legitimiert würde. Diese Tatsache der Differenziertheit nicht zu begreifen, könnte man als den ‚Rousseauistischen Irrtum' bezeichnen.

Die andere Komponente des ‚treuhänderischen Komplexes', der für die moderne Welt von besonderer Bedeutung ist und auf den deshalb besonderes Augenmerk gelegt werden sollte, ist der Komplex der Berufe. Eines ihrer grundlegenden Kennzeichen ist ein spezifisches Niveau speziell technischer Kompetenzen, welches in einer formalen Ausbildung erlernt werden muss und spezieller Mechanismen sozialer Kontrolle im Verhältnis zu den Nutznießern von Dienstleistungen bedarf. Dies ist aufgrund der ‚Kompetenzlücke' erforderlich, die es unwahrscheinlich macht, dass ‚Laien' angemessen die Güte solcher Dienstleistungen oder die Referenzen jener, die sie anbieten, einschätzen können. Professionelle Kompetenz beruht in diesem Sinne auf der Verfügung über das Wissen einer oder mehrerer intellektueller Disziplinen, wenngleich auch andere Faktoren eine Rolle spielen.

Was ich die ‚Kompetenzlücke' genannt habe, bedarf einer Ungleichheitskomponente im Berufskomplex, d.h. zwischen Arzt und Patient, Anwalt und Klient oder auch Lehrer und Student. Zugleich besteht trotz Kompetenzunterschieden innerhalb des Kontextes professioneller Organisation eine starke Tendenz hin zu einem egalitären Typus der Assoziationsbildung. Diese vollzieht sich auf der Grundlage des Prinzips, dass eine Person hinsichtlich einer bestimmten Profession Mitglied ist oder nicht, bzw. Mitglied einer Unterabteilung, wie etwa einer Fakultät oder eines Departments einer Universität, und dass alle diese Mitglieder über einen bestimmten Status verfügen, eingeschlossen das demokratische Wahlrecht für kollektive Entscheidungen. Dies ist der wichtigste Fall, in dem ein System von Berufsrollen auf einer Basis organisiert ist, die kollegial genannt werden kann.

Obgleich der Faktor der Kompetenz auf ein kritisches Element von Ungleichheit zusteuert, wird deutlich, dass er – mit ‚treuhänderischer Verantwortung' – den Schwerpunkt auf Fähigkeiten legt, die von askriptiven, partikularistischen Gesichtspunkten unabhängig sind, und deshalb die generelle gesellschaftliche Bedeutung der Chancengleichheit betonen. Dies ist in der Tat von besonderer Bedeutung, weil es sich in den oberen Etagen des modernen Berufssystems abspielt. Während in der klassischen bürokratischen Organisation im Prinzip ebenfalls das Prinzip der Chancengleichheit gilt, ist sie doch – viel mehr als es bei den Berufen der Fall ist – von einem hierarchischen Muster gekennzeichnet, das in der Organisation wirksam ist. Auf der anderen Seite ist das Funktionieren großer moderner Organisationen derart komplex und technisch geworden, dass weder ‚direkte Demokratie' noch ein durch Wahl besetztes Amt, so entscheidend die Rolle des letzteren auch ist und es Kontrolle ‚von oben' ausüben kann, einen großen Teil ihres Funktionierens regeln kann.

Durch die ‚Bildungsrevolution' hat der Berufskomplex im Hinblick auf die Gesellschaftsstruktur große Bedeutung erhalten. Diese ist weder auf die Wissenschaft noch auf die traditionell ‚ausführenden' Berufe beschränkt, vielmehr sind sowohl die Industrie als auch die Regierung in großem Maße davon durchdrungen, und sie hat deren organisationale Muster, einschließlich der Schichtung, verändert. Vor allem entstand dadurch eine neue Basis der Solidarität, die quer zu den traditionellen Schranken wie bspw. jenen zwischen ‚Regierung' und Geschäftswelt liegt. Der Berufskomplex, wie ich ihn nenne, hat deshalb nicht nur das Potential, das Funktionieren der Gesellschaft nachhaltig zu beeinflussen, er kann vielmehr auch integrative Mechanismen bündeln. Diese können vor allem dadurch wirken, dass sie eine Balance zwischen den notwendigen Differenzierungen auf der Grundlage von Kompetenz und Herrschaft mit den Mustern von Gleichheit herstellen.

Wie viele andere strukturell differenzierte Gruppen, werfen auch Berufe das Kontrollproblem auf. Da auf einem bestimmten Niveau nur Mitglieder kompetent sind, die Kompetenz der anderen zu beurteilen, besteht die inhärente Möglichkeit monopolistischer Praktiken in verschiedenen Bereichen, wie dem Zugang zur Mitgliedschaft. In den Vereinigten Staaten sind es vielleicht die medizinischen Berufe, die vor allem durch die *American Medical Association* hier am weitesten gegangen sind. Dies scheint eine der im modernen Typus sozialer Organisationen bestehenden Gefahren für das ‚öffentliche Interesse' zu sein.

Ein weiterer wichtiger Punkt betrifft die Beziehungen zwischen dem Komplex der Gleichheit verbürgenden Rechte und dem ‚politischen' Komplex. In einem allgemeinen institutionellen Kontext hat deutlich ersterer Vorrang, da solche Rechte, wie das demokratische Wahlrecht, wie bereits erwähnt, auf verfassungsrechtlicher Ebene verankert sein müssen. Aus dieser Perspektive besteht das System der Gerichte und ihre Entsprechungen in anderen Systemen

nicht einfach in einer ‚dritten Gewalt' wie etwa auf der Ebene der Bundesregie-
rung, es ist vielmehr ‚treuhänderischer' Hüter der allgemeineren Rechtsordnung,
innerhalb derer die Regierung handelt – die Institution juristischer Überprüfung
der Handlungen von Exekutive und Legislative macht dies ganz deutlich. Wir
haben es hier mit einem speziellen Fall des Treuhandprinzips zu tun, das nicht
im gewöhnlichen Sinn demokratisch ist, und es ist ferner erwähnenswert, dass
diese Funktionen in den meisten modernen Gesellschaften von Mitgliedern einer
institutionalisierten professionellen Gruppe ausgeübt werden, die strukturell in
vielen, nicht mit der Regierung zusammenhängenden Formen in der Gesellschaft verankert ist und eine lange, eigene kulturelle Tradition hat, die weder
durch Regierungshandeln noch durch eine Wählerschaft erzeugt wurde.

Das zweite Feld der Spezifizierung, auf das oben Bezug genommen wurde,
ist das der generalisierten Medien gesellschaftlichen Austauschs. Ich habe zu
Beginn des Aufsatzes mit Nachdruck auf die Bedeutung hingewiesen, die der
Auflösung askriptiver Strukturen und der daraus sich ergebenden Steigerung der
Mobilität vieler Arten von Ressourcen sowie der damit verbundenen Zunahme
von Chancen zukommt. Wie zuerst im Hinblick auf den ökonomischen Markt
deutlich wurde, hingen sowohl die enorme Offenheit und Ausgedehntheit von
Märkten wie auch die extrem hohe Arbeitsteilung von der Funktion des Geldes
als eines Austauschmediums und Kreditinstruments ab.

Es ist deutlich geworden, dass es möglich ist, die Konzeption eines generalisierten Austauschmediums über den Fall des Geldes auf jene politischer Macht
und das, was einige von uns Einfluss und Wertbindungen genannt haben, auszudehnen (Parsons 1969a: Kap. 14-16).

Die Austauschprozesse und die Situationen, in denen sie auftreten, eröffnen
Einheiten des sozialen Systems enorm gesteigerte Möglichkeiten, um ihre Ziele
und Interessen zu verfolgen. Über diese Medien selbst können die Einheiten bei
der Verfolgung ihrer Interessen jedoch nicht einfach verfügen, sie müssen in
gewissem Sinne vielmehr Objekt ‚treuhänderischer Verantwortung' werden.
Das ist im Falle des Geldes deutlich geworden, wo das Währungssystem in der
Verantwortung der Regierung und spezifischer Regierungsorgane liegt. Ähnliches lässt sich auch für die verfassungsrechtlichen Aspekte politischer Macht,
sowohl der Regierung als auch jener privater Organisationen sagen. Eine solche
Regulierung scheint notwendig zu sein, da es genau der Entwicklungsprozess
solcher Medien und besonders der Mobilisierung der Produktionsfaktoren und
kollektiver Effektivität ist, der neue Möglichkeiten der Entstehung von Ungleichheit und ‚Ausbeutung' eröffnet hat. Die Marxsche Doktrin hatte daher
nicht zufällig unmittelbaren Bezug zu der sich zu ihrer Reife entwickelnden
Industriellen Revolution und deren komplexen Beziehungen zur Demokratischen Revolution.

Vergleichbares lässt sich über das Verhältnis von Wertbindungen als generalisiertem Medium und der Institutionalisierung der kulturell interpenetrierenden Systeme der Werterhaltung moderner Gesellschaften sagen. In der Tat scheint eine der Ursachen des modernen ‚Anti-Intellektualismus' ein Minderwertigkeitsgefühl zu sein, und daher ein Gefühl, wenn nicht ‚ausgebeutet' – sicher nicht im ökonomischen Sinne – so doch von der Überlegenheit jener, die im Genuss eines besseren Zugangs zu kulturellen Ressourcen waren, ausgenutzt zu werden. Ganz offensichtlich hat die Bildungsrevolution den ‚Ort' empfundenen Konflikts aus älteren Kontexten, v.a. jenem ökonomischer Ungleichheiten oder politischer Macht, herausgelöst und hin zu kultureller Ungleichheit verschoben.

Was bedeutet das, was gerade über die Bedeutung von Geld, Macht und Wertbindungen gesagt wurde für Einfluss als viertem Medium, das speziell im Hinblick auf die gesellschaftliche Gemeinschaft institutionalisiert wurde? Meine Vermutung ist, dass eine wichtige, vielleicht sogar die wichtigste Funktion von Einfluss als Medium jene eines Mechanismus ist, der die Spannungen, die in einer dynamischen Gesellschaft bei der Erzeugung eines Gleichgewichts zwischen den egalitären und elitären Komponenten ihrer normativen Struktur und dessen tatsächlicher Implementierung entstehen, ‚bewerkstelligen' kann. Frühere Diskussionen über die Rolle von ‚Einfluss' haben betont, dass eine der entscheidenden Funktionen des Gebrauchs von Einfluss die ‚Rechtfertigung' von Handlungen sei, mittels derer Ego versucht, Alter zu einem bestimmten Handeln zu bewegen, wobei Rechtfertigung klar von Legitimation getrennt wurde (Parsons 1969a).

Normativ gesprochen wird hier sehr deutlich, dass die Grundlage der Werterhaltung der modernen gesellschaftlichen Gemeinschaft notwendig egalitär ist. Im Kontext sozialer Schichtung ist es aus dieser Perspektive eine primäre Funktion von Einfluss, funktional notwendige Formen von Ungleichheit zu rechtfertigen. Auf der Ebene des sozialen Systems können diese, wie wir behauptet haben, auf drei Hauptformen begrenzt werden: (1) auf den Zugang zu generalisierten ökonomischen Ressourcen durch Kontrolle monetären Vermögens; (2) auf den Zugang zu Faktoren kollektiver Wirkungsmacht durch politische Macht; (3) auf den Zugang zu ‚kulturellen Ressourcen' durch Wertbindungen. Die Anstrengung besteht dann darin, jene, die über solche ‚Ressourcen' verfügen, zu ‚überzeugen', um sie für einen gesellschaftlich gerechtfertigten funktionalen Gebrauch verfügbar zu machen, obgleich diese Zuweisung in Konflikt mit zuvor etablierten ‚Rechten' steht. In dieser Hinsicht werden bspw. die gleichen Rechte der Mitglieder eines Wahlvolks der Effektivität ‚geopfert', indem gewählten Vertretern Macht übertragen wird. Auf ähnliche Weise werden Ressourcen, die durch monetäre Mechanismen kontrolliert werden, in unterschiedlichem Umfang auf Berechtigte verteilt. Die Beweislast hat sich dabei aber auf die Seite der Rechtfertigung von Ungleichheit verlagert.

Literatur

Bell, D. (Hg.) (1968): Towards the Year 2000: Work in Progress. Boston: Mifflin.

Bowles, F. (1963): Access to Higher Education. New York: Columbia University Press.

Coleman, J. et al. (1966): Equality of Educational Opportunity. Washington, D.C.: U.S. Office of Education.

Davis, K./Moore, W.E. (1945): Some Principles of Stratification. In: American Sociological Review, Vol. 10, 242-249.

Franklin, J.H. (Hg.) (1968): Color and Race. Boston, Massachusetts: Houghton Mifflin.

Freund, P.A./Ulich, R. (1965): Religion in the Public School. Cambridge, Massachusetts: Harvard University Press.

Kagan, J. (Hg.) (1967): Creativity and Learning. Boston: Houghton Mifflin.

Marshall, T.H. (1992): Bürgerrechte und soziale Klassen. Zur Soziologie des Wohlfahrtsstaates. Frankfurt/Main-New York: Campus.

Marshall, T.H. (1992a): Staatsbürgerrechte und soziale Klassen. In: ders. (1992) a.a.O., 33-94.

Mayhew, L. (1968): Ascription in Modern Societies. In: Sociological Inquiry (Spring), 105-120.

Merton, R.K. (1968): The Matthew Effect in Science. In: Science 159, No. 3810, 56-63.

Miller, H. (1964): Rich Man, Poor Man. New York: Signet Books.

Moynihan, D.P. (1969a): Maximum Feasible Misunderstanding. New York: The Free Press.

Moynihan, D.P. (Hg.) (1969): On Understanding Poverty. New York: Basic Books.

Ortega y Gasset, J. (1932): The Revolt of the Masses. New York: Norton.

Parsons, T. (1959): The School Class as a Social System. In: Harvard Educational Review Vol. 29, 297-318.

Parsons, T. (1965): Full Citizenship for the Negro American. In: Daedalus (Fall), 1009-1054.

Parsons, T. (1966): Societies: Evolutionary and Comparative Perspectives. Englewood Cliffs, NJ: Prentice Hall.

Parsons, T. (1968a): Professions. In: Sills, D. (Hg.) a.a.O., 536-547.

Parsons, T. (1968b): The Academic System: A Sociologist's View. In: The Public Interest, Vol. 13, (Fall), 173-197.

Parsons, T. (1968c): The Problem of Polarization on the Axis of Color. In: Franklin, J.H. (Hg.) a.a.O.

Parsons, T. (1969): Politics and Social Structure. New York: The Free Press.

Parsons, T./Platt, G.M. (1973): The American University. Cambridge, Massachusetts: Harvard University Press.

Rainwater, L. (1969): The Problem of Lower-Class Culture and Poverty War Strategy. In: Moynihan, D.P. (Hg.) a.a.O.

Rokkan, S. (1960): Citizens Participation in Political Life. In: International Social Science Journal, Vol. 12, 69-99.

Sills, D. (Hg.) (1968): The International Encyclopedia of the Social Sciences. New York: Macmillan Company and The Free Press.

Spady, W. (1967): Educational Mobility and Access: Growth and Paradoxes. In: American Journal of Sociology, Vol. 73, 273-286.

Weinstein, F./Platt, G.M. (1969): The Wish to be Free. Berkeley: University of California Press.

White, W. (1961): Beyond Conformity. New York: The Free Press.

Übersetzung: Jürgen Mackert/Hans-Peter Müller

II. Staatsbürgerschaft und soziale Integration

Zu viel des Guten. Über die soziale Dynamik von Staatsbürgerschaft

Ralf Dahrendorf

Keine gesellschaftliche Figur der modernen Geschichte ist dynamischer als der Bürger. Seit Jahrhunderten schon ist er Agens und Movens aufstrebender gesellschaftlicher Gruppen: von der Klasse der vermögenden Städter in der Feudalgesellschaft über die der neuen Industriellen des 18. und 19. Jahrhunderts bis hin zu jenen, die man gut und gern als Bildungsklasse (oder, mit einer neueren und aktiven Konnotation, vielleicht auch als Freizeitklasse) unserer Tage bezeichnen könnte, und nicht zuletzt all jener, die sich aus Abhängigkeit und Unterdrückung befreit haben – Leibeigene und Untertanen, Kolonialisierte, viele unterschiedliche Minoritäten, Frauen u.a. Die Rolle des Bürgers, der all diese Gruppen inspirierte und oftmals anführte, erfuhr eine rasche und weitreichende Entwicklung, freilich so rasant, dass der Punkt nicht mehr weit scheint, an dem der Bürger sich selbst zu überholen Gefahr läuft, da er durch seine unablässige Aktivität die Voraussetzungen seiner eigenen Existenz zerstört. Die Dynamik von citizenship könnte am Ende jenes Gleichgewicht von Gleichheit und Freiheit zerstören, für dessen Schaffung sie so einzigartig geeignet schien.

Damit habe ich in knappen Worten das Anliegen dieses Aufsatzes skizziert. Es ist eine, wenn nicht pessimistische, so doch problematische Botschaft, allerdings hatte ich immer den Eindruck, dass nüchterne Analyse – ohnehin eher düster als rosig – zum Handeln anstiftet; für gezielte Maßnahmen ist sie in jedem Fall eine Voraussetzung. Um das etwas näher zu erläutern: Hoffnung (ohne die Handeln nicht möglich ist) steht gewöhnlich in einem antagonistischen Verhältnis zu Fakten, doch die beiden Seiten stehen auch in einem fruchtbaren Widerspruch, der gegenseitige Entwicklung ermöglicht. Was mich indes mehr besorgt ist der Umstand, dass die Art und Weise, in der ich das Problem definiere, einige fachliche Unklarheiten aufweist, die ich daher gleich zu Anfang klären will, um über mein Ziel und meinen Ansatz kein Missverständnis aufkommen zu lassen.

Staatsbürgerschaft ist zu Beginn eine Vorstellung, die sich in Recht und Gesetz ausdrückt, in diesem Sinne eine Rechtsidee. Ursprünglich beschreibt sie die Rechte, gemeinhin die Privilegien, von in Städten lebenden, erwachsenen, steuerzahlenden und über Grundbesitz verfügenden Männern, die sich durch eben diese Eigenschaften von der Landbevölkerung, den Besitzlosen, Minderjährigen und Frauen unterscheiden. Staatsbürgerschaft bringt eine *Rechtsgemeinschaft* hervor, in der die Dazugehörenden über ein System von Regeln voreinander geschützt werden. So entsteht eine Art Club, der gleichzeitig auch Schutz vor Außenseitern bietet. Mit der Ausbreitung von Städten einschließlich ihrer Werte und Lebensweisen erfuhr auch dieser Club eine Erweiterung und stand nun prinzipiell jedermann offen, obwohl bei Alexander Hamilton und James Madison in ‚The Federalist' mit Genugtuung die Rede ist von „einer ausgewählten Körperschaft von Bürgern (...), deren Klugheit die wahren Interessen des Landes am besten erkennen lässt" (Hamilton 1993: 98), sowie von der Notwendigkeit, die Gewährung von Staatsbürgerrechten zu begrenzen, sie also nicht automatisch jedem zuzugestehen. Behauptungen wie diese enthalten Widersprüche, explosive Paradoxe, mit denen sich zu einem guten Teil die Art der Dynamik von citizenship erklären lässt, der ich in diesem Aufsatz nachzugehen beabsichtige. Es handelt sich dabei um Kräfte, die nicht vorrangig rechtlich oder nur politisch, sondern zutiefst gesellschaftlich sind. Indem ich so vorgehe, könnte ich durchaus in Versuchung geraten, einen rechtlichen Begriff für soziologische Zwecke zu entfremden.

Die zweite Unklarheit, die mir zu schaffen macht, ist natürlich meine deutsche Herkunft. Im Deutschen wird citizenship mit dem Begriff der Staatsbürgerschaft übersetzt, der aufgrund seiner unglücklichen Zweideutigkeit auf seine Weise dazu beigetragen haben mag, dass sich viele Deutsche dem erfolgreichen Weg des Staatsbürgers verweigerten. Wenn Kant (1991: 39) „die Erreichung einer allgemein das Recht verwaltenden bürgerlichen Gesellschaft" als das größte Problem der Menschheit beschrieb, dessen Lösung ihm von der Natur aufgezwungen wird, so kann kein Zweifel daran bestehen, dass mit ‚civil society' das gemeint ist, was er unter *bürgerlicher Gesellschaft* verstand. (Es lohnt sich festzuhalten, dass dies der fünfte Satz seines Essays ‚Idee zu einer allgemeinen Geschichte in weltbürgerlicher Absicht' ist, in der der Bürger sich von der Stadt über den Nationalstaat auf dem Weg zum universellen oder Weltstaat befindet). Fast vierzig Jahre später, in Hegels ‚Grundlinien der Philosophie des Rechts', hatte die bürgerliche Gesellschaft eine ganz andere Bedeutung angenommen. Sie ist nicht länger das eigentliche Ziel, nach dem es sich zu streben lohnt, sondern eine Phase des Übergangs und der Negation, die der Weltgeist auf seiner Reise zur Vollkommenheit durchläuft, um in einem Staat münden, der die Verwirklichung des moralischen Ideals ist (vgl. Hegel 1955: 21ff.). Für Hegel, genauso wie zwei Jahrzehnte später für Marx, stand die revolutionäre Qualität von Staatsbürgerschaft außer Frage. Sie hatte Gesellschaft generalisiert und individualisiert und damit die partikularen und solidarischen Bande der feudalen Welt zerstört. Selbst der Arbeitsvertrag zwischen dem einzelnen Arbeiter und seinem Arbeitgeber (so musste Marx argumentieren) stellte im Vergleich zur vererbten Abhängigkeit eine Art Freiheit dar. Sie ist allerdings eine zynische Freiheit, die um des Überlebens willen in ein neues, scheinbar freiwilliges Abhängigkeitsverhältnis einzutreten notwendig macht, welches den Grundstein für eine neue Revolution legte. Marx lehnte den rein individuellen und seiner Auffassung entsprechend willkürlichen Charakter einer Zivilgesellschaft ab, die lediglich Sicherheit und Schutz des Eigentums und persönlicher Freiheit bietet, und stellte ihr die Transparenz und Allgemeingültigkeit des Staates gegenüber. Der Schutz des Eigentums bei Hegel, die immanente Ungleichheit des Arbeitsvertrages bei Marx – hier ist der Punkt, an dem die angestrebte Gesamtheit der Bürger einen zweifelhaft besonderen Charakter annimmt, hier wird die bürgerliche Gesellschaft zur Klassengesellschaft, da der *citoyen* fast unmerklich mit dem *bourgeois* verschmilzt. Aus beiden wird in der deutschen Übersetzung der *Bürger*, und die Abschaffung der bürgerlichen Gesellschaft hieße, den Staatsbürger (citizen) gleichzeitig mit dem bourgeois aufzugeben: ein Prozess, der geradewegs im Nationalsozialismus mündet.

Es ist möglich und sicherlich lohnenswert, die Spur des Bürgers von der griechischen Polis über Rom durch die mittelalterlichen Städte und die Revolutionen des 17., 18. und 19. Jahrhunderts zurückzuverfolgen, wovon ich an dieser Stelle allerdings absehe. Ich werde auch der jüngeren Geschichte des Verhältnisses von Staatsbürgerschaft und sozialer Klasse, die von T.H. Marshall so meisterhaft beschrieben wurde, nicht mehr als eine kurze Referenz erweisen. Selbst wenn ich wollte, könnte ich diesen Anforderungen nicht gerecht werden, da die praktischen Anliegen, denen meine Aufmerksamkeit galt, auch meine Überlegungen in eine bestimmte Richtung gelenkt haben. Es gibt in der menschlichen Geschichte wohl kaum eine andere Idee, die das Streben nach Gleichheit und Freiheit in der gleichen Weise vereint, wie die der Staatsbürgerschaft. Dennoch sind solche Verbindungen nie statisch. Auf der Suche nach einer Gesellschaft, die einer größtmöglichen Zahl ihrer Mitglieder die größtmöglichen Lebenschancen bietet, muss sich jeder Akteur immer wieder neu fragen, welches Problem am dringendsten einer Lösung bedarf. An diesem Punkt ist es meiner Meinung nach notwendig, einige Annahmen und Ausrichtungen liberaler Politik einer Revision zu unterziehen. Und ich kann nicht verhehlen, dass dies eines der Interessen ist, das mich in der folgenden Diskussion motiviert.

Rationalität und Staatsbürgerschaft

Die Idee der Staatsbürgerschaft ist eng mit der umfassenden Bedeutung der Moderne verknüpft. Die Moderne, das große historische Thema, das seit der Zeit der großen Entdeckungen auf dem Globus wie in der Wissenschaft von Europa aus die ganze Welt erreichte, wurde auf verschiedene Weise definiert. Max Weber, der dem Verstehen der Moderne sein Lebenswerk widmete, betrachtete Rationalität als ihre dominante Eigenschaft – ein komplexer Begriff, den es zu erläutern gilt. Er enthält Kalkulierbarkeit in einem gänzlich technischen Sinn, doch auch zweckorientiertes Handeln, die Notwendigkeit, Entscheidungen zu begründen, die Entwicklung und Anwendung wissenschaftlicher Erkenntnisse, den Aufbau von Organisationen, eine Ausweitung formaler rechtlicher Regelungen; und all dies vor dem Hintergrund von traditionalen Bindungen, unhinterfragten Loyalitäten, religiösen Rechtfertigungen gegebener säkularer Verhältnisse. Rationalität hat eigene Ambivalenzen, eine Dialektik vielleicht. Max Weber (1956) zufolge befreit sie den Menschen aus unhinterfragten Banden der Tradition, nur um ihn am Ende in ein *Gehäuse der Hörigkeit* zu sperren – das Gefängnis des bürokratischen Staates. Es gibt eine implizite Rationalität des Marktes und die zielgerichtete Rationalität des Plans, und somit ihr prekäres Verhältnis in Gestalt von Spielregeln. Doch trotz aller Zweideutigkeiten und Probleme beschreibt Rationalität die überragende *idée-force* der modernen Welt und all jener Gesellschaften, die einmal die verführerischen Früchte vom Baum der Erkenntnis gekostet haben.

Staatsbürgerschaft ist das institutionelle Pendant zur Rationalität, nicht bloß eine Idee, sondern eine Wirklichkeit, die Kristallisation von Rationalität in einer sozialen Rolle. Die moderne Welt ist in ihren Werten vom Leitgedanken der Rationalität beherrscht (selbst wenn der Lauf der Dinge manchmal wider die Vernunft gerichtet scheint), und ihre soziale, ökonomische und politische Organisation ist von der Rolle des Staatsbürgers geprägt, wie überhaupt die Verbindung von Rationalität und Staatsbürgerschaft kein Zufall ist. Es gibt die allgemein geteilte Annahme, dass alle Menschen mit bestimmten Grundrechten ausgestattet sind, die sie befähigen, an einem rationalen Universum zu partizipieren, einer Gemeinschaft von Bürgern; es gibt ferner die evidente Beziehung zwischen Rationalität, der impliziten Universalität des Rechts und der Staatsbürgerschaft. Es ist, in den Worten Max Webers, charakteristisch für rationale oder legale Herrschaft (im Gegensatz zu traditionalen und charismatischen Typen legitimer Herrschaft), dass sie auf institutionalisiertem Recht beruht, einer Gesamtheit von Regeln, deren Ausübung ausdrücklich Prinzipien folgt, die für alle gelten, „dass, – wie man dies meist ausdrückt, der Gehorchende nur als Genosse und nur dem Recht gehorcht. Als Vereinsgenosse, Gemeindegenosse, Kirchenmitglied, im Staat: Bürger." (Weber 1956: 125). Die soziale Rolle des Bürgers unterlag einem krebshaften Wachstum, gutartig zu Beginn, womöglich bösartig heute. Die Definition der Moderne erfolgt dabei in Begriffen der grundlegenden Position des Individuums: Die Rolle des Bürgers beschreibt ein Bündel von fundamental gleichen Rechten auf Partizipation für all jene, die volles Mitglied der Gemeinschaft sind.

Der vorliegende Essay ist eher ein Versuch sozialer und politischer Analyse als eine Abhandlung. Anstelle einer systematischen Definition von Staatsbürgerschaft oder einer ausführlichen Darstellung ihrer Entstehung beschränke ich mich auf drei Elemente, die Aufschluss über die jüngeren sozioökonomischen und soziopolitischen Entwicklungen geben können, die zwar vom Staatsbürger

ausgelöst wurden, aber möglicherweise über den Rahmen von Staatsbürgerschaft, und vielleicht auch über Rationalität und Modernität, hinausreichen.

Der erste Punkt zur Rolle des Staatsbürgers lautet, dass er *ein Bündel von
gleichen Rechten* für all jene umfasst, die diesen Status innehaben. Es mag sein,
dass es sich hier bereits um mehr als nur eine Feststellung handelt; Gleichheit
und der rechtliche Charakter des Status und Staatsbürgerschaft können zwei
unterschiedliche Dinge sein. In diesem Kontext jedoch ist von Bedeutung, dass
Staatsbürgerschaft all ihren Inhabern ohne Unterschied bestimmte festgelegte
Rechte und Pflichten zuweist. Als Staatsbürger sind zwei beliebige Menschen
ohne Unterschied, doch diese Differenzlosigkeit bezieht sich auf Rechte, d.h.
nicht auf Eigentum oder Handeln, sondern auf Chancen und potenzielle Hand-
lungsmöglichkeiten.

Eine zweite Feststellung zur Staatsbürgerschaft ist schon spezifischer. Ein
zentraler Aspekte besteht in der *Chance auf Partizipation* an der Gemeinschaft.
Citizenship ist, mit anderen Worten, mehr als das Recht auf Verteidigung der
persönlichen Integrität, obgleich *habeas corpus* ein unveräußerliches Element
allgemeiner Staatsbürgerschaft ist. Es ist das Recht, an der Gestaltung der Bedingungen zu partizipieren, unter denen die Gemeinschaft existiert, genauer
gesagt, das Recht, an der Schaffung der Gesetze mitzuwirken, die für alle
Staatsbürger verbindlich sind. Es ist fraglich, ob eine Gesellschaft existieren
kann, in der einige Staatsbürger sind und andere nicht. Ich möchte argumentieren, dass das möglich ist. Ich darf nur verweisen auf das antike Griechenland,
Rom, und vor allem die mittelalterlichen Städte, und gleichermaßen auf Korporationen wie auch auf moderne politische Gesellschaften, die das Wahlrecht nur
allmählich und eher spät ausdehnten. Keine Frage hingegen ist, ob es Staatsbürgerschaft in den Ländern gibt, die Partizipation nur sehr wenigen zugestehen
und die dort auf eine unkontrollierte Minderheit von selbst ernannten Machtha-
bern beschränkt bleibt. Im Falle klassischer Tyrannei ebenso wie moderner
Diktatur, einschließlich der Ein-Parteien-Politbürokratien, kann von Staatsbürgerschaft nicht die Rede sein: sie schließen Staatsbürgerschaft im Sinne einer
Chance zur Partizipation aus.[1]

Es gibt noch einen dritten Punkt, der heute sehr wohl von außerordentlicher
Bedeutung sein mag. Staatsbürgerschaft ist hinsichtlich der Mitgliedschaft in
einer Gesellschaft ein verallgemeinertes Recht, das jedoch historisch definierte
Grenzen hat. Hier kommt die Beziehung zwischen Staatsbürger und Nationalstaat ins Spiel und die Bedeutung der Staatsbürgerschaft und der Nationalität
eines Individuums scheinen zu verschmelzen. Diese Fusion ist wahrscheinlich
zufällig; die Staatsbürgerschaft eines Stadt-Staates war real, und eine Welt-

---

1   Das soll nicht heißen, dass Staatsbürgerschaft in Theorie oder Praxis ein ‚unteilbares' Konzept
    ist. Es lassen sich leicht Länder finden und benennen, die den Rechtsstaat anerkennen, jedoch
    nicht Partizipation. Das Gegenteil ist weniger plausibel, obwohl einige Entwicklungsländer ein
    Beispiel dafür abgeben.

Bürgerschaft ist sicher vorstellbar. Doch in jedem Fall gibt es einen Zusammenhang zwischen der Rolle des Staatsbürgers und dem Ausmaß der relevanten politischen – oder jedweder rechtlichen – Gemeinschaft. Wie das Recht in der Gesamtheit seiner Komponenten für alle Mitglieder gleichermaßen verbindlich ist, definiert Staatsbürgerschaft die verallgemeinerte Öffentlichkeit derer, die mit gleichen Partizipationsrechten zur Gestaltung dieser Gesellschaft ausgestattet sind. Historisch hat Staatsbürgerschaft nicht nur akzeptierte Ungleichheiten und die Ablehnung von Partizipation ersetzt, sondern auch körperschaftliche Strukturen, deren Autonomie das feudale Syndrom vormoderner sozialer Strukturen begründete.

Mit diesen drei Feststellungen habe ich lediglich auf eine Frage angespielt, die durchaus weitere Betrachtung verdient. Kann Staatsbürgerschaft selbst ein Privileg sein, oder ist eine Gesellschaft, in der einige Staatsbürger sind und andere nicht, schon ein Widerspruch in sich? Ich erwähnte bereits, dass es sowohl in der Antike wie in mittelalterlichen Städten eine Rolle gab, die als jene des Staatsbürgers beschrieben werden kann. Doch der wichtige Punkt hat nichts mit Begrifflichkeiten zu tun. In der modernen Welt war und ist eine Dynamik von Staatsbürgerschaft zu beobachten, die scheinbar unaufhaltsame Expansion einer sozialen Rolle, zu der der Zugang ursprünglich hochgradig eingeschränkt war. Die Erweiterung des Wahlrechts von allen steuerzahlenden Männern eines bestimmten Alters auf alle Männer älter als 21 Jahre, und schließlich auf alle Männer und Frauen ab 18 Jahren, deutet eine Entwicklung an, die im Hinblick auf politische Partizipation zweifellos noch nicht ihr Ende erreicht hat und auch andere Aspekte der Staatsbürgerrolle betrifft. Hat Staatsbürgerschaft in einer Gesellschaft erst Wurzeln geschlagen, breitet sie sich ähnlich einer wuchernden Pflanze aus; sie schließt nach und nach so viele Mitglieder einer Gemeinschaft und so viele Bereiche ihres sozialen Lebens so umfassend wie möglich ein. Daher verschluckt das verallgemeinerte und egalitäre Recht auf Partizipation, das wir als Staatsbürgerschaft bezeichnen, andere, viel differenziertere soziale Rollen. Wird aus dem Bürgertum die Staatsbürgerschaft, erweitert sich nicht nur die kategorische Mitgliedschaft, sondern auch deren Substanz und Bedeutung. Ist es an dieser Stelle wirklich notwendig, Tocqueville zu zitieren? Hier stößt man auf die absonderlichen Einfälle des Staatsbürgers, der auf dem Weg ist, sich selbst abzuschaffen.

T.H. Marshall hat in seiner Analyse ‚Staatsbürgerrechte und soziale Klassen' (1992a) die wichtige Frage aufgeworfen, ob der Staatsbürgerstatus mit den Ungleichheiten einer Klassengesellschaft vereinbar ist. In ihrer frühesten Version wurde Männern durch Staatsbürgerschaft rechtliche Macht in Form bürgerlicher Rechte verliehen, die allerdings für jene ein leeres Versprechen bleiben mussten, die nicht nur der ökonomischen Mittel, sondern auch der politischen Rechte entbehrten, die garantierten, dass Recht nicht systematisch zum Vorteil einiger überlegener Gruppen praktiziert würde. Daher wurden die bürgerlichen durch politische Staatsbürgerrechte ergänzt. Passives und aktives Wahlrecht, das Recht zur Bildung politischer Gruppen und auf freie Meinungsäußerung waren wichtige Elemente, um die der Staatsbürgerstatus bereichert wurde. Doch auch sie blieben so lange unzureichend, wie ökonomische und soziale Unterschiede verhinderten, dass Menschen die Erfahrungen sammeln und die organisatorischen Voraussetzungen erwerben konnten, solange ihnen die Mittel zur Ausübung ihrer Rechte fehlten. Daher war nach Marshalls Auffassung ein Bündel sozialer Rechte erforderlich, um der Rolle des Staatsbürgers seine volle Bedeutung zu geben – Altersvorsorge, Arbeitslosenunterstützung, öffentliche Krankenversicherung, rechtliche Hilfe, ein Mindestlohn, ein garantierter Lebensstandard auf dem Niveau des zivilisatorischen Minimums. „Die grundlegende menschliche Gleichheit der Mitgliedschaft (...) wurde mit neuen Inhalten angereichert und mit einer stattlichen Anzahl von Rechten ausgestattet. (...) Sie wurde eindeutig mit dem Status des Staatsbürgers identifiziert" (ebd.: 39).

Das Verschwinden der Vielfalt

An diesem Punkt endet Marshalls Analyse. Tatsächlich behauptete er im Einklang mit ausgewiesenen Verteidigern der sozialen Staatsbürgerrechte in den 50er Jahren, „dass die durch Staatsbürgerrechte zugelassene und geformte Ungleichheit" Klassenunterschiede nicht mehr konstituieren und deshalb keine Klassenkämpfe mehr auslösen, sondern „toleriert werden kann" (ebd.: 87). Doch gibt es überhaupt Ungleichheiten, die von Staatsbürgerschaft hervorgebracht oder gar legitimiert werden? Marshall selbst antwortet darauf, „dass durch die Bildung in ihren Beziehungen zur Beschäftigungsstruktur Staatsbürgerrechte als Instrument sozialer Schichtung wirken" (ebd.: 81). Zu erinnern wäre noch an Michael Youngs meritokratische Utopie, in der diese Vorstellung auf die Spitze getrieben wurde. Doch ist es wahr, oder, weniger theoretisch, stimmt es tatsächlich, dass die Verfechter der Staatsbürgerschaft ‚Beschäftigungsstruktur' und ‚soziale Schichtung' als ausdifferenzierte Strukturen, also Strukturen der Ungleichheit, als gegeben hinnahmen? Bildung ist ein gutes Beispiel. Als ich selbst vor zehn Jahren für ‚Bildung als Bürgerrecht' eintrat, argumentierte ich schon seinerzeit in der heute bekannten Weise. Gleiche Bildungschancen sind ein grundlegendes Recht eines jeden Bürgers, da Bildung sowohl eine Voraussetzung als auch eine Dimension vollständiger sozialer und politischer Partizipation ist. Diese Chancengleichheit wird nicht nur durch rechtliche Einschränkungen oder unverhohlen ökonomische und soziale Barrieren bedroht, sondern auch durch Schranken, die weniger sichtbar sind. Kinder aus der Arbeiterklasse wachsen in einer veritablen sozialen Ferne zu höheren Bildungseinrichtungen auf, fern von Information, Motivation, Kultur. Es ist deshalb nicht nur notwendig, Schulgebühren abzuschaffen sowie Schulbusse und Tagesschulen anzubieten. Es ist ebenso erforderlich, Eltern und Kinder systematisch über die Möglichkeiten zu informieren, die ihnen offen stehen, sie zu einer höheren Bildung zu motivieren, sie in die Lage zu versetzen, diesen Weg zu beschreiten, ohne dafür gleichzeitig die kulturellen Besonderheiten ihrer sozialen Herkunft zu opfern. Sicher, Staatsbürgerrechte so verstanden, gehen selbst über die Vorstellung von Marshalls ‚sozialen' Aspekten weit hinaus, und man gelangt dabei an einen Punkt, an dem sich die Beseitigung von Barrieren – d.h. von Unterschieden – zur Durchsetzung von Chancengleichheit in die Schaffung eines egalitären Status verwandelt. Am Ende dieses Weges – und nicht nur in der Literatur – wird das gleiche Recht auf Bildung so verstanden, dass das Queens English durch die unterschiedlichen klassenspezifischen Idiome ersetzt werden muss und die Unterrichtspläne so überarbeitet werden müssen, dass Kinder aller Gruppen gleichermaßen erfolgreich sein können, oder der Erfolg gemäß dem proportionalen Anteil der jeweiligen sozialen Gruppe, der sie angehören, verteilt wird. Um es mit Christopher Jencks zu sagen: „Statt verhindern zu wollen, dass die Leute einander im Konkurrenzkampf überrunden, werden wir die Spielregeln dahingehend abändern müssen, dass wir die Belohnung für Erfolg wie die Kosten des Verlierers reduzieren" (Jencks 1972: 8; zit. bei Bell: 1985: 321). Die Einrichtung von Gesamtschulen erfolgt nicht in der Absicht, mehr Kindern ein größeres Spektrum an Chancen und Möglichkeiten bieten zu können, sondern um die Gleichheit aller zu organisieren.

Daniel Bell hat diesen besonderen Aspekt der Dynamik von Bürgerrechten in einem Kapitel über ‚Meritokratie und Gleichheit' seines Buches ‚Die nachindustrielle Gesellschaft' (Bell 1985) analysiert. Der soziale Wandel, auf den er sich bezieht, ist indirekt einer dieser Sprünge von Quantität zu Qualität, bei dem ein wenig mehr Staatsbürgerschaft die gesamte Erscheinung der Gesellschaft verändert. Im Bereich der Bildung heißt das eine Verschiebung von Chancengleichheit zu einer Gleichheit der Resultate von Bildungsbemühungen. „Eine solche politische Forderung jedoch ist," so schlussfolgert Bell (ebd.: 312), „will man auf Gewaltanwendung verzichten, letztlich ohne Verankerung in einem tragfähigen ethischen System nicht realisierbar, und so müht man sich derzeit, von der Idee der Ergebnisgleichheit ausgehend ein philosophisches Fundament für die kommunale Gesellschaft zu entwickeln: die Konzeption der Gerechtigkeit als Fairness."

Doch dieser Prozess ist nicht auf die Bildung beschränkt. Es gibt ein weiteres analytisch und faktisch besonders aufschlussreiches Beispiel. Soziologen haben in verständlicher Naivität zwischen zugeschriebenem und erworbenem sozialen Status unterschieden. Der erworbene Status bezieht sich auf die Positionen, die Menschen aus eigener Anstrengung erreichen können, so etwa die Einkommenshöhe, die Mitgliedschaft in Clubs oder ein Beruf mit höherem oder geringerem Prestige. Sie sind bestimmten Entwicklungen unterworfen und Objekte politischen Handelns. Es gibt andere soziale Stellungen, die (so wurde angenommen) unabhängig vom willentlichen menschlichen Streben existieren, da sie auf natürlichen Unterschieden beruhen. Sie lassen sich auf die eine oder andere Weise definieren, höher oder niedriger schätzen, doch in ihrer Differenz sind sie unentrinnbar, ihr Status ist askriptiv – Alter und Geschlecht sind die besten Beispiele. Es ist eine bemerkenswerte Tatsache, dass die Ausweitung der Staatsbürgerschaft in den letzten Jahren auch die scheinbar unüberwindlichen Mauern des askriptiven Status erreicht hat. Männer und Frauen sind nicht mehr bloß gleichermaßen wahlberechtigt, bekommen gleichen Lohn für gleiche Arbeit, sondern sollen in jeder Hinsicht als Gleiche behandelt werden; die Gesellschaft soll so organisiert sein, dass die Unterschiede vernachlässigt werden können. Eine analoge Entwicklung lässt sich auch im Hinblick auf Alter verzeichnen, eines der ältesten Kriterien der Machtverteilung.

Staatsbürgerschaft ist ein Bündel gleicher Rechte, und Rechte sind in einer Hinsicht Chancen, die Möglichkeit, Entscheidungen zu treffen und auszuwählen. Dass solche Rechte nicht gewährleistet sind, indem man sie schriftlich in der Verfassung oder Gesetzen fixiert, ist mittlerweile eine Banalität. Doch der Prozess, in dem die Bedingungen geschaffen werden, unter denen Bürgerrechte realisiert werden können, geht über die rechtlichen, politischen und sozioökonomischen Bereiche weit hinaus. Als soziale Gruppen und deren Repräsentanten erkannt hatten, dass sich Chancengleichheit prinzipiell nicht vollständig verwirklichen lässt und radikalere Forderungen sich politisch auszahlten, richtete sich ihre Aufmerksamkeit auf Ungleichheiten, die den Kern jedweder Sozialstruktur bilden. Die Unterscheidung zwischen gleichen Rechten und gleichem Status, zwischen der Nivellierung von Wahlmöglichkeiten und jener der Alternativen selbst, wurde so verwischt und verschwand schließlich ganz. Natürlich ließe sich nun behaupten, dass die Unterscheidung immer Teil eines Verteidigungsmechanismus war, den die Privilegierten gegen die Entprivilegierten einsetzten. Indem diese Unterscheidung zunächst unmerklich, dann immer stärker verschwindet, schafft die stetige Ausweitung gleicher Staatsbürgerrechte einen Zustand, in dem diese Rechte einen Großteil ihrer Bedeutung verlieren: Sie offerieren Wahlmöglichkeiten, die nicht mehr bestehen, sie versprechen verschiedene Chancen, die gar nicht mehr existieren. Wenn es stimmt, dass Staatsbürgerschaft voraussetzt, dass sich die mit ihr verbundenen Chancen auf eine differenzierte Struktur beziehen, erscheint es jetzt so, dass die Dynamik der Staatsbürgerschaft einen Prozess der Entstrukturierung von Gesellschaft in Gang setzt, an dessen Ende den Bürgern die Früchte ihrer Bemühungen verwehrt bleiben.

Es gibt Aspekte dieser Entwicklung, die ernster sind, als es im Rahmen dieser kursorischen Analyse demonstriert werden kann.[2] Ein Rückgriff auf Rousseau führt unvermeidlich zu Hobbes, und die *aurea aetas* eines gemeinschaftli-

---

2   Einer der wichtigen theoretischen Punkte, der auch von Plato und Aristoteles gleichermaßen behandelt wurde, ist die Unvorstellbarkeit einer politischen Gemeinschaft von total Gleichen.

chen Glücks hat die beängstigende Tendenz, sich als *bellum omnium contra omnes* zu erweisen, der Recht und Ordnung erfordert, um die von keiner Struktur erfassten Überbleibsel des Versuchs einer Gleichheit zu bändigen. Es könnte sich als nützlich herausstellen, die verständlichen Bedenken hinsichtlich einer Legitimation der Ungleichheit in diese Richtung zu lenken. Da „die Lebensqualität in einer Gesellschaft weitgehend von der Qualität ihrer Führung abhängt", behauptet Daniel Bell (1985: 341) unglücklicherweise und zugegebenermaßen überraschend naiv, dass „es soziologisch wie moralisch absurd [wäre], nicht die besten Leute an die Spitze der führenden Institutionen zu stellen." Das passiert natürlich nicht, hingegen definieren Gesellschaften auf neue Weise, was ‚gut' und ‚am besten' ist. „[Unter] Herrschaft", so Bell, „[hat man] die auf Können, Wissen, Begabung, Kunstfertigkeit oder ähnlichem beruhende Kompetenz zu verstehen, womit zwangsläufig die Unterscheidung zwischen Überlegenen und solchen, die es nicht sind, hereinkommt" (ebd.: 339).

Diesem Argument kann ich so weit folgen, doch um welche relevanten Fähigkeiten und Talente handelt es sich? Schimmert da nicht die implizite Annahme durch, dass die Menschen nicht nur von Natur aus unterschiedlich sind, sondern diese Unterschiede eine natürliche Hierarchie begründen? Alter und Geschlecht, ritterliche Tugenden und kaufmännisches Talent, gemessene Intelligenz und Überzeugungsfähigkeit und viele andere Eigenschaften sind mögliche Kriterien der Distinktion, und damit von Herrschaft. Die Dynamik von Gleichheit dreht sich nicht darum, dass natürliche Unterschiede vor Nivellierung durch einen Egalitarismus bewahrt werden müssen, vielmehr ist der von Tocqueville, John Stuart Mill und Max Weber bereits gesehene Punkt folgender: Der Bürger läuft Gefahr, genau diesen Kosmos von differenzierten Wahlmöglichkeiten zu zerstören, den er eigentlich für alle zu öffnen anstrebte. Das Resultat, bar jeder Hierarchie und Differenzierung, könnte eine offene Einladung für jene rohen und destruktiven Kräfte darstellen, deren endgültige Beseitigung eigentlich die Aufgabe des mündigen Bürgers sein sollte.

Auf dem Weg zu einer partizipatorischen Demokratie

Der zweite Punkt hinsichtlich der Dynamik der Staatsbürgerschaft gleicht in einer Hinsicht dem ersten. Die Verfechter der Staatsbürgerschaft sind immer davon ausgegangen, dass der neue Status gleiche Chancen garantiert, in einem Universum ungleicher Wahlmöglichkeiten eine Entscheidung zu treffen. Sie unterschätzten die Radikalität des Staatsbürgers, als sie ein strukturiertes Reich sozialer Wahlmöglichkeiten voraussetzten. Es wurde deutlich, dass der Staatsbürger zur Zerstörung dieses Universums neigt und dabei riskiert, sein eigenes Handlungsterrain zu beschneiden. Im Hinblick auf politische Partizipation ist die entsprechende Annahme noch expliziter. Nicht einer der großen Theoretiker von Herrschaftssystemen, in denen Staatsbürgerschaft eine zentrale Rolle spielt, redet einem System der ‚reinen Demokratie' das Wort. Gleich ‚reiner Monarchie' und ‚reiner Aristokratie' verurteilt John Stuart Mill (1910: 316) ausdrücklich solche ‚unbalanced governments', womit er die Auffassung der Autoren des ‚Federalist', Edmund Burkes, ganz sicher John Lockes und vieler anderer bis hin zu Plato teilt, der für Verfassungen plädiert, die verschiedene Partizipationsformen kennen. Stattdessen haben moderne politische Theoretiker eine repräsentative Regierung als adäquaten Rahmen für die politische Willensäußerung und Partizipation des Bürgers am öffentlichen Leben der Republik betrachtet. Doch repräsentative Herrschaft bedeutet natürlich, dass einige Bürger gleicher sind als andere, oder auch, dass allgemeine Bürgerrechte auf Partizipation beschränkt sind: während alle passives und aktives Wahlrecht haben, frei sind, einer politischen Partei beizutreten und an der politischen Debatte teilzunehmen, sind nur wenige in der Position, das Recht auszuüben, Gesetze zu erlassen und so über die Bedingungen zu entscheiden, die den Status der Menschen bestimmen, einschließlich des Status, der über Staatsbürgerschaft hergestellt wird. Es gibt demzufolge gemeine Staatsbürger und solche, die diese repräsentieren. Um es noch einmal in andere Worte zu fassen: Die Idee eines egalitären Staatsbürgerstatus war verbunden mit der mehr oder weniger expliziten Annahme eines ungleich strukturierten Universums von Partizipation, und – so scheint es heute – die Verfechter von Staatsbürgerschaft unterschätzten die Dynamik dieser Idee.

So wenig wie soziale Schichtung ist repräsentative Herrschaft der Idee der Staatsbürgerschaft eingeschrieben. Tatsächlich, so ließe sich behaupten, war historisch der Staatsbürgerschaft die Bedeutung von kontinuierlicher und unmittelbarer politischer Partizipation keineswegs fremd. Staatsbürgerschaft und Demokratie in der heutigen Schweiz sind mehr als die Reste einer partizipatorischen Demokratie, doch es lohnt sich, an das eidgenössische Modell zu erinnern: der Bürger wird als zugehörig zu einer eng umrissenen, im allgemeinen lokalen, wenigstens regionalen Gemeinschaft definiert, er wird von Zeit zu Zeit aufgefordert, in einer idealerweise offenen Debatte zusammen mit seinen Mitbürgern in der *Landsgemeinde* oder auf dem Marktplatz über substanzielle Fragen zu entscheiden. Die vorhandene Regierung, gleich welcher Art, dient der Durchsetzung des Volkswillens, hat aber keine Führungsfunktion. Diese Form von Regierung beruft sich auf eine andere Idee, nämlich die des gewählten Vertreters. Sei es aus Gründen der Größe einer Gemeinschaft, oder weil für die Vollendung einer bestimmten Aufgabe eine gewisse Zeit vonnöten ist – es ist unmöglich, dass alle Bürger durchgängig partizipieren. Sie bestimmen daher aus ihrer Menge Personen, die, sobald sie gewählt sind, den Willen der Gemeinschaft als Delegierte mit einem festen Mandat verteidigen und durchsetzen, und nicht als freie Repräsentanten, die, sobald sie einmal gewählt sind, die Freiheit haben, eigene Entscheidungen zu treffen. John Stuart Mill lehnt diese Idee ganz klar ab, doch er ist ehrlich genug, zuzugestehen: „Für wie falsch oder dumm man es von den Wählern auch halten mag, ihre Vertreter zu Delegierten zu machen, und diese Ausweitung des Wahlprivilegs ist eine völlig natürliche und keineswegs unwahrscheinliche, man sollte die gleichen Vorsichtsmaßnahmen treffen, als ob sie gewiss sei." (ebd.: 316). Wie wir sehen werden, ist eine Prophylaxe angesichts der Gefräßigkeit des Staatsbürgers schwer zu organisieren.

Um die Dynamik des Staatsbürgers als Teilnehmer an politischen Entscheidungen zu verstehen, ist es nützlich, an einige der klassischen Argumente zu erinnern, die für eine repräsentative Herrschaftsform plädieren. Unabhängig von der Gemeinschaftsgröße und den damit zusammenhängenden technischen Problemen der direkten Demokratie oder auch der Delegiertenregierung (ganz im Unterschied zu den gelegentlichen Aufgaben wie denen des ‚Electoral College' in den USA) tauchen zwei Argumente auf: das eine hinsichtlich der Qualität und das andere hinsichtlich Klasse. Madison gibt bereitwillig zu, dass eine repräsentative Herrschaft eine Abweichung vom egalitären Ideal ist, wie es die Wortwahl seines Arguments gegen Demokratie und für die Republik enthüllt: „Der Effekt des ersten Unterschieds kann einerseits sein, dass die öffentliche Meinung differenzierter und umfassender wird, weil sie das Medium einer ausgewählten Körperschaft von Bürgern passiert, deren Klugheit die wahren Interessen des Landes am besten erkennen lässt und deren Patriotismus und Gerechtigkeitsliebe sie am wenigsten Gefahr laufen lässt, dieses Interesse kurzfristigen oder parteiischen Rücksichten zu opfern" (Hamilton 1993: 98).

Es ist schon mehrfach angedeutet worden, doch es läuft generell auf die Vorstellung hinaus, dass repräsentative Herrschaft notwendig ist, um die Besten zu wählen und ihnen für einen bestimmten Zeitraum die Angelegenheiten der Gemeinschaft anzuvertrauen. Madison war sich der Schwierigkeiten dieser Vorstellungen bewusst, mehr noch als Mill, der einen ganzen Katalog von Problemen zusammenstellte (Wie kann sichergestellt werden, dass die Besten auch wirklich gewählt werden? Wie können jene, die nicht über bestimmte Qualitäten verfügen, über jene der anderen entscheiden? etc.), doch in den klassischen Theorien repräsentativer Herrschaft bleibt das Ausmaß allgemeiner Staatsbürgerschaft eingeschränkt, die Partizipation aller wird als grundsätzlich sporadisch und in gewissem Sinne reaktiv betrachtet.

Das andere Argument für eine repräsentative Herrschaft verteidigt Interessen, um nicht zu sagen Klassenprivilegien, noch schamloser. Alexander Hamilton beschreibt es in geradezu unterhaltsamer Weise, wenn er behauptet, dass es physisch nicht möglich ist, alle Klassen in den entscheidungstreffenden Gremien entsprechend repräsentativ zu versammeln. Nach Hamilton ist es auch nicht notwendig, da einige Klassen von anderen vortrefflich repräsentiert werden – z.B. „Handwerker und Fabrikanten" werden am besten von „Kaufleuten" vertreten, weil „Handwerk und Fabrikation das Material für kaufmännischen Unternehmungsgeist und Fleiß liefern" (Hamilton 1993: 220).

Diese praktische Arbeitsteilung sollte ohne Zweifel verhindern, dass soziale Gruppen und Klassen entsprechend ihrer Größe partizipieren, und stattdessen ein intermediäres Element der Repräsentation einführen. Um Mill (1910) nochmals zu zitieren: „In dieser fälschlich so bezeichneten Demokratie, die in Wirklichkeit die exklusive Herrschaft der *operativen* Klassen ist, bleiben die anderen unrepräsentiert und ungehört, das einzige Entkommen aus dieser Klassengesetzgebung in ihrer beengendsten, aus politischer Ignoranz in ihrer gefährlichsten Form, bestünde in solchen Arrangements, nach denen die Ungebildeten unter den Gebildeten ihre Vertreter wählen und sich deren Ansichten beugen müssten." (ebd.: 324)

Ich glaube, es gibt eine bessere Begründung für repräsentative Herrschaft als jene, die einige ihrer Verteidiger vorgebracht haben, und ich werde sofort darauf zurückkommen; doch die zitierten Argumente demonstrieren fast ohne weiterführende Analyse, warum es so ist, dass sich der Bürger, kaum dass er das Licht der Welt erblickt hatte, mit dem Platz, der ihm als Teilnehmer am politischen Prozess zugewiesen war, nicht bescheiden wollte. Ein ursprünglich begrenztes Bündel partizipatorischer Rechte war ein Druckmittel, um mehr zu fordern. Bis zu einem gewissen Punkt war dies eine Forderung in einem nicht infrage zu stellenden Grundgefüge repräsentativer Herrschaft: die Abschaffung von ungleichen Wahlrechten, die Ausweitung des Wahlrechts und sogar der Wählerschaft, die Schaffung von Bedingungen für die Organisation politischer Parteien, etc. Doch die Entwicklungen machten hier nicht halt, sie führten letztlich zu einer Wiederbelebung der Forderung nach partizipatorischer Demokratie, die auch weite Verzweigungen konstitutionellen und politischen Charakters aufweist. Möglicherweise ist dieser Trend noch nicht so konzentriert und massiv, wie jener, der von der Gleichheit der Chancen zu einer Gleichheit der Resultate führt, aber es gibt Hinweise auf dem Weg von egalitären Partizipationsrechten zu egalitärer Partizipation, die nicht länger zu übersehen sind.

Einige Beispiele seien angeführt, ohne sie im Detail zu überprüfen. Die Forderung nach konstitutionellen Elementen direkter Demokratie wird lauter. In einigen Ländern, darunter Frankreich, wurde diese Forderung institutionalisiert, in anderen Ländern wie Großbritannien und Deutschland wird sie in bestimmten Zusammenhängen debattiert. Bedeutender als organisierte Referenda oder die Direktwahl zur Besetzung bedeutender Ämter ist die rasante Zunahme von Bürgerinitiativen – mehr oder weniger ad hoc entstandene Organisationen, die sich gegen den Bau von Atomkraftwerken, gegen die Todesstrafe (oder das Gegenteil) einsetzen, sich für die Schaffung von Betreuungseinrichtungen für Kinder engagieren etc. Während solche Aktivitäten sporadischen und kurzlebigen Charakter haben, markiert ihre Zunahme die beginnende und in zunehmendem Maße energische Forderung nach direkter Partizipation. Das ‚Community Politics Movement', angeführt von den britischen Liberalen, traf auf weite Zustimmung.

Es gehört zur gleichen Entwicklung, dass in vielen Ländern der Volksvertreter mehr und mehr Eigenschaften eines Delegierten annimmt. Dies geschieht ganz praktisch: Kandidaten für ein Amt werden verschiedentlich geprüft; Zwischenwahlen, Wahlkreis- und Parteitreffen nehmen zu, die Artikulation der Wählerinteressen wird zum Maßstab der ‚Loyalität' der Volksvertreter; die Zahl der Fälle, in denen Vertreter nicht wieder gewählt werden, steigt wahrscheinlich an. Mancherorts geht der Trend noch weiter; in einigen deutschen Städten wurde das *imperative Mandat* eine, wenn auch keine verfassungsmäßige, Tatsache für sozialdemokratische Amtsinhaber.

So wie jene, die ein Amt bekleiden, zu Delegierten werden, ist es fast natürlich, dass die Forderung nach gleicher Repräsentation (um das Wort in einem weniger technischen Sinn zu gebrauchen) lauter wird. Kaufleute können freilich nicht mehr Fabrikarbeiter vertreten; beide Gruppen haben Anspruch auf eine Repräsentation, die ihrem jeweiligen Anteil in der Bevölkerung entspricht, wie auch Frauen, Regionen, Religionen, Ethnien und alle anderen relevanten Kategorien. Um die Partizipation aller bei allem zu garantieren, ist die Abgeordnetenregierung an organisierte sogenannte ‚Paritäten' in Macht ausübenden Institutionen gekoppelt: *Drittelparität* in Universitätsgremien (gleichberechtigte Vertretung von Professoren, Mitarbeitern und Studenten), *paritätische Mitbestimmung* in Unternehmensvorständen der Industrie (gleichberechtigte Vertretung von Arbeitnehmern und Arbeitgebern).

Falls die Schilderung dieser Entwicklung eine gewisse Ironie nicht verhehlen kann, möchte ich einem Missverständnis vorbeugen. Partizipation ist auch ein Bürgerrecht, und das ursprüngliche Verständnis von Staatsbürgerschaft schränkte dessen Ausübung unberechtigterweise ein. In der Tat hat jede der angeführten Handlungsweisen, von Lokalpolitik über Mitbestimmung, von Bürgerinitiativen bis hin zur Forderung nach der Einhaltung von Wahlversprechen der Volksvertreter ihre Berechtigung und Logik. Und trotzdem stellt die Dynamik der Partizipation wiederum ein Beispiel dafür dar, wie die Idee von Staatsbürgerschaft eine Entwicklung ausgelöst hat, die am Ende ihr eigenes Anliegen zu unterhöhlen vermag. So, wie Gleichheit eine Verschiedenartigkeit vereitelt, wenn sie neben den Chancen auch auf die Resultate übergeht, kann Partizipation zu einem *verzuiling* (um diese blumige niederländische Vokabel zu nutzen) führen, einer ‚Versäulung' und Zementierung von Herrschaftsstrukturen, die eine Teilnahme am politischen Entscheidungsprozess fast bedeutungslos werden lässt.

Nehmen wir den Fall einer Abordnung oder (wie Mill es nennt) Verpflichtung, das dem gewählten Amtsinhaber zugewiesene imperative Mandat. Prinzipiell ist es sicher richtig, dass die Inhaber von Wahlämtern ein Gespür für die – engagiert zu vertretenden – Ansichten und Interessen ihrer Wähler haben sollten. Dieses Prinzip ist in der Vergangenheit nicht selten schwer missachtet worden. Doch wird das Gegenteil ins Extrem gesteigert, so führt dies in Theorie und Praxis zu nicht minder Furcht erregenden Resultaten. Theoretisch hieße das, dass der gewählte Amtsinhaber nicht in der Lage ist, auch nur das Geringste ohne die ausdrückliche Zustimmung seiner Wähler zu unternehmen. Eine solche Zustimmung ist schwer zu bekommen; sie braucht Zeit, doch vor allem nahezu unendliche Diskussionen. Der Abgeordnete kann nicht mehr schnell auf neue Situationen und Probleme reagieren. Er ist zudem führungsunfähig, d.h. er kann keine Neuerung einführen, bevor sie nicht von allen akzeptiert wird, er hat weder die Mittel noch die reale Möglichkeit, seiner Wählerschaft voraus zu sein. Das allein ist schlimm genug, denn es bedeutet Passivität statt Handeln, Stillstand statt Fortschritt. Praktisch ist die Situation noch unerfreulicher – und solchermaßen nicht uncharakteristisch. Man benötigt in der Tat keine großen analytischen Anstrengungen, um zu zeigen, dass der zum Abgeordneten gewordene Volksvertreter zum Sprecher einer eher kleinen Gruppe von Bürgern wird: nicht der ganzen Wählerschaft, sondern einer Parteiorganisation, und da wiederum nicht der Gesamtheit der Partei, sondern nur der Aktivisten, die in der Lage sind, regelmäßig zu langen Debatten zusammenzukommen, die nicht notwendigerweise zu einem Ergebnis führen müssen.

Dieser Punkt enthält eine Verallgemeinerung. Ich behaupte, dass die permanente Partizipation von allen an allem in Wirklichkeit totale Bewegungslosigkeit bedeutet. Anstelle einer Dialektik von Führung und Kontrolle, die garantiert, dass kontrollierte Weiterentwicklung stattfindet, würde dies eine Mischung von unablässiger theoretischer Debatte und permanenter praktischer Handlungslosigkeit bedeuten. Zugegebenermaßen haben europäische Universitäten zum Teil dieses Stadium von *rigor mortis* erreicht, doch es gibt weniger extreme, aber dennoch viel sagende Beispiele. Ist es ein Zufall, dass in der Schweiz mit ihrer für jegliche Entscheidung erforderlichen Volksmehrheit das Frauenwahlrecht später als in allen anderen Ländern eingeführt und erst vor kurzem in einem Plebiszit die Herabsetzung des Wahlalters auf 18 Jahre abgelehnt wurde? Im Gegensatz zu verbreiteten Annahmen sind Innovation und Partizipation keine natürlichen Verbündeten, und eine optimale Balance zwischen beiden erfordert Restriktionen der allgemeinen Partizipation – Mehrheitsbeschlüsse z.B. oder repräsentative Herrschaft. Mein eigenes Argument zugunsten eines konstitutionellen Arrangements mit stark repräsentativen Elementen würde in jedem Fall nicht von der Klassenzugehörigkeit oder der Qualität der Abgeordneten ausgehen, sondern von der Notwendigkeit einer innovativen Regierung.

Damit wäre die Begrenzung von Partizipation aus einer theoretischen Perspektive beleuchtet. Auch hier ist der Staatsbürger dabei, sich selbst zu überholen und Bedingungen zu schaffen, die das zu etablierende Prinzip wirkungslos machen. Wenn die politische Gesellschaft so organisiert ist, dass alle Gruppen überall vertreten und die Vertreter eigentlich Delegierte sind, wird es unmöglich, Entscheidungen zu treffen, und Partizipation verliert jegliche Bedeutung. Was bleibt, ist das Recht, endlosen Debatten beizuwohnen, jedoch nicht mehr die Möglichkeit, etwas zu tun, Veränderungen, ganz gleich, wie bescheiden diese oder der jeweilige Beitrag des Einzelnen dazu auch sein mögen, auf den Weg zu bringen. Doch das praktische Problem ist noch komplizierter. Ich habe vorhin den Begriff *rigor mortis* nicht leichtfertig benutzt. Selbst eine Verlangsamung des Veränderungsprozesses kann in modernen Gesellschaften tödlich sein. Es ist nahezu die Definition einer revolutionären Situation, in jedem Fall aber einer Situation, die nach einem dramatischen Wandel ruft. Ich fühlte mich dann und wann versucht, Marx' Verständnis der kommunistischen Gesellschaft oder Rousseaus romantische Vorstellung der freien Übereinkunft freier Menschen als unfreiwillige Beschreibungen solcher Staaten zu analysieren, in denen Probleme nur durch extreme Unterdrückung, durch Tyrannei, lösbar sind. Nichts verlangt so sehr nach *Herrschaft* wie der Versuch, ein utopisches Ideal von *Genossenschaft* in die Realität umzusetzen, und nichts setzt die Entmündigung der Bürger so notwendig voraus wie die Praxis totaler Partizipation. Das ist der Punkt, an dem die Entstrukturierung der Gesellschaft und die *verzuiling* des politischen Prozesses durch totale Partizipation ineinander greifen.

Sektorale Staatsbürgerschaft

Kant ging davon aus, dass ein dauerhafter Frieden die Ausweitung von Staatsbürgerschaft sowohl geographisch als auch substantiell voraussetzt. Der Nationalstaat stellte bereits eine Erweiterung des rechtlichen und politischen Raumes dar, in dem Bürger ihre Rechte wahrnehmen, und als Weltbürger werden alle Menschen eines Tages Mitglieder ein und derselben rechtlichen und politischen Gemeinschaft sein. Ich nehme an, dass eine solche Idee in mancher Hinsicht Teil kaum hinterfragter Annahmen über den Fortschritt ist, wie sie viele von uns vertreten. Wir mögen über den Mann lachen, der sich selbst einen Pass gebastelt hat, der ihn als Weltbürger Nr. 1 ausweist, doch ich schätze, der Inhaber eines Passes der Republik Bayern würde den gleichen Ärger bekommen wie der Weltbürger Nr. 1, wohingegen ich beispielsweise einen Pass der Europäischen Gemeinschaft besitze, den Einreisebehörden von neun Ländern anerkennen. Dennoch sind diese Annahmen auf merkwürdige Art eindimensional. Sicher hat diese besondere Dynamik von Staatsbürgerschaft nicht so viel Aufmerksamkeit gefunden wie jene, die eher in die Gegenrichtung zielt, und deren Konsequenz darin bestünde, dass die Bürger von Wales, Flandern oder Bayern einen Pass bekommen. Ich frage mich, ob damit die Virulenz der Staatsbürgerschaftsidee nicht am eindringlichsten illustriert wird.

Staatsbürgerschaft ist zumindest in ihrer modernen Lesart nicht nur mit der Entwicklung von größeren politischen Entitäten, den Nationen, verbunden, durch sie wurden ferner spezifische Zugehörigkeiten, die Menschen an bestimmte Gruppen wie Zünfte, Körperschaften oder Universitäten banden, durch generalisierte ersetzt. Das Recht als Gesamtheit von Regeln, die auf alle angewandt werden können, entwickelte sich mit der Staatsbürgerschaft. Diese umfasst die Herausbildung einer Öffentlichkeit, die ihren politischen Ausdruck (unter den Bedingungen repräsentativer Regierung) in Gestalt des Parlamentes findet, dessen Autorität sich im Prinzip auf die gesamte Gesellschaft erstreckt. Doch auch wenn Körperschaften und Organisationen während dieses Entwicklungsprozesses ihren besonderen Status einbüßten oder an Bedeutung verlören, verschwänden sie als solche doch nicht ganz – Wirtschaftsunternehmen, Kirchen, Universitäten und Armeen, verschiedene Organisationen und Vereinigungen, die Familie. Staatsbürgerschaft legte die Rolle des Mitglieds einer Gemeinschaft entsprechend der allgemein gültigen Gesetze fest und betraf daher ebenso sämtliche Institutionen und Organisationen, allerdings nicht deren jeweilige interne Strukturen. Darüber hinaus betonte Staatsbürgerschaft das Allgemeine – die Rechtsgemeinschaft, die Wähler, den Marktplatz namens Öffentlichkeit – auf Kosten des Partikularen; doch hier wie anderswo war die Dynamik von Staatsbürgerschaft größer als die Einschränkungen ihrer Ursprünge.

Was T.H. Marshall für den Zusammenhang von Staatsbürgerschaft und Sozialstruktur gezeigt hat, leistete Jürgen Habermas, wenngleich mit pessimistischeren Vorzeichen, für die Analyse des strukturellen Wandels der Öffentlichkeit. Die allgemeine Öffentlichkeit ist seiner Ansicht nach charakteristisch für eine frühe und irreführende liberale Unterscheidung zwischen Staat und Gesellschaft. Generalisierte Regeln spiegeln eine *bürgerliche* Öffentlichkeit wider, in der „die intakte Autonomie der Gesellschaft als privater Sphäre es erlaubt, spezielle Interessenlagen aus der Gesetzgebungsmaterie auszusparen und die Normierung auf die generellen Bedingungen des Interessenausgleichs zu beschränken." (Habermas 1962: 196). Sobald der Staat jedoch in die soziale Ordnung eingreift – Marshalls soziale Staatsbürgerrechte – „lässt sich die Generalität der Norm als Prinzip nicht mehr durchweg halten" (ebd.). Das heißt unter anderem, dass „ein relativ homogenes Publikum räsonierender Privatleute" (ebd.) organisierten sektoralen Interessen den Weg bahnt, dass eine Öffentlichkeit verschiedene Öffentlichkeiten ermöglicht, und dass Staatsbürgerschaft sich nicht länger als allgemeiner Status denken lässt, der es Menschen ermöglicht, am sozialen und politischen Prozess teilzuhaben. In der modernen Massendemokratie, die auf einer gesellschaftlich verpflichteten Regierung beruht, „kann sich der Kommunikationszusammenhang eines Publikums nur in der Weise herstellen, dass der förmlich kurzgeschlossene Kreislauf der ‚quasi-öffentlichen' Meinung mit dem informellen Bereich der bisher nicht-öffentlichen Meinungen durch eine in organisationsinternen Öffentlichkeiten entfachte kritische Publizität vermittelt wird" (ebd.: 269).

In aller Abstraktion ist dies nichts anderes als die Theorie dessen, was mittlerweile als Demokratisierung der Gesellschaft bezeichnet wird. Der ursprüngliche Staatsbürger kannte eine allgemeine Öffentlichkeit als seinen Marktplatz.

Doch die Entwicklung der Staatsbürgerschaft selbst führte zusehends zur Forderung, Staatsbürgerrechte auf andere Bereiche und Sektoren der Gesellschaft auszudehnen. Wenn man davon ausgeht, dass Sozialstruktur zwischen Individuum und Staat vermittelt, so ist es erforderlich, die verschiedenen gesellschaftlichen Segmente in eine Organisationsform zu bringen, die der allgemeinen Öffentlichkeit analog, wenn nicht gar identisch mit ihr ist. Der Staatsbürger in der Ökonomie, in Uniform, eine Kirche der Staatsbürger – eigentlich Widersprüche, doch gleichzeitig ganz offenkundig unvermeidliche Konsequenzen der Idee der Staatsbürgerschaft.

Es ist wiederum weder überraschend noch als solches bedauerlich, dass die Idee von Staatsbürgerschaft vom Ganzen auf die einzelnen Bestandteile übergreift. Es ließe sich sicher behaupten, dass die Regeln des Ganzen sich nicht ohne weiteres auf alle seine Teile übertragen lassen. Der Staatsbürger in Uniform wird unter allen Umständen die Verhältnisse von Über- und Unterordnung zu tolerieren haben, die der Staatsbürger allgemein nicht akzeptieren würde; und was immer ökonomische oder industrielle Demokratie heißt, sie wird schwerlich als System von Regierung und Opposition funktionieren, in dem regelmäßige Wahlen zu einer Umkehrung der Machtverhältnisse führen können. Doch das zeigt lediglich, dass die grundlegenden Rechte auf Partizipation, die im Status des Staatsbürgers verankert sind, in den einzelnen Bereichen der Gesellschaft unterschiedliche praktische, fast technische Konsequenzen zeitigen. Als Prinzip scheint die ‚Demokratisierung' der Gesellschaft so berechtigt und begründet zu sein wie Chancengleichheit und vollständige politische Partizipation. Doch wie diese beiden Aspekte von Staatsbürgerschaft ist auch Demokratisierung ein Prozess, der durchaus zu einem Punkt führen kann, an dem die konsequente Verfechtung der Staatsbürgerrechte zu neuen und komplizierten Problemen führt.

Industrielle Demokratie ist diesbezüglich ein wichtiger Fall. Nehmen wir an, ein Unternehmer und der Vorstand, dem er verpflichtet ist, entdecken, dass das Unternehmen vor dem Konkurs steht. Der Absatz ist permanent zurückgegangen, die Kosten sind gestiegen, weitere Rationalisierung ist nicht möglich, die langfristigen Prognosen sehen düster aus (so nehmen wir an, obwohl natürlich die Entscheidung auch anders ausfallen kann), den Arbeitern wird mitgeteilt, dass die Firma zu einem bestimmten Zeitpunkt schließen wird. Diese akzeptieren die Entscheidung allerdings nicht. Stattdessen bemächtigen sie sich des Betriebes, nehmen die Produktion in die eigenen Hände, beginnen ein neues Marketingsystem zu entwickeln und verteilen den Gewinn unter sich. Praktizieren sie auf diese Weise nicht Bürgerrechte in der Industrie? Sicher, das Beispiel der Lip Uhrenfabrik ist auf seine Weise extrem, doch viele andere Entwicklungen weisen in dieselbe Richtung. Dies gilt vor allem für die organisierte Mitbestimmung, die zu Recht als syndikalistische Vorstellung charakterisiert worden ist, und dies weniger aufgrund der Rolle, die damit den Gewerkschaften zugeschrieben wird, sondern vielmehr aufgrund einer Rückentwicklung von einer Volkswirtschaft, deren größerer Markt in einer politischen Gesellschaft eingebettet ist, zu einer Reihe von Unternehmen, Konsumenten und Regierungsinstanzen, die relativ getrennt voneinander existieren.

Natürlich existierte Lip in einer Welt, in der die Erwartungen der Arbeiter kaum zu erfüllen waren, doch die von ihnen geschaffenen Formen der Produktion und Vermarktung ermöglichten für eine bestimmte Zeit den Verkauf ihrer Produkte. Dennoch verdeutlicht dieser Fall viele Probleme, die mit sektoraler Staatsbürgerschaft einhergehen: Hätte die Polizei allgemeingültiges Recht wieder herstellen sollen? Im aktuellen Beispiel beanstandeten viele Stimmen, dass der verantwortliche Minister dies nicht unmittelbar veranlasste, doch es ist offensichtlich, dass industrielle Demokratie auf der Unternehmensebene allgemein gültige Rechtsregeln schwächt, in manchen Fällen auch außer Kraft setzt, und stattdessen eigene, sektorale Gesetze hervorbringt. Damit einhergehend verschwindet auch ein anderer Aspekt von Öffentlichkeit – der Markt, da er notwendig allgemein, transparent und einheitlich ist. Sektorale Staatsbürger würden ihn durch den über Verhandlungen stattfindenden Austausch von Waren, also Tauschhandel, ersetzen. Das funktioniert nicht sehr gut und wirft komplexe Fragen auf, wenn eine Volkswirtschaft auf einem umfassenden, internationalen Markt wachsen oder überleben will. (Jugoslawiens ‚politische Fabriken‘ könnten für eine Art Demokratie ein Modell abgeben, doch sie sind wirtschaftliche Ruinen). Der sektorale Staatsbürger sieht sich am Ende nicht in der Lage, seine Rechte wirkungsvoll auszuüben, da er über kurz oder lang entdecken muss, dass sein eigener Sektor für sich nicht überlebensfähig ist. Die Durchsetzung sektoraler Staatsbürgerschaft bis zum Äußersten kappt die Verbindungen nach außen, die für die Aufrechterhaltung der Funktionen des jeweiligen Sektors notwendig sind.

Die Knappheit der Analyse führt dort einmal mehr zu fast übertriebenen Behauptungen, wo sich doch eigentlich bloß Trends abzeichnen. Dennoch, die Forderung nach *Freiräumen*, Sphären, die nicht der Intervention der allgemeinen Öffentlichkeit unterliegen, wird lauter, wobei damit weniger private Räume als vielmehr gesellschaftliche Institutionen gemeint sind. Das führt letztendlich zu einer zunehmenden Fragmentierung der politischen (wie auch der ökonomischen und sozialen) Gemeinschaft. Gefordert werden besondere Rechte für Arbeiter, Studenten, Kirchenmitglieder, und abgelehnt wird das Recht der allgemeinen Öffentlichkeit, einschließlich des Parlaments und der Institutionen der Exekutive, in diesem Bereich Einfluss zu nehmen. Und so wie der Sieg des Staatsbürgers allgemein über das feudale Mitglied einer Körperschaft, Zunft, eines Haushalts oder Dorfes einen Zugewinn an individuellen Partizipationschancen und kollektiver Innovationsfähigkeit anzeige, so hat man es heute mit einer Refeudalisierung zu tun, die dadurch ausgelöst wird, dass der Staatsbürger allgemeine Prinzipien seiner Existenz auf spezifische Sektoren anwendet. Das beschwört die Gefahr von Stagnation und Immobilität herauf und bedeutet die Eroberung von Territorien, die sich als unfruchtbar erweisen. Die Gesellschaften als Ganze werden unregierbar, wenn sich ihre Teilbereiche mit Verweis auf Bürgerrechte ihrer Regierung entziehen, und damit im gleichen Zug ihre Überlebensfähigkeit zu riskieren beginnen: das Paradox des vollkommenen Staatsbürgers.

Die Aufgabe eines Neuen Liberalismus

Als Idealtyp ist der klassische Staatsbürger der fast natürliche Bewohner der sozialen Welt des klassischen Liberalismus: das gleiche Recht auf eine Wahl zwischen verschiedenen Alternativen, Partizipation in einem System repräsentativer Herrschaft, eine allgemeine Öffentlichkeit von Individuen, die über die Regeln des Marktes wachen, an dem alle partizipieren. Es steht außer Zweifel, dass dieser klassische Bürger – zumindest nach meinem Dafürhalten – in der Tat eine sehr unvollkommene Figur ist. Progressive Liberale haben das Prinzip der Staatsbürgerschaft immer als Herausforderung sozialen, ökonomischen und politischen Handelns verstanden. Und während historisch viele der Rechte, die heute mit Staatsbürgerschaft verbunden sind, von den Sozialisten erkämpft wurden, sind nicht wenige – vom allgemeinen Wahlrecht bis zum Recht auf Bildung – liberale Prinzipien. Und es ist kein Zufall, dass breite Partizipation, einschließlich Lokalpolitik – in die Strategien einiger liberaler Parteien aufgenommen wurde, wie es in Großbritannien der Fall ist, wohingegen das Freiburger Programm der deutschen Liberalen Systeme von industrieller Mitbestimmung und Anteile am Gewinn, die eher Individuen als Organisationen zugute kommen, zu ihren führenden Leitsätze erhoben.

Unausweichlich ist jedoch die Schlussfolgerung, dass die Dynamik von Staatsbürgerschaft sich anschickt, eine Grenze zu überschreiten, oder diese sogar schon überschritten hat, jenseits derer die eigentliche Absicht verfehlt wird, mit der sie in Gang gesetzt wurde – nämlich die Durchsetzung von Gesellschaften und politischen Systemen, die der größtmöglichen Zahl an Menschen die größtmöglichen Lebenschancen bieten können. Heute muss ein liberales Verteidigungsprogramm verständlicherweise so angelegt sein, dass die positiven Wirkungen von citizenship gegenüber ihren Gefahren, der Perversion durch Perfektion, beschützt werden. Es gibt – so ließe sich argumentieren – Grenzen, jenseits derer eine Durchsetzung der Chancengleichheit die differenzierte Auswahl von Alternativen beseitigen würde. So sollte man auf jeden Fall ein gemischtes System privater und öffentlicher Schulen erhalten, gleichzeitig jedoch den Versuch, Chancengleichheit durch politisches Handeln herzustellen, an eine Altersgrenze von z.B. elf oder vielleicht fünfzehn Jahren zu binden. Es gibt auch Grenzen, über die hinaus eine vollständige Partizipation aller nicht durchsetzbar ist, wenn das politische System nicht paralysiert werden soll und somit die Folgen dieser Partizipation selbstzerstörerisch würden. Es mag sicherlich erforderlich sein, die repräsentative Herrschaft in einigen ihrer praktischen Aspekte einer Neubetrachtung zu unterziehen, doch sie sollte in jedem Fall die Möglichkeiten der Führung erweitern und sie nicht beschränken. Es gibt schließlich Grenzen, über die hinaus sektorale Staatsbürgerschaft nicht durchgesetzt werden darf, um eine unregierbare Fragmentierung zu vermeiden, die Armut inmitten einer ungeschützten Anarchie verheißt. Das Beharren auf der Notwendigkeit allgemeiner Gesetze kann sehr wohl dazu führen, die inklusiven sozialen Einheiten zu stärken, nicht nur Nationalstaaten, sondern z.B. auch die Europäische Gemeinschaft.

Ich würde mich diesen Schlussfolgerungen anschließen, doch ich glaube nicht, dass sie weit genug reichen. Die Entwicklungen, die ich zu beschreiben versuchte, sind schwerwiegend und ernst. Selbst wenn sie in einem bestimmten Land und seiner Gesellschaft von den jeweils, dort herrschenden Traditionen und historisch bedingten Abweichungen gebrochen werden, sprechen alle Zeichen dafür, dass sie in der ganzen Welt stattfinden; zuerst in ihren am weitesten entwickelten Teilen, doch sehr wahrscheinlich folgen auch die anderen in Bälde. Das Wesen der Moderne ändert sich, ihr Leitmotiv macht einem neuen, noch undefinierten Thema in der Geschichte Platz. Daniel Bell spricht von der ‚gemeinschaftlichen Gesellschaft'. Sicher, im großen geschichtlichen Widerstreit von *Herrschaft* und *Genossenschaft* – kann ich es wagen zu sagen: Hobbes und Rousseau? – scheint es eher die Assoziation von Rousseau als die erzwungene Ordnung zu sein, die sich dabei durchsetzt. Heute ist viel von Gleichheit die Rede, weniger von Freiheit, doch es ist vor allen Dingen der dritte und in Vergessenheit geratene Schlachtruf der Französischen Revolution nach *fraternité* oder Solidarität, wie es in der modernen politischen Sprache heißt, der sich erfolgreich Gehör verschafft.

Ich habe nicht die Absicht, am Ende dieser gewissermaßen offen angelegten Analyse eine gründliche Prüfung jener Trends anzustrengen. Doch ich würde gern mit drei zusammenhängenden Punkten schließen. Der erste ist eine Beobachtung, die Hauptthese dieses Aufsatzes. Es gibt historische Kräfte, die zu machtvoll sind, um sich bändigen zu lassen: Staatsbürgerschaft ist eine von ihnen. Wenn es einer Gruppe gelungen ist, ihr unmittelbares Anliegen im Namen von Staatsbürgerschaft durchzusetzen, so übernimmt eine neue Gruppe den Staffelstab. Dieser Prozess, so scheint es, führt am Ende dazu, dass Bedingungen entstehen, die nicht nur fern von denen sind, aus welchen dieser Prozess hervorging, was ja auch zu erwarten und wünschenswert ist, sondern unter denen Staatsbürgerschaft bedeutungslos geworden ist. In anderen Worten – der Staatsbürger hat eine selbstzerstörerische Neigung – ein Todestrieb, der gegenwärtig sehr offen zutage tritt.

Doch – und dies ist mein zweiter Punkt – solche Metaphern dürfen nicht miss-
verstanden werden. Es ist selten zuträglich, über historische Entwicklungsverläufe zu klagen, egal wie bedauerlich oder abstoßend man sie auch finden mag;
und noch weniger macht es Sinn, eine heroische Vergangenheit über eine deka-
dente Gegenwart zu stellen. Die Entwicklungen, die ich skizziert habe, kenn-
zeichnen in vielen Aspekten buchstäblich einen enormen Fortschritt. Gesellschaften, die eine überwältigende Anzahl von Menschen in eng begrenzte Orte
zwangen, ihnen weder Mobilität noch Partizipation, die über den Dienst an
anderen hinausging, gewährten, wandelten sich zu großen Speichern von Chancen und Möglichkeiten, mit all den Unsicherheiten, Gefahren und Risiken, die
mit Offenheit einhergehen, doch auch mit den Chancen, die sich daraus ergeben. Der Verlust von Privilegien für wenige wird mehr als nur aufgewogen
durch die Gelegenheiten, die sich nun für viele ergeben, besonders da der Verlust von Privilegien im allgemeinen relativ ist, d.h. nicht eine Reduzierung von
tatsächlichen Chancen, von Einkommen oder Handlungsspielräumen, sondern
eine Reduzierung der Diskrepanzen im Verhältnis zu den anderen. Man kann
sich nicht in der Theorie eine Gesellschaft von gleichen Bürgern wünschen und
die Konsequenzen in dem Moment ablehnen, wo sie praktisch werden – ein
typisch intellektueller Fehlschluss, wie schon S.M. Lipset bemerkte, als er die
Sehnsucht der Anwälte der Demokratie aus den USA nach den diskreten Privilegien der Colleges in Oxford beschrieb.

Die Aufgabe des Neuen Liberalismus besteht letztlich viel eher darin, die
Zukunft aktiv zu gestalten, als abstrakte Prinzipien von welch allgemeiner Bedeutung auch immer zu verteidigen. Die Tage einer Gleichheitspartei sind vorüber. Im Namen von Staatsbürgerschaft hat sie das Antlitz unserer Gesellschaften verändert und wird dies auch in Zukunft tun. Wir werden mehr von dem
parallel verlaufenden Prozess der Entstrukturierung, Überpartizipation und
Fragmentierung erleben, den ich beschrieben habe. Der neue Geist der Solidarität, der sich auszubreiten beginnt, lässt sich zwei durchaus unterschiedlichen
Absichten unterordnen. Der eine ist das öde Utopia: der Mehltau einer Tocque-
villschen Demokratie, Mills ,Tyrannei der Mehrheit', Webers Gehäuse einer
neuen Hörigkeit, oder vielleicht die Rolle rückwärts von unstrukturierter
Gleichheit zu roher und totaler Macht. Doch es gibt genauso Spuren einer att-
raktiveren Zukunftsvision, die gegenwärtig wahrscheinlich gleichermaßen uto-
pisch ist: manches vom Verständnis des Menschen, das Marx einer Gesellschaft
zuschrieb, die nicht mehr vorrangig produktions- und wachstumsorientiert ist,
Habermas' Idee einer freien Kommunikation oder eine wachsende Suche nach
Wegen, Solidarität zum Ziel individueller Absichten zu machen. Ehrlich gesagt,
weiß ich nicht, wie das liberale Zukunftsbild im Detail aussehen würde, doch
für die liberale Partei ist die Zeit gekommen, wieder mit Macht in die Arena
zurückzukehren und darauf zu beharren, dass Staatsbürgerschaft kein Ziel an
sich ist, sondern dazu dient, die Lebenschancen der Menschen zu erweitern.

Literatur

Bell, D. (1985): Die nachindustrielle Gesellschaft. Frankfurt a.M./New York: Campus.

Dahrendorf, R. (1966). Bildung ist Bürgerrecht. Plädoyer für eine aktive Bildungspolitik. Hamburg: Henri Nannen.

Habermas, J. (1962): Strukturwandel der Öffentlichkeit. Neuwied: Luchterhand.

Hamilton, A./Madison, J./Jay, J. (1993): Die Federalist Papers. Darmstadt: Wissenschaftliche Buchgesellschaft.

Hegel, G.W.F. (1955): Grundlinien der Philosophie des Rechts. Hamburg.

Jencks, C. (1972): Inequality. A Reassessment of the Effect of Family and Schooling in America. New York: Basic Books.

Kant, I. (1991): Idee zu einer allgemeinen Geschichte in weltbürgerlicher Absicht. In: ders. Schriften zur Anthropologie, Geschichtsphilosophie, Politik und Pädagogik 1, 31-50; Werkausgabe Band XI. Herausgegeben von Wilhelm Weischedel. Frankfurt/Main: Suhrkamp.

Marshall, T.H. (1992): Bürgerrechte und soziale Klassen. Zur Soziologie des Wohlfahrtsstaates. Frankfurt/New York: Campus.

Marshall, T.H. (1992a): Staatsbürgerrechte und soziale Klassen. In: ders. (1992), 33-94.

Mill, J.S. (1910): Utilitarianism, Liberty, and Representative Government. New York: E.P. Dutton.

Weber, M. (1956): Wirtschaft und Gesellschaft. Grundriss der Verstehenden Soziologie. Tübingen: J.C.B. Mohr (Paul Siebeck).

Übersetzung: Cornelia Dörries

Staatsbürgerliche Integration und Klassenbildung

David Lockwood

Der Aufsatz geht der Frage nach, ob es von Nutzen ist, die Problematik der
Klassenanalyse umzukehren. Ausgehend von der Klassenstruktur fragt diese
gewöhnlich danach, unter welchen Bedingungen soziopolitische Klassenbildung
stattfindet und welche Auswirkungen dieser Prozess auf die soziale Kohäsion
hat. Im Gegensatz dazu wird hier von der Annahme ausgegangen, dass die institutionelle Einheit von Staatsbürgerschaft, Markt und bürokratischen Verhältnissen einen zentralen Aspekt sozialer Kohäsion darstellt. Im Anschluss daran
stehen die Auswirkungen von Klassen- und Statusungleichheiten auf die Institutionalisierung von Staatsbürgerschaft und damit auf deren integrative Funktion im Mittelpunkt. Während die staatsbürgerliche Praxis in einem beträchtlichen Ausmaß von der Struktur der sozialen Ungleichheit beeinflusst wird, stellt
Staatsbürgerschaft selbst ein Kraftfeld eigener Art dar. Es lassen sich vier
Haupttypen ,staatsbürgerlicher Schichtung' definieren, die sich durch unterschiedliche Teilhabe an Rechten sowie der Möglichkeit, sie auszuüben, die
soziale Kategorisierung der Staatsbürger durch die Rechte selbst sowie ihre
Motivation, diese Rechte auszudehnen, ergeben. Dabei handelt es sich um
,staatsbürgerschaftliche Exklusion', ,staatsbürgerschaftlichen Zugewinn',
,staatsbürgerschaftliches Defizit' und ,staatsbürgerschaftliche Ausdehnung'.
Ihre Konsequenzen für die soziale Integration werden kurz diskutiert. Ein Vorteil dieses Ansatzes besteht in der Möglichkeit, auch Ungleichheiten von Alter,
Geschlecht und Ethnizität innerhalb desselben Erklärungsschemas erfassen zu
können.

I

Ein Grund für den zentralen Stellenwert von sozialer Schichtung für die Soziologie liegt in ihrer Bedeutung für das Verständnis und für die Messung von
makrosozialer Ordnung und Konflikt. Erstens gibt sie Antworten auf die Frage,
unter welchen Bedingungen Ungleichheit zu tolerieren oder abzulehnen ist, so
dass die Analyse der Klassen- und Statusbildung sehr wichtig für die Erklärung
gesellschaftlicher Integration wird. Zweitens können Kastenhierarchie und
Klassenkampf als Extrempunkte auf einem Kontinuum von Gesellschaften
betrachtet werden, die auf Statusordnung und Klassentrennung beruhen. Diese
extremen Bezugspunkte schließen weder aus, dass es auf lokaler dörflicher

Ebene Kastenkonflikt gibt (dieser war vielmehr endemisch), noch, dass umfassende, von Kasten ausgehende Bewegungen mehr oder weniger aktive Proteste gegen die herrschende Ordnung darstellen. Umgekehrt lässt sich aber auch feststellen, dass es in den meisten Stadien des Klassenkonflikts sowohl beträchtliche Zonen der Solidarität zwischen den Klassen gibt (ohne die Klassenkonflikt als strukturierte Beziehung gar nicht vorstellbar wäre), als auch fortbestehende Differenzierungen innerhalb von Klassen, die sich in manchen Fällen Statusgruppen annähern.

Der Klassenkampf markiert mit Sicherheit am deutlichsten den Grenzfall des Zusammenhangs von Klassenbildung und sozialer Ordnung. Gleichzeitig ist diese Perspektive so eng an die marxistische Problematik der Entstehung der Arbeiterklasse gebunden, dass ihre fortbestehende Bedeutung bezweifelt werden muss. Da alles, was irgendwie nach Klassenkampf aussieht, kaum noch auf der Tagesordnung fortgeschrittener kapitalistischer Demokratien stehen dürfte, wird es fraglich, ob Klassenbildung nach wie vor im Zentrum der Sozialstrukturanalyse stehen sollte. Was aber könnte an ihre Stelle treten? Wäre es nicht viel versprechender, statt mit der Klassenstruktur zu beginnen und zu untersuchen, welchen Einfluss die Klassenbildung auf die soziale Integration hat, die Fragestellung umzukehren und zu analysieren, wie die für die soziale Integration so entscheidende institutionelle Struktur die Klassenbildung beeinflusst und vielleicht sogar zur Auflösung der Klassen beiträgt?

Die folgende Diskussion wird diesen Fragen nachgehen und sich auf zwei Hauptargumente stützen. Das erste besagt, dass die institutionelle Einheit aus Staatsbürgerschaft, Markt und bürokratischen Beziehungen darauf hindeutet, dass Klassenbildung – in Form industrieller und politischer Polarisierung – ein viel weniger kennzeichnendes Merkmal dieser Gesellschaften ist, als es vor nicht allzu langer Zeit noch der Fall war. Das zweite Argument hängt mit dem ersten eng zusammen und versucht, ausgehend vom Problem sozialer Integration nachzuweisen, dass es möglich ist, gänzlich andere, jedoch keineswegs weniger interessante Fragen über Klasse und Statusbildung zu stellen, als jene, die sich aus der Analyse der Klassenstruktur ergeben. Dies wird ausführlich im Hinblick auf ‚staatsbürgerliche Schichtung‘ diskutiert, d.h. auf solche Erscheinungsformen, in denen die Strukturierung von Lebenschancen und sozialen Identitäten das direkte oder indirekte Ergebnis der Institutionalisierung der Staatsbürgerschaft unter Bedingungen sozialer und ökonomischer Ungleichheit darstellt.

Zu Beginn ist es allerdings erforderlich zu klären, was hier mit sozialer Integration gemeint ist (wobei die Erklärung über die schon getroffene Feststellung hinausreichen muss, dass Klassenkampf und Kastensystem Grenzfälle hierfür darstellen). Als Ausgangspunkt denkbar ist die Konstruktion einer Art quantitativen Maßstabs von sozialer Ordnung bzw. Unordnung, wobei man sich bewusst sein sollte, dass es immer einfacher ist, letztere zu identifizieren. Diese lohnende Aufgabe setzt notwendigerweise eine Vorstellung von dem entscheidenden institutionellen Kontext voraus, im Hinblick auf den unterschiedliches individuelles und kollektives Handeln als Maßstab für höhere oder geringere Grade sozialer Kohäsion Bedeutung erhalten. Damit ist lediglich in anderen Worten ausgedrückt, dass Veränderungen in der Klassenstruktur keinen direkten Einfluss auf die soziale Integration haben, sondern über Institutionen vermittelt werden, die ein viel weiteres Spektrum an Ungleichheiten und Machtverhältnissen regulieren und legitimieren als jene, die das Resultat von Klasse sind und über die Verfügung von marktfähigem Eigentum oder Qualifikationen definiert werden.

Schon aus diesem Grund muss der primäre Bezugspunkt für die Analyse sozialer Integration die komplexe Einheit von demokratischen, marktwirtschaftlichen und wohlfahrtsstaatlichen Beziehungen sein, deren Legitimität darauf beruht, dass sie in bürgerliche, politische und soziale Staatsbürgerrechte eingelassen sind. Dieser Zugang hat den weiteren Vorteil, dass er das Ordnungsproblem nicht auf die Sorte hochgradig verallgemeinerter Lösungen reduziert, in denen Stabilität direkt aus strukturell nicht weiter vermittelten sozialpsychologischen Zuständen wie dem ‚pragmatischen oder widersprüchlichen Bewusstsein‘ oder dem ‚stummen Zwang ökonomischer Verhältnisse‘ oder ‚eingeschränkten Bezugsgruppen‘ erklärt wird.

Das Ziel der folgenden Ausführungen sind daher die Konsequenzen, die sich aus der Art und Weise der Institutionalisierung von Staatsbürgerschaft für soziale Integration ergeben, welche in die Struktur sozialer Ungleichheit eingebettet ist und zugleich zu dieser beiträgt.

II

Die gegenwärtigen kapitalistischen, wohlfahrtsstaatlichen Demokratien werden wohl kaum jene systematischen Missverhältnisse von Macht, Herrschaft und Status erfahren, die in der Vergangenheit die entscheidenden Schnittstellen sozialer Konflikte erzeugt haben. Der Grund hierfür liegt darin, dass der Grad der Institutionalisierung des hierarchischen Status gesunken ist, während jener der Macht zugenommen hat. Damit wird zugleich deutlich, weshalb andere Konfliktlinien als Klasse mindestens genauso große Bedeutung erhalten haben und in einigen Ländern sogar bedeutender geworden sind. Hauptsächlich aufgrund der Etablierung des allgemeinen Rechtsstatus der Staatsbürgerschaft ist alles, was von der Statushierarchie bleibt, die abgeschwächte Form sozialer Inklusion und Exklusion, von Respekt und Verachtung, die von rein konventionellen Sanktionen aufrechterhalten wird und mit anderen Handlungsformen in einer Vielzahl sozialer Milieus diffus verwoben ist. Das bedeutet umgekehrt, dass jede klar definierte Rang- oder Statushierarchie, wenn auch vielleicht in abgeschwächter Form, der gegebenen Verteilung von Wohlstand oder Macht entspricht.

Auf der anderen Seite der Gleichung wurden Machtverhältnisse immer weiter institutionalisiert, so dass sie weniger jenen plötzlichen und unintendierten Veränderungen unterlagen, die Durkheim unter dem Überbegriff der Anomie fasste oder die von Marx und Engels als ‚ständige Revolutionierung' der Produktionsverhältnisse und damit der gesellschaftlichen Verhältnisse insgesamt bezeichnet wurden. Das ist ganz offensichtlich das Ergebnis einer umfassenden Bürokratisierung von Machtverhältnissen, sowohl im privaten als auch öffentlichen Beschäftigungssektor. Diese bezeichnet einen Prozess, der nicht nur wesentlich den Fortbestand des Zusammenspiels von Rang, Wohlstand und Herrschaft sichert, sondern auch die Möglichkeiten der Umverteilung von Macht in größerem Ausmaß einschränkt, wie sie sich spontan durch den Marktmechanismus ergeben würden.

Die Unwahrscheinlichkeit der Entstehung strukturell ungebundener, ‚frei beweglicher' Machtressourcen ist nur eine Konsequenz eines institutionellen Systems, dessen Kernstück das Wesen der sich gegenseitig verstärkenden Beziehungen von Markt, Bürokratie und Staatsbürgerschaft ist, und dessen Bedeutung für die Herausbildung von Klassen ebenso wie für das umfassendere Problem der Ordnung unter zwei Gesichtspunkten betrachtet werden kann. Der erste Aspekt betrifft das Ausmaß, in dem diese verzahnten Institutionen auf der Ebene der *System*integration effektiv funktionieren. Der zweite Aspekt bezieht sich auf die Frage, wie sie durch die Strukturierung und Legitimierung von Ungleichheiten zu sozialer Integration beitragen.[1]

Dieses zweite Problem wird im Zentrum der folgenden Diskussion stehen. Gewiss ist ersteres auch für eine allgemeinere Betrachtung von sozialer Integration von Bedeutung, und es ist schon viel geschrieben worden über den Systemwiderspruch zwischen den Bedürfnissen kapitalistischer Akkumulation und der politischen Notwendigkeit, über Wohlfahrtsleistungen Konsens zu erzeugen. Daher die Vorstellungen von der ‚fiskalischen Krise des Staates' und ‚Legitimationskrisen'.

Dieses Problem ist jedoch zu kompliziert, um hier näher darauf einzugehen. Dennoch gibt es einen allgemeinen Punkt, auf den mit Nachdruck hingewiesen werden muss. Wie Barbalet (1988) bemerkt hat, ist die Fähigkeit des Systems zur Güterbereitstellung eine wesentliche, aber unbeachtet gebliebene Feststellung in Marshalls Theorie der Staatsbürgerschaft und sozialer Integration. In Marshalls Worten war es nicht einfach so, dass die „Ungleichheit des Klassensystems unter der Voraussetzung akzeptiert wird, dass die Gleichheit der Staatsbürgerschaft anerkannt ist" (ebd.: 90). Vielmehr resultiert soziale Integration auch aus einem „direkten Gefühl der Mitgliedschaft einer Gemeinschaft, die auf

---

1   Hier folge ich Lipsets (1960: 77) Unterscheidung zwischen ‚Effizienz' und ‚Legitimität'.

der Loyalität zu einer Zivilisation beruht, die ein allgemeines Gut ist" (ebd.), und der wichtigste Teil davon war die Tatsache, dass die Massenproduktion, die darauf abzielte, „den Bedürfnissen und dem Geschmack der einfachen Leute zu entsprechen, es den weniger Wohlhabenden ermöglichte, an einer materiellen Kultur teilzuhaben, die sich qualitativ weniger von jener der Reichen unterschied als jemals zuvor. All dies veränderte die Ausgangsbedingungen, unter denen sich die Entwicklung der Staatsbürgerschaft vollzog. Soziale Integration reichte über die Sphäre des Gefühls und des Patriotismus hinaus bis zu jener der materiellen Teilhabe" (ebd.).

III

Auf höchster Abstraktionsebene stellt die Einheit und Kohärenz von Markt-, bürokratischen und staatsbürgerlichen Beziehungen ein soziales Universum dar, in dem individuelle Akteure unpersönlichen Regeln unterworfen sind, die gleichzeitig zwei Ungleichheiten legitimieren: zum einen jene im Hinblick auf die Belohnung, die aus unterschiedlichen (im Prinzip beruflichen) Positionen resultieren; zum anderen jene, die sich aus der Allokation von Individuen auf diese Positionen ergeben. Es ist klar, dass räumlich ausgedehnte Märkte bürgerliche Rechte und deshalb bürokratische Mittel erfordern, die sowohl das Recht auf Privateigentum und Vertragsfreiheit durchsetzen als auch die Konflikte regeln, die sich durch ihre Ausübung ergeben. Hinzu kommt, dass viele der Parteien, die an Austauschbeziehungen am Markt teilnehmen, selbst große Bürokratien sind. Das Gleiche trifft natürlich für Organisationen zu, die auf der Universalisierung politischer Staatsbürgerrechte beruhen. Im Bereich der sozialen Rechte stellt die Anwendung unpersönlicher Rechte hinsichtlich des Zugangs zu Bildung und der Verteilung wohlfahrtsstaatlicher Leistungen ein ähnliches Muster der Institutionalisierung dar. Der Legitimitätsanspruch beruht hier gleichermaßen auf dem Anspruch von Effizienz und sozialer Gerechtigkeit, die sich ihrerseits auf vorrangig meritokratische Prinzipien stützen. Die Art, in der zivile und politische Staatsbürgerschaft zu Statusangleichung führen, wird durch die Bürokratien ergänzt, die dazu neigen, durch die unpersönliche Anwendung von Regeln jene zu ,egalisieren', die von ihnen verwaltet werden. Exakt dieselben Prinzipien werden in den bürgerlichen Rechten reproduziert, die den formal freien und gleichen Status der Vertragsparteien in Marktbeziehungen definieren.

Das Ausmaß, in dem Legitimität von der Tatsache herrührt, dass alle diese Prinzipien *prozedural* sind, d.h. unpersönliche, universalistische ,Spielregeln', ist nicht zu unterschätzen. Eine gesicherte Erkenntnis ist z.B., dass sich demokratische Regimes einer umfassenden Unterstützung ihrer Bürger erfreuen, auch wenn Politiker und Regierungen als inkompetent und korrupt angesehen wer-

den. Egal wie hoch die allgemeine Zustimmung in sozialen Umfragen ist, wenn
es darum geht, ob es nach Meinung der Befragten ‚zuviel Ungleichheit' gebe,
zeigen andere Erhebungen zu der Frage, wie viel in bestimmten Berufen bezahlt
werden sollte, eine bemerkenswerte Zustimmung zur Lohnhierarchie – welche
Tätigkeiten also eine höhere Entlohnung verdienen als andere –, wenn nicht gar
zur Höhe dieser Unterschiede (Kelley/Evans 1993). Die Tatsache, dass es solche
vagen Vorstellungen von Verdienst und Ehre gibt, die andererseits auch einige
Spielregeln voraussetzen, hilft auch, die jüngsten öffentlichen Empörungen über
die beträchtlichen Gehaltssteigerungen und Provisionen zu verstehen, mit denen
sich die Vorstandschefs britischer, privatisierter Energieversorgungsbetriebe mit
Monopolstellung selbst belohnten. Was zum Aufruhr führte, hatte nichts mit
dem Umstand zu tun, dass ‚Marktkräfte' auch hohe Belohnungen verdienen,
sondern dass die fraglichen Gratifikationen so gut wie nichts mit Wettbewerb
oder internationaler Marktfähigkeit der Vorstandsetage zu tun hatten. In anderen
Worten: Die Regeln, die das freie Spiel des Marktes legitimieren, waren eigen-
nützig interpretiert worden, und das in einer Weise, in der die Beziehungen
zwischen Kapital und Arbeiterschaft manipuliert worden sind, bevor das Recht
auf kollektive Verhandlungen dem Recht des freien und gleichen Vertrags Geltung verschaffte.

Die Interdependenz von kapitalistischen oder Klassenbeziehungen und
Staatsbürgerschaft oder Statusbeziehungen war seit jeher spannungsgeladen. Da
die Gleichheit politischer und bürgerlicher Rechte eine absolut grundlegende
Notwendigkeit und konstitutiv für die kapitalistische liberale Demokratie als
solche ist, wurde der immanente Gegensatz zwischen Staatsbürgerschaft und
Kapital bislang durch die Feinabstimmung der sozialen Rechte austariert: d.h.
durch den Versuch, eine Balance zwischen der systemintegrativen Notwendigkeit von ‚Effizienz' und der sozialintegrativen Notwendigkeit von ‚akzeptablen'
und ‚tolerablen' Stufen sozialer Wohlfahrt zu finden. Zwar unterscheiden sich
politische Parteien in ihren Vorstellungen darüber, wie eine solche Balance
erreicht werden kann, doch die Erfahrung zeigt, dass Regierungspolitiken nur
einen geringen Spielraum haben.

Der springende Punkt bei diesem Kompromiss ist ‚Selektivität' in unterschiedlichen Formen, von denen allerdings jede ihre Berechtigung in bestimmten Vorstellungen von ‚Ehre' oder ‚Verdienst' sucht, die eng mit dem Wert
verbunden ist, der individuellem Erfolg und Eigenverantwortlichkeit beigemessen wird. Die andere Seite der Medaille war lange Zeit das Versagen; manche
Bürger gelten als Personen, die es weniger verdient haben als andere, in den
Genuss von Wohlfahrt zu kommen, da sie an ihren Krankheiten selbst Schuld
tragen.[2]

---

2 In einigen jüngeren Vorschlägen zur Rationierung der Gesundheitsfürsorge, denen zufolge
   Patienten mit Erkrankungen aufgrund von Tabak, Alkohol oder anderem Drogenmissbrauch
   benachteiligt würden, wurde diese Position nahezu wortwörtlich umgesetzt. Ein solches Krite-

IV

In gegenwärtigen kapitalistischen Demokratien strukturieren Ethos und Praxis der Staatsbürgerschaft die Interessen von Statusgruppen und damit Konfliktfelder und Unzufriedenheit mindestens ebenso stark wie Klassenbeziehungen. Das liegt in dem Umstand begründet, dass Staatsbürgerschaft ein nie vollkommen realisierbares Ideal bleibt, da es einerseits Maßstäbe setzt, die noch nicht erreicht wurden, und andererseits die tatsächliche Institutionalisierung normalerweise aufgrund von ungünstigen Umständen und finanziellen Interessen beeinträchtigt wird.

Eine vollständige Diskussion der unterschiedlichen Aspekte, die sich aus diesen Vorbemerkungen ergeben, ist im Rahmen dieses Aufsatzes nicht möglich. Die folgende Diskussion beschränkt sich auf die entscheidenden Entwicklungsverläufe, in denen der Staatsbürgerschaftsstatus zusammen mit der Ungleichverteilung von Ressourcen vier völlig unterschiedliche Situationen und Interessen hervorbringt, die einen direkten Einfluss auf das Verständnis von Klassenbildung und sozialer Ordnung allgemein ausüben.[3]

Schaubild: Staatsbürgerliche Schichtung

Moralische und materielle Ressourcen
+

Staatsbürger- rechte	+	Staatsbürgerschaftlicher Zugewinn	Staatsbürgerschaftliches Defizit
	-	Staatsbürgerschaftliche Ausdehnung	Staatsbürgerschaftliche Exklusion

---

rium von Verdienst oder Leistung ist mit der Bedeutung von ‚Effizienz' in einem ökonomisch produktiven Sinn verbunden, d.h. dass wissenschaftliche Beurteilungen über die Möglichkeit von Heilbehandlungen nicht mehr unabhängig davon erfolgen müssen, ob der jeweilige Kranke die Behandlung auch wert ist. Dabei handelt es sich nur um ein weiteres Beispiel der einheitlichen Normen, die marktwirtschaftlichen, bürokratischen und staatsbürgerlichen Beziehungen zugrunde liegen.

3   Die folgenden Abschnitte verfolgen Argumentationen, die zuerst bei Lockwood (1987) ausgearbeitet wurden. An dieser Stelle möchte ich Lydia Morris für ihre Ratschläge bei der Überarbeitung der Originalfassung des vorliegenden Aufsatzes danken.

Staatsbürgerrechte (+) bedeutet *volle Staatsbürgerschaft* in dem Sinne, dass alle Staatsbürger über die *vorhandenen* Rechte verfügen. Staatsbürgerrechte (-) bedeutet *entweder*, dass neue Rechte angestrebt werden, aber noch nicht erreicht sind (staatsbürgerschaftlicher Ausdehnung) *oder* dass über vorhandene Rechte nicht in vollem Umfang verfügt werden kann (staatsbürgerschaftliche Exklusion). *Moralische Ressourcen* bezieht sich auf Vorteile, die sich aus der sozialen Position und sozialen Netzwerken, über Zugang zu Informationen im Allgemeinen ergeben, einschließlich der Fähigkeit, durch die Aktivierung gemeinsamer moralischer Ansichten seine Ziele zu erreichen, ganz gleich, ob sich der Akteur auf eine ehrliche oder unaufrichtige Art und Weise an diesen Standards orientiert. Obwohl die Grenze zwischen moralischen und materiellen Ressourcen unscharf ist, sollte das, was Dollard (1949: 173-87) als ‚Prestigegewinn' bezeichnete, nicht unterschätzt werden. Das ist auch der Grund, weshalb die ‚Mittelklasse' der Arbeiterklasse hinsichtlich der Fähigkeit, aus formal gleichen Rechten, insbesondere sozialen Rechten, mehr Gewinn zu schlagen, überlegen ist. Die Mittelklasse hat nicht nur den gleichen oder höheren Status als jene, die in den Schlüsselpositionen über die Verteilung der Bildungsangebote sowie medizinischer und anderer öffentlicher Dienstleistungen entscheiden; sie ist auch besser in der Lage, ihre Bedürfnisse zu artikulieren und dazu fähig, die ihr offenen Wahlmöglichkeiten zu erkennen und zu beeinflussen.

Staatsbürgerschaftliche Exklusion

Mängel in der Institutionalisierung von Staatsbürgerschaft sind dann besonders eklatant und skandalös, wenn leicht identifizierbaren sozialen Gruppen die vollen Staatsbürgerrechte verwehrt bleiben oder ihnen schon vorhandene Rechte wieder genommen werden. Das ist besonders dann der Fall, wenn die Betroffenen Mitglieder einer askriptiven Gruppierung sind, die nur über eine diffuse soziale Solidarität verfügt, und wenn deren freiwillige oder erzwungene soziale Interaktion die Bildung gemeinschaftlicher Zusammenschlüsse fördert. Während bürgerliche, industrielle oder soziale Rechte normalerweise nicht systematisch außer Kraft gesetzt werden – im Gegensatz zu einem allmählichen Schwinden, erklärt die Verweigerung voller Staatsbürgerschaft für bestimmte, askriptiv definierte soziale Gruppen zweifellos zu einem großen Teil die Tatsache, dass der Konflikt aus rechtlichen Benachteiligungen aufgrund von Rasse, Geschlecht oder ethnischer Zugehörigkeit von Zeit zu Zeit etwas von der Bedeutung und Vitalität angenommen hat, die einmal eine frühere Phase des ‚Klassenkampfes' charakterisierte. In all diesen Fällen entsteht der Eindruck relativer Statusdeprivation durch eklatanten rechtlichen Ausschluss: nämlich eine *de jure* oder *de facto* Exklusion bestimmter Minderheiten von der Gesamtheit bürgerlicher, politischer und sozialer Rechte, die der Mehrheit zustehen. Das kann einerseits bedeuten, dass die betreffenden Rechte nicht gewährt wurden, oder dass aufgrund von eventueller Einschüchterung, dem Fehlen geheimer Wahlen, Beschränkungen bei der Aufstellung des Wählerverzeichnisses oder aus anderen, mit Rechtsvorschriften zusammenhängenden Gründen, Rechte nicht geltend gemacht werden können. Wo es sich nicht um de jure – oder illegale – Exklusion handelt, geht dieser Fall bereits in den nächsten, staatsbürgerschaftliches Defizit, über.

Sehr häufig entbehren jene, die von Exklusion betroffen sind, auch aus anderen Gründen materielle und moralische Ressourcen. Das ist natürlich nicht immer der Fall. Beispielsweise wurden in der Vergangenheit Frauen, Juden und Schwarze als soziale Gruppen rechtlich exkludiert, ohne Rücksicht auf ihre Klassen- und Statusunterschiede. Der Zusammenhang zwischen den Kämpfen für rechtliche Eingliederung und der traditionellen Statusdeprivation sollte allerdings auch nicht übersehen werden. Im Fall der Frauenrechtlerinnen aus der Mittelklasse wurde das Gefühl von relativer rechtlicher Unterdrückung durch den Umstand verschärft, dass deren männliche Bedienstete wählen durften. Ein halbes Jahrhundert später war die erste Phase der Frauenbewegung teilweise das Produkt der generell inferioren Rolle der Frau während der vorangegangenen Studentenbewegung in den 1960er Jahren. Ähnliche Motive bewegten auch die Führer der Chartistenbewegung nach dem Reformgesetz von 1832.

Staatsbürgerschaftliches Defizit

Der Fall, in dem Minderheiten (soziale, nicht notwendigerweise demographisch-quantitative) die vollen bürgerlichen, politischen und sozialen Staatsbürgerrechte verwehrt bleiben, sollte vom Fall des staatsbürgerschaftlichen Defizits unterschieden werden; letzteres bezieht sich entweder auf eine Situation, in der ein Mangel an Ressourcen die Ausübung von allgemein zugänglichen Rechten verhindert, oder auf eine Situation, in der die Ausübung von Rechten verhindert wird. Drei Arten staatsbürgerschaftlichen Defizits lassen sich unterscheiden: Machtdefizit, Stigmatisierungsdefizit und fiskalisches Defizit.

a) Das klassische Merkmal eines Machtdefizits ist die Diskrepanz zwischen dem bürgerlichen Recht eines Lohnempfängers, einen freien und gleichen Vertrag abzuschließen, wenn dieses Recht durch die überlegene Verhandlungsmacht des Arbeitgebers bedeutungslos wird. Die Korrektur dieses Missverhältnisses zwischen dem de jure-Status und der de facto-Macht wurde erst nach einem langwierigen Kampf um die Rechtmäßigkeit von Gewerkschaften und des Rechts auf kollektive Verhandlungen erreicht. Das Bemerkenswerteste dieser Entwicklung, die zu dem führte, was Marshall als ‚zweites System industrieller Staatsbürgerschaft' neben den grundsätzlichen bürgerlichen Rechten auf Eigentum und der Vertragsfreiheit bezeichnete, war die Schaffung eines neuen Bündels von Rechten (oder Sicherheiten), die der Durchsetzung bereits vorhandener Rechte dienten. Das kann als prototypisch für alle nachfolgenden

Maßnahmen betrachtet werden, deren Zweck darin bestand, die fehlende Über-
einstimmung zwischen formaler und substanzieller Staatsbürgerschaft zu beseitigen, in welcher Form sie auch immer auftauchen mochte, wie beispielsweise
in der Gesetzgebung über Chancengleichheit und positive Diskriminierungspo-
litiken.

b) Das Ausmaß, in dem Staatsbürgerschaft nach wie vor ihr Ideal verfehlt,
ist nur zu offensichtlich. Doch es gibt noch eine andere wichtige Form staatsbürgerschaftlichen Defizits, die nicht einfach auf einen Mangel an materiellen
und moralischen Ressourcen zurückzuführen ist, sondern vielmehr auf die
Struktur und Wirkungsweise sozialer Staatsbürgerschaft, die selbst zur Bildung
negativ privilegierter Statusgruppen führt.

Die Art und Weise, in der die Verwaltung von sozialen Leistungen die Empfänger stigmatisiert, ist in der Literatur schon hinreichend dokumentiert worden.[4] Hier entsteht eine Form staatsbürgerschaftlichen Defizits durch die Ausübung sozialer Rechte innerhalb eines Systems, das nicht nur die Zuweisung
knapper Ressourcen an Bedürftige legitimiert, sondern auch den Effekt hat, dass
eben diese Personen zu ‚Staatsbürgern zweiter Klasse‘ werden. Die wichtigste
Eigenschaft all jener ‚vom Staat Abhängigen‘ besteht darin, dass sie sich nicht
mehr in einer Markt- oder Klassensituation befinden, sondern in einer statusbe-
stimmten Situation, die dazu führt, dass sie in unterschiedlichem Ausmaß als
mindere Staatsbürger betrachtet werden. Das trifft insbesondere dann zu, wenn
die Geringschätzung, die mit der Abhängigkeit von ‚staatlichen Almosen‘ einhergeht, noch von den Demütigungen verschärft wird, denen sich die Betroffenen bei der Überprüfung ihrer Bedürftigkeit unterwerfen müssen. In einer Kultur, die auf Eigeninitiative setzt, wird all dies als Versagen betrachtet, als Zeichen von Minderwertigkeit, die sich noch stärker einprägen, wenn die Empfänger der Hilfeleistungen als potenzielle Betrüger behandelt werden, die der Ent-
scheidungsgewalt staatlicher Behörden unterworfen sind und ihr Privatleben
einer eingehenden Prüfung unterziehen lassen müssen. In dieser Hinsicht wird
ihr minderer Bürgerstatus auch an der sehr unterschiedlichen Behandlung von
Steuerhinterziehung und Sozialbetrug deutlich.[5]

Am schwerwiegendsten ist die Tatsache, dass ihre Lebenschancen von einem Status bestimmt werden, der sie als Staatsbürger definiert, die weniger als
andere verdienen. Anders als Gruppen, die ihre Forderung nach einer Ausweitung ihrer Ressourcen damit rechtfertigen, dass ihre Teilhabe an staatsbürgerlichen Rechten offenkundig nicht den Normen entspricht, die diesen Rechten

---

4 Siehe auch Pinker (1971); Room (1979); Spicker (1984); Dean (1990); Andrews/Jacobs
   (1990). Die Evidenz des Ausmaßes der Stigmatisierung, die Hilfeempfänger erfahren, ist nicht
   eindeutig. Siehe Page (1984: 68ff.).
5 Zur Nachweispflicht der Bedürftigkeit siehe Page (1984) und Dean (1990). Zur unterschiedlichen Behandlung von Steuer- und Sozialbetrug siehe Cook (1989; 1991) sowie An-
   drews/Jacobs (1990: Kap.7).

zugrunde liegen, verfügt die fragliche Gruppe nicht über die gleichen moralischen Druckmittel. Der Grund dafür ist, dass das grundlegende Kennzeichen
öffentlicher Abhängigkeit darin besteht, dass sie ein Status ist, der sich aus der
Anwendung universalistischer Kriterien ergibt. Seine Legitimation besteht darin, dass dieses Schicksal prinzipiell jedem Bürger widerfahren könnte.

Ein letztes und sehr bedeutendes Unterscheidungskriterium der sozialen
Rechte ist das Fehlen eines Bündels korrespondierender Pflichten, außer denen,
die ihren inferioren Staatsbürgerschaftsstatus anzeigen. Sie stellen daher die
einzige große Ausnahme[6] des Marshallschen Prinzips dar, wonach Staatsbürgerschaft sich zwar auf die Verteidigung von Rechten bezieht, die korrespondierenden staatsbürgerlichen Pflichten indes nicht ignoriert werden dürfen. Durch
die Rechte der vom Staat Abhängigen werden diese eine besondere Klasse von
Personen, die keine anderen Pflichten haben als jene, die aus ihrer Abhängigkeit
erwachsen. Ungleich anderer Rechte erzeugen soziale Rechte ein einseitiges und
passives Verhältnis zum Staat und seinen Behörden. Sofern sie überhaupt
Pflichten zu erfüllen haben (und das Abholen der Unterstützung ist keine), sind
diese Auflagen – persönliches Erscheinen oder die Meldung von Veränderungen der Lebensumstände – allesamt so angelegt, dass sie diese Bürger zu Ob-
jekten staatlicher Überwachung machen. Zudem gehören viele, die in diese
Abhängigkeit geraten, zur sogenannten ‚Unterklasse‘, jenem Teil der Gemeinschaft, dem mittlerweile immer häufiger öffentlich bürgerliche Tugend abgesprochen wird und infolgedessen Verpflichtungen verdient, die noch über die
gerade beschriebenen hinausgehen.

Stigmatisierung ist ein ziemlich starker Begriff zur Charakterisierung des
mehr oder weniger entwürdigenden Status der Staatsabhängigen *in toto*, da es
sich um einen Zustand handelt, der je nach Art der Unterstützung variiert. So
gelten die Empfänger staatlicher Rente im allgemeinen als Gruppe, die diese
Unterstützung am meisten verdient. Viel weniger hingegen schon die Arbeitslo-
sen. Alleinerziehenden Eltern schließlich wird dies am wenigsten zugestanden
(Coughlin 1980; Jowell/Witherspoon/Brook 1987, 1989). In allen europäischen
Ländern mit Ausnahme Belgiens geraten die wachsenden Gruppen von Lang-
zeitarbeitslosen, jugendlichen Erwerbslosen und Alleinerziehenden durch den
Pflichtnachweis ihrer Bedürftigkeit zunehmend in eine Situation der Stigmati-
sierung (Oorschot/Schell 1991; Lister 1990), und da Angehörige von Minderheiten in diesen Kategorien oftmals überrepräsentiert sind, wird die öffentliche
Verachtung nicht selten mit diskriminierenden Vorurteilen durchmischt.

Dennoch kann die klare Unterscheidung zwischen den ökonomisch Produktiven und den vom Staat Abhängigen, zwischen denen in Klassensituationen
und jenen in Statussituationen als eine signifikante Linie sozialer Differenzie-

---

6   Die andere ist (mit der Ausnahme Australiens und einiger anderer Länder) das freiwillige
    Wahlrecht.

rung in marktorientierten Gesellschaften gesehen werden, besonders dann, wenn eine ‚Krise' in der Finanzierung der Wohlfahrt wahrgenommen wird.

Illustrieren lässt sich dies durch die Art und Weise, wie soziale Staatsbürgerrechte zu einer altersspezifischen Teilung der Bevölkerung beitragen: durch die Definition des Status der Alten. Während das Ausscheiden aus dem Arbeitsmarkt generell einen Statusverlust nach sich zieht[7], würde die Identifikation einer kollektiven Kategorie von Rentnern durch diese rein ökonomische Statuspassage dann um vieles klarer und darüber hinaus zu einer allgemeineren sozialen Teilung führen, wenn das Recht auf eine staatliche Grundrente grundsätzlich allen Bürgern zustünde. Drei Gründe sind hierfür ausschlaggebend: Erstens führt, anders als das Alter, das beim Ausscheiden aus dem Arbeitsprozess beträchtlich variieren kann (aufgrund von Vorruhestandsregelungen, individueller Entscheidung oder Arbeitsunfähigkeit, und je nachdem, ob es sich um eine Anstellung im privaten oder öffentlichen Sektor handelt), die Anerkennung als Staatspensionär zu einer beträchtlichen *Diskontinuität*: jeder, der das Alter von 65 Jahren erreicht, erwirbt diesen Status.[8] Zweitens handelt es sich um einen *rechtlichen* Status, nicht um eine marktbezogene Fähigkeit oder Unfähigkeit oder gar um eine Frage der Sitte. Im Gegenteil, von wenigen Ausnahmen abgesehen bestimmt der Staat überall die Standards dessen, was als übliche Praxis gilt. Drittens bringt der Status ein *fiskalisches Subjekt* hervor: Rentner *tout court*. Allein das garantiert ihnen eine nationale, budgetierte Identität. Obwohl Pensionäre so letztlich per Ritterschlag zu ‚senior citizens' (älteren Bürgern) werden (ein Import aus den politisch so korrekten USA), bringt das Attribut, das ihren Bürgerstatus qualifiziert, wenig grundsätzliche Rechte und keine besonderen Pflichten mit sich, sondern einen geringeren Status als mit diesem Titel normalerweise in anderen Zusammenhängen einhergeht, wie z.B. ‚senior management' (oberstes Management) oder ‚senior service' (Kriegsmarine). Es ist im Gegenteil ein Euphemismus für eine gesellschaftlich wohlverstandene Abwertung. In all diesen Zusammenhängen definiert dieses soziale Staatsbürgerrecht den Status einer wachsenden Kategorie der Bevölkerung, und zwar relativ unabhängig von deren Ausscheiden aus einer Marktsituation oder einer Position innerhalb der Produktionsverhältnisse.

Natürlich bleiben die so definierten Alten hinsichtlich Einkommen, Vermögen und Status heterogen. Doch die Aura, die durch die Selbstverständlichkeit dieses klaren, rechtlichen und fiskalischen Status entsteht, führt dazu, dass die

---

7   Wie Pinker (1971) als einer der ersten darauf verwies, ist die Unfähigkeit zu Reziprozität ein
    Hauptgrund für die Herabwürdigung von Sozialhilfeempfängern. Dieses Argument verfolgt
    auch Bryan Turner (1989) in Bezug auf das Altern mit seiner Vorstellung einer ‚Reziprozitäts-
    Alters-Kurve'. Zu einer Zusammenfassung von Faktoren, die den Status von Alten betreffen,
    siehe Julian/Kornblum (1983).

8   Die Entscheidung für die Altersgrenze von 65 Jahren fiel erst vor kurzem, hauptsächlich
    aufgrund der Zunahme von Berufsrenten (Hannah 1986: Kap. 9). 1931 arbeitete noch mehr als
    die Hälfte der Männer über 65, 1961 immerhin noch ein Viertel, 1981 nur noch ein Zehntel.

sozioökonomische Differenzierung der Rentenempfänger verschwimmt. Dem Pensionärsstatus wird spätestens dann eine allgemeine soziale Bedeutung im öffentlichen Bewusstsein eingeräumt, wenn die Kosten der staatlichen Renten im Kampf um die Reduzierung der öffentlichen Ausgaben zur Zielscheibe werden: die sogenannte ‚pensions time bomb'.[9]

Aufgrund dieser Situation erwarten manche Autoren die Herausbildung einer neuen gesellschaftlichen Spaltung zwischen den ökonomisch Aktiven und dem rentenabhängigen Teil der Bevölkerung. Vor einiger Zeit entwickelte Alber (1984) ein Szenario, in dem die arbeitende Generation es nach und nach wohl nicht mehr akzeptieren wird, einer wachsenden Zahl von Rentnern ein so hohes Rentenniveau zu ermöglichen, wie sie es selbst nicht genießen werden, wenn sie das Pensionsalter erreichen. Diese Spannung zwischen den Generationen wird sich wahrscheinlich in jenen Ländern noch verschärfen, die nur ein unzureichend entwickeltes Berufsrentensystem (betriebliche Pensionskassen) haben und in denen durch eine gesetzliche Rentenversicherung die Lasten direkt auf die nationalen Sicherungssysteme und den Steuerzahler abgewälzt werden.[10]

Vor diesem Hintergrund wurde das öffentliche Image der Alten als belastendes fiskalisches Subjekt kurzzeitig vom Traum eines „die Generationen kaskadenartig überschüttenden Wohlstands" ersetzt, doch nur, um dann schnell zu einem Alptraum eines Wohlstands zu werden, der „von der Altenpflege verschlungen wird" (Authers/Coggan 1992). Letzterer ist ein Stück moralische Panik, da die Mehrzahl der Menschen über 65 Jahre nicht als Pflegefälle endet, und selbst unter den ‚Hochbetagten' sind dies nicht mehr als 25%. Beide Perspektiven entspringen den Besorgnissen der Mittelklasse, da die Reichen sehr wohl über die Wege Bescheid wissen, ihr Vermögen an der Steuerbehörde vorbei zu vererben, und die Mehrheit der Arbeiterklasse hat ohnehin zu wenig, um etwas weitergeben zu können. Dennoch erzählt diese Episode in ihrem Kern, wie es zu der öffentlichen Identität der Alten als einer kollektiven Kategorie kam.

Dieses besondere Beispiel illustriert einen allgemeineren Prozess, in dessen Verlauf die sehr große Zahl der Bürger, die auf staatliche Unterstützung angewiesen sind, ihre verschiedenen öffentlichen Identitäten als distinkte Gruppierungen erwerben. Aus diesen Personen wird erst dann die riesige Restkategorie

---

9 Das ist ein ein weiterer Fall, der zumindest in Großbritannien für moralische Panik sorgt, wo die Rentenkosten durch die Alterung der Bevölkerung dadurch ausgeglichen werden, dass staatliche Renten sich an der Preisentwicklung, nicht aber an der Einkommensentwicklung orientieren. Hier sind im Vergleich zu anderen europäischen Ländern die Berufsrenten die bei weitem wichtigste Einkommensquelle von Pensionären. Siehe auch Andrews/Jacobs (1990: 131) und Disney (1993).

10 In Deutschland wird die neue Pflegeversicherung über ca. ein Prozent Abzug vom Einkommen finanziert. In 30 Jahren werden Beitragszahlungen für Pflege- und Rentenversicherung, Gesundheits- und Arbeitslosenversicherung mehr als 50% der Bezüge vor Einkommensteuer ausmachen.

derer, die aus den Produktionsverhältnissen ausgeschieden sind oder davon exkludiert werden, wenn sie unmittelbar über ihr Verhältnis zu den Maßnahmen der sozialen Absicherung rekonstituiert werden. Sie werden in Kategorien unterschiedlichen moralischen Werts klassifiziert, die dann als Resultat von Budgetzwängen und medial verstärkten Ängsten der Allgemeinheit einfach in ,politisierte' symbolische Einheiten transformiert werden.

Ein anderes Beispiel ist die Art und Weise, in der die Kürzung der Sozialfürsorge für bestimmte Kategorien Jugendlicher, – solche, die noch nie einen Arbeitsplatz hatten oder junge, ledige Mütter sind die am meisten Betroffenen – nicht nur zu einer Stigmatisierung dieser Gruppen führt (Andrews/Jacobs 1990: Kap. 4), sondern bewirkt, dass im öffentlichen Bewusstsein Jugend per se eine unverantwortliche, entfremdete und subversive Gruppe ist, die mit Verbrechen, Rowdytum, Drogenkonsum und minderjährigen Müttern assoziiert wird. Wie im Fall der Alten ist die ,Problematisierung' der Jugend eng mit der Legitimation der Finanzierung und Durchsetzung sozialer Rechte verbunden.

Obwohl es möglich ist, Stigmatisierungs- von Machtdefiziten zu unterscheiden, sind manche Personen natürlich von beidem betroffen, und staatsbürgerschaftliches Defizit dürfte allemal mit ethnischer Stigmatisierung und partieller staatsbürgerschaftlicher Exklusion zusammenhängen, wie im Falle der Gastarbeiter, die Steuern entrichten, Beiträge zu Kranken- und Sozialversicherung zahlen und Anspruch auf entsprechende Leistungen haben, aber aus verschiedenen Gründen nicht Staatsbürger ihres Gastlandes werden können.[11] Das Ausmaß dieser Überlappungen ist für die Strukturierung sozialer Unzufriedenheit von Bedeutung und stellt das Potential für politischen Protest dar. Man könnte zum Beispiel erwarten, dass der Eindruck von rechtlicher Diskriminierung wahrscheinlich eher bei den von Machtdefizit Betroffenen aufkommt als bei jenen, die von Stigmatisierung betroffen sind. Stimmt das, so wird das Gefühl von Unzufriedenheit bei den von Machtdefizit Betroffenen umso schneller entschärft, desto umfassender sie zu staatsbürgerrechtlich Stigmatisierten degradiert werden – der o.g. Fall arbeitsloser Jugendlicher ist ein Beispiel dafür.

c) Der letzte Typ staatsbürgerschaftlichen Defizits ist das, was man als fiskalisches Defizit bezeichnet. Da es in Anspielung an fiskalischen Gewinn hauptsächlich negativ verstanden wird, wird es ausführlich im folgenden Abschnitt diskutiert.

---

11 Gründe dafür könnten sein: Unwillen, ihre nationale Identität zu kompromittieren, die Ablehnung einer doppelten Staatsbürgerschaft in vielen Ländern, der Druck der Regierung der Herkunftsländer, die alte Staatsbürgerschaft nicht aufzugeben, die Kosten und Komplexität einer Einbürgerung, oder die Angst, dass sie auch als Eingebürgerte nicht akzeptiert werden (Layton-Henry 1992: 236).

Staatsbürgerschaftlicher Zugewinn

Staatsbürgerschaftlicher Zugewinn bezieht sich auf die verschiedenen Arten, in denen rechtliche, formal universale Ansprüche jenen Bürgern Vorteile verschaffen, die fähig sind, diese Rechte auszunutzen, während in dieser Hinsicht staatsbürgerschaftliches Defizit aus einem Mangel an diesen Fähigkeiten resultiert. Dem Stigmatisierungs- oder Statusdefizit entspricht daher der ‚Prestigegewinn‘, auf den oben hingewiesen wurde. Ein Beispiel für Machtgewinn auf der Ebene bürgerlicher Rechte ist, dass es sich nur sehr reiche Bürger leisten können, andere zu verleumden, während dem auf der Gegenseite entspricht, dass bei Rechtsstreitigkeiten nur sehr arme Bürger Rechtsbeihilfe in Anspruch nehmen können.

Fiskalische Defizite oder Gewinne unterscheiden sich von jenen hinsichtlich Macht und Status dahingehend, dass sie nur Personen betreffen, deren Gewinne und Verluste am allerwenigsten als Null-Summen-Spiel aufgefasst werden. Fiskalische Gewinne beziehen sich grundsätzlich auf Steuernachlässe bei solchen Dingen wie berufliche oder private Rentenvorsorge, Hypotheken, individuelle Börsenaktivitäten, Investmentfonds und Kapitalerträge – in anderen Worten, es handelt sich dabei um Gewinne, die vermittels bürgerlicher und vertraglicher Rechte erzielt werden, die von allen in Anspruch genommen werden können, ohne dass da, wo ein Gewinner ist, auch ein Verlierer sein muss. Doch in Wirklichkeit arbeiten diese Rechte zum Vorteil derer, die Einkommen, Vermögen und Informationen haben oder solche Berufe ausüben, die ihnen davon zu profitieren erlauben. Pensions- oder hypothekenbezogene Steuernachlässe sind die Hauptformen fiskalischen Gewinns.[12] Doch fiskalische Defizite sind nicht einfach auf die Unfähigkeit zurückzuführen, die entsprechenden Rechte zu praktizieren. Ein wichtiges Beispiel einer ganz anderen Form des fiskalischen Verlusts ist die ‚Armutsfalle‘, die den sozialen Sicherungssystemen eigen ist, indem hohe Steuersätze jenen Sozialhilfeempfängern auferlegt werden, deren Verdienst die erlaubte Obergrenze überschreitet (Oorschot/Schell 1991: 191f.).

Obwohl fiskalische Gewinne eher die Mittelklasse als die Arbeiterklasse begünstigen, ist ihr Vorteil nicht ausschließlich klassenspezifisch zu fassen, da ein nicht geringer Prozentsatz in der Arbeiterklasse Hausbesitzer oder -käufer und

---

12 Das trifft besonders auf Großbritannien zu, wo 1987 Rentenfonds und Lebensversicherungen 70% des individuellen Nettovermögens ausmachten und 1984 fast die Hälfte der Haushaltsersparnisse, verglichen mit 24% in den USA, 22% in Westdeutschland und 14% in Japan. Bankguthaben machen in Japan 62%, in Deutschland 58% aus (Chappell 1988: 59f.). Es ist sehr wahrscheinlich, dass andere europäische Länder sich der britischen Praxis nähern, da die Kosten der gesetzlichen Rentenversicherung steigen. Siehe auch The Bank of England Quarterly Bulletin (1991).

Beitragszahler in Rentenversicherungen ist.[13] Es ist daher ein ausreichend klas-
senübergreifender Nutzen dieser Regelungen zu verzeichnen, der verhindert,
dass ein politisch folgenreicher Eindruck einer unverschämten Ausbeutung von
allgemeinen Bürgerrechten durch eine einzige Klasse entsteht. Das ist objektiv
so. Eine ganz andere Sache ist, ob solche Nutzen auch von denen als legitim
betrachtet werden, die davon ausgeschlossen sind, wenn sie sich denn über das
Ausmaß der damit zusammenhängenden Transfers bewusst wären. Nimmt man
die Steuerbefreiungen auf Hypotheken, Rentenversicherungen oder Pensionskassen und Lebensversicherungen, auf Pauschalabfindungen bei Pensionierung
und Arbeitgeberbeiträgen, machen Schätzungen zufolge diese Gewinne etwa
ein Drittel der Gesamtausgaben für die Sozialversicherung aus. Nicht eingeschlossen sind die Steuerbefreiungen bei Renditen aus Rentenfondbeteiligun-
gen, die anderthalbmal so hoch sind wie die staatlichen Zuschüsse zur allgemeinen Sozialversicherung (Taylor-Gooby 1985: 83). Doch Tatsachen wie diese
werden nur schwerlich auf die Titelseiten der Boulevardpresse gelangen.

Staatsbürgerschaftliche Ausdehnung

Wie jedes andere Ideal auch, hat Staatsbürgerschaft eine innere Logik, die über
jene Grenzen hinausreicht, die materielle Knappheit und sozialer Konflikt ihrer
Institutionalisierung setzen. Diese Grenzen werden kontinuierlich geprüft und in
Frage gestellt, und dies gewöhnlich von denen, die eher über größere Ressourcen verfügen. Da das Ethos von Staatsbürgerschaft Erwartungen von Gleichheit
und Partizipation in öffentlichen Angelegenheiten weckt, denen die aktuelle
Praxis gegenüber nachhinkt, scheint die Bedeutung 'staatsbürgerschaftlicher
Ausdehnung' angemessen für ein Handeln, das sich auf das Reich der Möglich-
keiten von citizenship und auf ‚Bürgerrechtsaktivisten' bezieht. Letztere sind
von ihrer Orientierung her eher ‚Postmaterialisten', und viele ihrer Ziele und
Strategien verfolgen direkt oder indirekt eine ‚Dekommodifizierung', indem sie
Marktwerte den Menschenrechten unterordnen. Diejenigen, die sich solchen
Zielen verschrieben haben, gehören nicht unbedingt zu der Gruppe, die von der
Realisierung direkt am meisten profitieren würde. Viele der entschiedensten
Verfechter der neuen bürgerlichen, politischen und sozialen Rechte finden sich
in der ‚Dienstleistungsklasse', besonders unter den Angestellten des öffentli-
chen Sektors. Die Bestrebungen der Bürgerrechtsaktivisten entstehen weniger
aus der Sorge, dass existierende Rechte verweigert, ihrer Bedeutung beraubt
oder beschnitten werden, sondern aus der Vorstellung jener Rechte, die zur

---

13 1951 zahlten 30% der Männer und 12% der Frauen in Berufsrentenkassen ein, 1980 waren es
schon 68% und 58%. Gegenwärtig sind schätzungsweise mehr als drei Viertel der Mitglieder
von Rentenkassen älter als 25. Es gab einen beträchtlichen Zuwachs bei Wohnungseigentum:
von 31% im Jahr 1951, 59% 1982 und etwa 65% 1993. Diese Zahlen wurden bis auf das Jahr
1993 entnommen bei Taylor-Gooby (1985) und Hannah (1986).

Realisierung des Ideals der Staatsbürgerschaft erforderlich sind. Kurz gesagt: Es sind Bestrebungen, die nicht nur zu dem führen sollen, was Parsons als ,volle Staatsbürgerschaft' bezeichnet hat, sondern vielmehr zu einer *volleren* Staatsbürgerschaft. In diesem Prozess wird immer häufiger auf eine juristische Prüfung der vorhandenen Gesetzgebung zurückgegriffen.

In die Kategorie der Ausdehnung von Staatsbürgerrechten gehört folgendes: die Forderung einer Verfassungsreform, die Ausweitung bürgerlicher Freiheiten, Informationsfreiheit, Verbraucherschutz und die Ausdehnung demokratischer Partizipation durch Wahlen statt der Amtsbestellung durch eine Vielzahl von Regierungsausschüssen und privaten Organisationen. Bei Maßnahmen wie der Zuweisung von Wohlfahrtsleistungen und anderen Gütern, die den Status der Staatsbürgerschaft verbessern und den Zusammenhalt der Allgemeinheit unterstützen, wird gefordert, statt nach selektiven nach universalistischen Prinzipien zu verfahren. Darüber hinaus soll die nationale Staatsbürgerschaft durch die Implementierung supra-nationaler Definitionen von Menschenrechten erweitert werden.

Zum echten Bürgeraktivismus an sich fühlt sich nur eine kleine Minderheit berufen, die im nationalen Maßstab wahrscheinlich zwischen zehn- und zwanzigtausend aktive Mitstreiter zählt, doch die Zahl ihrer Unterstützer ist um ein Vielfaches größer: allein Greenpeace hat in Großbritannien mehr Mitglieder als die Labour Party. Dass es sich bei der Speerspitze der Staatsbürgerschaft um eine so hauchdünne Klinge handelt, ist aus historischer Sicht weder überraschend noch zu unterschätzen.

Staatsbürgerliche Schichtung und soziale Integration

Im Rahmen dieser Abhandlung gibt es auf die Frage, welche Formen der bereits festgestellten staatsbürgerlichen Schichtung mehr oder weniger wahrscheinlich zu einer umfassenden und berechtigten Empörung führen würden, nur ein vage Antwort.

1. Obwohl die Exklusion von Staatsbürgerrechten früher als eine wichtige Ursache weitreichender Unzufriedenheit galt, steht spätestens seit der Durchsetzung der erstrittenen politischen und bürgerlichen Rechte der Prozess der Beseitigung der verbliebenen Anomalien und Ungerechtigkeiten nicht mehr im Brennpunkt eines großen sozialen Konflikts, wenngleich von diesen Ungleichheiten nach wie vor eine große Anzahl Menschen betroffen ist. Ein Beispiel ist die Geschlechterdiskriminierung, die nicht nur durch die nationale Gesetzgebung zur Gleichberechtigung reduziert wurde, sondern auch durch die Mobilisierung "transnationaler" Staatsbürgerrechte (Soysal 1994), wie z.B. durch die EU-Gesetzgebung oder die Anrufung des Europäischen Gerichtshofs für Menschenrechte. Es war beispielsweise letzterer, über den die Angleichung des Rentenalters und das Recht auf freie Verschreibung von Medikamenten erreicht

wurde. Die gleiche Logik der Staatsbürgerschaft muss früher oder später auch
auf bestehende Ungerechtigkeiten reagieren, wie etwa die Tatsache, dass eine
betriebliche Hinterbliebenenversorgung nur Witwen, aber nicht Witwern zugute
kommt, und ebenso darauf, dass berufstätige Mütter an der Inanspruchnahme
und Ausübung ihrer bürgerlichen Vertragsrechte gehindert werden, weil es an
einer ausreichenden Kinderbetreuung fehlt. Doch Maßnahmen zur Beseitigung
dieser Missstände, ganz gleich, welche finanziellen Auswirkungen damit zusammenhängen, haben nicht das Potenzial, ausreichend Unmut und kollektives
Handeln zu stiften, um Politikern schlaflose Nächte zu bereiten.

Im Allgemeinen werden die aus Anomalien resultierenden Ungerechtigkeiten, die im Prinzip nicht bestritten werden können, deren Beseitigung jedoch
aus bestimmten Gründen bislang ausblieb, mit viel geringerer Wahrscheinlichkeit zur Ursache tief verwurzelter Unzufriedenheit werden als Erscheinungsformen tatsächlicher staatsbürgerschaftlicher Exklusion, bei der volle Staatsbürgerschaft in einem vergleichsweise großen Maßstab verweigert wird. Dies ist
aus zwei Gründen der Fall: erstens ist davon eine große Zahl von Menschen
betroffen und zweitens steht sie so offensichtlich in Widerspruch zu ihrem Anspruch.

Die große Ausnahme stellt das staatsbürgerschaftliche Defizit dar, was der
Exklusion schon nahe kommt und das Resultat von persönlicher und institutioneller Diskriminierung solcher Gruppen wie den ‚Gastarbeitern‘ und ethnischer
Minderheiten ist. Davon betroffen sind selbst die zweiten und dritten Generationen von Einwandererfamilien, sogar in Großbritannien, das noch den Nach-
kriegsimmigranten aus den New Commonwealth-Staaten großzügig volle
Staatsbürgerrechte gewährt hatte. Die Negativbilanz staatsbürgerlicher Integration wird sich unter den Bedingungen hoher Arbeitslosigkeit, freiwilliger oder
unfreiwilliger Ghettoisierung ethnischer Minderheiten sowie der Unsicherheit
und der sich daraus ergebenden Besessenheit in Fragen der nationalen Identität[14] wahrscheinlich noch erhöhen. Vielleicht ist die Frage dann nicht, warum
Minderheiten gegen eine solche Diskriminierung protestieren, sondern weshalb
der Protest nicht eine viel weitreichendere politische Form annimmt. Ein Grund
dafür ist, dass sich ethnische Minderheiten im Grad ihrer Integration in die
Aufnahmegesellschaft unterscheiden, zumindest, wenn man die Bildungs- und
Berufserfolge als Maßstab nimmt. Welche Gründe auch immer dafür vorliegen,
es führt dazu, dass sich die einzelnen Minderheiten stärker aneinander messen
und dadurch ihren Zusammenschluss zu einem einheitlichen Block verhindern.

---

14 Zum Beispiel wird die Eskalation des Rechtextremismus in Deutschland mit den wirtschaftlichen Belastungen durch die Wiedervereinigung in Verbindung gebracht. Doch hinzu kommt
die Aufgabe, zwei völlig unterschiedliche politische Systeme zu integrieren. Das führte zu einem Klima, das die Wiederbelebung der (prä-nationalstaatlichen) Idee einer Nation als „eine
organisch, kulturelle, sprachliche oder rassische Gemeinschaft – als *Volksgemeinschaft*" begünstigte (Brubaker 1989: 8).

Entscheidend ist jedoch der Umstand, dass sich Minderheiten, sobald sie in den Genuss ‚voller' Staatsbürgerschaft gekommen sind, zwangsläufig an die staatsbürgerlichen Spielregeln halten müssen, die nur die Wahl zwischen legitimen Mitteln wie der Forderung nach zusätzlichen Rechten oder aber Aktionen bereithalten, die nicht mehr von diesen Spielregeln gedeckt werden, und die wachsende Vorurteile und weitere Diskriminierung auslösen.

Schließlich besteht auch die Möglichkeit der Selbst-Exklusion. Zu Zeiten der Poll Tax (Kopfsteuer) in Großbritannien vermieden es große Teile der jugendlichen und sehr armen Bevölkerungsgruppen, die es sich entweder nicht leisten konnten oder wollten, diese Steuer zu bezahlen, sich in das Wählerregister eintragen zu lassen, womit sie sich selbst vom Wahlrecht ausschlossen. Doch diese Form individualistischen Rückzugs von der gesellschaftlichen Allgemeinheit ist weit entfernt von einer rechtmäßig gewählten Regierung, die ihre Staatsbürger von den sozialen Rechten der Europäischen Gemeinschaft ausschließt, und sie ist noch weiter entfernt von kolonialer Abtrünnigkeit nach dem Motto: Steuern zahlt nur, wer auch politisch repräsentiert wird (‚no taxation without representation').

2. Der Mangel an staatsbürgerlicher Gesinnung im staatsbürgerlichen Aktivismus ist häufig verblüffend, vor allem wenn öffentliche Demonstrationen zur Ausdehnung oder Schaffung von Rechten in der Konfrontation mit der Staatsgewalt ausarten. Die Fanatiker dieser Bewegungen sind überdurchschnittlich oft Angehörige einer relativ privilegierten Schicht, und von dieser gleichen liberalen oder progressiven Wählerschaft erhalten sie auch Sympathie und Unterstützung. Während einige Sozialtheoretiker in diesen Bewegungen den Prototyp neuer sozialer Konfliktlinien erkennen, die den Klassenkampf ersetzen, kommt es aufgrund ihrer Diversität und Konzentration auf eine einzige Sache nur zu höchst zerbrechlichen Interessenkoalitionen und unregelmäßigen gemeinsamen Aktionen. Diese Tendenz wird noch verstärkt durch die fehlende Synchronität der moralisch rigorosen Forderungen des staatsbürgerlichen Aktivismus und der im wesentlichen pragmatischen Programmatik der politischen Parteien, die jene Forderungen, wenn auch nur teilweise, noch am ehesten durchsetzen könnten. Wenn diese Bewegungen eine Form von ‚Statuspolitik' (Turner 1988: 44-53) sind, sind sie noch keine ‚Partei' nach Webers Definition. Die einzige Ausnahme, die diese Regel bestätigt, stellen die deutschen ‚Grünen' dar, die nach der Bildung einer politischen Partei zusammen mit der ehemaligen ostdeutschen Bürgerrechtsbewegung Bündnis 90 ihrem hauptsächlich umweltorientierten Programm auch Sachverhalte hinzufügten, die für eine größere Wählerschaft von Interesse war, wie z.B. Einwanderung, Rassismus, Bürgerrechte und militärische Einsätze im Ausland. Sie nahmen dadurch den Charakter etablierter Dissidenten an.

3. Der in sozialer Hinsicht potenziell am stärksten disruptive Typ staatsbürgerschaftlichen Defizits entsteht, wenn es Gesetze gibt, deren substanzielle

Unzulänglichkeit die Fähigkeit von gesellschaftlichen Gruppen einschränkt, ihre eigenen gegen die Interessen solcher Gruppen durchzusetzen, zu denen sie in einem Null-Summen-Machtverhältnis stehen. Diese Situation des Machtdefizits ist am offensichtlichsten im Fall von konkurrierenden Gruppen, denen zwar die gleichen Rechte zustehen, die allerdings über unterschiedliche Ressourcen verfügen. Der Fall von Arbeitgeber und Arbeitnehmer wurde bereits oben als paradigmatisch betrachtet. Es ließe sich behaupten, dass in kapitalistischen Gesellschaften dieser Fall nicht nur außergewöhnlich sondern auch einzigartig ist und es willkürlich wäre, dabei von einem Machtdefizit zu sprechen. Doch ist das nicht der Fall, da andere soziale Gruppen, vor allem Frauen und Schwarze, unter analogen Machtdefiziten leiden, was bürgerliche, soziale und politische Rechte anbetrifft. Die Entdeckung eines anderen wichtigen Typs von Machtdefizit ist die bemerkenswerte Zunahme von Rechten zum Schutz von Kindern – nicht nur gegenüber Erwachsenen allgemein, sondern auch gegenüber ihren eigenen Eltern. Zudem war das primäre Mittel, mit dem Gruppen ihre Nachteile auszugleichen versuchten, wie im Fall der Entstehung der ersten Gewerkschaften, die Sicherung neuer Arrangements unterstützender Rechte (wie eine Gesetzgebung, die auf die Verringerung von geschlechtlicher und rassistischer Diskriminierung abzielt), deren Legitimität aus ihrer Besonderheit herrührt und damit zur Erfüllung von existierenden Normen der Staatsbürgerschaft beiträgt. Doch im Allgemeinen, wie im Fall der Exklusion von Staatsbürgerrechten, ist es schwierig, auf noch vorhandene, systematische Machtdefizite hinzuweisen (anders bei solchen, die ethnische Minderheiten betreffen), die möglicherweise zu tiefer und legitimer Unzufriedenheit führen.

4. Bei den beiden übrigen Typen staatsbürgerschaftlichen Defizits besteht noch weniger die Möglichkeit, dass sie zu Unzufriedenheit und damit zu kollektivem Protest führen könnten. Fiskalische Defizite sind weder sozial transparent noch klassenspezifisch. Sie entbehren nicht nur der gesellschaftlichen Brisanz von Machtdefiziten, es gibt auch keinen vergleichbaren Standard, nach dessen Kriterien sie als illegitim gelten würden. Das typische Machtdefizit, von dem Lohnempfänger vor der Gründung von Gewerkschaften betroffen waren, war deshalb nachweisbar, weil der Zwang die moralischen Grundlagen der rechtlichen Normen von Gleichheit und Freiheit des Vertrags ausschaltete. Ein solcher Anhaltspunkt von Unrechtmäßigkeit ist im Falle fiskalischer Gewinne, die über die Ausübung allgemeiner Bürgerrechte erzielt werden, nicht gegeben. Jene, die nicht in der Lage sind, diese Rechte für sich in Anspruch zu nehmen, sind in einer anderen Situation als der Arbeiter in der Zeit vor der Etablierung von Gewerkschaften. Der entscheidende Unterschied besteht darin, dass ein direktes Machtverhältnis, das den letzteren Fall charakterisiert, im ersteren fehlt. Es ist auch kein augenscheinliches Null-Summen-Spiel: fiskalische Gewinne haben keine gesellschaftlich relevanten Konsequenzen oder Grenzen. Sicher sind diese Gewinne und Defizite real, und als Gesamtheit sind die Transfers

beträchtlich. Doch sie sind auch sozial abstrakt und undurchsichtig und geben lediglich Anlass für eine sehr vage Ahnung von Ungerechtigkeit.

Fiskalische Begünstigungen werden wahrscheinlich besser von denen verstanden, die davon profitieren als von denen, die nichts davon haben. Aus dem gleichen Grund schätzen die ersteren diese Vorteile wie die letzteren sie verurteilen. Begünstigung und Verlust in fiskalischer Hinsicht gehören zu den vielen makrosozialen Phänomenen, die reale Folgen für die Lebenschancen der Menschen zeitigen, aber dennoch kaum in das öffentliche Bewusstsein vordringen. Die Tatsache, dass 1993 der Zuwachs bei den Unternehmensgewinnen um etwa ein Achtfaches höher lag als bei den individuellen Einkommen, ist ungefähr so weit von der alltagsmoralischen Rechnung entfernt wie der Fakt, dass „die Chancen von Kindern aus der Dienstleistungsschicht, später eine Position in einem Dienstleistungsberuf und nicht in einer unqualifizierten Lohnarbeit einzunehmen, fünfzehn Mal größer sind als die von Kindern der ungelernten oder Arbeiterklasse" (Goldthorpe 1995: 325). Eben weil sie verborgen sind, gelten diese Arten der Ungleichheit nicht als Gründe für sozialen Unmut oder für einen Legitimationsverlust des Systems.

Verborgen in einem anderen Sinn sind auch die Steuerhinterziehungen innerhalb der ‚Schattenökonomie‘, die schätzungsweise acht bis zehn Prozent des gesamten Bruttoinlandsproduktes Großbritanniens ausmachen (Chote 1995). Und da diese Art des Einkommens etwa einem Drittel des Ausgabe- und Sparvolumens des ärmsten Fünftels der Bevölkerung entspricht, ist sie ein Gewinn, der mehr zählt als deren ‚steuerlicher Verlust‘, wenn man zu verstehen versucht, warum die in den offiziellen Statistiken nachgewiesenen Ungleichheiten nicht zu größerer Unzufriedenheit führen.

5. Aus verschiedenen Gründen führt auch das Stigmatisierungsdefizit nicht zu einem weiterreichenden sozialen Protest. Die Zahl der Personen, die ausgewiesene Unterstützungsempfänger sind, ist sehr groß – gegenwärtig ist jeder dritte Haushalt in Großbritannien davon betroffen. Dennoch ist diese Schicht (die nicht als Klasse bezeichnet werden kann) alles andere als homogen. Genauso wenig ist sie eine stagnierende Bevölkerungsgruppe, da der Status als staatlich Abhängiger für viele eine vorübergehende Situation ist, den sie zu einem späteren Zeitpunkt verlassen, um in die Ränge der Arbeitenden und eine Klassensituation zurückzukehren. Außerdem ist es ein Status derer, die mit geringen materiellen und moralischen Ressourcen auskommen müssen und deren defizitäre Motivation, Fähigkeit und Möglichkeit, sich an kollektivem Handeln zu beteiligen durch die Würdelosigkeit ihres Status noch weiter verringert wird.

Doch die entscheidende Barriere für jede Art von konzertierter Aktion ist die Tatsache, dass soziale Sicherungssysteme ihr Klientel fragmentieren und jedes Gefühl einer gemeinsamen Identität unter den Empfängern verschiedenartiger Wohlfahrtsleistungen verhindern. Der Bedürftigkeitsnachweis als Schlüsselmechanismus genügt, um Interessen zu fragmentieren. Dies ist ganz allgemein

charakteristisch für Wohlfahrtsempfänger, es sei denn, es betrifft das allgemeine
Interesse an Preisveränderungen im Einzelhandel, die viel mit ihrem Schicksal
zu tun haben. Was Lepsius (1979) als vertikale Spaltung oder Säulen in den
,Versorgungsklassen' bezeichnet hat, bedeutet, dass diese sozial nicht miteinander verbunden sind (Alber 1984), außer in abstrakter Weise über eben jenes
System, das sie auch voneinander trennt. Aufgrund all dessen ist der Begriff
,Unterklasse' eine falsche Bezeichnung ohne analytischen Gehalt. Obwohl
vieles davon auch auf Rentner zutrifft, könnte es gut sein, dass sie eine zunehmend bedeutende Wählerschaft bilden, die trotz ihrer Heterogenität das gemeinsame Interesse an einer geringen Einkommensinflation und hohen Zinsen eint,
mit dem sie die wirtschaftlich Aktiven gegen sich aufbringen.

IV

Um es zusammenzufassen: Das Ziel des Artikels bestand darin, den Nutzen
einer Umkehrung konventioneller Klassenanalyse zu untersuchen, die von der
Klassenstruktur als einem Bündel objektiver Positionen ausgehend fragt, unter
welchen Bedingungen sich soziopolitische Klassen formieren und wie sich dies
auf die soziale Kohäsion auswirkt. Im Gegensatz dazu beginnt die hier verfolgte
Analyse mit der Annahme, dass die Struktur von Staatsbürgerschaft ein zentraler Aspekt sozialer Kohäsion ist und fragt dann, wie Klassen- und Statusungleichheiten die Institutionalisierung der Staatsbürgerschaft und damit auch
ihre integrative Funktion praktisch beeinflussen.
   In beiden Ansätzen stehen spezifische soziale Gruppierungen im Zentrum
der Aufmerksamkeit. Es gibt auf der einen Seite mehr oder weniger gut definierte ,Klassen', die sich über ökonomische Position, Arbeitsmarktbeziehungen,
Lebenschancen und demographische ,Dichte' identifizieren lassen. Auf der
anderen Seite gibt es mehr oder weniger gut definierte Kategorien von ,Staats-
bürgern', die sich über ihre unterschiedlichen Fähigkeiten identifizieren lassen,
verschiedene Rechte in Anspruch zu nehmen und auszuüben, über ihre soziale
Kategorisierung mittels dieser Rechte selbst, und über ihre Motivation, diese
auszuweiten.
   Es ist fraglich, ob diese beiden Perspektiven zur Beziehung zwischen Klassenbildung und sozialer Integration miteinander konkurrieren oder sich ergänzen. Klassenanalyse nimmt für sich nicht in Anspruch, soziopolitische Klassenbildung nur mit der Klassenposition zu erklären. Unter den notwendigen Zu-
satzfaktoren, die dabei zu berücksichtigen sind, kommt der Institutionalisierung
und der Praxis von Staatsbürgerschaft sicher eine herausragende Bedeutung zu.
   Es ist auch klar, dass Staatsbürgerschaft, deren Praxis maßgeblich von Klassenstruktur und Statusungleichheit beeinflusst wird, selbst ein Kraftfeld darstellt: teilweise aufgrund stratifizierender Praktiken wie staatsbürgerschaftlicher

Exklusion und Stigmatisierung; teilweise aufgrund einer ethisch-moralischen Ausbeutung wie im Falle des staatsbürgerlichen Aktivismus' und, ganz allgemein, dadurch, dass sie eine Legitimation von Ungleichheit liefert und damit die Grundlage sozialer Integration, ganz gleich, wie ausgeprägt diese in kapitalistischen Demokratien auch sein mag.

Schließlich erlaubt der hier vorgestellte Ansatz im Gegensatz zur Klassenanalyse auch, die ethnischen, alters- und geschlechtsspezifischen Ungleichheiten in einem einzigen Erklärungsschema zu erfassen.

Literatur

Adler, M. et al. (Hg.) (1991): The Sociology of Social Security. Edinburgh: Edinburgh University Press.

Alber, J. (1984): Versorgungsklassen im Wohlfahrtsstaat. In: Kölner Zeitschrift für Soziologie und Sozialpsychologie, Vol. 36, 225-51.

Andrews, K./Jacobs, J. (1990): Punishing the Poor. London: Macmillan.

Authers, J./Coggan, P. (1992): The Wealth Cascade Runs Dry. In: Financial Times, November 21.

Barbalet, J.M. (1988): Citizenship: Rights, Struggle and Class Inequality. Milton Keynes: Open University Press.

Bank of England Quarterly Bulletin 1991 Vol. XX.

Brubaker, R.W. (Hg.) (1989): Immigration and the Politics of Citizenship in Europe and North America. Lanham: University Press of America.

Butler, T./Savage, M. (Hg.) (1995): Social Change and the Middle Classes. London: UCL Press.

Chappell, P. (1988): Pensions and Privilege. Policy Study No. 96, London: Centre for Policy Studies.

Chote, R. (1995): Black Economy ,generates about 66bn'. In: Financial Times June 11.

Cook, D. (1989): Rich Law, Poor Law: Different Responses to Tax and Supplementary Benefit Fraud. Milton Keynes: Open University Press.

Cook, D. (1991): Social Injustice: The Differential Enforcement of Tax and Social Security Regulations. In: Adler, M. (Hg.) a.a.O., 265-277.

Coughlin, R. M. (1990): Ideology, Public Opinion and Welfare Policy: Attitudes Towards Taxes and Spending in Industrialised Societies. Berkeley: Institute of National Studies.

Dean, H. (1990): Social Security and Social Control. London: Routledge.

Disney, R. (1993): The Independent, March 20.

Dollard, J. (1949): Caste and Class in a Southern Town. New York: Harper and Brothers.

Giesen, B./Haferkamp, H. (Hg.) (1987): Soziologie der sozialen Ungleichheit. Opladen: Westdeutscher Verlag.

Goldthorpe, J. (1995): The Service Class Revisited. In: Butler, T./Savage, M. (Hg.) a.a.O., 313-329.

Hannah, L. (1986): Inventing Retirement. Cambridge: The University Press.

Jowell, R./Witherspoon, S./Brook, L. (Hg.) (1987): British Social Attitudes: The 1987 Report. Aldershot: Gower.

Jowell, R./Witherspoon, S./Brook, L. (Hg.) (1989): British Social Attitudes: Special International Report. Aldershot: Gower.

Julian, J./Kornblum, W. (1983): Social Problems. New Jersey: Prentice Hall.

Kelley, J./Evans, M.D.R. (1993): The Legitimation of Inequality: Occupational Earnings in Nine Countries. In: American Journal of Sociology, Vol. 99, 75-125.

Layton-Henry, Z. (1992): The Politics of Immigration. Oxford: Blackwell.

Lepsius, M.R. (1979): Soziale Ungleichheit und Klassenstrukturen in der Bundesrepublik Deutschland. In: Wehler, H.-U. (Hg.) a.a.O., 166-209.

Lipset, S. M. (1960): Political Man. London: Routledge and Kegan Paul.

Lister, R. (1990): The Exclusive Society: Citizenship and Poor. London: Child Poverty Action Group.

Lockwood, D. (1987): Schichtung in der Staatsbürgergesellschaft. In: Giesen, B./Haferkamp, H. (Hg.) a.a.O., 31-48.

Oorschot, W. van/Schell, J. (1991): Means-Testing in Europe: A Growing Concern. In: Adler, M. et al. (Hg.) a.a.O., 187-211.

Page, R. (1984): Stigma. London: Routledge and Kegan Paul.

Pinker, R.A. (1971): Social Theory and Social Policy. London: Heinemann.

Room, G. (1979): The Sociology of Welfare. Oxford: Blackwell.

Soysal, Y. (1994): Limits of Citizenship: Migrants and Postnational Membership in Europe. Chicago: Chicago University Press.

Spicker, P. (1984): Stigma and Social Welfare. London: Croom Helm.

Taylor-Gooby, P. (1985): Public Opinion, Ideology and State Welfare. London: Routledge and Kegan Paul.

Turner, B.S. (1988): Status. Milton Keynes: Open University Press.

Turner, B.S. (1989): Ageing, Status Politics and Sociological Theory. In: British Journal of Sociology, Vol. 40, 588-606.

Wehler, H.-U. (Hg.) (1979): Klassen in der Europäischen Sozialgeschichte. Göttingen: Vandenhoeck & Ruprecht.

Übersetzung: Cornelia Dörries

III. Grundlagen der aktuellen Debatte

Klassenspaltung, Klassenkonflikt und Bürgerrechte

Gesellschaft im Europa der achtziger Jahre

Anthony Giddens

I

In diesem Aufsatz möchte ich einige Aspekte der Klassenstruktur in heutigen fortgeschrittenen Gesellschaften diskutieren. Bevor ich mich jedoch der ‚Gesellschaft der achtziger Jahre' zuwende, möchte ich ganz kurz einiges über die ‚Soziologie der sechziger Jahre' sagen. Während des vergangenen Vierteljahrhunderts ist in der westlichen Welt an die Stelle scheinbar ständig zunehmenden Wohlstands und Wirtschaftswachstums eine Phase ökonomischer Krisen und politischer Bedrohungen getreten. Einige der einflussreichsten Ideen in der Soziologie und in den Sozialwissenschaften im Allgemeinen wurden in einer Zeit scheinbar stabiler wirtschaftlicher und politischer Verhältnisse niedergeschrieben. Ich möchte nicht sagen, dass alle diese Ideen heute völlig obsolet sind; aber ich halte es doch für wichtig, aus den Mängeln der Soziologie der damaligen Zeit zu lernen. Denn einige dieser Mängel wirken noch heute.

Auch auf die Gefahr hin, vielleicht allzu didaktisch zu klingen, möchte ich nun vier soziologische ‚Gebote' aufstellen, die jeder beachten sollte, der heute gesellschaftliche Strukturen analysiert:

1. *Vermeide Überverallgemeinerungen auf der Grundlage kurzer Zeitspannen.* Wenn man auf die Soziologie der sechziger Jahre (vor der Studentenbewegung und den Ereignissen des Jahres 1968 in Frankreich und anderswo) zurückblickt, so wird deutlich, mit welchem ungewöhnlichen Selbstvertrauen vorhandene gesellschaftliche Trends in eine unbestimmte Zukunft hineinprojiziert wurden. Um nur ein Beispiel zu nennen: Das Wachstum im Bereich der höheren Bildung wurde von vielen als ein inhärentes und immer wichtiger werdendes Merkmal der industrialisierten Länder angesehen. Wer mag wohl heute noch so zuversichtlich sein, wo die Universitäten in vielen Ländern, besonders in Großbritannien, stark eingeschränkt werden?

2. *Vermeide Überverallgemeinerungen auf der Grundlage einer einzigen Gesellschaft.* In den sechziger Jahren war es üblich, weit ausholende Theorien über die industrialisierte Gesellschaft als solche zu entwerfen. Die empirischen Belege kamen jedoch weitgehend aus einer einzigen Gesellschaft. Gemeinhin wurde angenommen, dass die Vereinigten Staaten dem Rest der industrialisier-

ten oder zumindest der kapitalistisch-industriellen Welt ihre eigene wahrschein-
liche Zukunft vorführten. Diese Auffassung beruht häufig auf einem mehr oder
weniger direkten technologischen Determinismus: Wenn die Technologie in den
Vereinigten Staaten am weitesten fortgeschritten ist, so sehen wir dort die Lebensformen, die andere Gesellschaften nachahmen müssen. Aber die Neigung
zur Verallgemeinerung aufgrund von Ereignissen in einer einzigen Gesellschaft
bestand nicht nur bei Soziologen, deren Modell die Vereinigten Staaten waren
oder die sich auf einen technologischen Determinismus beriefen. So wurde z.B.
auf der Grundlage von hauptsächlich französischem Material die These aufge-
stellt, dass eine ‚neue Arbeiterklasse' eine potentielle revolutionäre Avantgarde
darstelle. Was immer das Schicksal der ‚neuen Arbeiterklasse' in Frankreich
gewesen sein mag, in Ländern wie den USA oder Großbritannien hat sie sich
kaum als revolutionär erwiesen.

3. *Gehe nie davon aus, dass sozialer Wandel nur von immanenten Entwicklungen in einer Gesellschaft abhängt.* Eine besonders verbreitete Tendenz in
vielen soziologischen Schriften der sechziger Jahre war es anzunehmen, dass die
Hauptkräfte des Wandels einer bestimmten Gesellschaft – oder auch: jeder Gesellschaft – in die jeweilige Gesellschaftsstruktur ‚eingebaut' seien. Ich nenne
dies die ‚Entfaltungs'-Konzeption des sozialen Wandels. Sie geht von der Vorstellung aus, Gesellschaften enthielten so etwas wie eine natürliche Evolutions-
tendenz, die sie einen vorgeschriebenen Entwicklungspfad entlangtreibt. Bereits
Max Weber hat jedoch vor vielen Jahren nachdrücklich auf den kontingenten
Charakter des sozialen Wandels hingewiesen. Dies wird hier ignoriert.

4. *Beachte den internationalen Kontext sozialer Strukturen und Prozesse.*
Wenn man heute die Soziologie der sechziger Jahre überblickt, fällt auf, mit
welcher Selbstverständlichkeit man damals so schrieb, als seien Gesellschaften
isolierte Einheiten. Derartige Schriften wurden von Leuten verfasst, die z.B. in
Großbritannien saßen und mit Stiften schrieben, die in Frankreich hergestellt
waren, die Kleider aus Hongkong trugen und deren Bücher auf japanischen
Maschinen gedruckt wurden. Heute dagegen ist die Theorie des Weltsystems
mit vollem Recht ein zentraler Bestandteil der Soziologie geworden.

Mit diesen vier Punkten möchte ich selbstverständlich nicht sagen, man solle
nicht verallgemeinern. Ich selbst habe Spaß am Generalisieren, und ich würde
sicherlich nicht vorschlagen, etwas aufzugeben, ohne das die Soziologie ziemlich sinnlos würde. Meine vier ‚Gebote' sollten vielmehr dazu dienen, an den
stets vorläufigen Charakter soziologischer Analyse zu gemahnen. Die Soziologie in den achtziger Jahren sollte nicht die Fehler derer wiederholen, die vor
zwanzig Jahren geschrieben haben. Trotzdem kann man kaum behaupten, dass
die heutige Soziologie von den soeben skizzierten Tendenzen ganz frei ist. Anstatt einen mehr oder weniger permanenten politischen und ökonomischen Konsensus in der westlichen Welt zu sehen, wie vor zwanzig Jahren, sieht eine neue
Generation von Sozialwissenschaftlern jetzt unüberwindliche Verwirrung und

Desintegration. Sie diagnostizieren folgenschwere soziale Veränderungen – z.B. von dieser ‚industriellen' zu einer ‚postindustriellen' Gesellschaft – und ignorieren dabei alle vier Punkte, die ich genannt habe. Im Folgenden möchte ich nun einige Aspekte der Klassenstruktur und der Klassenbeziehungen erörtern, die für die Analyse ‚Europas in den achtziger Jahren' relevant sind. Dabei werde ich versuchen, meine eigenen vier ‚Gebote' zugrunde zu legen.

II

Ich möchte mit der Erörterung der Beziehungen zwischen *Klassenstrukturen und Bürgerrechten* in heutigen europäischen Gesellschaften beginnen. Dies ist zwar ein altbekanntes Thema in der soziologischen und politikwissenschaftlichen Literatur; dennoch ermöglicht es neue Einblicke in einige grundlegende Probleme. Die berühmte Analyse eines britischen Sozialwissenschaftlers, die den Boden für die heutigen Debatten mit vorbereitet hat, ermöglicht meines Erachtens den ersten Zugang zum Thema. Es ist die Arbeit von T.H. Marshall, die vor rund 30 Jahren unter dem Titel ‚Citizenship and Social Class'[1] veröffentlicht wurde. Es handelt sich dabei um zwei Vorlesungen, die Marshall 1947, also in der Anfangszeit der Entwicklung des Wohlfahrtsstaates Großbritanniens, in Cambridge gehalten hat. Es ist nur ein kurzer Text, doch verdientermaßen war sein Einfluss größer als sein Umfang. Er hat eine Reihe von Autoren beeinflusst, die das soziologische Denken in den fünfziger und sechziger Jahren zumindest in der englischsprechenden Welt beherrscht haben, z.B. Seymour Martin Lipset, Reinhard Bendix, Ralf Dahrendorf u.v.a.

Marshall hat weit weniger gegen meine zuvor genannten vier ‚Gebote' verstoßen als einige der Autoren, die seine Ideen später verwendet haben. Die in den beiden ersten Punkten genannten Fehler hat er nicht begangen. Seine Analyse von Bürgerrecht (citizenship) und sozialer Klasse beruht auf weit zurückreichendem historischem Material. Marshall arbeitet zwar ausschließlich mit britischen Daten, er hütet sich aber, seine Analyse en bloque auf andere europäische Länder oder die Vereinigten Staaten zu übertragen. Er verstößt jedoch gegen meine Gebote 3 und 4, wie ich im Rahmen meiner folgenden Kritik darlegen möchte.

Marshall vertritt die These, dass die kapitalistische Gesellschaft im Verlauf der letzten beiden Jahrhunderte unter zwei gegensätzlichen Einflüssen gestanden habe – Klassenspaltungen und Bürgerrechten. Klasse ist eine, oder besser, *die* Quelle grundlegender Ungleichheiten in der Gesellschaft. Das Bürgerrecht ist ein gegenläufiger Einfluss, der auf größere Gleichheit hinzielt; denn wer

---

1 Wieder abgedruckt in Marshall (1973). In späteren Arbeiten hat Marshall seine ursprüngliche Auffassung teilweise revidiert. Vgl. dazu etwa den Aufsatz: The Welfare State: A Comparative Study (ebd.).

Bürger einer nationalen Gemeinschaft ist, hat universelle Rechte, die er mit allen Mitgliedern dieser Gemeinschaft teilt. Marshall ist der Auffassung, dass Begriff und Realität des Bürgerrechts zu den großen treibenden Kräften in unserer Zeit gehören und ein besonderes Kennzeichen der modernen Ära sind.

Nach Marshall können wir im modernen Staat drei Formen von Bürgerrechten unterscheiden, zivile, politische und soziale. Beim *zivilen* Aspekt geht es in erster Linie um die gesetzliche Garantie von Grundrechten, die Freiheit des Individuums, seinen Wohnort und seine Lebensweise nach eigenem Gutdünken zu wählen, die Rede- und Religionsfreiheit, das Recht auf Eigentum und auf Gerechtigkeit vor dem Gesetz. Wie aus diesen Beispielen hervorgeht, ist der *Gerichtshof* der zentrale institutionelle Ort der Verwaltung bürgerlicher Rechte. Der zweite, *politische* Aspekt des Bürgerrechts bezieht sich auf das Recht eines jeden Gesellschaftsmitglieds, bei der Ausübung politischer Macht mitzuwirken, entweder als Wähler oder durch direktere Formen politischen Handelns. Die hierfür wichtigsten Institutionen sind das *Parlament* und die *lokalen Selbstverwaltungsorgane*. Das *soziale* Bürgerrecht, der dritte Aspekt, bezieht sich auf das Recht jedes Bürgers auf ein gewisses Minimum an Lebensstandard, wirtschaftlicher Wohlfahrt und Sicherheit.

Es ist Marshalls These, dass die drei Formen von Bürgerrecht sich schrittweise entwickelt haben, so dass jeweils eines als Grundlage für die Entfaltung der anderen gedient hat. Erst mit der Entstehung des Wohlfahrtsstaates in Großbritannien und anderen westeuropäischen Gesellschaften nach dem Zweiten Weltkrieg flossen die drei vollkommen zusammen. Die für die Entstehung der *zivilen* Bürgerrechte am stärksten prägende Zeit war, zumindest in Großbritannien, das 18. Jahrhundert, als die individuellen Freiheitsrechte und die Gleichheit vor dem Gesetz fest verankert wurden. Marshall erwähnt auch das Recht, an einem Ort eigener Wahl zu arbeiten und zu leben, was in früheren Jahrhunderten durch Sitte und Gesetz untersagt war. Die Gerichtshöfe spielten dabei eine entscheidende Rolle. Eine Reihe von Urteilen erging, die das Individuum schrittweise von der Bindung an seinen Geburtsort und ererbten Beruf befreiten.

Die zivilen Bürgerrechte spielten eine wesentliche Rolle bei der Auflösung der Überreste der Feudalgesellschaft. Sie waren die unabdingbare Voraussetzung für das Entstehen von *politischen* Rechten; denn erst wenn das Individuum als ein fähiger und autonomer Handelnder anerkannt worden ist, wird es möglich und sinnvoll, dieses Individuum auch als politisch verantwortlich anzuerkennen. Während die zivilen Bürgerrechte im wesentlichen im 18. Jahrhundert gesichert wurden, gehört die Verankerung allgemeiner politischer Rechte in das 19. und frühe 20. Jahrhundert. Dabei handelt es sich nicht so sehr um die Entstehung neuer Rechte. Vielmehr wurden alte, zunächst nur von wenigen Privilegierten monopolisierte Rechte auf die gesamte Nation ausgedehnt. Noch im frühen 19. Jahrhundert hatte in Großbritannien nicht mehr als ein Fünftel der erwachsenen männlichen Bevölkerung das Stimmrecht. Das volle politische

Bürgerrecht in Gestalt des allgemeinen Wahlrechts wurde, wie in den meisten westeuropäischen Ländern, erst zu Beginn des 20. Jahrhunderts verwirklicht. *Soziale* Rechte, als dritte Form des Bürgerrechts in Marshalls Analyse, gehören nahezu völlig in das gegenwärtige Jahrhundert. Das 19. Jahrhundert war eine Zeit, in der der Konkurrenzkapitalismus triumphierte. Die Quellen der Unterstützung und Fürsorge für diejenigen, die auf dem freien Markt nicht ü-berlebensfähig waren, waren spärlich. Armut wurde als ein Anzeichen sozialer Minderwertigkeit behandelt. In Großbritannien verloren die in ein Arbeitshaus eingewiesenen Armen die Rechte eines normalen Bürgers, fast ebenso wie Kriminelle im Gefängnis. Warum hat sich das im 20. Jahrhundert geändert? Marshalls Antwort bezieht sich hauptsächlich auf den zweiten, politischen Typus von Bürgerrecht. Mit der Einrichtung des allgemeinen Wahlrechts gewann die organisierte Arbeiterklasse die politische Kraft, um Wohlfahrtsrechte als *Rechte* durchsetzen zu können. Erst im 20. Jahrhundert hat somit nach Marshall die Entwicklung der Bürgerrechte die Ungleichheit des kapitalistischen Systems ernsthaft angegriffen und unterminiert. Die Entwicklung der sozialen Rechte war von einem allgemeinen Streben begleitet, Ungleichheiten mit Hilfe von progressiven Einkommenssteuern und Erbschaftssteuern zu entschärfen. „Im 20. Jahrhundert (liegen) Staatsbürgerrechte und kapitalistische Klassengesellschaft miteinander im Krieg" schreibt Marshall (1992a: 54) in einer berühmten Formulierung. Er fährt fort, die Ausdehnung sozialer Rechte sei „nicht mehr länger der Versuch der Milderung des offensichtlichen Übels der Verarmung in den untersten Rängen der Gesellschaft. (...) Man ist nicht mehr länger damit zufrieden, die Höhe des Bodens im Keller des sozialen Gebäudes anzuheben, und dabei den Überbau so zu belassen, wie er ist. Sie hat damit begonnen, das gesamte Gebäude umzubauen, und sie kann sogar mit dem Ergebnis aufhören, den Wolkenkratzer in einen Bungalow umgewandelt zu haben" (ebd.: 67). Dabei bringt Marshall freilich auch eine gewisse Skepsis zum Ausdruck. Soziale Rechte führen nicht zu einer völligen Auflösung der Klassenunterschiede, und es ist auch nicht wahrscheinlich, dass dies in der Zukunft geschehen wird. Nach Marshalls Auffassung sind die sozialen Rechte lebendiger Bestandteil einer Gesellschaft, die zwar noch immer hierarchisch ist, aber die vom Klassenkonflikt herrührenden Spannungen gemildert hat. Der ‚Kriegszustand' zwischen Bürgerrecht und kapitalistischem Klassensystem führt zu einem ausgehandelten Waffenstillstand, nicht zum völligen Sieg einer Seite.

Mit dieser Auffassung unterscheidet sich Marshall deutlich von einigen seiner Nachfolger. Während Marshall von einem ausgewogenen Kompromiss zwischen dem egalisierenden Einfluss des Bürgerrechtes und den Spaltungseffekten des Klassenkonfliktes sprach, hat in deren Augen die Gesellschaft jegliche Klassenspaltungen überwunden. Derartige Auffassungen sind Bestandteil der ‚Soziologie der sechziger Jahre'. Sie wurden von Sozialwissenschaftlern vertreten, die gegen jedes der vier oben angeführten ‚Gebote' verstießen. Sie

bauten eine vereinfachte Version der Marshallschen Ideen in ein ‚Entfaltungs'-
Modell ein, das den für alle westlichen Gesellschaften gültigen Entwicklungs-
weg darstellen sollte. Wie oben schon angedeutet, sind fortschreitende Industrialisierung, gesellschaftliche Liberalisierung und allgemeiner politischer Konsensus zentrale Annahmen dieses Modells.

In dieser Form ist die ‚Soziologie der sechziger Jahre' fast über Nacht obsolet geworden, angesichts wieder aufflammender Konflikte in den westlichen
Gesellschaften und des nachfolgenden Niedergangs stabilen Wirtschaftswachstums in einer Periode der ‚Stagflation'. Trotz allem möchte ich aber behaupten,
dass Marshalls Konzeption der Bürgerrechte auch für die europäische Gesellschaft in den achtziger Jahren noch von unmittelbarer Bedeutung ist. Freilich,
aus der Sicht der achtziger Jahre werden einige Schwächen in dem von Marshall
skizzierten Szenario deutlich. Die Beziehungen zwischen Klasse, Klassenkonflikt und Bürgerrechten, wie er sie ursprünglich dargelegt hat, müssen heute
grundlegend neu überdacht werden.

Marshall hat meines Erachtens völlig Recht, wenn er die Bedeutung der
Bürgerrechte und ihre Beziehung zur Klassenstruktur für das Verständnis der
Gesellschaften hervorhebt, in denen wir heute leben. Ich denke auch, dass seine
Unterscheidung von drei Typen von Bürgerrechten nützlich ist. Aber ich möchte
seinen Beitrag in einen anderen Rahmen stellen als er selbst und natürlich auch
seine Nachfolger. Drei kritische Anmerkungen müssen zu Marshall gemacht
werden.

Erstens, mein drittes ‚Gebot' wird von Marshall nicht berücksichtigt. Er
schreibt, als wäre die Entwicklung der Bürgerrechte so etwas wie ein natürlicher
Evolutionsprozess, der, wenn nötig, von der wohltätigen Hand des Staates gefördert wird. Seine Interpretation der Entwicklung des heutigen Kapitalismus
ähnelt hier auf seltsame Weise der einiger marxistischer Autoren, deren Ansichten sich ansonsten stark von denen Marshalls unterscheiden. Für diese Autoren sind Bürgerrechte ein Mittel, mit dem die Arbeiterklasse von den Inhabern
gesellschaftlicher Machtpositionen, also: der herrschenden Klasse, im Zaume
gehalten wird. Meines Erachtens messen beide Deutungen der Tatsache zu wenig Gewicht bei, dass die Bürgerrechte zum großen Teil nur durch *Kampf* erreicht worden sind. In Großbritannien, ebenso wie in anderen Gesellschaften,
war die Ausdehnung der Bürgerrechte in erheblichem Ausmaß das Ergebnis von
Kämpfen der Unterprivilegierten zur Verbesserung ihres Loses. Für jede der
drei Formen von Bürgerrechten Marshalls musste gekämpft werden, über eine
lange historische Zeit hin. Das allgemeine Wahlrecht war zum Beispiel ein
Prinzip, gegen das vonseiten der herrschenden Kreise zäher Widerstand geleistet
wurde, sowohl gegen das Stimmrecht der männlichen Arbeiterschaft als auch
gegen das Frauenstimmrecht. Es ist sicherlich kein Zufall, dass das allgemeine
Wahlrecht in verschiedenen europäischen Ländern im Schatten des 1. Weltkrieges erreicht wurde. Hier verstößt Marshall gegen das vierte meiner ‚Gebote'.

Der Krieg trug dazu bei, einige traditionelle Bastionen des Widerstandes gegen den sozialen Wandel zu zerbrechen. Aber die Regierungen benötigten auch das Engagement der Bevölkerung für nationale Ziele. Die neu gewonnenen Vollbürger wurden das Kanonenfutter auf den Schlachtfeldern Europas.

Mein *zweiter* Punkt bezieht sich auf Marshalls Diskussion der ursprünglichsten Form von Bürgerrecht, die zivilen Bürgerrechte (civil rights). Marshall behandelt das, was er ‚ökonomische Bürgerrechte' (economic civil rights) nennt – also das Recht, Gewerkschaften zu bilden, Lohnverhandlungen zu führen und zu streiken – als einen bloßen Bestandteil der allgemeinen, zivilen Bürgerrechte. Bei näherer Betrachtung ist diese Interpretation jedoch nicht überzeugend. Die zivilen Bürgerrechte der persönlichen Freiheit und Gleichheit vor dem Gesetz wurden von der aufsteigenden bürgerlichen oder kapitalistischen Klasse erkämpft und gewonnen, und es ging dabei darum, feudale Verpflichtungen und Handelsbeschränkungen zu zerbrechen. Marx hat dargelegt – und Marshall stimmt dem zu –, dass die auf diese Weise gewonnenen Freiheiten in beträchtlichem Umfang dazu dienten, die Machtposition der Arbeitgeber gegenüber den Arbeitern zu stärken und damit die Entstehung kapitalistischer Unternehmen in der Frühzeit zu fördern. Denn die Entstehung des modernen Kapitalismus hing von ‚formal freier' Lohnarbeit ab, die es den Arbeitgebern gestattete, Arbeiter im Einklang mit dem wirtschaftlichen Auf und Ab ihrer Unternehmen einzustellen und wieder zu entlassen. ‚Ökonomische Bürgerrechte' – Marshall nennt sie manchmal auch ‚industrielle Bürgerrechte' – sind in mancher Hinsicht etwas völlig anderes als die bürgerlichen Rechte der Freiheit des Individuums. Die ‚ökonomischen Rechte' mussten zum großen Teil von der Arbeiterklasse gegen den Widerstand der Arbeitgeber und des Staates erkämpft werden. Das Recht, überhaupt Gewerkschaften bilden zu dürfen, wurde gemeinhin sicherlich nicht gnädig gewährt, sondern nur mit Hilfe erbitterter Kämpfe errungen und aufrechterhalten. Das gleiche gilt für die Versuche der Gewerkschaften, reguläre Verhandlungsverfahren zu institutionalisieren und ihre Interessen durch Streiks zu vertreten. Damit wird deutlich, dass eine Vermengung derartiger Vorgänge mit den allgemeinen zivilen Bürgerrechten ein schiefes Bild ergibt.

Ein *dritter* Einwand leitet sich teilweise von den ersten beiden ab. Marshall neigte dazu, die Ausdehnung der Bürgerrechte, die in der Schaffung des Wohlfahrtsstaates kulminiert, als einen Vorgang zu behandeln, der nur in eine Richtung und in unumkehrbaren Entwicklungsstufen verläuft. Diese Auffassung ergibt sich sicherlich, wenn man die Bürgerrechte als einen evolutionären Prozess auffasst, anstatt als Ergebnis von aktiven Bemühungen konkreter Gruppen von Menschen. Das erneute Auftreten einer schweren Wirtschaftskrise, von Rezession anstelle von Wachstum, und die Beschneidung von Wohlfahrtsleistungen vonseiten verschiedener westlicher Regierungen stehen nicht im Einklang mit Marshalls Vorstellung von einer kontinuierlichen Entwicklung des

Wohlfahrtsstaates. In seiner Analyse erscheinen die Bürgerrechte als wesentlich weniger zerbrechlich und umstritten, als sie es in Wirklichkeit sind.

Will man diesen Einwänden gerecht werden, ist man gezwungen, Marshalls Standpunkt zu verlassen. Ich bin der Auffassung, dass die Klassenstruktur, deren Umrisse ich nun skizzieren möchte, in den westlichen Gesellschaften auch heute noch von zentraler Bedeutung ist. Das ist die Grundlage für die Interpretation der gesellschaftlichen Entwicklungen und Möglichkeiten in den achtziger Jahren.[2] Dabei ist es zunächst nötig, Marx gegen Marshall zu verwenden; später werde ich aber dann das Gleichgewicht ein wenig verändern und Marshall gegen Marx verwenden.

Ein Grundbegriff für die Analyse der Klassenstruktur im Kapitalismus während des gesamten von Marshall diskutierten Zeitraums, vom 18. Jahrhundert bis heute, ist m.E. der *kapitalistische Arbeitsvertrag*. Der kapitalistische Arbeitsvertrag ist eine rein ökonomische Beziehung. Ein Arbeitgeber heuert einen Arbeiter an (oder genauer: er kauft die Arbeitskraft eines Arbeiters) und zahlt dafür einen Geldlohn. Die frühe Ausprägung des kapitalistischen Arbeitsvertrags in der Frühzeit der kapitalistisch-industriellen Produktion beinhaltete zwei Bedingungen von besonderer Bedeutung. *Erstens* wurde die Sphäre des ‚Ökonomischen' (das Arbeitsleben) von der Sphäre des ‚Politischen' (Teilnahme am staatlichen Geschehen) getrennt. Die Schaffung einer eigenen Sphäre des ‚Politischen' wurde mit dem Sturz der feudalen, höfischen Macht und deren Ablösung durch eine parlamentarische Regierung bewerkstelligt. Die Konsolidierung der Scheidung des ‚Ökonomischen' vom ‚Politischen' wurde zum Teil mit Hilfe genau derjenigen Freiheiten erreicht, die Marshall als zivile Bürgerrechte bezeichnet. Das heißt, zivile und politische Bürgerrechte entstanden gemeinsam. Bei der Ausdehnung der allgemeinen Bürgerrechte hat es also keine sukzessiven Stufen gegeben, wie Marshall sie beschreibt. Die Trennung des ‚Ökonomischen' vom ‚Politischen' diente *zweitens* dazu, genau die Freiheiten zu unterlaufen, von denen sie selbst abhing. Was Marshall zivile und politische Bürgerrechte nennt, hat Marx, wie wir wissen, viel beißender als bloße ‚bürgerliche Freiheiten' angesehen, als Freiheiten also, die zwar im Prinzip allgemein sind, aber in der Praxis die herrschende Klasse begünstigen. Im Wesentlichen hatte Marx damit sicherlich Recht. Der kapitalistische Arbeitsvertrag schloss jegliche Arbeiterbeteiligung oder -kontrolle bei der Organisation des Arbeitsplatzes aus. Bis auf den heutigen Tag wird dies durch die spezifische Form des kapitalistischen Staates sanktioniert, der die Sphäre der Industrie explizit als ‚außerhalb der Politik' definiert. Das Recht der periodischen Wahl von Parlamentsabgeordneten und lokalen Selbstverwaltungsorganen gilt nicht für den Bereich der Arbeit und Produktion.

Auf dieser Grundlage können wir nun erklären, warum die ‚industriellen' bzw. ‚ökonomischen Bürgerrechte' in Marshalls Sinn nicht einfach ein Teil der

---

2   Vgl. dazu das ‚Postscript' zur 2. Auflage von Giddens (1981).

zivilen Bürgerrechte im Allgemeinen sind. Die Trennung des ‚Ökonomischen'
vom ‚Politischen' hat vielmehr die Konflikte, mit denen die Organisationen der
Arbeiterklasse konfrontiert sind, in zwei – freilich miteinander verbundene –
Richtungen kanalisiert. Das heißt, es gibt *zwei chronische Schauplätze des Klassenkonflikts in westlichen Gesellschaften*. Auf jedem der beiden Schauplätze
waren und sind Bürgerrechte ein Brennpunkt des Klassenkonflikts; sie stehen
also nicht im Gegensatz zum Klassenkonflikt, wie Marshall annimmt. In der
Sphäre des ‚Politischen' war die Bildung von Arbeiterparteien oder sozialistischen Parteien – gegen den aktiven Widerstand der existierenden Regierungen
in vielen Ländern – zunächst darauf gerichtet, das allgemeine Wahlrecht zu
gewinnen, und anschließend darauf, die von Marshall so genannten sozialen
Bürgerrechte oder Wohlfahrtsrechte durchzusetzen. Die Arbeiterbewegungen
konnten hier auf einer Kombination von zivilen und politischen Bürgerrechten
aufbauen, die im weiteren Verlauf ausgeweitet wurden. Im industriellen Bereich
hingegen war und ist die Situation ganz anders. Denn die Trennung des ‚Ökonomischen' vom ‚Politischen' bedeutete in der Frühzeit der kapitalistischen
Entwicklung, dass jeder Arbeiter, der das Fabriktor passierte, jedes Recht auf
Kontrolle über den Arbeitsprozess aufgab. Was in früheren Gesellschaftsformen
selbstverständlich war, ein erheblicher Grad an Kontrolle des Arbeiters über den
Arbeitsprozess, musste nun von neuem erkämpft werden. In allen westlichen
Gesellschaften stellte der gewerkschaftliche Zusammenschluss, gestützt auf die
Androhung oder tatsächliche Durchführung von Streiks, die hauptsächliche
Machtbasis dar, auf die sich Arbeiter in der – gemäß der herrschenden Ideologie
– ‚unpolitischen' Arbeitssphäre, stützen konnten. Diese Macht hat sich, zumindest unter bestimmten Umständen und Bedingungen, als recht beträchtlich erwiesen. Aber da sie eine ausschließlich negative Macht ist, ist es nahezu unumgänglich, dass sie in den Augen derer, die die Politik in Industrie und Staat tatsächlich bestimmen, als obstruktiv erscheint – und häufig ist sie das auch. Im
heutigen Großbritannien zum Beispiel, wo es auf nationaler Ebene keine linken
Presseorgane gibt, variiert praktisch jede Zeitung, die man liest, den Slogan:
‚Die Gewerkschaften regieren das Land.' Aber selbstverständlich kann niemand
durch Obstruktion regieren; die Macht zu blockieren oder zu verhindern, ist eine
völlig einseitige Form der Macht.

Meine Auffassung lässt sich folgendermaßen zusammenfassen: Man kann
den Klassenkonflikt eher als ein *Medium der Ausdehnung von Bürgerrechten*
ansehen als davon auszugehen, dass die Ausdehnung der Bürgerrechte die Klassenspaltung entschärft hätte. Alle drei Formen von Bürgerrechten, die Marshall
unterschieden hat, sind zweischneidig. Als Kampfinstrumente dienen sie einerseits tatsächlich dazu, den Spielraum der möglichen menschlichen Freiheiten in
westlichen Gesellschaften auszudehnen; aber andererseits bleiben sie andauernde Auslöser für neue Konflikte. Dennoch hat Marshalls Analyse keineswegs
ihre aktuelle Bedeutung für die Kritik an Marx und an einigen zeitgenössischen

Formen des Marxismus verloren. Ich meine, dass Marx, ebenso wie viele spätere Marxisten, die sogenannten ‚bürgerlichen Freiheiten', die mit dem westlichen
Kapitalismus verknüpft sind, doch allzu leicht abgetan hat. Marx hebt besonders
hervor, dass diese Freiheiten leer seien und die Herrschaft der Kapitalistenklasse
sanktionierten. Ich denke nicht, dass er die von mir hier skizzierte Entwicklung
voll antizipiert hat, nämlich die Verwirklichung von Bürgerrechten im Rahmen
der liberalen Demokratie anstatt im Gefolge einer sozialistischen Revolution.

III

Die in kritischer Auseinandersetzung mit Marshall herausgearbeiteten Gesichtspunkte, die Trennung des ‚Ökonomischen' vom ‚Politischen' und der kapitalistische Arbeitsvertrag als grundlegende Merkmale der Klassenstruktur in westlichen Ländern, bedürfen selbstverständlich weiterer Vertiefung. Im Rahmen des
vorliegenden Aufsatzes kann ich dazu nur einen begrenzten Beitrag leisten. Zu
diesem Zwecke habe ich mir einen zweiten einflussreichen Autor ausgewählt,
Harry Braverman (1985), der sich selbst als Marxist versteht und damit ein
gewisses Gegengewicht zu dem eher ‚bürgerlichen' Marshall darstellt. In Auseinandersetzung mit Braverman möchte ich versuchen, einige der im Anschluss
an Marshall angestellten Überlegungen weiter zu präzisieren. Auf dieser
Grundlage möchte ich mich dann abschließend noch einmal explizit auf die
‚Gesellschaft der achtziger Jahre' konzentrieren.

Braverman schreibt als Marxist, und der Ausgangspunkt seiner Analyse kapitalistischer Organisationen ist der Verkauf von Arbeitskraft als Ware. Mit dem
Verkauf ihrer Arbeitskraft an den Kapitalisten treten die Arbeiter die Kontrolle
über den Arbeitsprozess ab. Die Kapitalisten versuchen ihrerseits, diese Kontrolle durch ‚Management' zu konsolidieren. Die Arbeiter müssen durch ein
Management beaufsichtigt und zum Gehorsam gebracht werden, weil die kapitalistischen Arbeitgeber sich weder auf moralische Treuebande stützen können,
wie in feudalen Klassenbeziehungen, noch auf den Gebrauch physischer Gewalt. Ihre einzige echte Sanktion ist der wirtschaftliche Zwang, der darauf beruht, dass die Arbeiter eine bezahlte Beschäftigung finden müssen, um leben zu
können. Es ist Bravermans Hauptthese, dass diese Managementkontrolle vor
allem auf dem Wege über die Wirkungen der Arbeitsteilung erreicht wird. Braverman hält es jedoch für verfehlt, von Arbeitsteilung im Allgemeinen zu sprechen. Die ‚soziale Arbeitsteilung', die es in allen Gesellschaften gibt, muss
deutlich von der ‚technischen Arbeitsteilung' unterschieden werden, die ein
spezifisches Merkmal des Kapitalismus ist. Während die soziale Arbeitsteilung
auf einer Aufteilung von Aufgaben beruht, die der Herstellung vollständiger
Produkte dienen, fragmentiert die technische Arbeitsteilung die Arbeitsaufgabe
in viele repetitive Operationen, die von verschiedenen Individuen ausgeführt

werden. Nach Bravermans Auffassung ist die Ausdehnung der technischen Arbeitsteilung der für die Ausdehnung der Managementkontrolle über die Arbeiter grundlegende Vorgang, denn die Kenntnis des Arbeitsprozesses und dessen Beherrschung werden den Arbeitern auf diese Weise schrittweise ,enteignet'.

Meines Erachtens bietet Bravermans Analyse eine wichtige Korrektur einiger Elemente in Webers Darstellung der Bürokratisierung. Braverman zeigt, dass die technische Rationalität im modernen industriellen Unternehmen gegenüber der Klassenherrschaft nicht neutral ist. Die Bedeutung dieser Aussage kann kaum genug betont werden. Denn falls Bravermans Argument zutrifft, so ist die Beziehung zwischen Lohnarbeit und Kapital bereits in der Form der industriellen Technik selbst enthalten. Klassenherrschaft erscheint dann als das fehlende Mittelstück in der Verbindung, die Max Weber zwischen der Rationalität der Technik und der Rationalität der Bürokratie als dem (formal) ,technisch effektivsten' Typus von Organisation hergestellt hat. Daraus würde folgen, dass die bürokratische Herrschaft und die damit verbundene Machtlosigkeit der Arbeiter keine unvermeidbaren Merkmale heutiger Organisationen sind; die Veränderung der Klassenbeziehungen, die auch in der ,technischen Arbeitsteilung' verkörpert sind, könnte grundsätzlich auch die Basis für eine demokratische Reorganisation des Arbeitsprozesses werden. Man könnte deshalb erwarten, dass Braverman die Möglichkeiten, Webers ,stählernes Gehäuse' der Bürokratie aufzubrechen, optimistischer einschätzen würde als Weber selbst, dessen Zukunftsvision bekanntlich düster war. Tatsächlich scheint aber der schrittweise Verlust der Kontrolle über den Arbeitsprozess, den Braverman beschreibt, ebenso unvermeidlich und unumkehrbar zu sein wie die Bürokratisierungsprozesse, die Weber dargestellt hat. Für dieses überraschende Resultat ist vor allen Dingen die ,objektivistische' methodologische Position verantwortlich zu machen, zu der sich Braverman am Anfang seines Buches ausdrücklich bekennt.

Er stellt fest, dass er sich in seinem Buch ,Die Arbeit im modernen Produktionsprozess' ausschließlich mit dem ,,objektiven' Inhalt der Klasse" beschäftigen wolle, nicht mit dem ,,subjektiven'" (Braverman 1985: 32). Das Ergebnis ist ein Werk, das – trotz seines Bekenntnisses zu einem marxistischen Standpunkt – die Selbstbewusstheit (knowledgeability) und die Entscheidungsfähigkeit (capability) von Arbeitern[3], die es mit verschiedenen Anordnungen des

---

3 Hinter diesen Formulierungen steht die Überlegung, dass menschliches Verhalten ganz überwiegend als ,Handeln' zu begreifen ist. Dabei habe ich vor allem zwei Gesichtspunkte im Auge – den einen bezeichne ich als *Theorem der Selbstbewusstheit* (knowledgeability), den anderen als *Theorem der Entscheidungsfähigkeit* (capability): Einen Begriff des ,Handelns' in die Soziologische Theorie einzubeziehen heißt, den Menschen als selbstbewusst und entscheidungsfähig aufzufassen. Indem ich betone, dass Menschen ,*selbstbewusste*' Handelnde sind, möchte ich zum Ausdruck bringen, dass jeder von uns sehr viel darüber weiß, warum er sich jeweils in einer bestimmten Weise verhält und welche gesellschaftlichen Konventionen für dieses Verhalten jeweils maßgeblich sind. Menschliche Handelnde halten ständig, wenn auch meistens still-

Managements zu tun haben, sicherlich stark unterschätzt. Bravermans Behauptung, sein Buch befasse sich nicht mit dem ‚subjektiven Willen‘, trifft aber nicht
zu: Der ‚subjektive Wille‘ des Managements, ausgedrückt in tayloristischen
Kontrollstrategien, ist dort mehr als angemessen repräsentiert. Was fehlt, ist eine
adäquate Diskussion der Reaktionen der Arbeiter, als ihrer selbst bewusste und
entscheidungsfähige Handelnde, auf die technische Arbeitsteilung und den
Taylorismus. Braverman gründet seine Trennung von ‚objektiven‘ und ‚subjektiven‘ Klassenmerkmalen auf Marx‘ berühmte Unterscheidung zwischen einer
Klasse ‚an sich‘ und einer Klasse ‚für sich‘. Es ist jedoch wichtig zu erkennen,
dass diese Unterscheidung eine mögliche Zweideutigkeit in sich verbirgt. Denn
sie könnte zu der Annahme verleiten, dass ‚Klassenbewusstsein‘ mit Klasse ‚für
sich‘ gleichzusetzen sei und dass deshalb die ‚objektiven‘ Klassenmerkmale
ohne Bezug auf (diskursives oder praktisches) Bewusstsein untersucht werden
könnten. Das ist zweifellos ein Irrtum. Alle Klassenbeziehungen beinhalten
offensichtlich bewusste Tätigkeiten menschlicher Handelnder. Etwas völlig
anderes ist es, dass bestimmte Gruppen von Individuen sich bewusst sein können, dass sie Mitglieder derselben Klasse sind, gemeinsame Klasseninteressen
haben usw. (Jacoby 1976; Mackenzie 1977). Man kann sich durchaus Umstände
vorstellen, in denen Individuen nicht nur nicht wissen, dass sie sich in einer
gemeinsamen Klassenlage befinden, sondern auch die Existenz von Klassen
explizit bestreiten; und dennoch können ihre Einstellungen und Ideen unter
Bezug auf Klassenbeziehungen erklärt werden. Charakteristischerweise ist dies
bei verschiedenen Kategorien von Büroarbeitern der Fall, wie ich an anderer
Stelle dargelegt habe (vgl. Giddens 1979).

Bravermans überraschende Abneigung, Arbeiter als selbstbewusste und entscheidungsfähige Handelnde ernst zu nehmen, belastet einige seiner Schlussfolgerungen. Obwohl Bravermans Studie explizit marxistisch ist, findet sich dort

---

schweigend, einen gewissen ‚Kontakt‘ zu den Gründen ihres Tuns. Dieses zur Routine gewordene ‚reflexive self-monitoring‘ des eigenen Handelns ist integraler Bestandteil allen menschlichen Zusammenlebens. Indem ich menschliche Handelnde als ‚*entscheidungsfähig*‘ bezeichne,
beziehe ich mich auf das philosophische Theorem, dass bei jedem Handeln die Möglichkeit
impliziert ist, auch anders handeln zu können. ‚Auch anders handeln können‘ heißt, auf die
Welt einwirken und einen vorgegebenen Ablauf von Ereignissen beeinflussen zu können, entweder durch tatsächliches Verhalten oder durch Unterlassen. Daraus folgt nun, dass der Begriff
des Handelns logisch verknüpft ist mit dem Begriff der Macht. Denn Macht im weitesten Sinne
ist genau die Fähigkeit, den Ablauf von Ereignissen beeinflussen zu können. Es muss freilich
betont werden, dass in der soziologischen Theorie die Handlungsanalyse stets durch eine Insti-
tutionenanalyse ergänzt werden muss. Wir müssen davon ausgehen, dass die Selbstbewusstheit
und Entscheidungsfähigkeit menschlicher Handelnder stets gebunden ist, da sie von dem institutionellen Kontext, in dem das Handeln stattfindet, eingeschränkt ist. Dennoch wäre es aber ein
grober Fehler, die Strukturmerkmale sozialer Systeme lediglich als Einschränkungen aufzufassen. Denn sie schränken das menschliche Handeln nicht ein, sie befähigen auch zum Handeln. Der traditionelle Dualismus von Handeln und Struktur muss deshalb als ein Spannungs-
feld reinterpretiert werden, in dem die Struktur gleichzeitig Voraussetzung und Ergebnis selbst-
bewusster menschlicher Praxis ist (vgl. dazu ausführlicher: Giddens 1979, 1984).

kein Anzeichen dafür, dass die Arbeiterklasse sich gegen ihre Unterdrücker erheben könnte oder dass die Arbeiter gar dazu fähig wären, das Vordringen der Prozesse teilweise zu verhindern, die sie der Kontrolle über ihre Arbeit berauben. Im Gegenteil, die sich ausbreitende Dequalifizierung der Arbeiter und der Verlust der Kontrolle über ihre Arbeitsaufgabe scheinen mit der gleichen unabänderlichen Durchsetzungskraft aufzutreten wie der von Weber beschriebene Vormarsch der Bürokratie.

Man kann freilich bezweifeln, ob die von Braverman beschriebenen Prozesse wirklich so eindeutig oder grundlegend sind, wie er annimmt. Ein Grund für diesen Zweifel ist, dass die in kapitalistischen Ökonomien ständig stattfindenden technologischen Veränderungen in ihren Auswirkungen auf den Arbeitsprozess viel komplizierter zu sein scheinen, als Braverman voraussetzt. Gewiss sind bestimmte alte Handwerksqualifikationen fast völlig verschwunden; aber neue, freilich andersartige Typen von qualifizierter Arbeit werden ständig geschaffen. Was als ‚Qualifikation' zu gelten hat, ist selbstverständlich eine komplizierte Frage, wie Braverman und viele spätere Kommentatoren erkannt haben. Aber hier kommt wieder der Faktor der menschlichen Selbstbewusstheit ins Spiel. Denn was als ‚qualifizierte Arbeit' gilt oder als ein ‚qualifizierter Beruf', hängt zu einem guten Teil davon ab, ob eine allgemeine Anerkennung als ‚Qualifikation' *durchgesetzt* werden kann. Es gibt viele Beispiele, wo Arbeiter sich als fähig erweisen, ihre Selbstdefinition als ‚qualifiziert' aufrechtzuerhalten, obwohl sich der Charakter ihrer Arbeitsaufgabe verändert hat.

Ebenso wichtig sind die verschiedenen Formen des Arbeiterwiderstands, durch die es den Arbeitern gelungen ist, ein beträchtliches Maß an Kontrolle über den Arbeitsprozess selbst zu erhalten. Historische Forschungen über die amerikanische Arbeiterklasse zeigen, dass der Einfluss des Taylorismus deutlich geringer war, als Braverman annimmt, und zwar in starkem Maße aufgrund von Arbeiterwiderstand, und dass außerdem die Ausbreitung der ‚Human Relations'-Ideologie teilweise auf die Ablehnung des Taylorismus durch die Arbeiterklasse zurückzuführen ist (vgl. Palmer 1975; Aitken 1960; Aronowitz 1973; 1978/79). Vielleicht sollte man noch hinzufügen, dass diese Gegnerschaft gegen den Taylorismus durchaus nicht nur von den am unmittelbarsten Betroffenen, also den Arbeitern, ausging. Viele Unternehmer und Manager in den USA und anderswo waren (ganz im Gegensatz zur Haltung Lenins!) teils aus pragmatischen, teils aus humanitären Gründen, skeptisch oder offen feindlich gegenüber dem ‚Scientific Management' eingestellt. Eine derartige Haltung, auch wenn sie aus rein praktischen Gründen eingenommen wurde, war durchaus realistisch. Denn auch wer versucht, Arbeitskräfte unter seiner Kontrolle zu halten, wird davon durchaus nicht unfähig, das marxistische Sprichwort zu verstehen, dass Arbeitskraft eine Ware ist, die sich nicht wie andere Waren behandeln lässt.

Genau an dieser Stelle wird die Tatsache wichtig, dass die Arbeiter in kapitalistischen Gesellschaften ‚gemanagt' werden. In anderen Typen von Klassengesellschaft hat die herrschende Klasse normalerweise die direkte Verfügung über die Gewaltmittel und kann deshalb widerspenstige Arbeiter direkt disziplinieren, wenn es erforderlich wird. Aber im Kapitalismus ist a) regelmäßige Arbeitsdisziplin wichtiger für den Arbeitsvorgang als in den meisten Produktionszusammenhängen in früheren Gesellschaftsformen, insbesondere der Agrarproduktion; um die Arbeiter gefügig zu machen, steht b) den Unternehmern als hauptsächliche Sanktionsmöglichkeit die Eigentumslosigkeit der Arbeiter zur Verfügung, die diese zwingt, eine Beschäftigung zu finden, um leben zu können. Die Bedeutung dieser Gegebenheiten kann wohl am besten erkannt werden, wenn man sie als Formen des *kapitalistischen Arbeitsvertrages* untersucht. Die vertragsmäßige Beziehung zwischen Kapital und Lohnarbeit ist die Quelle fortwährender Auseinandersetzungen, bei denen die Arbeiterklasse freilich keineswegs immer und unausweichlich der Verlierer ist.

Damit komme ich zurück auf meine oben angeführte Unterscheidung zwischen zwei ‚Achsen‘ oder ‚Schauplätzen‘ des Klassenkampfes in den kapitalistischen Gesellschaften. Der eine Schauplatz ist der Klassenkampf am Arbeitsplatz, auf den Braverman sich in erster Linie konzentriert. Wie ich bereits dargelegt habe, unterschätzt Braverman dabei freilich das klassenkämpferische Gewicht des alltäglichen Verhaltens am Arbeitsplatz. Es erscheint deshalb nützlich, Bravermans Arbeit an dieser Stelle durch eine Studie von Andrew Friedman zu ergänzen. Nach Friedman (1977) hat nicht nur Braverman, sondern Marx selbst die allmähliche Unterminierung von Qualifikationsunterschieden und damit die fortschreitende Vereinheitlichung der Arbeiterschaft vorhergesehen. Deshalb mäßen beide Autoren dem Einfluss des Arbeiterwiderstandes auf Betriebsebene nicht genügend Gewicht bei, und sie unterschätzten die sich daraus ergebende Notwendigkeit für Unternehmer oder Manager, die Tatsache eines derartigen Widerstandes in ihre eigenen Strategien einzubeziehen. Friedman unterscheidet zwischen zwei Haupttypen von Managementstrategien, die für die Kontrolle von Arbeitskraft regelmäßig angewendet werden. Die eine ist die Strategie der ‚verantwortlichen Autonomie‘ (vgl. Burawoy 1980). Dabei wird den Arbeitern ein beträchtliches Maß an Unabhängigkeit bei der Durchführung ihrer Arbeit zugestanden. Auf diese Weise sollen sie veranlasst werden, technologische Veränderungen im Einklang mit den allgemeinen Zielen der Unternehmensleitung zu akzeptieren. Im Gegensatz dazu steht die Strategie der ‚direkten Kontrolle‘, die dem von Braverman gezeichneten Bild von den allgemeinen industriellen Arbeitsverhältnissen nahe kommt. In diesem Falle versucht die Unternehmensleitung, die Arbeiter durch strenge Überwachung des Arbeitsprozesses zum Gehorsam zu bringen und die Disziplin aufrechtzuerhalten, indem sie die Verantwortung der Arbeiter mit Hilfe tayloristischer Techniken so gering wie möglich halten. Nach Friedmans Auffassung überschätzt Braverman den Verbreitungsgrad und die Wirksamkeit dieser zweiten Strategie, da er dem Widerstand der Arbeiter zu wenig Gewicht beimisst. Friedmans Unterscheidung unterschiedlicher Typen von Managementstrategien ist u.a. deshalb so bedeutsam, weil sie die Möglichkeit eröffnet, die Erforschung von dualen bzw. segmentierten Arbeitsmärkten in die Analyse miteinzubeziehen. Arbeitskräfte, die innerhalb segmentierter Arbeitsmärkte eine schwache Position innehaben, sind in der Regel wahrscheinlich am wenigsten fähig, sich der Unterwerfung unter die Managementstrategie der ‚direkten Kontrolle‘ zu entziehen. Dies gilt insbesondere für ethnische Minderheiten – und Frauen.

Auf dem zweiten Schauplatz des Klassenkampfes stehen sich Arbeiterbewegungen und die organisierte Macht von Unternehmern und Staat gegenüber. Dies ist der Hauptschauplatz, an dem sich die ‚Dialektik von Kontrolle‘ entfaltet. Wie Marx gezeigt hat, diente der kapitalistische Arbeitsvertrag in der Frühzeit der Entwicklung des Kapitalismus als Mittel zur Stützung der Macht der aufsteigenden Unternehmerklasse. Indem er die feudalen Bande von Treue und Verpflichtung auflöste, gewährte der kapitalistische Arbeitsvertrag die ‚Freiheit‘, dass die Unternehmer Arbeitskraft zu ihrem Tauschwert kaufen und die Arbeiter sie verkaufen konnten. Indem die Beziehung zwischen Unternehmern und Arbeitern zu einer rein ökonomischen wurde, wurden die abstrakten ‚politischen‘ Rechte auf eine gesonderte Sphäre der Politik eingegrenzt. Mit dem Vordringen der parlamentarischen Regierungsform wurde der kapitalistische Arbeitsvertrag jedoch zur Ausgangsbasis für die Gründung von Arbeiterbewegungen, deren Macht in der Möglichkeit lag, mit Arbeitsverweigerung zu drohen oder sie tatsächlich auszuführen. Meines Erachtens haben die Kämpfe der Arbeiterbewegung für die Verbesserung der allgemeinen wirtschaftlichen Lage der Arbeiterklasse und die Verwirklichung der Bürgerrechte wesentlich dazu beigetragen, die Merkmale der kapitalistischen Gesellschaften des Westens zu verändern. Bravermans Buch bezieht sich nicht unmittelbar auf derartige Fragen, aber ich glaube nicht, dass sie sich gänzlich von den dort erörterten Problemen trennen lassen. Denn die Erfolge der westlichen Arbeiterbewegungen haben zweifellos dazu beigetragen, einem derartig monolithischen Triumph des Kapitalismus entgegenzuwirken, wie er sich aus Bravermans Analyse ergibt.

Ebenso wie Braverman die Bedeutung des Arbeiterwiderstands am Arbeitsplatz unterschätzt, haben sich viele andere Marxisten abschätzig über die Rolle der Arbeiterbewegungen bei der Transformation des von C.B. Macpherson (1966) sogenannten ‚liberalen‘ Staates des 19. Jahrhunderts zum ‚liberaldemokratischen‘ des 20. Jahrhunderts geäußert. In den schlechtesten derartigen Analysen sind sogar die Fehler des sozialwissenschaftlichen ‚Objektivismus‘ und des Funktionalismus gemeinsam enthalten: Gleichgültig welche Bürgerrechte die Arbeiterklasse erlangt haben mag, sie werden stets als Ergebnis von ‚Anpassungen‘ des kapitalistischen Systems zur Erhaltung des Arbeitskräfteangebotes interpretiert.[4] Man lese etwa das folgende Urteil von Müller/Neusüß (1970: 8)

---

4   Eine Kritik des Funktionalismus aus dem Blickwinkel des Begriffs der ‚structuration‘ findet sich in dem Kapitel ‚Functionalism: après la lutte‘, in: Giddens, A. (1977).

über den Wohlfahrtsstaat: „Wesentlich für die Herausbildung des Revisionismus in der Geschichte der Arbeiterbewegung ist die Erfahrung von ‚sozialpoliti-schen' Gesetzen des bürgerlichen Staates, die bestimmte Formen der Ausbeu-tung der Arbeiter im kapitalistischen Betrieb einschränken und die materielle Existenz der Lohnabhängigen für Zeiten, in denen sie ihre Arbeitskraft nicht als Ware auf dem Markt verkaufen können (Krankheit, Alter, Arbeitslosigkeit), auf der Basis eines Existenzminimums sichern (Arbeitsschutzgesetzgebung und Sozialversicherungssysteme)." In derartigen Einschätzungen werden nicht nur die lang andauernden Kämpfe ignoriert, die die Arbeiter in den meisten Ländern für die Erreichung politischer Rechte und Wohlfahrtsrechte zu führen hatten, außerdem werden die Arbeiter auch als bloße ahnungslose Opfer des Systems dargestellt.

IV

Damit möchte ich zum Thema der ‚Gesellschaft der achtziger Jahre' zurückkeh-ren. Ich möchte vier grundlegende Fragen, oder Fragenkomplexe, aufwerfen und kurz diskutieren. Die erste Frage bezieht sich auf das Schicksal des Wohl-fahrtsstaates, insbesondere im Zusammenhang mit dem Wiedererstarken des Konservatismus, der in einer Reihe von Ländern heute zu beobachten ist. Bei der zweiten Frage geht es um die Bedeutung der zivilen Bürgerrechte, die Mar-shall als nahezu selbstverständlich gegeben sah, während ich der Auffassung bin, dass sie Gegenstand einer andauernden Auseinandersetzung sind. Die dritte Frage leitet sich teilweise aus den beiden ersten ab; sie bezieht sich auf die The-orie des Sozialismus: Was lässt sich aus der Analyse der Beziehungen zwischen Klassenstruktur und Bürgerrechten für ein neues Durchdenken sozialistischer Programme heute lernen? Schließlich möchte ich noch, viertens, kurz einige Gesichtspunkte ansprechen, die im Zusammenhang mit dem letzten von meinen oben angeführten ‚Geboten' stehen. In diesem Falle geht es darum, den Zusam-menhang zwischen der Bürgerrechtsfrage und der Welt von Nationalstaaten, in der wir heute leben, nicht aus dem Auge zu verlieren.

Meine erste Frage gilt dem Wohlfahrtsstaat. In Marshalls Analyse erscheint die Entstehung und Ausdehnung des Wohlfahrtsstaates gewissermaßen als die natürliche Begleiterscheinung der Entwicklung der Bürgerrechte. Die Einrich-tung von bürgerlichen Rechten führt zur Verankerung von politischen Rechten, von diesen verlagert sich dann das Schwergewicht auf die Wohlfahrtsrechte. Der Wohlfahrtsstaat ist das Ergebnis dieses Prozesses. Diese Analyse weist freilich eine Reihe von Schwächen auf: Die von Marshall dargestellte Entwick-lungssequenz von Bürgerrechten ist keineswegs so gleichmäßig, wie er an-nimmt, nicht einmal in Großbritannien und schon gar nicht in anderen Gesell-schaften. Darüber hinaus bedient sich Marshall bei der Entfaltung seiner Entwicklungssequenz einer evolutionistischen Argumentationsweise und verstößt damit gegen das zweite meiner oben genannten ‚Gebote'. Schließlich ist kritisch anzumerken, dass Klassenzugehörigkeiten die Wirkung von Bürgerrechten in weit höherem Maße beeinträchtigen, als Marshall dies annimmt. Aus meiner eigenen Analyse ergibt sich, dass die Wohlfahrtsrechte – und der Wohlfahrtsstaat als solcher – sehr viel anfälliger und umstrittener sind als dies Marshall und auch der funktionalistische Marxismus annehmen, wo die Wohlfahrtsrechte lediglich als das Mittel aufgefasst werden, mit dem die Bourgeoisie die Arbeiterklasse ruhig hält. Wenn wir dagegen die Wohlfahrtsrechte als einen Angelpunkt des Klassenkampfs auffassen und nicht als ein bloßes Instrument, ihn zu verwässern und aufzulösen, so sind wir in der Lage, sowohl den begrenzten Erfolg des Wohlfahrtsstaates bei der Schaffung größerer Gleichheit als auch die gegenwärtig in verschiedenen Gesellschaften aktive konservative Reaktion dagegen zu verstehen. Der Wohlfahrtsstaat ist weder das Ergebnis der liberalen Neigungen der Regierung (Marshall) noch das Instrument bürgerlicher Klassenherrschaft (funktionalistischer Marxismus). Er ist vielmehr ein widersprüchliches Gebilde, in dem sich die asymmetrischen Beziehungen von Klassenstruktur und Wohlfahrtsrechten überschneiden. Im strengen Sinne gibt es selbstverständlich keinen ‚Wohlfahrtsstaat' als solchen: Die Wohlfahrtssysteme und ihr Verhältnis zu staatlichen Institutionen und Klassenbeziehungen sind in verschiedenen Gesellschaften höchst unterschiedlich. Der widersprüchliche Charakter staatlicher Wohlfahrtseinrichtungen ermöglicht es jedoch, diese Unterschiedlichkeiten ebenso verständlich zu machen wie eventuell beobachtbare Ähnlichkeiten. In Großbritannien z.B. wird der Wohlfahrtsstaat zur Zeit effektiv abgebaut, ähnliches geschieht in den Vereinigten Staaten. Derartige Vorgänge müssen wohl als ein Gegenschlag der Mittelklassen verstanden werden, die sich in einer angespannten wirtschaftlichen Lage gegen Institutionen wenden, die vorwiegend mit den Interessen der Arbeiterklasse bzw. der weniger privilegierten Bevölkerungsteile verbunden sind. In Frankreich hingegen verläuft die Entwicklung genau umgekehrt, vermutlich aufgrund der ganz andersartigen Klassengliederung. Der in sich widersprüchliche Charakter des Wohlfahrtsstaates bildet aber auch hier den Rahmen, in dem die Klassenanalyse sich bewegen muss.

Beim *zweiten* Fragenkomplex geht es um die zivilen Bürgerrechte. Wie bereits betont, sind für Marshall die zivilen Bürgerrechte mit der Mitte des 19. Jahrhunderts im Wesentlichen erreicht und bilden die Grundlage, auf der dann die anderen Bürgerrechte gedeihen konnten. Selbst wenn man diese Auffassung im Hinblick auf den Verlauf der britischen Geschichte als richtig gelten lässt, so ist ihre Übertragung auf andere Länder doch wenig sinnvoll. Ich bin vielmehr der Ansicht, dass die Beziehungen zwischen zivilen, politischen und sozialen Bürgerrechten weitaus komplizierter sind, als Marshall es darstellt. Wir können seine Annahme nicht einfach übernehmen, dass der Kampf um zivile und politische Bürgerrechte bereits endgültig gewonnen ist und dass folglich die Ausdehnung von Wohlfahrtsmaßnahmen auf die gesamte Bevölkerung das Hauptproblem sei. So besteht z.B. die Gefahr, dass die Diskussionen der jüngsten Zeit über die Bedeutung ziviler Bürgerrechte zu einer vagen, weitgehend leeren Debatte über ‚Menschenrechte' degenerieren, denen Präsident Carter so große Bedeutung beimaß – zumindest in seinen Reden. Marshalls Begriff der zivilen Bürgerrechte ist sehr viel präziser, insbesondere wenn man ihn von seinen inhaltlichen Thesen ablöst, wie ich es vorgeschlagen habe. Es besteht Grund zu der Annahme, dass die zivilen Bürgerrechte in westlichen Gesellschaften in den kommenden Jahren unter zunehmenden Druck geraten werden. Wir leben in Gesellschaften, wo die Ausdehnung der von Foucault so genannten ‚Überwachungsaktivitäten' des Staates immer deutlicher wird. Die durch die Computer- und Mikroprozessorentechnologie möglich gewordene Lagerung und Kontrolle von Informationen wird zu einem bedeutenden Mittel der Ausübung von Staatsgewalt über die Bevölkerung. Ich meine, dass diese Entwicklungen in der soziologischen und politischen Theorie bis jetzt noch kaum verstanden worden sind. Vielfach werden sie mit anderen Phänomenen vermengt und als Teil der ‚postindustriellen Gesellschaft' gedeutet o.ä. Sie bedürfen jedoch besonderer Aufmerksamkeit im Hinblick auf die Verteidigung von zivilen Bürgerrechten, die zumeist in Zeiten entwickelt worden sind, als die Überwachungsaktivitäten staatlicher und anderer Organisationen viel begrenzter waren.

Damit bin ich beim *dritten* Fragenkomplex angelangt, dem Problem des Sozialismus. Meines Erachtens ist die Speicherung und Kontrolle von Informationen als Medium der Herrschaft bisher weder von der liberalen politischen Theorie, der Marshall nahe stand, noch vom Marxismus adäquat analysiert worden. In beiden Traditionen wird das Phänomen der Macht eher mit dem des Eigentums und seiner ungleichen Verteilung in Zusammenhang gebracht. Die Überwachungsfähigkeiten des Staates haben sich heute stark ausgedehnt. Andererseits hat sich die Staatsgewalt aber schon immer auch auf Überwachung gestützt, d.h., die Überwachung ist Bestandteil der Widersprüchlichkeiten des Wohlfahrtsstaates, die hier zur Diskussion stehen. So war z.B. die Entwicklung von Wohlfahrtsmaßnahmen für die Familie, die Doncelot in seinem Buch ‚La police des familles' untersucht hat, seit dem 19. Jahrhundert eng mit der Überwachung und Kontrolle des Verhaltens der Unterprivilegierten verknüpft. Im marxistischen Denken wird dieser Zusammenhang nicht ausreichend erfasst. Aber angesichts der Erfahrungen mit den in Osteuropa und anderswo existierenden sozialistischen Gesellschaften ist seine genaue Erforschung dringend notwendig. Die traditionellen Formen sozialistischer Theorie bedürfen aber noch in mindestens zwei anderen Punkten einer gründlichen Überholung:

1. Ähnlich wie Marshall nahm auch Marx die zivilen Bürgerrechte als gegeben an, und er kritisierte sie, weil sie zur Sanktionierung der Herrschaft der Bourgeoisie beitrugen. Letzteres trifft sicherlich zu, ist aber keine Rechtferti-

gung für die vorangehende Annahme, d.h., der Schutz und die Weiterentwicklung ziviler Bürgerrechte muss heute wichtiger Bestandteil im Programm des demokratischen Sozialismus sein. Dabei hilft es freilich nichts, wenn man annimmt, dies könne direkt auf dem traditionellen Wege der marxistischen Kritik des liberaldemokratischen Staates erreicht werden. Meines Erachtens trifft diese Kritik zu, insofern sie die Trennung des ‚Ökonomischen' vom ‚Politischen' als die Grundlage kapitalistischer Klassenherrschaft darstellt. Arbeiterselbstbestimmungsmodelle behalten deshalb ihre zentrale Bedeutung für die heutige sozialistische Theorie. Aber es ist unwahrscheinlich, dass eine industrielle Ordnung auf demokratischer Grundlage jemals zu erreichen ist, wenn man davon ausgeht, dass die zivilen Bürgerrechte durch die Einrichtung von Betriebsräten automatisch garantiert seien.

2. Die politische Theorie, auch die verschiedenen zeitgenössischen Formen marxistischer politischer Theorie, befinden sich heute in einer gewissen Krise. Denn obwohl der ‚Wohlfahrtssozialismus' bzw. die soziale Demokratie, wie sie Marshall beschrieben und vertreten hat, den Hoffnungen ihrer Anhänger bis jetzt nicht gerecht geworden sind, so sind heute im Westen doch nur wenige bereit, die sozialistischen Gesellschaften Osteuropas als nachahmenswertes Beispiel anzusehen. Für den rechten ebenso wie für den linken Flügel des politischen Spektrums ergeben sich daraus ironische Konsequenzen. So begrüßen z.B. dieselben Leute, die in Großbritannien die ersten wären, einen Streik, zumal einen ‚politischen Streik' zu verdammen, mit großer Begeisterung die Streikaktivitäten der polnischen Arbeiter. Andererseits haben die Vertreter der Linken stets dazu geneigt, Streiks als einen spezifischen Protest gegen kapitalistische Produktionsweisen aufzufassen. Die Relevanz der Aktivitäten von ‚Solidarnosc' könnte sich in ihren Augen deshalb leicht darauf beschränken, einen deformierten sozialistischen Staat in eine authentischere Form von Sozialismus umzuwandeln. Wie ich oben schon bemerkt habe, ist der Streik im Rahmen des liberaldemokratischen Staates eine nahezu völlig negative Macht – die Macht der Verhinderung. In Gesellschaften, wo das Schicksal der unterprivilegierten Gruppen in wesentlichem Maße von einer derartigen Macht abhängt, trifft die Aussage wohl zu, dass das sozialdemokratische Modell weit hinter dem zurückbleibt, was ich demokratischen Sozialismus nennen würde. Aber vielleicht sollte das Streikrecht, ob wir es nun als eine Form von Bürgerrecht auffassen oder nicht, auf jeden Fall Bestandteil aller Programme sein, die sich für einen zukünftigen Sozialismus einsetzen? Nach meiner Auffassung ist dies eine der zentralen politischen Fragen unserer Zeit.

Schließlich möchte ich *viertens* den Kreis schließen und wieder zum Anfang meiner Diskussion zurückkehren – oder genauer, zu dem vierten ‚Gebot', das ich als Kritik der ‚Soziologie der sechziger Jahre' formuliert habe. Es besagt, dass Gesellschaften nicht als selbstgenügsame Einheiten behandelt werden dürfen. Damit stoßen wir wieder auf einige ganz grundlegende Fragen der heutigen soziologischen Theorie. Wir leben in einer Welt, auf die die traditionellen Quellen der Gesellschaftstheorie uns nicht vorbereitet haben. Das gilt besonders für Theorien, die dem politischen Liberalismus und Sozialismus nahe stehen. Die Welt stolpert unkontrolliert am Rande der nuklearen Katastrophe entlang. Was Marx die ‚Anarchie des Marktes' genannt hat, tritt heute als internationales Phänomen in Erscheinung. Wir leben in einer ‚kapitalistischen Weltwirtschaft', wie Wallerstein das nennt, und kapitalistische Wirtschaftsbeziehungen können nur noch im Weltmaßstab analysiert werden. Noch wichtiger ist aber, dass wir in einem weltweiten System von Nationalstaaten leben, für das es in der Geschichte kein Vorbild gibt. Die zerbrechliche Waffengleichheit zwischen den beiden beherrschenden Großmächten ist der einzige Hinderungsgrund für das Entstehen ‚politischer Anarchie' im internationalen Gefüge. Die heutige Welt ist ganz anders, als die meisten europäischen Gesellschaftstheoretiker des 19. Jahrhunderts sie sich vorgestellt haben. Die heutigen Sozialwissenschaften sind jedoch von intellektuellen Traditionen beherrscht, die noch in starkem Maße dem 19. Jahrhundert verhaftet sind. So sind sich heute nahezu alle dem Marxismus positiv gegenüberstehende Autoren einig, dass Marx lediglich Bruchstücke einer Theorie des modernen Staates entwickelt habe. In einer Reihe von neueren marxistischen Publikationen wurde der Versuch unternommen, diesen Mangel zu beheben. Die Ergebnisse sind teilweise höchst interessant, aber fast alle konzentrieren sich entweder auf die Rolle des Staates im Wirtschaftsleben oder auf den Staat als Instrument der ‚inneren' Unterdrückung. Nairn (1977), Poulantzas (1981) u.a. geben offen zu, dass der heutige Marxismus weder über eine Theorie des Nationalstaates noch des Nationalismus verfüge. Mehr oder weniger das Gleiche gilt freilich für die liberale politische Theorie, obwohl die genannten Themen dort stärker vertreten sind. Liberale Theoretiker, wie z.B. Marshall oder Bendix (1980), haben zwar über den Nationalismus geschrieben; aber gegenüber der Frage der ‚Bürgerrechte' nimmt er in ihren Schriften eine eindeutig untergeordnete Rolle ein. Nach ihrer Auffassung wurde die Bildung des Nationalstaates vom Aufstieg der Bürgerrechte begleitet. Da ihr Interesse in erster Linie den Bürgerrechten und den damit verbundenen Rechts- und Regierungsformen galt, wurde der Nationalstaat lediglich als ‚politische Gemeinschaft' gesehen, innerhalb derer die Bürgerrechte verwirklicht werden können, nicht aber als Teil eines weltumspannenden *Systems von Nationalstaaten*. Meines Erachtens ist die Entstehung dieses weltweiten Staatensystems heute ein zentrales Forschungsproblem. Insbesondere müssen die historischen Zusammenhänge zwischen der Ausdehnung der kapitalistischen Weltwirtschaftsordnung einerseits und der allgemeinen Durchsetzung des nationalstaatlichen Prinzips andererseits genauer untersucht werden. Die meisten heutigen Verfechter einer ‚world system theory', besonders die vom Marxismus oder Liberalismus beeinflussten Autoren, legen nach wie vor das Schwergewicht auf wirtschaftliche Entwicklungen. So teilt etwa Wallerstein (1974, 1986) die kapitalistische Weltwirtschaft in drei Hauptzonen auf, den kapitalistischen ‚Kern' (Europa, die USA und, später, Japan), die ‚Semiperipherie', die gleichzeitig ausgebeutet wird und selbst ausbeutet, und die Regionen der ‚Peripherie', die von dem Zwang beherrscht sind, Agrarexportprodukte (cash-crop) herzustellen. Wallerstein bringt die Entstehung des Kapitalismus jedoch nicht in genügendem Maße mit dem europäischen Staatensystem in Zusammenhang und misst deshalb dem Einfluss militärischer Macht und kriegerischer Auseinandersetzungen zwischen Staaten einen zu geringen Einfluss auf die Gestaltung der heutigen Welt bei. Obwohl also Wallerstein mit der alten Tradition der Sozialwissenschaften bricht, Gesellschaften oder Staaten wie eigenständige Einheiten zu behandeln, hält er gleichzeitig an der Tradition der Unterordnung politisch-militärischer unter ökonomische Faktoren fest. Ich meine jedoch, dass wir nicht nur in einer kapitalistischen Weltökonomie leben, sondern auch in einer *politisch-militärischen Weltordnung von anarchisch organisierten Staatsgründungen.*

Als ein Theoretiker, der dem Marxismus und den freiheitlichen Bestrebungen des Sozialismus sowohl mit Sympathie als auch mit Kritik gegenübersteht, bin ich selbst besonders daran interessiert, die Implikationen meiner hier vorgestellten Überlegungen im Hinblick auf die normative Theorie der Politik weiter auszuarbeiten. In der heutigen Welt stehen wir in einem doppelten Sinne ‚zwischen Kapitalismus und Sozialismus'. Jede Diskussion über normative politische Theorie muss sich damit auseinander setzen. In Gestalt der ‚real existierenden' sozialistischen Gesellschaft ist der Sozialismus eine Realität. Er spielt seinen Part im Duett der Machtblöcke, die das anarchische Weltsystem der Nationalstaaten unter seiner prekären Kontrolle hält. Das Argument, dass die sozialistischen Gesellschaften den Namen ‚sozialistisch' überhaupt nicht verdienten oder dass es keinen Zusammenhang zwischen ihren Unzulänglichkeiten und allgemeinen Mängeln in der marxistischen Theorie gäbe, ist heute nicht mehr plausibel, falls es das je gewesen ist. Wenn wir dennoch sozialistische Ideale am Leben erhalten wollen, so stehen wir andererseits in dem Sinne zwischen ‚Kapitalismus und Sozialismus', dass diese Ideale einer Entwicklung fähig zu sein scheinen, die weit über das hinausgeht, was in irgendeiner heute existierende Gesellschaft schon erreicht ist.

Drei miteinander verknüpfte Aspekte meiner Analyse sind besonders relevant für die Diskussion der politischen Theorie des Sozialismus unter heutigen Verhältnissen. *Erstens*, es bedarf einer Theorie der Überwachung als Mittel der Disziplinargewalt des Staates und anderer Formen von Repression. Ohne eine derartige theoretische Aufarbeitung bleiben die totalitären Aspekte politischer Kontrolle unanalysiert, wie das in den orthodoxen Formen der marxistischen Theorie der Fall ist. *Zweitens* können wir nicht einfach die Tatsache ignorieren, dass der Nationalstaat sich – zumindest bis heute – als ein bedeutsamer Aspekt kapitalistischer *und* sozialistischer Gesellschaften erwiesen hat. Sozialistische Staaten sind Nationalstaaten, und sie haben sich als ebenso empfindlich und aggressiv erwiesen wie andere, wenn es um territoriale Fragen ging: Wir leben im Zeitalter des GULAG, es gibt kriegsähnliche Konfrontationen zwischen sozialistischen Staaten, die Geschehnisse im Kambodscha unter *Pol Pot* lassen gar an Völkermord denken. Weder der Sozialismus im Allgemeinen noch der Marxismus im Besonderen ziehen unschuldig ihre Bahn. *Drittens*, die scheinbar unaufhaltsame Expansion der Gewaltmittel in den Händen der Nationalstaaten ist *das* grundlegendste Problem der Welt heute. Nichts lastet schwerer auf der heutigen Welt als die andauernde internationale Gewaltanwendung und die unheimliche Bedrohung durch den Atomkrieg. In der linken politischen Theorie gibt es jedoch keine Tradition der Auseinandersetzung mit der weltweiten Gewalt des Systems der Machtblöcke und Nationalstaaten. Praktische politische Programme, die sich mit dem Nationalstaat als Verbreiter von Gewalt beschäftigen, scheinen die vordringliche Aufgabe für sozialistische Theoretiker wie auch für andere zu sein. Freilich ist es schwer, angesichts der Anarchie des Systems der Nationalstaaten keine düsteren Gefühle aufkommen zu lassen. Marx glaubte, er habe eine echte Bewegung des Wandels entdeckt, die Arbeiterbewegung, die die historische Lösung des Problems der Anarchie des kapitalistischen Marktes und der Erniedrigung durch die Arbeit liefern würde. Wo aber ist der dialektische Prozess, der die politische Anarchie aufheben wird, die uns alle mit baldiger Zerstörung bedroht? Soweit ich sehen kann, ist dergleichen nicht zu erwarten. Die List der Vernunft hat uns hier wohl verlassen.

Literatur

Aitken, H.G.J. (1960): Taylorism at Watertown Arsenal. Cambridge, Massachusetts: Harvard University Press.
Aronowitz, S. (1973): False, Promise. New York: McGraw-Hill.
Aronowitz, S. (1978/79): Marx, Braverman, and the Logic of Capital. In: Insurgent Sociologist, Vol. 8, 126-146.
Bendix, R. (1964): Nation-Building and Citizenship. New York: Wiley.
Bendix, R. (1980): Könige oder Volk: Machtausübung und Herrschaftsmandat. Frankfurt/Main: Suhrkamp.
Braverman, H. (1985): Die Arbeit im modernen Produktionsprozeß. Frankfurt/Main-New York: Campus.
Burawoy, M. (1980): Manufacturing Consent. Chicago: Chicago University Press.
Friedman, A.L. (1977): Industry and Labour. London: Macmillan.
Giddens, A. (1977): Studies in Social and Political Theory. London: Hutchinson.
Giddens, A. (1979): Central Problems in Social Theory. London: Macmillan.
Giddens, A. (1981): The Class Structure of the Advanced Societies. 2nd edition. London: Hutchinson.
Giddens, A. (1984): Interpretative Soziologie. Eine kritische Einführung. Frankfurt/Main-New York: Campus.
Jacoby, R. (1976): In: Telos, 29.

MacKenzie, G. (1977): The Political Economy of the American Working Class. In: British Journal of Sociology, Vol. 28, 244-252.

Macpherson, C.B. (1966): The Real World of Democracy. Oxford: Clarendon Press.

Marshall, T.H. (1973): Class, Citizenship and Social Development. Westport: Grennwood Press.

Marshall, T.H. (1992): Bürgerrechte und soziale Klassen. Zur Soziologie des Wohlfahrtsstaates. Frankfurt/Main-New York: Campus.

Marshall, T.H. (1992a): Staatsbürgerrechte und soziale Klassen. In: ders. (1992), 33-94.

Müller, W./Neusüß, C. (1970): Die Sozialstaatsillusion und der Widerspruch von Lohnarbeit und Kapital. In: Otto Suhr-Institut der Freien Universität Berlin (Hg.), Sozialistische Politik, Jg. 2, Nr. 6/7, 4-67.

Nairn, T. (1977): The Break-Up of Britain. Crisis and Neo-Nationalism. London: New Left Books.

Palmer, B. (1975): Class, Conception and Conflict. In: Review of Radical Economy, 7.

Poulantzas, N. (1981): State, Power and Socialism. London: New Left Books.

Wallerstein, I. (1974): Das moderne Weltsystem: Kapitalistische Landwirtschaft und die Entwicklung der europäischen Weltwirtschaft im 16. Jahrhundert. Frankfurt/Main: Syndikat.

Wallerstein, I. (1986): The Capitalist World-Economy. Cambridge, Massachusetts: Cambridge University Press.

Übersetzung: Reinhard Kreckel

Strategien der herrschenden Klasse und Citizenship[1]

Michael Mann

Im Folgenden wird Marshalls Theorie von Citizenship als zu anglozentrisch und evolutionistisch kritisiert. Eine vergleichende historische Analyse industrieller Gesellschaften eröffnet nicht eine, sondern mindestens fünf mögliche Strategien zur Institutionalisierung des Klassenkonflikts. Wir nennen sie liberal, reformistisch, autoritär monarchistisch, faschistisch und autoritär sozialistisch. Wer ihren Ursprung und ihre Entwicklung erklären will, sollte Strategien und Zusammenhalt der herrschenden Klassen und des *Ancien Régimes* betonen, statt das Augenmerk auf den Aufstieg der Klassen des Bürgertums und der Arbeiterschaft zu legen, wie das bei älteren theoretischen Versuchen der Fall war. Um ihre Dauerhaftigkeit zu erklären, sollten geopolitische Ereignisse hervorgehoben werden, vor allem die beiden Weltkriege, statt die interne Effizienz der Staaten zu unterstreichen. Insofern Marshalls dritte Stufe von Citizenship eine weitgehend zutreffende Beschreibung des gegenwärtigen Europa ist, lässt sich das hauptsächlich auf die militärischen Siege der ‚angelsächsischen' Mächte zurückführen.

Marshalls Theorie

Neue, wichtige und wahre Ideen sind selten. Solche Ideen, die dann auch noch zu einer kohärenten Theorie weiterentwickelt werden, sind noch seltener. T.H. Marshall gehört zu den ganz wenigen, die eine Idee hatten und sie ausgearbeitet haben. Aus diesem Grunde ist es wichtig, seine Theorie der Staatsbürgerschaft zu verstehen und zu verbessern.

Marshall glaubte, dass Citizenship den Klassenkampf unschädlich gemacht habe, doch zugleich in fortdauernder Spannung, ja sogar auf Kriegsfuß mit den Klassenungleichheiten des Kapitalismus lebe. Er identifizierte drei Stufen des Kampfes um und des Erringens von Staatsbürgerschaft: *bürgerlich-zivil, politisch* und *sozial*. Das zivile Element entstand im 18. Jahrhundert und „besteht aus jenen Rechten, die notwendig sind, die individuelle Freiheit zu sichern: Freiheit der Person, Redefreiheit, Gedanken- und Glaubensfreiheit, Freiheit des

---

1   Eine frühere Version dieses Artikels wurde 1986 als T.H. Marshall Gedächtnisvorlesung an der Universität Southampton gehalten. Mein Dank gilt dem Institut für Soziologie daselbst für seine Einladung und Gastfreundschaft sowie John Hall und David Lockwood für ihre hilfreiche Kritik an dieser Version.

Eigentums, die Freiheit, gültige Verträge abzuschließen, und das Recht auf ein Gerichtsverfahren" (Marshall 1992a: 40). Politische Bürgerrechte entstanden im 19. Jahrhundert und bezeichnen „das Recht auf die Teilnahme am Gebrauch politischer Macht, entweder als Mitglied einer mit politischer Autorität ausgestatteten Körperschaft oder als Wähler der Mitglieder einer derartigen Körperschaft" (ebd.). Die dritte Stufe, soziale Bürgerrechte, entwickelten sich im Laufe des 20. Jahrhunderts und verkörpern „eine ganze Reihe von Rechten, vom Recht auf ein Mindestmaß an wirtschaftlicher Wohlfahrt und Sicherheit, über das Recht an einem vollen Anteil am gesellschaftlichen Erbe, bis zum Recht auf ein Leben als zivilisiertes Wesen entsprechend der gesellschaftlich vorherrschenden Standards" (ebd.). Das ist es, was wir heute unter Wohlfahrtsstaat und Sozialdemokratie verstehen.

Bourgeoisie und Proletariat, die hauptsächlichen Klassen des modernen Kapitalismus, institutionalisierten ihre Auseinandersetzungen mit dem *Ancien Régime* und untereinander in und durch diese Stufen. Staatsbürgerschaft und Kapitalismus befänden sich noch immer im Krieg, so Marshall, aber es handele sich um institutionalisierte, nach Regeln verlaufende Kriegsführung. So sah das Modell aus, welches Marshall in seiner berühmten Vorlesung aus dem Jahre 1949, ‚Citizenship and Social Class' (in der Ausgabe von 1963), entwickelte und auch heute noch scheint es wahr und wichtig zu sein. Bedeutende Soziologen wie Reinhard Bendix, Ralf Dahrendorf, Ronald Dore, A.H. Halsey (1984), S.M. Lipset (1973), David Lockwood (1974) und Peter Townshend haben seinen Einfluss anerkannt. Dieser ist noch immer stark, wie etwa die Bewunderung für Marshall zeigt, die in Turners Werk (1986) mitschwingt. Und das aus gutem Grund: Marshalls Sichtweise von Citizenship ist im Wesentlichen richtig – auf jeden Fall als Beschreibung für das, was in Großbritannien passiert ist.

Es gibt noch eine weitere bemerkenswerte Eigenschaft von ‚Citizenship and Social Class'. Es befasst sich ausschließlich mit Großbritannien. Kein einziges anderes Land[2] wird auch nur erwähnt. Sah Marshall Großbritannien als typisch für den ganzen kapitalistischen Westen an? Auf jeden Fall sagt er das nicht ausdrücklich. Auf der allgemeinsten Argumentationsebene jedoch wird die Spannung zwischen ökonomischen Ungleichheiten und Forderungen nach Beteiligung des Volkes untersucht, die sich überall aus dem Aufstieg des Kapitalismus ergibt. Sicherlich beinhaltet das einen allgemeinen evolutionären Ansatz und tatsächlich benutzt er gelegentlich den Begriff ‚Evolution'. In seinem Buch ‚Social Policy' (in der Ausgabe von 1975) wird die Empirie anderer Länder nur dann eingeführt, wenn sie Variationen eines allgemeinen britischen Themas unterstreicht. Andere Forscher haben sein Modell schließlich in ausdrücklich evolutionären Theorien der Entwicklung moderner Klassenbeziehungen benutzt (so Dahrendorf 1959: 61ff.). Flora und Heidenheimer (1981: 20f.) haben die

---

2 Ich schreibe lieber ‚Großbritannien' als ‚Vereinigtes Königreich' weil es auch keinen Verweis auf Nordirland gibt, das natürlich sich nicht so leicht seiner Theorie fügen würde.

Beobachtung gemacht, dass allgemeine Theorien des Wohlfahrtsstaates von der britischen Erfahrung beherrscht wurden, wie sie vor allem Marshall und Richard Titmuss notiert haben.

Sechs Gegenthesen

Ich möchte mich in sechs Punkten von diesem anglophilen, evolutionären Modell abgrenzen:

1. Die britische Strategie zur Etablierung von Citizenship, wie Marshall sie beschrieben hat, ist nur eine neben fünf weiteren, wie sie von entwickelten Industriegesellschaften verfolgt wurden. Ich bezeichne diese Strategien als *liberal, reformistisch, autoritär monarchistisch, faschistisch,* und *autoritär sozialistisch.*

2. Alle fünf Strategien zeigten sich halbwegs in der Lage, mit dem modernen Klassenkampf fertig zu werden. Allesamt verwandelten sie den direkten Zusammenstoß von massiven, antagonistischen Klassen in eher begrenzte und komplexe, auf jeden Fall nicht so sehr klassenspezifische Auseinandersetzungen, die sich mal als mehr geordnet, mal als eher erratisch erwiesen. Evolutionäre Erklärungen sind also falsch. Es gibt keinen einzigen evolutionär ausgezeichneten Weg, um den Klassenkonflikt in industriellen Gesellschaften zu institutionalisieren, sondern mindestens fünf weitere, potenziell dauerhafte Formen institutionalisierten Konfliktes und der entsprechenden Mischung von Bürgerrechten.

3. Ich will die Rolle der herrschenden Klassen betonen, um die Entstehung solch unterschiedlicher Strategien zu erklären. Unter ‚herrschender Klasse' verstehe ich eine Kombination von dominanter ökonomischer Klasse und politischen als auch militärischen Herrschern. Ich unterstelle nicht, dass solche Gruppen unwandelbar oder sogar vereinigt waren – tatsächlich wird sich der Grad ihres Zusammenhalts als besonders wichtig in meiner Erklärung erweisen. Aber ich setze das Paar allgemeiner Erklärungsprinzipien in (4) und (5) als Annahmen voraus.

4. Der Einfluss auf die Sozialstruktur variiert nach der verfügbaren Macht. Da die herrschende Klasse die größte Macht besitzt, sind ihre Strategien besonders einflussreich. Tatsächlich vermochten viele *Ancien Régimes* dem Ansturm heraufdrängender Klassen mit ein paar Zugeständnissen hier und dort zu begegnen. Weder die Bourgeoisie noch das Proletariat waren jemals so mächtig, wie es die vorherrschenden liberalen, reformistischen (wie die von Marshall) oder die marxistischen Schulen behauptet haben. In der Tat waren es die Strategien der herrschenden Klasse, welche das Wesen sozialer Bewegungen von Bourgeoisie und Proletariat weitgehend bestimmten, vor allem, ob sie liberal, reformistisch oder revolutionär ausgerichtet waren. Dieses Argument findet sich auch bei Lipset (1985: Kap. 6).

5. Tradition zählt. Im Allgemeinen übertreiben wir die transformative Macht der Industriellen Revolution. Dieser Revolution gingen Jahrhunderte strukturellen Wandels voraus – die Kommerzialisierung der Landwirtschaft, die Globalisierung des Handels, die Konsolidierung des modernen Staates, die Säkularisierung der Ideologie. *Wenn Ancien Régimes* gelernt hatten mit diesem Wandel zurecht-zukommen, dann vermochten sie auch die Probleme der industriellen Gesellschaft mit traditionellen, aber auf den Stand gebrachten Strategien zu bewältigen. Falls nicht, waren sie schon anfällig und im Inneren gespalten, bevor überhaupt der Angriff von Bourgeoisie und Proletariat stattfand. Andere Forscher haben auch das Überleben der Tradition über die Industrielle Revolution hinweg betont – klassisch Moore (1987) und Rokkan (1970), kürzlich Mayer (1981) und Corrigan/Sayer (1985).

6. Die Dauerhaftigkeit von Regimestrategien geht weniger auf ihre innere ü-berlegene Effizienz zurück als vielmehr auf Geo-Politik – und hier besonders auf die Siege in den Weltkriegen. Die geopolitischen und militärischen Einflüs-se auf die Gesellschaft waren erheblich, sind aber von der soziologischen Theo-rie vernachlässigt worden. Erst seit kurzem finden sie die Aufmerksamkeit, die sie verdienen (z.B. Giddens 1985; Hall 1985; Mann 1980, 1986a, 1986b, 1987; Shaw 1987; Skocpol 1979).

Vor der Folie dieser sechs Thesen wollen wir das historische Geschehen be-trachten. Wie sahen traditionelle Regimestrategien aus, um dem ursprünglichen Aufstieg des Bürgertums zu begegnen?

Absolute und konstitutionelle Regime[3]

Wir können die Regime des vorindustriellen Europa annäherungsweise in zwei Idealtypen aufspalten: absolute Monarchien und konstitutionelle Regime.

Um 1800 fanden sich die wesentlichen Absolutismen in Russland, Preußen und Österreich. Die formal *despotische* Macht ihrer Herrscher war so gut wie unbegrenzt. Staatsbürgerschaft war unbekannt. Die Herrschaft des Rechts funk-tionierte offenkundig, aber Freiheiten der Person, Pressefreiheit und Versamm-lungsfreiheit konnten jederzeit willkürlich aufgehoben werden. Jegliche Kon-zeption universaler Rechte wurde durch das Wuchern partikularistischer Status in der Hand von Korporationen unterlaufen – Stände des Reiches, Korporation der Bürger, Anwälte, Kaufleute und Handwerksgilden. Die tatsächliche *infra-strukturelle* Macht des Monarchen war also weit davon entfernt, absolut zu sein. Vielmehr erforderte sie die Kooperation der regional und lokal Mächtigen. Un-terdrückung war lästig und teuer und zudem wesentlich wirkungsvoller, wenn

---

3 Den historischen Verallgemeinerungen im Rest dieses Essays wird mehr empirische und biblio-
   graphische Untermauerung in Mann (1989) zuteil. Zur Unterscheidung von despotischer und
   infrastruktureller Macht siehe Mann (1984).

sie mit einer Strategie des ‚Teile und Herrsche' verbunden in Verhandlungen mit korporativen Gruppen ausgeübt wurde. Die entscheidende Macht des Königs bestand in taktischer Freiheit: die Fähigkeit zu willkürlichem Handeln sowohl in der Verhandlungsführung als auch im Gebrauch von Gewalt. Es ist wichtig sich vor Augen zu halten, dass diese drei Charakteristika – willkürliches ‚Teile und Herrsche', selektive taktische Unterdrückung und Verhandlungen mit Korporationen – bis ins 20. Jahrhundert ungebrochen überlebt haben.

Großbritannien und die Vereinigten Staaten von Amerika waren die wesentlichen konstitutionellen Regime. Ihre zivilen Bürgerrechte waren schon sehr gut ausgebildet. Die Unversehrtheit des persönlichen Lebens und das Eigentumsrecht waren gesetzlich garantiert; Presse- und Versammlungsfreiheit wurden teilweise anerkannt – sie wurden ‚lizensiert' unter erkennbaren Regeln. Politische Bürgerrechte existierten ebenfalls, auch wenn sie auf die Besitzklassen beschränkt blieben, die ‚virtuell' den Rest repräsentierten. Soziale Bürgerrechte gab es hier ebenso wenig wie in den absolutistischen Regimen. All das hat Marshall sehr gut verstanden.

Nicht alle Regime waren primär absolutistisch oder konstitutionell. Einige formal absolutistische Regime hatten Erfahrung mit Revolution oder tiefgreifender Unordnung gemacht und waren daraufhin heftig umkämpft zwischen Konstitutionalisten und Reaktionären: Frankreich nach 1789, Spanien und einige italienische Stadtstaaten. In anderen Ländern gingen Absolutismus und Konstitutionalismus ineinander über mit wenig Gewalt und in dafür um so geordneterem Konfliktverlauf, so vor allem in den Skandinavischen Ländern.

Die kapitalistische Industrialisierung zog tief greifenden Wandel nach sich, aber wir können trotzdem noch die anfängliche Prägung dieser vier Regimetypen – absolutistisch, konstitutionell, umkämpft und fusioniert – entdecken. Wir wollen das im Detail verfolgen und konzentrieren uns deshalb auf die USA, Großbritannien und Deutschland.

Vom Konstitutionalismus zum Liberalismus – die USA und Großbritannien

In Großbritannien und den USA stärkte der Aufstieg des Liberalismus zivile und politische Bürgerrechte. Die Herrschaft des Gesetzes über Leben, Eigentum, Rede-, Versammlungs- und Pressefreiheit wurde ebenso ausgedehnt wie das politische Wahlrecht. Soziale Bürgerrechte blieben indes zweideutig. Das Regime sorgte zwar für das Subsistenzniveau unter den Armen aus Nächstenliebe und aus dem Wunsch, Aufruhr zu vermeiden. Aber die Versorgung erfolgte durch lokale Größen und private Versicherung; die bestehende Gesetzgebung ermutigte zwar, erzwang aber keine verbindliche Subsistenzversorgung. Sie war alles andere als ein Recht, sondern das Ergebnis einer Mischung aus Marktkräften, der Pflicht zu arbeiten und zu sparen sowie privater und öffentlicher Wohltätigkeit. Der Staat war weder eine interventionistische, noch eine ‚korporatistische' Instanz: Der Konflikt zwischen Interessengruppen wurden vorzugsweise den ökonomischen und politischen Marktplätzen überlassen, während ihre Grenzen vom Gesetz definiert wurden. Kollektive Instanzen konnten indes ihre Marktkräfte legitimerweise voll ausreizen, und das Regime erließ die Regeln für das Spiel. Unter dem Liberalismus ließen sich Individuen und Interessengruppen, nicht jedoch Klassen innerhalb des Regimes integrieren. Unterdrückung, jetzt vollständig institutionalisiert, erfuhren nur diejenigen, die sich bewusst außerhalb der Spielregeln stellten.

Das war eine grundlegende Strategie, um den Aufstieg der Bourgeoisie zu verarbeiten. Aber konnte sie mit der Arbeiterklasse fertig werden? Die zwei wesentlichen Fälle, die Vereinigten Staaten und Großbritannien, bewältigten die Arbeiterfrage auf verschiedene Weise.

In den USA wurde die Arbeiterschaft letztendlich vom liberalen Regime aufgesogen. Eine große Koalition, die von den Landbesitzern über die Kaufleute bis zu den kleinen Farmern und Handwerkern reichte, hatten die Revolution gemacht. Weiße, erwachsene Männer konnten von den legalen und politischen Bürgerrechten nicht so leicht ausgeschlossen werden. In den 1840er Jahren besaß jeder das Wahlrecht in allen Staaten – fünfzig Jahre früher als überall sonst, fünfzig Jahre vor der Heraufkunft einer mächtigen Arbeiterbewegung. Die politischen Forderungen der Arbeiterschaft konnten so allmählich als die einer Interessengruppe *innerhalb* einer gegebenen föderalen politischen Verfassung und einem kompetitiven Parteiensystem artikuliert werden. Wie Katznelson (1981) gezeigt hat, wurde das politische Leben der Arbeiter mehr nach Lokalität, ethnischer Zugehörigkeit und Patronage denn nach Arbeit, Gewerkschaften und Klasse organisiert. Aber selbst hier begann die herrschende Klasse die Legitimität der Gewerkschaften schließlich anzuerkennen, wenn auch nach strikt liberaler Vorstellung; während der *Wagner Act* den Gewerkschaften das Recht auf freie Verhandlungen zugestand, zwang sie *Taft-Hartley* dazu, sich nur als gewählte Vertreter ihrer individuellen Mitglieder zu verhalten.

Die USA geben uns das klarste Bild davon, was aus dem Klassenkonflikt geworden wäre ohne eine Politik der Staatsbürgerschaft. Wenn der Klassenkampf sich tatsächlich nur auf die marxistische Agenda bezogen hätte, also Produktionsverhältnisse, Arbeitsprozess und den direkten Konflikt zwischen Kapitalisten und Arbeitern, dann hätten wohl liberale Regime die Industriegesellschaft dominiert. Da die (weiße) Arbeiterklasse legal und politisch *innerhalb* des Regimes war, hatte sie nur ein geringes Bedürfnis nach großen Ideologien des Proletariats, das von Citizenship ausgeschlossen ist – Sozialismus und Anarchismus. Amerikanische Gewerkschaften wurden so wie andere kollektive Interessengruppen, die ihre Marktmacht ausbeuten. Wenn die Arbeiter nicht solche effektive Marktmacht besessen hätten, wären sie außerhalb des liberalen

Regimes geblieben und von Sozialismus und Anarchismus versucht worden. Aber sie konnten unterdrückt werden – mit der Zustimmung der Arbeiterorganisationen, welche die Spielregeln akzeptierten. Folglich konnte weder Klasse noch Sozialismus in den Vereinigten Staaten als grundlegendes Organisationsprinzip der Macht Fuß fassen. Jene Gruppen, die in anderen Ländern zum Kern der Arbeiter- und sozialistischen Bewegung wurden – männliche Handwerker, Schwerindustrie-, Kohle- und Transportarbeiter – entwickelten sich hauptsächlich zu Interessengruppen innerhalb des liberalen Regimes, während die Unqualifizierten, jene in anderen Sektoren, Frauen und ethnische Minoritäten außerhalb blieben.

Der Liberalismus war daher die erste lebensfähige Regimestrategie einer fortgeschrittenen Industriegesellschaft. Er dominiert noch immer die Vereinigten Staaten und lässt sich auch in der Schweiz finden. In diesen Ländern sind soziale Bürgerrechte immer noch marginal. Ökonomische Subsistenz und Partizipation werden überwiegend aus der ökonomischen Lebenskraft ihrer nationalen Kapitalismen gespeist, welche es einer großen Mehrheit erlaubt, sich gegen die Wechselfälle des ökonomischen Lebens selbst zu versichern. Unterhalb dessen gibt es die Vorsorge der Wohlfahrt gegen tatsächliches Verhungern, obgleich auch sie nach Staaten und Kantonen variiert, Gastarbeitern verweigert und zuweilen nur gewährt wird, wenn sich die Armen als *würdig* erweisen. Diese Arrangements stehen dem Armenrecht des 18. Jahrhunderts näher als das, was Marshall unter sozialen Bürgerrechten verstand. Ihre sozialen Kämpfe bleiben durch den Liberalismus definiert. Wenn zivile und politische Bürgerrechte früh, also noch vor den Klassenkämpfen des Industrialismus erlangt werden konnten, mussten soziale Bürgerrechte keineswegs zwingend folgen. Der mächtigste kapitalistische Staat ist nicht Marshalls Weg gefolgt. Und es gibt keinerlei Anzeichen, dass er dies zu tun beabsichtigt.

Aber Großbritannien wich vom Liberalismus ab und bewegte sich zum Reformismus, wie von Marshall beschrieben. Sein ursprünglicher Kampf um liberale politische Bürgerrechte war mehr ein Klassenkampf, der vor allem von der aufsteigenden Bourgeoisie und unabhängigen Handwerkern ausgefochten wurde. Dennoch hat die britische Verfassung weder Klassen noch Statusgruppen so systematisch ausgeschlossen wie viele kontinentaleuropäische Verfassungen. Das Wahlrecht vor 1832 war ganz außergewöhnlich ungleich; dann, bis 1867, ging es mitten durch die Gruppe der Handwerker; zwischen 1867 und 1884 wuchs es dermaßen an, dass es 65% der männlichen Erwachsenenpopulation umfasste. Im Jahre 1918 waren alle männlichen Erwachsenen und viele Frauen inkludiert und seit 1929 auch alle Frauen. Folglich waren zu jedem Zeitpunkt die entstehenden Dissidenten – kleinbürgerliche Radikale, Handwerker und ausgebildete Fabrikarbeiter, Sozialisten und Feministinnen – zum Teil innerhalb, zum Teil außerhalb des Staates angesiedelt. Deshalb blieben sowohl Liberalismus als auch Sozialismus attraktive Ideologien. In der Tat haben nur die

Spaltungen innerhalb der liberalen Partei im Gefolge des Ersten Weltkrieges dafür gesorgt, dass eine gemeinsame liberale/reformistische Ideologie durch eine unabhängige *Labour Party* wahrgenommen wurde denn durch die klassische Lib-Lab-Politik. Großbritannien hat die gemeinsame Herrschaft von Interessengruppen *und* Klassen als Heiligtum bewahrt. Deshalb ist die Arbeiterbewegung halb spezifische Interessengruppe, halb Klassenbewegung unverrückbar reformistisch, nahezu unbeeindruckt von marxistischen oder anarchistischen revolutionären Tendenzen.

Großbritannien ist also ein gemischter, liberal-reformistischer Fall. Der Staat bleibt liberal, ohne aktiv in den Verhandlungsprozess der Interessengruppen eingreifen zu wollen; er hat die niedrigen Klassen mit einbezogen in die Spielregeln, nicht aber in die Institutionen des ‚Korporatismus'. Dennoch sind soziale Bürgerrechte über das amerikanische Niveau hinaus fortgeschritten. Der Staat garantiert das Existenzminimum durch den Wohlfahrtsstaat, aber dies verbindet sich mit privaten Markt- und Versicherungsprogrammen, ohne sie vollends zu ersetzen. Folglich werden die wesentlichen sozialen Kämpfe in einer Art ideologischer Debatte und im politischen Pendel zwischen Liberalismus und Sozialdemokratie ausgefochten. In Reaktion auf die liberale Strategie der Thatcher-Regierung gewinnt die reformistische Strategie wieder an Popularität.

Umkämpfte und integrierte Regime – Frankreich, Spanien, Italien und Skandinavien

Mit der Folge gewaltsamen Regimewandels kämpften in Frankreich, Spanien und Italien reaktionäre Kräfte – gewöhnlich Monarchisten und Klerikale – und weltliche Liberale fast das ganze 19. und 20. Jahrhundert hindurch um politische Bürgerrechte. Citizenship blieb bitter umkämpft, obgleich es unzweideutig Fortschritte in Richtung von Marshalls Vision gab. Nachdem der Bourgeoisie, der Bauern- und Arbeiterschaft willkürlich und doch dauerhaft politische Bürgerrechte verwehrt wurden, entwickelten sie konkurrierende und sich wechselseitig ausschließende Ideologien. Manchmal lehnten sie den Staat ab, wie im Anarchismus und Syndikalismus; zuweilen stützten sie sich auf den Staat, wie im marxistischen Sozialismus. Der harte Wettbewerb zwischen Anarcho-Syndikalismus, revolutionärem Sozialismus und reformistischem Sozialismus wurde nicht gelöst bis nach dem Zweiten Weltkrieg, aus Gründen, auf die ich später zurückkommen werde.

In einigen anderen Ländern wurde der absolutistisch-konstitutionelle Kampf mit einem eher friedlichen Sieg durch eine breite Koalition aus Bourgeoisie, Arbeitern und Kleinbauern gekrönt. Diese Koalition erlangte über die letzten vier Jahrzehnte des 20. Jahrhunderts legale und politische Bürgerrechte und kam am weitesten auf dem Weg zu sozialen Bürgerrechten. Das absolutistische Erbe, niemals gewaltsam zurückgewiesen wie etwa in Frankreich, verlieh den Regimeverhandlungen einen korporatistischen Anstrich, der sich bis heute gehalten hat. Die skandinavischen Länder sind der paradigmatische Fall für diesen Weg, zumal sie von den Erschütterungen des Krieges stärker verschont blieben als irgendein anderes Land. Dieser zweite Weg, ein korporatistischer Stil des Reformismus, korrespondiert sehr eng mit Marshalls Vision, mehr noch als der britische Fall das tut. Seine sozialen Kämpfe sind erklärtermaßen Klassenkämpfe, aber sie werden durch gemeinsame Verhandlungen gemanagt und eher durch pragmatische denn durch ideologische Grenzen eingehegt. Fortgesetzte Reformen, so der Konsens, werden in erster Linie begrenzt durch das Wachstumsprofil jeder nationalen Ökonomie.

Um aber das absolutistische Erbe angemessen zu untersuchen, empfiehlt sich eine Methodologie, welche die ,reineren' und länger andauernden Fälle von Absolutismus wie in Russland, Österreich, Japan und besonders Preußen/ Deutschland untersucht.

Vom Absolutismus zur autoritären Monarchie – Deutschland, Österreich, Russland und Japan

Die absolutistischen Regime traten in das 19. Jahrhundert mit zwei konfligierenden Neigungen ein. Erstens wollten König, Adel und Kirche weder der Bourgeoisie noch dem Proletariat *universelle* Bürgerrechte einräumen, weil das die partikularistische, private und willkürliche Natur ihrer Herrschaft bedroht hätte. Zweitens waren sie trotz ihres despotischen Anstrichs pessimistisch, was die Einschätzung ihrer infrastrukturellen Fähigkeit anging, entschiedenen Widerstand durch systematische Repression überwinden zu können. Als offenkundig wurde, dass weder Bourgeoisie noch Proletariat sich einfach wieder auflösen würden, begannen sich die Regime nicht nur nach anderen Lösungen umzuschauen, um ihre Macht zu erhalten – sie merkten auch, dass die Inkorporation dieser aufsteigenden Gruppen das Regime ,modernisieren' und ihren Status als Großmacht erhöhen würde. Das erfolgreichste Regime in Europa war das Wilhelminische Deutschland, auf das ich mich deshalb im Folgenden konzentrieren will.[4]

Absolutistische Kräfte in Deutschland waren zu Zugeständnissen bei den zivilen Bürgerrechten gewillt. Oft jedoch sah das ganz anders aus als eine ,Konzession'. Mitglieder des *Ancien Régime* waren Großgrundbesitzer, die ihren Besitz allmählich eher kapitalistisch zu nutzen begannen. Sie waren nicht gegen die Verbreitung des allgemeinen Vertragsrechts und Garantien für Eigentums-

---

4   Die Literatur über das Wilhelminische Deutschland ist umfangreich und kontrovers. Abgesehen von Arbeiten, die weiter unten zitiert werden, finden sich gute und genaue allgemeine Darstellungen bei Calleo (1978: 57-84) und in verschiedenen Aufsätzen bei Sheehan (1976).

rechte – die liberale Konzeption der Freiheit der Arbeit eingeschlossen. Jüngere Marxisten haben die Beobachtung gemacht, dass der klassische Liberalismus in dem Versuch, Kapitalismus und Demokratie zu verknüpfen, nicht gerade häufig vorgekommen ist: zahlreiche zivile Bürgerrechte konnten mit wenig politischen Rechten einhergehen (vgl. Jessop 1973). Blackbourne und Eley (1984) haben diesen Fall am Beispiel Deutschlands im 19. Jahrhundert aufgezeigt: Liberale legale Rechte (zivile Bürgerrechte) wurden durch einen Konsens zwischen dem Preußischen Regime und der Bourgeoisie über die notwendigen Reformen zur Modernisierung der Gesellschaft erzielt.

Absolutistische Regime favorisierten auch ein Minimum an sozialen Bürgerrechten. Ihre Ideologie und partikularistischen Praktiken waren ohnehin schon paternalistisch. Bestimmte Gruppen wie Handwerker oder Arbeiter im Bergbau hatten oft schon eine Garantie für Mindestlohn, Arbeitszeiten und -praktiken seitens des Staates. Als die infrastrukturelle Macht des Staates sich ausdehnte, ungefähr nach 1860, erweiterten sich auch die sozialen Bürgerrechte. Wie man heute allgemein anerkennt, waren Bismarck und Kaiser Wilhelm, nicht Liberale oder Reformer, die Begründer des Wohlfahrtsstaates, auch wenn sie dabei nicht sonderlich weit gingen (Flora/Alber 1981).

Der springende Punkt waren die politischen Bürgerrechte. Echte Parlamente konnten nicht zugestanden werden; Demokraten mochte man keine absolute Presse-, Rede- und Versammlungsfreiheit gewähren. Allmählich jedoch institutionalisierten gerissenere Monarchen eine arbeitsfähige politische Strategie. Das Regime konzedierte eine parlamentarische Schale, gewichtete aber das Wahlrecht, manipulierte die Wahlbeteiligung und gewährte gewählten Repräsentanten nur begrenzte Machtbefugnisse neben einem allein dem König verantwortlichen exekutiven Zweig. Auf diese Weise konnten sowohl die Bourgeoisie als auch das Proletariat in den Staat hereingenommen werden, ohne ihn kontrollieren zu können. Infolge dieses vorgetäuschten politischen Bürgerrechts wurden sie ‚negativ integriert‘, um Roths (1963) Begriff zu verwenden.

Die Taktik lautete ‚Teile und Herrsche‘: Verhandle mit den gemäßigteren Fraktionen der ausgeschlossenen Gruppen, unterdrücke dann den Rest; spiele etablierte Interessengruppen und Klassen gegeneinander aus und behalte eine kräftige Dosis willkürlichen Ermessensspielraum für das Regime. In den Händen eines Bismarck wurde diese Verfügungsfreiheit regelrecht zynisch gehandhabt: Katholiken, Regionalisten, Nationalliberale, klassische Liberale, ja selbst die Arbeiterklasse wurden angenommen, fallen gelassen und unterdrückt, je nach den jeweiligen taktischen Erfordernissen (vgl. die brillante Biographie über Bismarck von Taylor 1961). ‚Teile und Herrsche‘ war korporatistisch und willkürlich – beides vom Absolutismus ererbte Qualitäten. Gruppen und Klassen wurden als Organisationen in den Staat eher integriert als in regelgeleitete Marktplätze. Der Staat konnte die Regeln ändern, indem er das Parlament auflöste, bürgerliche Freiheiten begrenzte und neue Angriffsziele zur Unterdrückung auswählte. Mit solchen Mitteln entkräftete der autoritäre Monarchismus das deutsche Bürgertum und splitterte es in konservative, nationalliberale, katholische und regionalistische Fraktionen auf, die alle um die Gunst innerhalb des Regimes buhlten. Im Jahre 1914 hatte das deutsche Bürgertum als unabhängige politische Kraft zu existieren aufgehört, wie Max Weber oft genug beklagte. Nur ein kleiner radikaler Rumpf war in der Lage, sich mit den ausgeschlossenen Sozialisten gegen das Regime zu verbünden.

Das Proletariat wurde strenger behandelt. Obgleich das Regime ein wenig innerlich gespalten wurde und seine verschiedenen *Länder* auch unterschiedliche Politiken verfolgten – wobei die Liberalen für Zugeständnisse an die Gewerkschaften votierten, um sie dem Sozialismus zu entfremden –, blieben am Ende die autoritären Kräfte das Herzstück des Regimes. Von einer kurzen Periode (1890-94) unter dem Kanzler Caprivi, einem liberalen Preußischen General, abgesehen, vermochte die Politik der Versöhnung den Hof nicht zu bewegen – der Kaiser entließ lieber Caprivi, als dass er der Arbeiterschaft Zugeständnisse gemacht hätte. Das Regime war im Wesentlichen geeinigt und konnte folglich mit einer klaren Strategie antworten. Die deutsche Arbeiterklasse durfte ihre Repräsentanten in den Reichstag wählen, aber sie waren von Ämtern ebenso ausgeschlossen wie von Einfluss auf das Regime. Gewerkschaften waren erlaubt, aber selbst nachdem die Sozialistengesetze 1889 aufgehoben wurden, blieben deren Rechte unklar. Der Staat konnte rechtliche Unsicherheiten ausbeuten oder das Kriegsrecht ausrufen, um Streiks, Treffen, Aufmärsche, Organisationen und Publikationen zu unterdrücken. Das tat das Regime willkürlich, ganz auf einer Linie mit seiner Tradition.

Konfrontiert mit einer Strategie der weitgehenden bürgerlichen und politischen Exklusion, antwortete die Arbeiterschaft erwartungsgemäß. Sie folgte den marxistischen Sozialdemokraten, angeblich revolutionär, aber in der Praxis darauf aus, Wahlen zu gewinnen. Die meisten aktiven Arbeiter schlossen sich den sozialistischen Gewerkschaften an, der SPD-Rhetorik ergeben, aber doch nicht ohne reformerische Zugewinne in einigen Industriezweigen und an einigen Orten. Aber wer sich als Reformer versuchte, wurde regelmäßig von der Unversöhnlichkeit des Regimes frustriert. Im Jahre 1914 hatte Karl Legien, der kryptoreformerische Führer der sozialistischen Gewerkschaften ein gewisses Maß an Autonomie von der SPD errungen. Aber er war gezwungen zuzugeben, dass Reform ohne grundlegenden Wandel im Staate unmöglich war. Die Arbeiterklasse befand sich weitgehend außerhalb der politischen Bürgerrechte. Sie antwortete mit einem fehlerhaften marxistischen Sozialismus – extreme Rhetorik, praktische Vorsicht und einer Führung, die im Bewusstsein der Isolierung der Bewegung sich auf eine Politik der Wahlen konzentrierte.

Wie sehr fürchtete sich das Regime vor der sozialistischen Bedrohung? Im Jahre 1912 erzielte die SPD ihren größten Erfolg mit einem Drittel aller Stimmen und dem Status als größter Partei im Reichstag. Das Regime zeigte sich

überrascht, erholte sich aber recht schnell wieder. Zu der Zeit benutzte der
Kanzler Bethmann-Hollweg die rote Gefahr gegen seinen größten Feind, der die
Rechte und nicht die Linke war. Er beutete die Ängste der Besitzklassen ge-
schickt aus, um am Ende eine Steuerreform durchzusetzen, die lang von dem
Regime gewünscht, aber von den Junkern[5] ebenso konsequent verweigert wor-
den war. Am Vorabend des Ersten Weltkrieges beherrschte die autoritäre Mo-
narchie immer noch erfolgreich das ‚Teile und Herrsche'-Spiel und trieb die
Modernisierung kräftig voran.

Jede der autoritären Monarchien liefert eine Variation des deutschen Themas. Ich diskutiere sie in der Reihenfolge ihres Erfolges und beginne mit Japan
als erfolgreichstem Fall.

Die Japanische Monarchie hatte nicht so viel Entscheidungsspielraum. Stattdessen modernisierte die Meiji-Elite, die sich aus den traditionell herrschenden
Klassen rekrutierte, und benutzte die Monarchie als ihr Legitimitätsprinzip. Die
Meiji-Revolution markierte den Fall einer ungewöhnlich bewussten Regimestrategie konservativer Modernisierung. Nach einer sorgfältigen Suche unter
westlichen Verfassungen wurde schließlich die deutsche Verfassung übernom-
men und an die lokalen Bedürfnisse angepasst.[6] Ebenso, so mag man hinzufügen, wurden Organisationsformen liberal-reformistischer Länder dann entliehen,
wenn sie einem autoritären Rahmen einzufügen waren, wie etwa die französische Armee und britische Marineorganisation.[7] Die autoritäre Monarchie bekam
so einen stärker korporatistischen Anstrich und war weniger von den persönlichen Qualitäten des Königs abhängig wie in Europa – eine offenkundige Stärkung der Strategie.

Weniger erfolgreich war Russland, dessen Regime allgemein größere Unterdrückung und Exklusion bevorzugte, aber zwischen modernen liberalen und
autoritären Einflüssen aus dem Westen hin- und herschwankte. Zwei Phasen der
Versöhnung (1906-7 und 1912-14) begünstigten die Entstehung gemäßigter
bürgerlicher Parteien und reformistischer Gewerkschaften. Aber jedes Mal entzog die darauf folgende Rückkehr zur Repression den Liberalen und Reformern
den Boden unter den Füssen. Sie konnten ihrem Anhang nur wenige Verspre-
chungen machen. Viele wurden verbittert und bewegten sich nach links. Sozialistische Revolutionäre übernahmen die Arbeiter- und Bauernbewegungen und
selbst einige der bürgerlichen Faktionen (vgl. zur Arbeiterbewegung Bonnell
(1983) und Swain (1983)). Spaltungen und Schwanken am Hofe sorgten dafür,
dass dem deutschen Modell nicht erfolgreich nachgeeifert werden konnte. Das
Ancien Régime konnte nach wie vor auf die Loyalität des Adels und der Besitz-

---

5 Kaiser (1983: 458-462) argumentiert so gegen die eher traditionelle Auffassung von Autoren
   wie Berghahn (1972), wonach das Regime aus Furcht vor der Linken die Gesellschaft militari-
   siert hat, um dieser Bedrohung zu begegnen.
6 Bendix (1978: 476-490) unterbreitet eine prägnante Zusammenfassung der Meiji-Strategie.
7 Diese Beobachtung verdanke ich Professor Michio Morishima.

klassen im Allgemeinen rechnen, aber sein Modernisierungsprogramm begann sich von innen her aufzulösen, wie Haimson (1964, 1965) klassisch argumentiert hat. Das Regime hatte keinen korporativen Kern von liberalen oder konservativen Modernisierern. Stolypin, der Architekt der landwirtschaftlichen Reformen, welche die Unterstützung reicher und wohlhabender Bauern gewinnen sollte, war der potentielle konservative Retter des Regimes, doch sein Einfluss am Hofe war selbst stets prekär. Das gespaltene Regime wurde überdies herumgestoßen von der persönlichen Unentschiedenheit von Nikolas und der reaktionären Torheit Alexandras. Fängt die Monarchie an, von den persönlichen Qualitäten des Königs abzuhängen, wird sie zu einer gefährdeten Art. Russland stellte den gegensätzlichen Pol zu Japan im Spektrum autoritärer Demokratien dar – keine korporative Regimestrategie und große Abhängigkeit vom König selbst. Auf der anderen Seite war die ökonomische und militärische Modernisierung bemerkenswert erfolgreich im Vorkriegsrussland. Konnte das Regime eine vergleichbar kohärente politische Strategie finden? Im Jahre 1914 war die Antwort noch nicht klar. Obwohl die Regimeschwäche schon hervorgebracht hatte, was später dann ihre revolutionären Totengräber sein sollten, war deren Einfluss zu dieser Zeit vernachlässigenswert. Am wenigsten erfolgreich allerdings war Österreich, das 1867 zur österreich-ungarischen Doppelmonarchie wurde, war es doch in einzigartiger Weise von Nationalitätenkonflikten und Klassenkämpfen im ganzen Reichsgebiet heimgesucht.[8]

Die Monarchie versuchte sich in der ,Teile und Herrsche'-Strategie gleichzeitig an beiden Fronten, wurde aber mit dem Abfall von Ancien Régime-Gruppen, vor allem vom ungarischen und tschechischen Adel, sowie mit der Feindseligkeit des bürgerlich-liberalen Nationalismus konfrontiert. Als die Monarchie wankte, entwickelten sich einige denkwürdige Allianzen. Nach 1867 erwiesen sich der deutsche Adel und das deutsche Bürgertum sowie der ungarische Adel als die loyalsten und vorherrschenden Gruppen in den beiden Hälften der Doppelmonarchie. Aber der Monarchie war ihre Unterstützung gar nicht so willkommen, weil sie die anderen Nationalitäten entfremdete, welche diese beiden Gruppen ausbeuteten. Nach 1899 wies die marxistische SPD Nationalismus als bürgerliches Glaubensbekenntnis zurück, womit sie sich zu ihrer eigenen Überraschung de facto zur wesentlichen Stütze für die transnationale Monarchie entwickelte. Die Monarchie wiederum bekannte sich, wenn auch verspätet, zu parlamentarischen Institutionen in enger Anlehnung an das deutsche Vorbild, (also allgemeines Wahlrecht für Parlamente, deren Rechte der Monarchie untergeordnet sind) und hoffte auf diese Weise die ausgebeuteten Nationalitäten und Klassen zu erreichen.

---

8   Historische Soziologen tendieren dazu, Österreich zu vernachlässigen. Eine Darstellung, welche viele komplexe Beziehungen zwischen Regime, Klassen und Nation zusammenzufügen erlaubt, bietet Kann (1964).

Nicht das Proletariat, sondern adelige und bürgerliche Nationalisten untergruben die Arbeitsfähigkeit des Parlaments und es wurde aufgelöst. Diese autoritäre Monarchie vermochte nicht einmal die Loyalität des ganzen Ancien Régimes zu erhalten, geschweige denn die Bourgeoisie einzubinden. Im Jahre 1914 bestand sie aus dem Königshaus, der Armee und der weitgehend taktischen Unterstützung verschiedener nationaler und klassenspezifischer Gruppierungen. Seine korporative Solidarität war wahrscheinlich am schwächsten von allen vier Fällen.

Die vier Fälle demonstrieren bemerkenswerte Unterschiede in der Regimestrategie und im Erfolg. Die entscheidenden Erfolgskriterien bestanden in der Erhaltung einer korporativen Geschlossenheit des Ancien Régimes und in der Modernisierung durch Integration von Teilen der Bourgeoisie. Es würde den Rahmen dieses Artikels sprengen, einen Erklärungsversuch zu unternehmen, warum einige Regime diese Aufgaben besser als andere bewältigen konnten. Wohlgemerkt jedoch hängt Erfolg oder Misserfolg des Regimes nicht von der Stärke einer allgemeinen Klasse und der nummerischen Größe von Bourgeoisie und Proletariat ab. Wenn es danach ginge, wären die aufsteigenden Klassen in Deutschland am Anfang sicherlich besonders bedrohlich gewesen, die in Japan dagegen die am wenigsten gefährlichen, während Österreich und Russland sich irgendwo dazwischen in diesem Spektrum angesiedelt hätten. Freilich korrespondiert diese Rangordnung nicht mit Regimeerfolg. Der Hauptteil des Erfolgs und seiner Erklärung würde auf die traditionellen Regime selbst und ihre Klassen, nicht jedoch auf die aufsteigenden Klassen entfallen.

In ihrer äußersten Geschlossenheit stellt die autoritäre Monarchie eine spezifische Mischung aus Bürgerrechten dar – einen erheblichen Grad an bürgerlichen Rechten, minimalen sozialen Bürgerrechten, begrenzten politischen Bürgerrechten, das Ganze in Abhängigkeit von der jeweiligen Klasse und taktisch unterminiert durch ein willkürliches Königshaus und eine hofzentrierte Elite. Ihre gesellschaftlichen Auseinandersetzungen waren zum Teil ideologischer Klassenkampf, zum Teil ein Ringen etablierter Interessengruppen, unberechenbar gewalttätig, dennoch institutionalisiert. War das die dritte lebensfähige Strategie fortgeschrittener Industriegesellschaften? Hätte es dem Druck der Arbeiterklasse auf unabsehbare Zeit standhalten können? Sieht man einmal ab von den Unwägbarkeiten des Krieges – würde sie auch heute noch in drei der vier größten Industriemächte der Welt überleben – einem vereinigten Deutschland, einem zaristischen Russland und einem imperialen Japan? Wir können nicht sicher sein, weil alle diese Regime im Krieg zusammengebrochen sind. Aber wir erörtern im Folgenden vier unterstützende Argumente für diese kontrafaktische Möglichkeit.

Erstens war das Wilhelminische Deutschland in seiner eigenen Zeit alles andere als idiosynkratisch. Seine heranwachsenden Institutionen waren besser organisierte Versionen des europäischen mainstream. Wie Goldstein (1983)

gezeigt hat, war die Kombination aus gezielter Unterdrückung und Scheinpar-
lamenten durchaus die Norm im ausgehenden 19. Jahrhundert und nicht etwa
vorbildlich entwickelter Liberalismus oder gar Reformismus. Aus diesem Grunde wurden deutsche Institutionen so sehr nachgeahmt, vor allem von Österreich
und Japan.

Zweitens waren die autoritären Monarchien zum Zeitpunkt ihres Eintritts in
den Krieg – 1914 im Falle von Deutschland, 1941 im Falle von Japan – bereits
zu großen Industriemächten herangewachsen. Deutschland hatte Großbritannien
und Frankreich überflügelt und nur die Vereinigten Staaten waren deutscher
Wirtschaftskraft gewachsen. Japan und Russland industrialisierten sich rasch
und erfolgreich; und die ökonomischen Ressourcen Russlands, damals wie
heute, wogen in Quantität auf, was sie an Qualität vermissen ließen. Einen Eindruck von der Wirtschaftskraft der Großmächte vermittelt anhand quantitativer
Indizes Bairochs Studie (1982). Die autoritäre Monarchie *war dabei*, sich in
fortgeschrittene Industriegesellschaften zu retten wie in Deutschland und Japan,
hatte eine durchaus realistische Chance in Russland und schien offensichtlich
zum Scheitern verurteilt nur in Österreich, in dem unterschiedliche Nationen,
nicht Klassen die hauptsächliche Bedrohung darstellten.

Drittens sollten wir uns vor einer zu homogenen Sichtweise der Industriege-
sellschaft und ihrer Klassenkämpfe hüten. Der wichtigste Grund dafür, dass die
Arbeiterklasse gar nicht so bedrohlich war, lag an ihrer begrenzten Größe. Nati-
onale Volkszählungen zwischen 1907 und 1911 zeigen, wie außergewöhnlich
Großbritannien war. Nur 9% seiner Erwerbsbevölkerung waren noch in der
Landwirtschaft beschäftigt im Vergleich zu 32% in den USA, 37% in Deutsch-
land und mehr als 55% in Russland. Unter den Großmächten arbeiteten nur in
England mehr Menschen in der Industrie als in der Landwirtschaft, wie man den
Zensusdaten von Tabelle A 2 in Bairoch (1968) entnehmen kann. Außerhalb
von Großbritannien benötigte die Arbeiterschaft stets die Unterstützung von
Bauern und Kleinbauern, um entweder Reform oder Revolution durchzusetzen.
Dies gelang teilweise in den ‚umkämpften' Fällen von Frankreich, Italien und
Spanien und nachhaltiger in den ‚gemischten' Fällen von Skandinavien. In
Deutschland, Japan und Österreich jedoch scheiterte diese Strategie auf ganzer
Linie. Der Sozialismus war gefangen in seinen städtisch-industriellen Enklaven
und wurde regelmäßig überstimmt von den bürgerlich-ländlichen Klassen und
notfalls unterdrückt durch Bauernsoldaten und adelige Offiziere. Die autoritäre
Monarchie vermochte also weiterhin ihre Strategie von ‚Teile und Herrsche'
und gezielter Unterdrückung fortzusetzen, vorausgesetzt es gelang ihr, die
Spaltungen zwischen agrarischen und bürgerlichen Klassen geschickt zu mani-
pulieren und sie beide mit der Angst vor dem Proletariat zu motivieren. Nur
wenige Sozialisten im 20. Jahrhundert konnten diese erfolgreiche Strategie
durchbrechen – Lenin war die offenkundige Ausnahme.

Viertens hat sich die zahlenmäßige Schwäche der Arbeitsseite fortgesetzt, wenn auch in geänderter Form. Der Aufstieg der ,neuen Mittelklasse' und der ,Dienstleistungsklasse', die Wiederkehr des Arbeitsmarktdualismus und der wachsende Umfang wie die Verschiedenartigkeit von Dienstleistungsindustrien haben neue Differenzierungslinien in der Erwerbsbevölkerung eingezogen in dem Maße, wie der nummerische Umfang der Landwirtschaft zurückging. Erfolgreiche Arbeiterbewegungen in der Nachkriegszeit wie die skandinavische haben es geschafft, ihre frühere populistische Strategie (Esping-Anderson 1985) fortzusetzen. Sie rekrutierten Angestellte und neue ökonomische Sektoren in die sozialdemokratische Bewegung, so wie sie früher bürgerliche Radikale und Kleinbauern rekrutiert hatten. Wie jedoch sollten es Arbeiterbewegungen, die bereits in der Vergangenheit Bourgeoisie und Bauern nicht anzuziehen vermocht hatten, wie etwa in Deutschland und Japan, bei den neuen Gruppen auf einmal alles besser machen? Es ist sicherlich viel plausibler anzunehmen, dass die Strategie des ,Teile und Herrsche' und die gezielte Unterdrückung durch willkürliche autoritäre Monarchien, in Deutschland und Japan und vielleicht sogar in Russland wie auch in den konstitutiven Teilen von Österreich-Ungarn sehr wohl erfolgreich überlebt hätten.

Meine Schlussfolgerung lautet daher, dass die dritte Strategie, die autoritäre Monarchie, aller Wahrscheinlichkeit eine gute Überlebenschance in fortgeschrittenen post-industriellen Gesellschaften gehabt hätte, wenn es ihr gelungen wäre, eine distinkte, korporativ organisierte und willkürliche Kombination von teils bürgerlichen, politischen und sozialen Bürgerrechten zu institutionalisieren. Eine solche Möglichkeit wurde von Marshall erst gar nicht vorgesehen, geschweige denn von irgendeinem modernen Soziologen.

Faschismus und autoritärer Sozialismus

Der Erste Weltkrieg brachte zwei weitere Strategien hervor, den Faschismus und den autoritären Sozialismus. Nazi-Deutschland und die Sowjetunion waren ihre paradigmatischen Fälle. Beide bedienten sich der Unterdrückung in größerem Ausmaß, indem sie die infrastrukturellen Kapazitäten des Staates im 20. Jahrhundert nutzten und gewalttätige Legitimationsideologien propagierten. In der Praxis allerdings, wie in allen Regimen, musste Repression mit Verhandlungen kombiniert werden. Beide Regime definierten außenstehende Gruppen, mit denen sie nicht verhandeln würden: für beide waren dies jedwede grundsätzliche Opposition, was im Falle der Nazis Arbeiterführer, Sozialisten, Juden und andere nicht-arische Gruppen umfasste, für die Sowjets aber sich auf Grundbesitzer und Kapitalisten bezog. Andere Interessengruppen hingegen, die nicht als antagonistische Klassen angesehen wurden, konnten dem Regime beitreten, konnten Cliquen innerhalb und Klienten außerhalb etablieren, verhandeln und drängeln im altehrwürdigen absolutistischen Stil. Soziale Kämpfe wurden nach außen hin nicht zugegeben. Aber innerhalb des Regimes liefen sie weiter und flackerten zu periodischem Leben mit Säuberungen, Aufständen und regelrechten bewaffneten Auseinandersetzungen auf.

Keines der beiden Regime gestattete bürgerliche Rechte; keines räumte echte politische Bürgerrechte ein, obgleich sie die Institutionen eines Scheinkorporatismus und Sozialismus einrichteten. Und dennoch bewegten sich beide am weitesten in Richtung sozialer Bürgerrechte. Die Bewegung des Faschismus war ein wenig zögerlich: Vollbeschäftigung und öffentliche Arbeitsbeschaffungsmaßnahmen waren nicht sonderlich viel weiter vorangeschritten als in anderen Regimen und waren zum Teil das Ergebnis eines viel wichtigeren Politikzieles, der Wiederbewaffnung. Hätte das Regime jedoch den Krieg überstanden, wären seine Eingriffe in den Kapitalismus mit Sicherheit über die Staatsaufgabe des garantierten Existenzminimums weit hinausgegangen. Das Sowjetregime ging in seinem Stolz auf das Programm sozialer Bürgerrechte noch viel weiter. Formal garantierte der Staat ein Existenzminimum allen seinen Bürgern, obgleich die Realität mit den Privatparzellen der Bauern und den Schwarzmärkten anders aussah.

Natürlich war der deutsche Faschismus extrem instabil. Aber das lag an dem rastlosen Militarismus seiner Führer in Sachen Geopolitik, nicht an seiner Klassenstrategie. In der Tat, war *diese* in einer kurzen Zeitspanne überaus erfolgreich. Das Proletariat wurde komplett unterdrückt, mehr als das jemand zu dieser Zeit für möglich gehalten hätte. Seine Führer wurden getötet oder ins Exil getrieben; seine Organisationen wurden aufgelöst oder mit paramilitärischen Kräften des Regimes ausgestattet. Seine Massenbasis wurde zum Schweigen verurteilt – mit offenkundiger Billigung seitens der anderen sozialen Klassen. Das Bürgertum wurde so effektiv entkräftet, wie es selbst das Wilhelminische Reich nicht geschafft hatte. Die Liberalen wurden getötet oder zum Schweigen gebracht, der Rest verhielt sich vorsichtshalber ruhig oder bekundete lauthals seine Unterstützung. Rücksichtslosigkeit wurde durch keinerlei Skrupel mehr im Zaum gehalten. In diesem Sinne hätte der Faschismus eine vierte, vernichtende Lösung des Klassenkampfes in fortgeschrittenen Gesellschaften dargeboten. Sein wesentlicher Test wäre der nächste gewesen, nämlich hätte der Faschismus auch das Kapital angegriffen? Tatsächlich hatte er schon damit begonnen, als er den ökonomischen Gewinn dem Militarismus unterordnete. Das sollte sich als sein Niedergang erweisen – aber nicht durch das Handeln der einheimischen sozialen Klassen, die bis zu dessen letzten Tagen des Nazi-Regimes loyal an dessen Seite kämpften.

Die Stabilität der fünften Lösung, der autoritäre Sozialismus, kann ebenfalls nicht angezweifelt werden. Die Bolschewiken und ihre herrschenden Nachfolger schüchterten sehr rasch die Bourgeoisie ein und zähmten ganz allmählich auch die Arbeiterbewegung. Die Gewerkschaften wurden in apolitische Wohlfahrtsstaatsorganisationen umgewandelt, die manchmal auch noch von Ex-KGB-Männern geleitet wurden. Fast fünfzig Jahre dauerte es, bevor die Institutionalisierung vollendet wurde. Aber einmal eingerichtet, scheint sie nicht weniger stabil als andere dauerhafte Regimetypen zu sein.

Der Einfluss von Krieg und Geo-Politik

Fünf lebenskräftige Regimestrategien und ihre Mischungen von Bürgerrechten habe ich beschrieben: Liberalismus, Reformismus, autoritäre Monarchie, Faschismus und autoritären Sozialismus. Aber die heutige Industriegesellschaft hat einiges von ihrer Vielgestaltigkeit eingebüßt. Autoritäre Monarchie und Faschismus gibt es nicht mehr. Warum? Liegt das an ihren konstitutiven Defekten oder an ihrer Instabilität? Ich habe dies bereits verneint.

Es gibt eine alternative Erklärung. Um einen berühmten Grabspruch auf das Römische Reich zu paraphrasieren – diese Regime starben nicht eines natürlichen Todes, sie wurden Opfer eines Attentats. Natürlich wurden Faschismus und autoritärer Sozialismus auch aus Überfällen geboren. Aber je nach dem Los im Ersten Weltkrieg könnte die autoritäre Monarchie auch heute noch leben, während Faschismus und autoritärer Sozialismus vielleicht niemals geboren worden wären. Und je nach dem Los im Zweiten Weltkrieg könnte der Faschismus noch heute die Welt beherrschen. Sicher, es fällt schwer sich vorzustellen, wie der amerikanische Liberalismus von der deutschen, österreichischen und japanischen Allianz hätte überwunden werden sollen. Aber Europa und Russland hätten sehr wohl eine lebensfähige Zukunft unter sehr verschiedenen Regimen haben können.

Natürlich – dieses Argument wirklich stichhaltig zu untermauern, würde eine Kausalität im Umkehrverfahren erforderlich machen: der Regimetyp hätte danach die Rolle im Krieg bestimmt. Ein solches Szenario könnte man sich in zwei Stufen vorstellen. Bestimmte Regime – offenkundig die eher autoritären – hätten militaristischer sein und die beiden Weltkriege provozieren müssen; dennoch hätten sie im Krieg weniger erfolgreich kämpfen müssen. Die erste Stufe besitzt durchaus Gültigkeit. Die Nazis und die Japaner waren die Aggressoren im Zweiten Weltkrieg; und in verwirrender Weise, nach Art eines Hineinstolperns, haben die autoritären Monarchien den Ersten Weltkrieg begonnen. Aber trifft die zweite Stufe des Arguments auch zu? Waren Liberalismus, Reformismus und autoritärer Sozialismus besser zu kriegerischer Massenmobilisierung geeignet? Die Ideologien der Sieger legen ein klares ‚ja‘ als Antwort nahe. Aus Platzmangel vermag ich nur fragmentarische Evidenz anzubieten, aber meine Antwort lautet auf ein entschiedenes ‚nein‘.

In beiden Kriegen kämpfte die deutsche Armee besser als ihre Feinde, die stets nummerische Überlegenheit zum Überleben benötigten. Die deutsche Zivilbevölkerung unterstützte ihre Regime bis zum bitteren Ende. Beide Punkte treffen auch auf die Japaner im Zweiten Weltkrieg zu. Die Ostfront im Ersten Weltkrieg versetzte der liberal-reformistischen Perspektive weitere Schocks. Die autoritäre Monarchie Russlands kämpfte erfolgreich gegen das nunmehr semi-autoritäre Habsburger Reich, dessen Truppen wiederum das zwischenzeitlich weitgehend liberal gewordene Regime Italiens schlugen. Als im Jahre 1917 die österreich-ungarischen Armeen gegen Russland zusammenbrachen, wurden sie von preußischen Offizieren und NCOs gestützt und begannen erst dann die Oberhand wieder zurückzugewinnen (Stone 1975). Die Achsenmächte hatten Recht mit ihrer Auffassung, dass das Kriegsgeschick weniger auf Citizenship als auf effizienter Militärorganisation beruhte. Pech für sie, dass militärische Schlagkraft durch zahlenmäßiges Übergewicht besiegt wurde. Die Zahlen resultierten im Prinzip aus dem Allianzsystem – wie viele mächtige Staaten waren auf jeder Seite? Autoritäre Monarchie und Faschismus wurden von überlegenen geopolitischen Bündnissen, nicht durch ihre heimischen soziopolitischen Strukturen besiegt.

Nach 1945 wurde dieses Ergebnis von den Siegern ganz bewusst festgeklopft, um ja nicht die Fehler der Friedensverträge von 1918 zu wiederholen (Maier 1981). Osteuropa wurde sicher gemacht für den autoritären Sozialismus der Roten Armee. In Westeuropa und Japan wurde behutsam aber konsequent der Boden bereitet für liberal-reformistische Regime, auch wenn sich Japan nicht gerade kongenial dieser Kategorisierung fügt, weil viele autoritäre Traditionsbestände überlebt haben. In Westeuropa wurde die autoritäre Rechte mit Gewalt eliminiert. Der revolutionären Linken wurde der Boden unter den Füßen durch Reformen und Wirtschaftswachstum weggezogen, die das Zentrum und Mitte-Links-Regierungen sowie Systeme industrieller Beziehungen anboten. Im Jahre 1950 war der Wettstreit vorüber. Eine Kreuzung aus marshallschem Citizenship und amerikanischem Liberalismus dominierten im Westen, weniger als Folge innerer Evolution denn als Resultat des Kriegsgeschicks. Diese Kreuzung herrscht noch heute vor.

Marshalls allgemeines Argument lautete, dass die Industriegesellschaft den Klassenkampf durch Bürgerrechte für alle institutionalisierte. Das scheint wahr zu sein. Alle Regime haben *einige* Bürgerrechte garantiert. Aber sie haben dies in sehr unterschiedlichem Ausmaß und in sehr verschiedenen Kombinationen realisiert. Daraus resultiert ein komplexeres und weniger optimistisches Gesamtbild, als er voraussah. Aber nach der Logik von Geo-Politik und Krieg – die Opfer, die seine Generation erbracht hatte, mit eingeschlossen – hätte es ein sehr anderes und unglaublich viel deprimierenderes Bild von Europa sein müssen.

Soziologen vergessen gern, dass ‚Evolution' in aller Regel geopolitisch unterstützt wird. Dominierende Mächte vermögen ihre Strategien schwächeren Mächten aufzudrücken; oder die schwächeren Mächte wählen die Strategie des Hegemons, weil sie offenkundig eine erfolgreiche Modernisierungsstrategie verkörpert. Das heißt also, was da ‚evolviert', hängt von wechselnden geopoliti-schen Konfigurationen ab.

Ein Zitat von Ito Hirobumi, dem entscheidenden Architekt der Meiji-Verfassung aus dem Jahre 1889, mag dies unterstreichen: „Gerade damals be-fanden wir uns in einem Zeitalter des Übergangs. Die im Lande herrschenden Meinungen gingen außerordentlich weit auseinander und waren einander oft diametral entgegengesetzt. (...) Auf der anderen Seite gab es eine beachtliche und einflussreiche Gruppe von Leuten aus der jüngeren Generation, die ihre Bildung zu einer Zeit empfangen hatten, als das Manchestertum *en vogue* war, und die daher in ihren Freiheitsideen mehr als radikal waren. Angehörige der Bürokratie waren geneigt, den deutschen Doktrinären der Reaktion ein williges Ohr zu leihen, während andererseits die gebildeten Politiker aus dem Volke, die noch nicht die bittere Tragweite der Regierungsverantwortlichkeit zu schmec-ken bekommen hatten, sich eher von den blendenden Worten und glasklaren Theorien Montesquieus, Rousseaus und ähnlicher französischer Autoren beein-flussen ließen."

Dieses Zitat entnehme ich Bendix (1980: 370f), der es zur Untermauerung seines allgemeinen evolutionistischen Modells heranzieht, um zu demonstrieren, wie die westlichen Ideale der Volksvertretung überall die Monarchien ersetzten. Er notiert zutreffend die Wichtigkeit von ‚Bezugsgesellschaften', also entwi-ckelteren Gesellschaften, auf die Modernisierer mit Anerkennung zeigen konn-ten. Aber das Zitat verdeutlicht auch, dass am Ende des 19. Jahrhunderts min-destens drei solcher Vorbilder – Großbritannien, Frankreich und Deutschland – existierten und das spiegelte die reale Machtbalance zwischen den europäischen Großmächten wider. Keine einzige Macht vermochte außerhalb der eigenen kolonialen oder regionalen Einflusssphäre ihren Willen der anderen aufzudrü-cken. Modernisierer konnten daher unter verschiedenen Regimestrategien wäh-len. Das ist heute weit weniger der Fall. Die sowjetischen und angloamerikani-schen Strategien wurden auferlegt – im Osten mit Gewalt, im Westen durch Unterstützung für bestimmte politische Parteiungen und durch Unterminierung missliebiger anderer. Auf ihre je unterschiedliche Weise haben die Strategien über vierzig Jahre funktioniert und werden jetzt durch die ökonomischen, ideo-logischen, militärischen und politischen Ressourcen zweier hegemonialer Su-permächte unterstützt. Osteuropa wird immer noch mit Gewalt niedergehalten. Am Rande Westeuropas haben abweichende Regime in Portugal, Spanien und Griechenland sich der amerikanischen Vision von Modernisierung unterworfen, die mehr und mehr von den einheimischen Eliten gewünscht wurde. In der Dritten Welt ist die Auswahl an Alternativen größer, weil die meisten Länder wirksam vom westlichen wie vom östlichen Block abgeschirmt sind; dennoch dreht sich die Auswahl im Prinzip um die beiden Modelle, welche die beiden Supermächte bereitstellen.

Geo-Politik hat auch einen zweiten Wandel jüngeren Datums eingeleitet: das Aufkommen nuklearer Waffen. Kriegsführung auf dem höchsten Eskalationsniveau würde heute die Gesellschaft restlos zerstören. Deshalb kann das Wandlungsmuster, das die erste Hälfte des Jahrhunderts dominiert hatte – Wandel unterstützt durch Krieg – heute nicht mehr wiederholt werden. Die Entstehung der Supermächte und die Existenz von Atomwaffen weisen beide darauf hin, dass die Zukunft von Citizenship sich von ihrer Vergangenheit unterscheiden wird. Unsere Einschätzung ihrer Aussichten muss die innenpolitische mit der geopolitischen Analyse verknüpfen.

Literatur

Bairoch, P. (1968): The Working Population and its Structure. Brussels: Université Libre de Bruxelles.

Bairoch, P. (1982): International Industrialization Levels from 1750 to 1980. In: Journal of European Economic History, Vol. 11, 269-333.

Bendix, R. (1980): Könige oder Volk. Machtausübung und Herrschaftsmandat. Frankfurt/Main: Suhrkamp.

Berghahn, V. (1973): Germany and the Approach of War in 1914. London: St. Martin Press.

Blackbourne, D./Eley, G. (1984): The Peculiarities of German History. Oxford: Oxford University Press.

Bonnell, V.E. (1983): Roots of Rebellion: Worker's Politics and Organizations in St. Petersburg and Moscow, 1900-1914. Berkeley: Berkeley University Press.

Calleo, D. (1978): The German Problem reconsidered. Germany and the World Order, 1870 to the Present. Cambridge: Cambridge University Press.

Corrigan, P./Sayer, D. (1985): The Great Arch: English State Formation as Cultural Revolution. Oxford: Blackwell.

Dahrendorf, R. (1959): Class and Class Conflict in an Industrial Society. London: Routledge and Keagan Paul.

Esping-Andersen, G. (1985): Politics against Markets: The Social Democratic Road to Power. Princeton, NJ: Princeton University Press.

Flora, P./Alber, J. (1981): Modernization, Democratization, and the Development of Welfare States in Western Europe. In: Flora, P./Heidenheimer, A.J. (Hg.) a.a.O., 37-80.

Flora, P./Heidenheimer, A.J. (1981a): Introduction. In: dies. (Hg) a.a.O., 5-14.

Flora, P./Heidenheimer, A.J. (Hg.) (1981): The Development of Welfare States in Western Europe and America. New Brunswick, NJ: Transaction Books.

Giddens, A. (1985): The Nation State and Violence. Vol. 2 of A Contemporary Critique of Historical Materialism. Oxford: Polity Press.

Goldstein; R.J. (1983): Political Repression in 19th century Europe. Beckenham: Croom Helm.

Haimson, L.H. (1964): The Problem of Social Stability in Urban Russia, 1905-1917. Part 1. In: Slavic Review, Vol. 23, 619-642.

Haimson, L.H. (1965): The Problem of Social Stability in Urban Russia, 1905-1917. Part 2. In: Slavic Review, Vol. 24, 1-22.

Hall, J. (1985): Powers and Liberties. Oxford: Blackwell.

Halsey, A.H. (1984): For T.H. Marshall: Past and Present. In: Sociology, Vol. 18, 1-18

Jessop, B. (1978): Capitalism and Democracy: The best possible Shell? In: Littlejohn, G./Smart, B./Wakeford, J./Yuval-Davis, N. (Hg.) a.a.O., 10-51

Kaiser, D.E. (1983): Germany and the Origins of the First World War. In: Journal of Modern History, Vol. 55, 442-474.

Kann, R.E. (1964): The Multinational Empire. 2 Vol. New York: Octagon Books.

Katznelson, I. (1981): City Trenches: Urban Politics and the Patterning of Class in the United States. New York: Pantheon Books.

Littlejohn, G/ Smart, B./Wakeford, J./Yuval-Davis, N. (Hg.) (1978): Power and the State. London: Croom Helm.

Lipset, S.M. (1973): Tom Marshall – Man of Wisdom. In: British Journal of Sociology, Vol. 24, 412-417.

Lipset, S.M. (1985): Consensus and Conflict: Essays in Political Sociology. New Brunswick: Transaction Books.

Lockwood, D. (1974): For T.H. Marshall. In: Sociology, Vol 8, 363-367.

Maier, C.S. (1981): The two Postwar Eras and the Conditions for Stability in 20th Century Western Europe. In: American Historical Review, Vol. 86, 327-352.

Mann, M. (1980): State and Society, 1130-1815: An Analysis of English State Finances. In: Zeitlin, M. (Hg.) a.a.O., 165-205.

Mann, M. (1984): The Autonomous Power of the State: It's Nature, Causes and Consequences. In: Archives Européennes de Sociologie, Vol. 25, 185-213.

Mann, M. (1986): The Sources of Social Power. Vol. 1: A History of Power from the Beginning to 1760 A.D. New York & London: Cambridge University Press.

Mann, M. (1987): War and Social Theory: into Battle with Classes, Nations and States. In: Shaw, M./Creighton, C. (Hg.) a.a.O., 54-72.

Mann, M. (1989): The Sources of Social Power. Vol. 2: A History of Power in Industrial Societies. New York & London: Cambridge University Press.

Marshall, T.H. (1963): Sociology at the Crossroads. London: Heinemann Educational Books.

Marshall, T.H. (1975): Social Policy. 4. überarbeitete Auflage. London: Hutchinson.

Marshall, T.H. (1992): Bürgerrechte und soziale Klassen. Zur Soziologie des Wohlfahrtsstaates. Frankfurt/Main-New York: Campus.

Marshall, T.H. (1992a): Staatsbürgerrechte und soziale Klassen. In: ders. (1992) a.a.O., 33-94.

Mayer, A.J. (1981): The Persistence of the Old Regime. London: Croom Helm.

Moore, B. (1987): Soziale Ursprünge von Diktatur und Demokratie. Die Rolle der Grundbesitzer und Bauern bei der Entstehung der modernen Welt. Frankfurt/Main: Suhrkamp.

Rokkan, S. (1970): Citizens, Elections, Parties: Approaches to the Comparative Study of the Processes of Development. Oslo: Universitestforlaget.

Roth, G. (1963): The Social Democrats in Imperial Germany. Totowa, NJ: Bedminster Press.

Shaw, M. (1987): The Dialectics of Total War. London: Pluto Press.

Shaw, M./Creighton, C. (Hg.) (1987): The Sociology of War and Peace. London: MacMillan.

Sheehan, J.J. (1976): Imperial Germany. New York: Franklin Watts.

Skocpol, T. (1979): States and Social Revolutions. Cambridge: Cambridge University Press.

Stone, N. (1975): The Eastern Front, 1914-1917. New York: Charles Scribner's Sons.

Swain, G. (1983): Russiona Social Democracy and the Legal Labour Movement, 1906-1914. London: MacMillan.

Taylor, A.J.P. (1961): Bismarck: The Man and the Statesman. London: Arrow Books.

Turner, B.S. (1986): Citizenship and Capitalism: the Debate over Reformism. London: Allen & Unwin.

Zeitlin, M. (Hg.) (1980): Political Power and Social Theory. Vol. 1. Connecticut: J.A.I. Press.

Übersetzung: Hans-Peter Müller

Grundzüge einer Theorie der Staatsbürgerschaft

Bryan S. Turner

In den vergangenen Jahren ist Staatsbürgerschaft wieder zu einem zentralen Thema geworden. Dies gilt nicht nur für praktisch-politische Fragen wie dem Zugang zu Gesundheitssystemen, Bildungsinstitutionen und dem Wohlfahrtsstaat im Allgemeinen, sondern ebenso für traditionelle soziologisch-theoretische Diskussionen über die Bedingungen sozialer Integration und der gesellschaftlichen Gemeinschaft, für die die Institution der Staatsbürgerschaft konstitutiv ist. Diese soziologischen Debatten beginnen in der Regel mit einer Analyse des von T.H. Marshall entwickelten konzeptionellen Rahmens der Staatsbürgerschaft. Der vorliegende Aufsatz überprüft die Einwände, die gewöhnlich gegen Marshalls Konzept der Staatsbürgerschaft und das der Bindestrichgesellschaft erhoben werden, und kritisiert den in der Marshallschen Tradition entwickelten einheitlichen Charakter des Konzepts. Wie dessen etymologische Entwicklung nämlich zeigt, gibt es in der Tat einige klar voneinander unterscheidbare Formen der Staatsbürgerschaft. Als Gegenentwurf zu Michael Manns Theorie der Staatsbürgerschaft werden im Folgenden Deutschland, Frankreich, Holland, England und die Vereinigten Staaten miteinander verglichen. Auf dieser Grundlage lassen sich zwei entscheidende analytische Dimensionen identifizieren. Die erste betrifft das Wesen der Staatsbürgerschaft und unterscheidet einen aktiven von einem passiven Charakter, je nachdem Staatsbürgerschaft ‚von oben' (durch den Staat) verliehen oder aber ‚von unten' (im Sinne lokaler partizipativer Institutionen wie etwa Gewerkschaften) erkämpft wird. Die zweite Dimension bezeichnet das Verhältnis von öffentlicher und privater Sphäre in der bürgerlichen Gesellschaft. Eine konservative Vorstellung von Staatsbürgerschaft (als passiv und privat) steht dabei im Gegensatz zu einer eher revolutionären Idee aktiver und öffentlicher Staatsbürgerschaft. Die Kombination dieser beiden Dimensionen ermöglicht es, eine historisch-dynamische Theorie von vier Typen demokratischer politischer Gemeinwesen als gesellschaftlicher Kontexte der Durchsetzung von Staatsbürgerrechten zu entwickeln.

Staatsbürgerschaft als Partizipation

Im Zuge der weltweiten ökonomischen Rezession und der Durchsetzung monetaristischer Politiken ist die Bedrohung des Wohlfahrtsstaates zu einem zentralen Thema der sozialwissenschaftlichen Debatte in den 80er Jahren geworden

(Lee/Raban 1988). Dieser Angriff auf die Prinzipien öffentlicher Wohlfahrt steht zwar in direktem Zusammenhang mit der Formierung der Neuen Rechten und der Vorherrschaft des Thatcherismus in der britischen Politik (Green 1987; Kavanagh 1987; Marquand 1988), doch die ursächlichen Faktoren sind tatsächlich globaler Natur. Aus soziologischer Perspektive können diese Veränderungen der politischen Orientierung und die Entwicklung monetaristischer Perspektiven in der Sozialpolitik als Symptome eines grundlegenden Wandels der Politik industrieller Gesellschaften behandelt werden: als Aufbrechen des Korporatismus und als Zusammenbruch des reformistischen Konsenses, der kennzeichnendes Merkmal des sozialen Wiederaufbaus in der Nachkriegsperiode gewesen war. Beide Prozesse können ferner mit der gegenwärtigen radikalen Reorganisation des globalen Kapitalismus in Zusammenhang gebracht werden. Einige Sozialwissenschaftler begreifen diese als völlig neue Entwicklungsstufe des globalen Kapitalismus und behaupten, dass sie zu dessen Desorganisation (Offe 1985) oder zum Ende des organisierten Kapitalismus (Lash/Urry 1987) führen wird.

Diese strukturellen Reorganisationen des globalen Kapitalismus und die Tendenz, dass der Staat sich seiner Verpflichtung, wohlfahrtsstaatliche Leistungen auszudehnen zunehmend entzieht, haben auch weitreichende Auswirkungen auf die sozialwissenschaftliche Forschung und Lehre gehabt und sowohl der Interdisziplinarität als auch der angewandten Forschung als Formen der Verteidigung des Wohlfahrtsstaates größeres Gewicht verliehen (Bean/Ferris/Whynes 1985). Im Gegensatz zu radikalen Soziologen der 60er Jahre, die häufig von Louis Althusser (1971) beeinflusst waren, für den wohlfahrtsstaatliche Leistungen und die Existenz der Institutionen öffentlicher Gesundheit lediglich Facetten der ideologischen Staatsapparate darstellten, haben sich kritische Theoretiker angesichts der Krise der 80er Jahre wieder verstärkt Fragen distributiver Gerechtigkeit, individueller Rechte und Vorstellungen von Gleichheit als den Grundlagen sozialer Umstrukturierung und sozialer Reform zugewandt (Turner 1986a). Während die Idee abstrakter Menschenrechte (möglicherweise auf Grundlage einer naturrechtlichen Begründung) keine breite intellektuelle Unterstützung mehr erfährt, wird deutlich, dass die Institution spezifischer ‚Rechte‘ eine entscheidende Rolle bei der Verteidigung der öffentlichen Sphäre als einer Arena legitimer Debatte spielt. Die Institution der Rechte kann deshalb nicht von der Frage nach der Demokratie getrennt werden, und die Infrastruktur der Demokratie ermöglicht eine grundlegende, wenngleich begrenzte Beschränkung staatlicher Zwangsgewalt. Es ist „der demokratische Apparat, der verhindert, dass die Organisationen der Macht, des Gesetzes und des Wissens zu einem einzigen, herrschenden Organ werden" (Lefort 1988: 29).

In diesen Grundzügen einer Theorie der Staatsbürgerschaft wird behauptet, dass der gegenwärtige Versuch, wohlfahrtsstaatliche Prinzipien zu verteidigen, in der Tat eine viel grundlegendere soziologische, historische und philosophi-

sche Untersuchung des Charakters sozialer Mitgliedschaft und politischer Partizipation erforderlich macht, nämlich eine Erforschung des Ausmaßes und Charakters moderner Staatsbürgerschaft (King/Waldron 1988; Turner 1986b). The-
oretisches Ziel ist es deshalb, zu einer Synthese der Analyseebenen des individuellen Bürgers, der Organisation sozialer Rechte und dem institutionellen
Kontext der Demokratie zu gelangen. Auf theoretischer Ebene hat dieses erneu-
erte Interesse an sozialer Partizipation und den Staatsbürgerrechten zu einer
Wiederentdeckung des Werkes von T.H. Marshall geführt (Marshall 1963,
1965, 1981), das einen interessanten Ausgangspunkt für jede Debatte über die
gegenwärtig komplexen Zusammenhänge der Beziehungen zwischen legitimen
staatsbürgerlichen Ansprüchen und der ökonomischen Struktur der kapitalistischen Gesellschaft bietet.

Marshalls Zugang zur Staatsbürgerschaft

In den Vereinigten Staaten hatte T.H. Marshalls Werk besonderen Einfluss auf
Talcott Parsons (1971), Reinhard Bendix (1964) und Seymour Martin Lipset
(1960), und es wurde hier zu einem Rahmen für die Analyse ethnischer Beziehungen und der Beziehungen zwischen den Rassen weiterentwickelt (Par-
sons/Clark 1966). In Großbritannien hingegen, wo es im Kontext der sozialen
Neuorganisation der Nachkriegszeit seine Blütezeit erlebte und als gesellschaftliche Rechtfertigung der Expansion wohlfahrtsstaatlicher Ausgaben Bedeutung
erlangte (Titmuss 1963), wird Marshalls Soziologie der Staatsbürgerschaft
vielleicht erst zum jetzigen Zeitpunkt angemessen gewürdigt und diskutiert
(Halsey 1984; Roche 1987).
   Obgleich Marshalls Analyse sehr bekannt ist, wird es hilfreich sein, in aller
Kürze die Grundzüge jener drei Dimensionen der Staatsbürgerschaft zu erläutern, die er in seiner Arbeit diskutierte. Marshalls intellektuelle Wurzeln lagen
zwar in der liberalen Tradition James und John Stuart Mills, er entwickelte
jedoch ein spezifisch gesellschaftliches Verständnis der individualistischen
Ideen des englischen Liberalismus. Während eine theoretische und moralische
Schwäche der liberalen Tradition ihr Unvermögen darstellt, sich direkt mit dem
Problem sozialer Ungleichheit und deren Verhältnis zu individueller Freiheit
auseinander zu setzen (Laski 1962), wird gerade der Widerspruch zwischen der
formalen politischen Gleichheit des Wahlrechts und dem Fortbestehen enormer
sozialer und ökonomischer Ungleichheit, die letztlich im Charakter des kapitalistischen Marktes und der Existenz des Privatbesitzes gründet, zum eigentlichen Kern des Marshallschen Zugangs. Die Ausdehnung der Staatsbürgerschaft
schien ihm das entscheidende politische Mittel zu sein, um diese Widersprüche
lösen oder zumindest eindämmen zu können.

Die Grundidee zu dieser Theorie der Staatsbürgerschaft entwickelte Marshall 1949 in ‚Staatsbürgerrechte und soziale Klassen' (1963). Diese arbeitete er dann in ‚Social Policy' (Marshall 1965) weiter aus, indem er die Frage nach der Entwicklung wohlfahrtsstaatlicher Politik in Großbritannien zwischen 1890 und 1945 als spezifisches Beispiel der Ausdehnung sozialer Rechte behandelte. Während dieser bedeutende Beitrag zur Analyse der Sozialpolitik keine explizite Aussage seiner Theorie sozialer Staatsbürgerschaft beinhaltete, legte Marshall dann in ‚The Right to Welfare and other Essays' (Marshall 1981) schließlich eine Theorie der kapitalistischen Gesellschaft als ‚Bindestrichgesellschaft' vor, in der er zeigt, dass es zwischen einer kapitalistischen Ökonomie, einem Wohlfahrtsstaat und den Bedürfnissen des modernen Staates zu unvermeidlichen Spannungen kommt. Damit wird deutlich, dass Marshalls Interesse im Wesentlichen der historischen Entwicklung sozialer Wohlfahrt in Großbritannien vom 18. bis zum 20. Jahrhundert galt, einem Prozess, den er als Ausweitung der Staatsbürgerschaft auf den drei Dimensionen bürgerlicher, politischer und sozialer Rechte zu fassen versuchte.

Marshall behauptete erstens, dass es im 18. Jahrhundert zu einer bemerkenswerten Entwicklung bürgerlicher Rechte gekommen sei, die im Wesentlichen den rechtlichen Status und die bürgerlichen Rechte der Individuen betraf. Diese bezogen sich auf solch grundlegende Probleme wie die Redefreiheit, das Recht auf ein faires Gerichtsverfahren und den gleichen Zugang zum Rechtssystem, die durch ein System von Gerichtshöfen geschützt werden sollten. Zweitens verwies Marshall auf eine wichtige Ausdehnung politischer Rechte im 19. Jahrhundert, die aus den Kämpfen der Arbeiterklasse um politische Gleichheit im Sinne eines verbesserten Zugangs zum parlamentarischen Prozess resultierte. In dieser Arena erforderte politische Staatsbürgerschaft die Entwicklung von Wahlrechten und einen erleichterten Zugang zu politischen Institutionen, um Interessen artikulieren zu können. Im Falle Großbritanniens kam es dabei zur Durchsetzung jener politischen Rechte, die mit dem Wahlakt, der Bildung politischer Parteien und der Ausdehnung des Wahlrechts zusammenhingen. Drittens schließlich richtete Marshall die Aufmerksamkeit auf die Ausdehnung sozialer Rechte im 20. Jahrhundert, die zum einen die Grundlage für Forderungen nach staatlicher Wohlfahrt darstellten, und zum anderen Ansprüche auf soziale Sicherheit in Phasen der Arbeitslosigkeit, bei Krankheit und in Notlagen verbürgten.

Den drei entscheidenden Arenen der Staatsbürgerrechte – bürgerlichen, politischen und sozialen Rechten – entsprechend, lassen sich deshalb drei zentrale Dimensionen moderner Gesellschaften identifizieren: die Gerichte, das Parlament und das Wohlfahrtssystem. Auf dieser Grundlage konzeptualisierte Marshall in seiner endgültigen theoretischen Fassung des Problems den Kapitalismus schließlich als ein dynamisches System, innerhalb dessen das fortwährende Aufeinanderprallen von Staatsbürgerschaft und sozialer Klasse den Charakter des politischen und sozialen Lebens bestimmt. Diese Spannungen fasste er im Begriff der Bindestrichgesellschaft zusammen, worunter ein soziales System zu verstehen ist, in dem es zu permanenten Spannungen zwischen den Bedürfnissen ökonomischer Profitabilität, den erforderlichen Besteuerungen durch den modernen Staat und den Rechten der Bürger auf wohlfahrtsstaatliche Leistungen kommt.

Während Marshalls Theorie sowohl auf die Entwicklung der amerikanischen Gesellschaftstheorie auf dem Feld der Rassenbeziehungen als auch auf die britische Soziologie in der Analyse von Wohlfahrtssystemen Einfluss hatte, entzündete sich an (angeblichen) Problemen seiner theoretischen Analyse der Rechte doch unablässig Kritik. Anthony Giddens (1982) etwa hat Marshall für seine evolutionäre Entwicklungsperspektive von Staatsbürgerschaft kritisiert, in der citizenship als Effekt einer eindeutigen und notwendigen Entwicklung innerhalb einer Gesellschaft erscheinen. Es wurde behauptet, dass Marshall den umfassenderen sozialen Kontext – insbesondere die Phasen des Krieges und des Wiederaufbaus der Nachkriegszeit –, innerhalb dessen sich die wohlfahrtsstaatliche Politik entwickelte, nicht berücksichtigt habe. Giddens bemerkte ferner, dass Staatsbürgerrechte kein einheitliches, homogenes Arrangement sozialer Übereinkünfte darstellen und die liberalen Rechte, die aus bürgerlichen (Befreiungs-) kämpfen resultieren, nicht mit jenen Ansprüchen auf Wohlfahrt verglichen werden können, die der Sozialismus und andere Formen des Handelns der Arbeiterklasse hervorgebracht habe. Während die liberalen Rechte auf Partizipation am parlamentarischen Prozess zur Bewahrung und Verfestigung der sozialen und politischen Herrschaft des Privateigentums über die Arbeit führen, stellen soziale Rechte, zumindest prinzipiell, eine potenzielle Herausforderung für das Funktionieren des Kapitalismus als einem ökonomischen System dar. Aus diesem Grund besteht keine zwangsläufige Ähnlichkeit zwischen liberalen bürgerlichen Rechten im 19. Jahrhundert und den sozialistischen Forderungen nach Gleichheit im 20. Jahrhundert, und es gibt darüber hinaus keine gleichzeitig oder gleichmäßig verlaufende Entwicklung unterschiedlicher Rechte. So mögen im Kapitalismus zwar bürgerliche Rechte entstehen, politische Staatsbürgerschaft wird hier jedoch oft verweigert (Jessop 1978).

Eine weitere Kritik an Marshall behauptet, dass er das historische Auftreten der Staatsbürgerschaft als unumkehrbaren Prozess innerhalb der modernen Gesellschaft begriffen habe, weshalb sein zugrunde liegendes Wertesystem als im Grunde als sich selbst bestätigend und konservativ charakterisiert wurde (Roche 1987). Die Erfahrung der fünfzehn Jahre, die der Ölkrise von 1973 folgten, hätten hingegen gezeigt, dass wohlfahrtsstaatliche Rechte sehr wohl zurückgenommen werden können und keineswegs als selbstverständlich gegeben gelten dürfen. Darüber hinaus wurde Marshalls Theorie in Frage gestellt, weil sie nicht berücksichtigt, dass weitere soziale Rechte auf kultureller Ebene gefordert werden und diese kulturellen Ansprüche darüber hinaus mit der Bildungsrevolution des 20. Jahrhunderts, der Bildungsexpansion und dem Universitätssystem der Nachkriegszeit zusammenhängen könnten. Während das Argument, dass im Universitätssystem die kulturelle Erweiterung der Staatsbürgerschaft zum Ausdruck kommt, eng mit Talcott Parsons' Arbeiten (Parsons/Platt 1973) verbunden ist, war der Zusammenhang zwischen Demokratie und höherer Bildung auch für die auf Deweys Vorstellungen beruhende Tradition des amerikanischen Pragmatismus entscheidend (Mills 1966).

Obgleich Marshalls Theorie zweifellos Probleme in sich birgt, behaupte ich, dass er oft zu Unrecht kritisiert wurde und zumindest ein Teil der Kritik auf einem falschen Verständnis der Originaltexte beruht. So war sich Marshall beispielsweise des umfassenden sozialen und militärischen Kontextes, in dem sich die wohlfahrtsstaatlichen Rechte entwickelten, vollkommen bewusst, denn er begriff die Bedingungen der Nachkriegszeit in Großbritannien als gesellschaftliche Umstände, die den Forderungen nach sozialen Rechten und Absicherung enorm förderlich waren. Ferner ist keineswegs klar, ob die Theorie tatsächlich eine evolutionäre Perspektive erfordert, wenn man von der Unumkehrbarkeit einmal etablierter Ansprüche gegen den Staat ausgeht. Marshall erkannte vielmehr, dass die Entwicklung der Sozialpolitik von den kontingenten Bedingungen der besonderen Umstände in der Phase des Krieges abhängig war. Zugleich ist auch völlig offensichtlich, dass politische Rechte sich grundlegend von ökonomischen unterscheiden, da in vielerlei Hinsicht die Ausweitung der Staatsbürgerschaft in kapitalistischen Staaten verhindert wurde. Politische Rechte beispielsweise endeten vor den Fabriktoren, so dass sich die Demokratie nicht vollständig zu einer ökonomischen Demokratie weiterentwickelte, wenngleich die Erfahrung aus verschiedenen Ländern (im Hinblick auf die Partizipation von Arbeitern oder deren Möglichkeit, Kontrolle auszuüben) große Unterschiede zwischen diesen deutlich werden lässt (Lash/Urry 1987). Giddens hat sicher auch Unrecht, wenn er behauptet, dass Marshall bürgerliche und soziale Rechte völlig gleich behandelte oder ihnen die gleichen integrativen Funktionen zuschrieb. Dessen entscheidendes Argument behauptet vielmehr, dass individuelle bürgerliche Rechte unmittelbar der ‚individualistischen Phase des Kapitalismus' entsprechen, während die sozialen Rechte der Gewerkschaften "noch weit ungewöhnlicher waren, weil diese weder um den Status einer Körperschaft nachsuchten noch ihn erhielten." (Marshall 1963: 103). Nichtsdestotrotz gibt es in der Marshallschen Theorie ein ungelöstes Problem, denn es ist nicht klar, ob soziale Rechte in einem Spannungsverhältnis, im Gegensatz oder im Widerspruch zur ökonomischen Basis kapitalistischer Gesellschaften stehen (Goldthorpe 1978; Halsey 1984; Lockwood 1974).

Wennschon all diese Einwände zweifellos wichtig sind, zielt meine Kritik an Marshall darauf ab, sein ursprüngliches Modell weiterzuentwickeln. Jede Theorie der Staatsbürgerschaft muss zugleich eine Staatstheorie entwickeln, und es ist dieser Aspekt, den Marshall am stärksten vernachlässigt hat. In seinem Modell kommt dem Staat implizit die Aufgabe zu, Staatsbürgerrechte zu sichern und weiter auszudehnen, er ist das politische Instrument, mit dessen Hilfe verschiedene politische Bewegungen versuchen, ihre Situation zu verbessern, indem sie ihre Ansprüche gegenüber der Gesellschaft als legitim erklären. Es gelang Marshall auch nicht, eine ökonomische Soziologie zu entwickeln, die erklären würde, wie die für Wohlfahrt erforderlichen Ressourcen erzeugt und vom Staat über Gesundheitsvorsorge und ganz allgemein über Wohlfahrtsinstitutionen an Anspruchsberechtigte umverteilt werden sollen. In Anbetracht dieser problematischen Aspekte der Marshallschen Theorie erhält die Idee sozialer Kämpfe als entscheidender Motor für die Dynamik der Staatsbürgerschaft besondere Bedeutung. Marshall versäumte es deutlich zu machen, dass die Entfaltung der Staatsbürgerschaft in historischer Perspektive gewöhnlich die Folge einer Anwendung von Gewalt oder zumindest deren Androhung war, wodurch dem Staat die Aufgabe zukam, das soziale System zu stützen. Obgleich eine Reihe von Wissenschaftlern der Funktion von Massenkriegen für die erfolgreiche Durchsetzung von Forderungen nach demokratischer Partizipation Aufmerksamkeit geschenkt hat (Gallie 1983), ist ein umfassenderes Verständnis von ‚Kampf‘ als kritischem Aspekt der historischen Herausbildung der Staatsbürgerschaft erforderlich, da die tatsächliche Bedeutung neuer sozialer Bewegungen für sozialen Wandel erst innerhalb eines solchen Kontextes deutlich wird (Klandermans 1986; Melucci 1981). Zugleich hat Barbalet (1988: 103) jedoch zu Recht darauf hingewiesen, dass die Institutionalisierung der Staatsbürgerrechte auch neue politische, rechtliche und administrative Praktiken erforderlich macht, die nur mittelbar mit diesen sozialen Bewegungen in Zusammenhang standen.

Marshalls Modell kann ferner erweitert werden, indem man eine Idee von Talcott Parsons (1966) aufnimmt. Dieser behauptete nämlich, dass die Entwicklung der Staatsbürgerschaft einen Prozess beinhalte, in dem die gesellschaftlichen Grundlagen von askriptiven Kriterien auf Kriterien des Erwerbs umgestellt werden, eine Transformation, die zugleich einen Übergang von partikularistischen zu universalistischen Werten bedeutet. Der Auftritt des modernen Bürgers erfordert deshalb die Konstitution eines abstrakten politischen Subjekts, das nicht mehr durch die Partikularismen von Geburt, Ethnizität oder Geschlecht gebunden ist. Im Anschluss an Max Webers Schriften über die Stadt (1966) ging Parsons davon aus, dass das Christentum eine Trennung von Politischem und Sozialem ermöglicht und zugleich einen von ethnischer Zugehörigkeit losgelösten Begriff sozialer Beziehungen entwickelt habe, der den Glauben bzw. ein allgemeineres religiöses Bewusstsein als letzte Quelle der Gemeinschaft in modernen Gesellschaften begreift (Parsons 1963). Dieses Verständnis einer Differenzierung des Politischen und Sozialen kann durchaus als die Parsonssche Variante der klassischen Trennung des Staates von der Zivilgesellschaft begriffen werden (Berger 1986: 75).

Es kann deshalb davon ausgegangen werden, dass die historische Entwicklung der Staatsbürgerschaft sowohl bestimmte, mit dem Subjekt verbundene universalistische Annahmen als auch die Auflösung partikularistischer Verwandtschaftssysteme zugunsten einer urbanen Umwelt voraussetzt, die ursprünglich vermutlich nur im Kontext der autonomen Stadt gedeihen kann. In einer derartigen politischen und kulturellen Arena wird Staatsbürgerschaft sozusagen in gesellschaftlichen Konflikten und Kämpfen vorangetrieben, in denen soziale Gruppen um den Zugang zu Ressourcen konkurrieren. Damit erfordert eine solche Theorie der Staatsbürgerschaft zugleich einen Begriff des Staates als einer Institution, die in den Widersprüchen zwischen Eigentumsrechten und politischen Freiheiten gefangen ist. Schließlich lässt sich festhalten, dass die aktuellen Möglichkeiten der Staatsbürgerschaft in modernen Gesellschaften durch die spezifischen Probleme in Kriegszeiten gesteigert wurden, da untergeordnete gesellschaftliche Gruppen in diesen Phasen ihre Ansprüche gegen den Staat mit größerer Wahrscheinlichkeit durchsetzen können. Die Bedeutung des Massenkrieges als entscheidenden Faktor sozialen Wandels hervorzuheben, stellt zugleich eine wichtige Kritik der konventionellen gesellschaftszentrierten Perspektive sowohl der klassischen Soziologie als auch des Marxismus dar (Giddens 1985; Marwick 1974).

Obgleich das Wohlfahrtssystem im Großbritannien der Nachkriegsperiode und in der Phase des Reformismus und Wiederaufbaus deutlich ausgebaut wurde, kam es im Zuge des aufkeimenden Thatcherismus und der um sich greifenden globalen Rezession nach 1973 sowohl zu einem politischen Angriff auf den Wohlfahrtsstaat als auch zu einem beträchtlichen Rückbau wohlfahrtsstaatlicher Institutionen. Die Ursachen dieser Prozesse müssen zwar erst noch vollständig analysiert werden, doch der Niedergang des Wohlfahrtssystems kann mit dem der organisierten Arbeiterklasse und jenem der auf sozialen Klassen beruhenden Gemeinschaften in Zusammenhang gebracht werden (Offe 1987). Auch die räumliche Reorganisation eines desorganisierten Kapitalismus macht die Interessenartikulation viel schwieriger, und auch diese Veränderungen hängen sowohl mit der Erosion des Neokorporatismus und der Entkopplung traditioneller politischer Allianzen von sozialer Klasse im Zuge der Restrukturierung des Kapitalismus als auch mit dem Auftreten neuer sozialer Bewegungen zusammen (Lash/Urry 1987). Durch die Globalisierung des Kapitalismus ist der Staat nicht länger in der Lage, zwischen Besitzern von Privateigentum und der Arbeiterklasse zu vermitteln, da seine ökonomische Autonomie durch internationale Vereinbarungen und Institutionen derart beschränkt wird, dass ,lokale' politische Entscheidungen des Staates zu äußerst nachteiligen Konsequenzen für den Wert seiner Währung an den internationalen Geldmärkten führen kann. Das Problem mit Marshalls Theorie besteht deshalb darin, dass sie für die Phase eines desorganisierten Kapitalismus nicht mehr angemessen ist. So hat der britische Staat tatsächlich wenig Bewegungsspielraum, denn während das Kapital auf globaler Ebene operiert, tendiert die Arbeit nach wie vor dazu, innerhalb eines beschränkten, nationalen Marktes zu handeln, in dem ihre Interessen durch nationale Interessengruppen artikuliert werden. Ganz im Gegensatz zu einer derartigen Situation ging Marshall aber von einer Form nationalstaatlicher Autonomie aus, in der Regierungen relativ immun gegen die innerhalb des Weltsystems kapitalistischer Staaten herrschenden Zwänge seien (Giddens 1985).

Während sich Marshalls Theorie auf den Fall Großbritanniens konzentrierte, muss eine allgemeine Theorie der Staatsbürgerschaft als entscheidendem Kennzeichen modernen politischen Lebens hingegen eine komparative und historische Perspektive einnehmen, da der Charakter dieser Rechte zwischen verschiedenen Gesellschaften systematisch variiert. Die Entstehung der Staatsbürgerschaft ist ein typisches Kennzeichen der sehr unterschiedlichen und historischspezifischen Entwicklung demokratischer Politik in westlichen Gesellschaften, doch eine genuin historische Analyse der Staatsbürgerschaft müsste sich nicht nur mit dem griechischen und römischen Vermächtnis auseinander setzen, sondern sich darüber hinaus auch mit schwierigen Vergleichen zwischen westlichen und nicht-westlichen Traditionen beschäftigen.

Citizenship – Strategien der herrschenden Klasse?

Michael Mann (1987) hat in einer besonders wichtigen und systematischen Kritik den Ethnozentrismus und Evolutionismus der Marshallschen Theorie hervorgehoben. Er geht davon aus, dass Marshalls Modell zwar auf England anwendbar sei, in historischer und komparativer Perspektive für andere Gesellschaften aber unangemessen ist. Es könnte sein, dass England eher eine Ausnahme als die Regel darstellt, doch Mann (ebd.: 340) stellt weiter fest, dass Marshalls Argument sich ausschließlich auf Großbritannien bezieht und kein anderes Land erwähnt wird. Betrachtete Marshall Großbritannien also als typisch für den gesamten Westen? Es wäre in der Tat angemessener zu sagen, dass Marshalls Version einer Theorie der Staatsbürgerschaft sich vollständig auf England beschränkt, da er die soziopolitische Einheit Großbritanniens als gegeben annahm (Turner 1986b: 46). Das Problem der Staatsbürgerschaft innerhalb des britischen Staates kann historisch jedoch nicht ohne Berücksichtigung der Auflösung der keltischen Randgebiete analysiert werden (Hechter 1975; Turner 1984). Anthony Smith (1986) hat in diesem Zusammenhang darauf hingewiesen, dass die Entstehung der Staatsbürgerschaft innerhalb eines gesellschaftsartigen politischen Raumes des modernen Staates sehr wohl die Unterwerfung, wenn nicht Ausrottung gemeinschaftsförmiger Mitgliedschaft in einer ethnischen Gruppe erfordern kann.

Manns Äußerungen über den anglophilen Charakter der Marshallschen Theorie stellen jedoch eher den Auftakt zu dem viel wichtigeren Unternehmen dar, einen komparativen Rahmen zu entwickeln, um fünf Strategien der Staatsbürgerschaft (liberal, reformistisch, autoritär-monarchistisch, faschistisch und autoritär-sozialistisch) identifizieren zu können. Nachdem er die Regime des vorindustriellen Europas in zwei Idealtypen (absolute Monarchien und konstitutionelle Regime) unterteilt hat, fragt Mann nach den Strategien, die diese traditionellen Regime entwickelten, um sich politisch zunächst mit der Bourgeoisie und dann, während der Phase industriekapitalistischer Entwicklung, mit der städtischen Arbeiterklasse auseinander zu setzen.

Großbritannien ist das wichtigste Beispiel für eine liberale Strategie. Der Staat bewahrte einen liberalen Charakter und die Arbeiterklasse wurde durch den Wohlfahrtsstaat, der in den privaten Markt und die Versicherungssysteme eher eingreift als sie zu ersetzen (vgl. Mann 1987: 343), erfolgreich inkorporiert. Als Resultat des Gewerkschaftskampfes und des Klassenkonflikts im 19. Jahrhundert, ging Großbritannien schließlich von einer liberalen zu einer reformistischen Lösung über. Die Vereinigten Staaten und die Schweiz sind ebenfalls Beispiele einer liberalen Strategie, doch in beiden Staaten blieben die sozialen Staatsbürgerrechte schwach entwickelt, da ihre leistungsstarken Ökonomien es den Bürgern ermöglicht haben, sich selbst gegen persönliche Risiken abzusichern. Im Gegensatz dazu wurde die Entwicklung der Staatsbürgerschaft in Frankreich, Spanien, Italien und Skandinavien von monarchistischen und klerikalen Reaktionären bitter bekämpft, und das absolutistische Vermächtnis wurde (mit Ausnahme Frankreichs) bis zum Anbruch der Moderne kaum in Frage gestellt.

Deutschland, Österreich, Russland und Japan sind Beispiele für eine autoritäre monarchistische Strategie. Während diese absolutistischen Regime zunächst sowohl die staatsbürgerlichen Ansprüche der Bourgeoisie als auch jene des Proletariats zurückweisen konnten, waren sie schließlich doch gezwungen, ihr politisches System zu modernisieren. Das wilhelminische Deutschland verfolgte dabei die erfolgreichste Strategie politischer und wirtschaftlicher Entwicklung. Sie führte dazu, dass die Bourgeoisie und zu einem gewissen Teil auch das Proletariat über eine nur schwach entwickelte politische Staatsbürgerschaft „negativ in das System inkorporiert wurden" (Roth 1963).

Die Sowjetunion und Nazideutschland gelten Mann als Beispiele für autoritär-sozialistische und faschistische Strategien. Obgleich keines der Systeme umfassende bürgerliche und politische Rechte gewährte, gab es doch eine bemerkenswerte Entwicklung sozialer Rechte. Während in Deutschland die Politik der Vollbeschäftigung und öffentlicher Arbeitsprogramme mit dem Ziel der Wiederbewaffnung verbunden wurde, existierte in der Sowjetunion ein Programm sozialer Staatsbürgerrechte für alle neben beträchtlichen sozialen Unterschieden durch Schattenökonomie und Schwarzmarkt. Obgleich beide Systeme wirkungsmächtige legitimierende Ideologien propagierten, mussten sie sich doch auf einen ausgedehnten Gewalt- und Unterdrückungsapparat stützen, doch während der deutsche Faschismus dabei sehr instabil war, gelang es dem sowjetischen System besser, die Arbeiterklasse durch die Umwandlung der Gewerkschaften in entpolitisierte wohlfahrtsstaatliche Organisationen ruhig zu stellen (Mann 1987: 350).

Manns Auseinandersetzung mit der Staatsbürgerschaft geht in theoretischer Hinsicht nicht nur weit über das Marshallsche Paradigma hinaus, sie ist ferner ein wichtiger Beitrag für unser Verständnis des historischen Entstehungsprozesses der Staatsbürgerschaft. Seine Theorie der ‚Strategie der herrschenden Klasse' hat m.E. jedoch drei Schwächen, und die folgende Diskussion soll den Rahmen schaffen, innerhalb dessen eine Alternative zu ihr oder zumindest eine modifizierte Fassung entwickelt werden kann.

Der erste Kritikpunkt bezieht sich darauf, dass Mann den Ursprung der Staatsbürgerschaft als Strategie von *Klassen*beziehungen begreift, in denen dem Staat die entscheidende Rolle in der Sicherung sozialer Stabilität zukommt. Fragen nach Ureinwohnerschaft, Ethnizität und Nationalismus werden für die Entstehung moderner Staatsbürgerschaft deshalb keine Aufmerksamkeit geschenkt. Wie ich im Anschluss an Smith (1986) bereits erwähnt habe, beinhaltete oder erforderte dieser innerhalb der territorialen Grenzen des Nationalstaats verlaufende Prozess geradezu die Unterwerfung oder Inkorporation ethnischer Minderheiten und/oder der Ureinwohner. Das kann verhältnismäßig friedlich im Rahmen eines kulturellen ‚melting pot' (Glazer/Moynihan 1970) geschehen, es kann aber auch durch Gewalt erreicht werden. Wie dem auch sei – die ‚Modernisierung' von Gemeinschaften der Ureinwohner ist zweifellos die dunkle Kehrseite der Staatsbürgerschaft in Ländern wie Kanada, Neuseeland und Australien. So ist auch die Debatte über Staatsbürgerschaft in den Vereinigten Staaten ohne eine Analyse des Einflusses, die der schwarze Süden im historischen Prozess auf die amerikanische Zivilgesellschaft hatte, überhaupt nicht möglich, und doch ignoriert Mann erstaunlicherweise das Problem einer rassisch geprägten Ordnung. Jede Weiterentwicklung des Ansatzes von Mann müsste deshalb zu einer Analyse sozialer Schichtung gelangen, die nicht klassenreduktionistisch ist, und sein lobenswerter Versuch einer historischen Auseinandersetzung mit verschiedenen Typen von Strategien der herrschenden Klasse sollte so erweitert werden, dass sie auch weiße Siedlergesellschaften umfassen kann (Denoon 1983).

Meine zweite Kritik bezieht sich darauf, dass Mann (1987: 340), obgleich er uns daran erinnert, dass Tradition eine wichtige Rolle spielt, zum einen selbst vollständig den Einfluss des organisierten Christentums und der christlichen Kultur auf die Strukturierung privater/öffentlicher Räume unterschlägt und zum anderen der Tatsache keine Beachtung schenkt, wie die gewöhnlich negative Bewertung des Politischen in der Hauptströmung der christlichen Theologie auch weiterhin ein individualistisches Hemmnis für die Ausweitung aktiver politischer Staatsbürgerschaft darstellt. An anderer Stelle (Turner 1986b: 16) habe ich gezeigt, dass sowohl das Christentum als auch der Islam zur Entwicklung der Staatsbürgerschaft beigetragen haben, indem sie einen universalistischen Diskurs des politischen Raumes ermöglichten (die Stadt Gottes und das Haus des Islam), der Ethnizität und Verwandtschaftsbeziehungen als primordiale Bande der gesellschaftlichen Gemeinschaft in Frage stellte (Parsons 1971). Allerdings blockierte das Christentum zugleich auch die Entwicklung eines aktiven Verständnisses des Bürgers als eines Trägers von Rechten, und es wurde in unserer Epoche nur unter besonderen Bedingungen zu einer Bedrohung für autoritäre oder reaktionäre Regime (Polen, Sowjetunion, Südafrika oder einige südamerikanische Staaten), also speziell dort, wo andere Mittel legitimen Protests zerstört worden waren. In Anbetracht dieser Situation bedarf die christliche Theologie beträchtlicher Revision und Neuorientierung (Robertson 1986).

Die protestantische Reformation bot eine rebellische Ideologie gegen katholische Hegemonie und päpstliche Herrschaft und erzeugte zum Teil durch die Verbreitung von Bibelübersetzungen eine kulturelle Grundlage für die Erschütterung des Nationalstaates. Als die protestantische Kirche jedoch selbst erst einmal institutionalisiert war und über Macht verfügte, war sie gezwungen, sich dem Nationalstaat oder regionalen Autoritäten zuzuwenden, um die weltliche (d.h. militärische) Unterstützung des Glaubens zu sichern. Die reformierten Kirchen, die den Staat in der Theorie natürlich als notwendiges Übel betrachteten, gingen in der Praxis nicht nur wegen der erforderlichen politischen Unterstützung auf ihn zu, sie bedurften vielmehr, wie widerstrebend auch immer, staatlicher Macht zur Unterordnung abweichender Bewegungen. Im Gegenzug lieferten sie nicht nur die Ideologie der ‚göttlichen Regel‘, sie entwickelten darüber hinaus eine Theorie passiver, gehorsamer Staatsbürgerschaft. So bemühte sich Calvin in seiner ‚Institution de la Réligion Chrétienne‘, die christliche Pflicht, die Gesetze des Landes zu achten und die Regierung zu respektieren hervorzuheben, da es Ziel des Staates sei, während unseres elenden, zum Glück kurzen Aufenthalts auf Erden, Frieden und Stabilität zu schaffen (Calvin 1939: 197ff.). Die protestantische Doktrin hatte den Effekt, dass zum einen eine private Sphäre (hingebungsvoller religiöser Praxis, des individuellen Gewissens, verinnerlichten Bekenntnisses und familialer Lebensweisen) geschaffen wurde, in der die moralische Erziehung des Individuums erreicht werden sollte, zum anderen aber die öffentliche Welt von Staat und Markt, die das Reich der Notwendigkeit darstellte. Während die Religion durch die institutionalisierten Mittel der Gnade das Seelenleben der Individuen kontrollierte, regulierte der Staat durch die institutionalisierten Mittel der Gewalt den öffentlichen Raum. Obgleich diese Trennung der umfassenden Entwicklung eines Verständnisses des Bürgers als aktivem und verantwortlichem Mitglied der öffentlichen Sphäre keinen Raum bot, bleiben diese religiös-kulturellen Variationen des politischen

Raums in Manns Revision der Marshallschen Version liberaler Staatsbürgerschaft vollständig unberücksichtigt.

Die Kirchen waren natürlich nicht lediglich Vehikel für christliche kulturelle Glaubensvorstellungen gegenüber dem Politischen, sie beeinflussten vielmehr auch konkret die Form der gemeinsamen Nutzung des öffentlichen Raums. Colin Crouch (1986) hat beispielsweise einen wichtigen komparativen Rahmen für ein Verständnis des Zusammenwirkens von Staat und Religion in der Entstehungsphase der europäischen Staaten entwickelt. Er unterscheidet zwischen (1) säkularem Liberalismus versus katholischem Korporatismus (in der französischen Republik); (2) hegemonialem katholischem Korporatismus (in Portugal und Spanien, in denen deshalb die liberale Tradition relativ bedeutungslos blieb); (3) protestantischer Neutralität (Dänemark, Norwegen und Schweden); (4) Konkordanzdemokratie (Niederlande, Schweiz und Belgien), in der die öffentlichen Angelegenheiten der Zivilgesellschaft für und von getrennten Gemeinschaften organisiert werden. Crouch behauptet, dass diese traditionellen Muster einer ‚geteilten Nutzung des öffentlichen Raumes' langfristige Implikationen für die moderne Politik hatten. „Es ist wichtig, den organischen katholischen Faschismus vom säkularen deutschen Nazismus zu unterscheiden. Dies wurde in der österreichischen Geschichte nach dem Anschluss dramatisch deutlich, als das Gebäude des Austrofaschismus und sein Korporatismus abgeschafft und vom Nazisystem ersetzt wurde, das im Gegensatz zum Korporatismus auf dem Führerprinzip beruhte. Grundlage der fortdauernden, spezifisch österreichischen Tradition blieb jedoch der Korporatismus und die ‚geteilte Nutzung des Raumes'" (Crouch 1986: 186).

Hieran wird auch deutlich, dass jedes Verständnis des Problems der Staatsbürgerschaft in einer Gesellschaft wie beispielsweise der israelischen auf einem historischen Zugang zum Verhältnis von Religion und Politik in der Phase der Staatsbildung beruhen muss. Meine letzte (und vermutlich wichtigste) Kritik an Mann betrifft die Vorstellung der ‚Strategie der herrschenden Klasse'. Mann kann sich Staatsbürgerschaft ausschließlich als ‚von oben' (etwa durch den Staat) verliehen vorstellen, so dass Rechte einen passiven Charakter erhalten. Staatsbürgerschaft ist dann eine Strategie, die einen sozialen Konflikt in einem gewissen Maß entschärft, wodurch sie einen bedeutenden Beitrag zu sozialer Integration leistet. Ein solches Verständnis verhindert aber jegliche Analyse der Staatsbürgerschaft ‚von unten', als Konsequenz sozialer Kämpfe um Ressourcen, oder schränkt sie zumindest weitgehend ein. Weil Mann sich auf Strategien ‚von oben' konzentriert, kann er die revolutionären Implikationen des entgegengesetzten Charakters von Rechten nicht angemessen erfassen. Doch nimmt Mann tatsächlich an, dass die Forderungen der Fifth Monarchy Men, einer revolutionären Gruppe zur Zeit Cromwells, aufsässiger Bauern, revolutionärer Republikaner in der Französischen Revolution oder radikaler Chartisten immer durch das beruhigende Öl der Staatsbürgerschaft wie geschmiert dem System einverleibt werden können? Engels Sicht der Dinge im Anti-Dühring scheint hier historisch plausibler zu sein: „Und ebenso werden die bürgerlichen Gleichheitsforderungen begleitet von proletarischen Gleichheitsforderungen. Von dem Augenblick an, wo die bürgerliche Forderung der Abschaffung der Klassenvorrechte gestellt wird, tritt neben sie die proletarische Forderung der Abschaffung der Klassen selbst – zuerst in religiöser Form, in Anlehnung an das Urchristentum, später gestützt auf die bürgerliche Gleichheitstheorie selbst" (Engels 1962: 99).

Hier treffen wir auf eine wichtige Unterscheidung. Idealtypisch und als heuristisches Instrument für die Theorieentwicklung können Rechte entweder als Privilegien begriffen werden, die als Belohnung für pragmatische Kooperation ‚von oben' verliehen werden (Manns These) oder aber als Resultat des radikalen Kampfes gesellschaftlich untergeordneter Gruppen um Verbesserungen ihrer Situation (Engels These). Dabei haben wir es in der Tat mit zwei miteinander zusammenhängenden Problemen zu tun. Das erste ist, dass Mann die Möglichkeit der Durchsetzung von Rechten ‚von unten' negiert. Das zweite Problem besteht hingegen darin, dass er zur Erklärung ausschließlich die marxistischen Kategorien der Klasse, des Kapitalismus als Produktionsweise, des Staates und der Geo-Politik heranzieht und sich deshalb mit dem Beitrag der Friedensbewegung, des Feminismus, der Solidarität, der Umweltbewegung, der Tierbefreier oder des Kampfes um Kinderrechte zu historischem Wandel theoretisch nicht auseinander setzen kann – zumindest spielen diese Bewegungen in seinem Ansatz keine Rolle. Es mag zwar sein, dass diese Bewegungen gewöhnlich dem System einverleibt werden und ihre Forderungen deshalb nicht erfüllt werden (Piven/Cloward 1986), doch dies muss nicht immer oder unvermeidlich der Fall sein (Schram/Turbett 1983). Misserfolg bei der Durchsetzung von Forderungen innerhalb des Wohlfahrtsstaates schafft vielmehr wiederum spezifische Bedingungen für neue soziale Bewegungen, die dann zur Befriedigung ihrer Bedürfnisse auf den Staat angewiesen sind (de Geest 1984). Manns analytischer Rahmen scheint jedoch jede derartige Betrachtung des Einflusses neuer sozialer Bewegungen auf die Ausdehnung der Staatsbürgerschaft ‚von unten' auszuschließen.

Die Kombination dieser beiden Aspekte der Staatsbürgerschaft (die Trennung von ‚privat' und ‚öffentlich' sowie die Unterscheidung ‚von oben' vs. ‚von unten') ermöglicht es, eine heuristische Typologie von vier politischen Kontexten für die Institutionalisierung oder Schaffung von Staatsbürgerrechten zu entwickeln. (Schaubild 1)

Revolutionäre Staatsbürgerschaft kombiniert Forderungen ‚von unten' mit einer nachdrücklichen Betonung der Bedeutung der öffentlichen Sphäre, und sie steht der privaten Welt des Individuums misstrauisch gegenüber. Revolutionäre Kämpfe für demokratische Rechte enden jedoch häufig in Erscheinungsformen öffentlichen Terrors. Wo revolutionäre Staatsbürgerschaft zum Totalitarismus verkommt, gerät das Bild des Sozialen (l'imaginaire sociale) zur Idee des „Volkes-als-Einem, zur reinen und von allen geteilten Idee der Gesellschaft an sich" (Lefort 1986: 305).

Schaubild 1: Politische Kontexte der Institutionalisierung von Staatsbürgerschaft

STAATSBÜRGERSCHAFT

von unten	von oben	
Revolutionäre Kontexte	Passive Demokratie	Öffentlicher Raum
Liberaler Pluralismus	Plebiszitärer Autoritarismus	Privater Raum

Während die Bildung von Interessengruppen im liberalen Pluralismus gewöhnlich zu Bewegungen führt, die Rechte ‚von unten' fordern, kann der revolutionäre Geist sozialen Protests in einer fortbestehenden Betonung der Rechte des Individuums für die im Privaten bestehende abweichende Meinung enthalten sein. Das klassische liberale Politikverständnis beharrte auf der Vielfalt und Freiheit der persönlichen Meinung gegen die drohende Uniformität des Glaubens. J.S. Mill brachte deshalb 1859 in seinem Essay ‚Über die Freiheit' hinsichtlich der Ausbreitung einer Massenmeinung die Befürchtung zum Ausdruck, dass Europa sich „entschieden dem chinesischen Ideal annähere, alle Menschen gleich zu machen" (Mill 1962: 130).

Diesen Formen demokratischer Staatsbürgerschaft ‚von unten' können jene ‚von oben' gegenübergestellt werden, in denen der Bürger nur ein Untertan ist und kein aktiver Träger effektiver Ansprüche, die er durch den Staat der Gesellschaft gegenüber geltend macht. Passive Demokratie erkennt die legitime Funktion repräsentativer Institutionen an, der Gerichte und des wohlfahrtsstaatlichen Systems, doch es existiert hier keine Tradition von Kämpfen um Staatsbürgerrechte. Aufgrund der von Mann angeführten Argumente bleibt Staatsbürgerschaft hier eher eine Strategie zur Regulierung und Institutionalisierung des Klassenkonflikts durch öffentliche Organisationen oder Regierungsstellen als ein Arrangement von Praktiken, durch die öffentliche Forderungen nach Partizipation artikuliert werden. Schließlich kann eine autoritäre Form der Demokratie ‚von oben' identifiziert werden, in der der Staat den öffentlichen Raum verwaltet, indem er die Bürger regelmäßig zur Wahl ihres Präsidenten einlädt,

der dem Wahlvolk dann aber nicht mehr in alltäglichen Entscheidungen verantwortlich ist. Das Privatleben wird zum Zufluchtsort vor staatlicher Regulierung
und, wie Max Weber und Carl Schmitt es für Deutschland beschrieben haben,
das Private bietet hierbei einen möglichen, wenn auch zerbrechlichen Schutz
vor der obrigkeitlichen Willkür. Diesen politisch-kulturellen Komplex stellte
der historische Fall der Führerdemokratie dar.

Diese Typologie wird hier als Mechanismus begriffen, um die Grenzen der
Marshallschen Theorie der Staatsbürgerschaft zu überwinden. Obgleich Marshall zwischen verschiedenen Typen von Staatsbürgerrechten (zivil, politisch
und sozial) unterschied, entwickelte er keinen Begriff aktiver oder passiver
Staatsbürgerschaft. Während Mann hingegen zugestimmt werden muss, dass es
einer komparativen Perspektive auf Staatsbürgerschaft in unterschiedlichen
historischen Kontexten bedarf, wird seine These durch das (weitgehend implizite) marxistische Paradigma begrenzt, wodurch Staatsbürgerschaft lediglich als
Strategie herrschender gegenüber untergeordneten Klassen begriffen werden
kann. Soziale Bewegungen, die nicht unmittelbar an soziale Klassen gebunden
sind, betrachtet Mann deshalb nicht als soziale Kräfte, die zur Ausdehnung von
Staatsbürgerrechten beitragen. Um die entwickelte alternative Typologie weiter
auszuarbeiten, werden im Folgenden die etymologischen und kulturellen Wurzeln des Staatsbürgerschaftskonzepts untersucht. Es wird sich dabei zeigen, dass
von einem einheitlichen Charakter der Staatsbürgerschaft keine Rede sein kann.

Von Bewohnern zu Bürgern

In historischer Perspektive hängt das Konzept der Staatsbürgerschaft mit der
Entstehung des Stadtstaates in der antiken Welt Roms und Griechenlands zusammen. Hier war der Stadtstaat eine öffentliche Arena für vernunftbegabte,
freie Männer, deren Aufgabe in der kollektiven Sicherung vor externen Bedrohungen und internem Streit bestand. In den römischen und griechischen Gesellschaften war die herrschende Klasse eine städtische Bevölkerung freier, rechtlich konstituierter Bürger, die hinsichtlich der direkten Produktion, der Ausbeutung großer landwirtschaftlicher Nutzflächen und auch bei häuslichen
Diensten ausschließlich auf Sklavenarbeit angewiesen waren. Häufig waren
militärische Eroberungen Ursache der Versklavung, weshalb jeder frei geborene
Bürger von der Möglichkeit der Knechtschaft und dem Verlust seines Status
bedroht war (Gouldner 1965). Da die vollen Staatsbürgerrechte all jenen Mitgliedern der Polis verliehen wurden, die das Recht hatten, zu sprechen und zu
regieren, bestand eine ideologische Notwendigkeit, den untergeordneten Status
von Frauen, erwachsenen Sklaven und Kindern zu erklären und zu legitimieren.
Während ferner die aufgrund ihrer homosexuellen Neigungen erfolgte Unterordnung junger Männer ein bedeutendes rechtliches und philosophisches Prob-

lem darstellte (Foucault 1987), beherrschten die Probleme, die Existenz der Sklaverei rational zu begründen, viele der zentralen Themen der antiken Philosophie (Finley 1960).

Die Klassenstruktur der antiken Welt war natürlich viel komplexer als eine simple Trennung in Sklaven und Nicht-Sklaven (Turner 1988). In der frühen römischen Republik bestand die entscheidende soziale Differenzierung zwischen Patriziern und Plebejern. Die Klasse der Patrizier setzte sich aus Großgrundbesitzern zusammen, die das Recht hatten, politische Funktionen und ein Amt auszuüben, und darüber hinaus eine wichtige Rolle bei der Aufstellung und Führung der Armee spielten. Die Klasse der Plebejer hingegen setzte sich im Wesentlichen aus landlosen Pächtern zusammen, die gezwungen waren, auf dem Grund und Boden der Patrizier zu arbeiten, und vom politischen Leben ausgeschlossen blieben (Darnsey 1970). Durch Geldleihe wurden plebejische Schuldner zudem oft in den Status von Schuld-Sklaven gezwungen. Im Zuge der Fortentwicklung des römischen Imperiums verfestigten sich diese Differenzen innerhalb der Gesellschaft und wurden klarer definiert, wodurch eine dauerhafte Trennung zwischen den unteren Klassen (den humiliores) und den privilegierten Klassen (den honestiores) entstand (Hopkins 1974). Innerhalb dieses sozialen Kontextes hatte die Vorstellung der Staatsbürgerschaft eine sehr begrenzte Bedeutung, und sie bezeichnete lediglich den Status der (vernunftbegabten) Besitzer von Eigentum, die bestimmte öffentliche Pflichten und Verantwortlichkeiten innerhalb des Stadtstaates zu erfüllen hatten.

Es wäre natürlich falsch, von einem historisch statischen Verständnis der Staatsbürgerschaft auszugehen. So lässt sich beispielsweise ein deutlicher Verfall der moralischen Bedeutung und des Stellenwerts der politischen Verpflichtung gegenüber der Polis nach deren ursprünglicher Formulierung durch Sokrates feststellen. Die Cyniker und Epikuräer maßen der Idee individueller Autonomie und moralischer Entwicklung größere Bedeutung bei als den eher kollektiven Pflichten der aristotelischen Philosophie. Es waren schließlich die Stoiker, die die Idee bürgerlicher Tugenden neu formulierten. Daher behauptete Marcus Aurelius (121-180 n. Chr.), dass unsere Mitgliedschaft (und deshalb unsere Staatsbürgerschaft) in einer gemeinsamen politischen Gemeinschaft notwendige Konsequenz der Tatsache sei, dass menschliche Wesen allein durch ihr Menschsein eine gemeinsame rationale Fähigkeit besitzen, doch seine Idee von politischer Beteiligung drückte eine ‚erschöpfte Loyalität‘ gegenüber seinem gesellschaftlichen Status aus (Sabine 1963: 174). Schließlich reflektierten die stoischen Werte der Disziplin, Sparsamkeit und Arbeitsamkeit die sich wandelnde politische Realität des Römischen Imperiums, dessen Größe, soziale Differenzierung und bürokratische Komplexität nicht länger mit der moralischen Idee der Polis als einer moralischen Assoziation übereinstimmten. Während Cicero (106-43 v.Chr.) versucht hatte, die antiken griechischen Konzeptionen bürgerlicher Tugenden und öffentlicher Verpflichtungen gegenüber der

Polis in eine neue Rhetorik zu übersetzen, die den sich wandelnden Bedingungen der römischen Gesellschaft entsprechen würde, konnten Philosophen wie Seneca (4 v.Chr.-65 n.Chr.) in der Welt des römischen Absolutismus dem Bürger bestenfalls Trost zusprechen und, wie er es in ‚De Clementia' tat, Herrscher wie Nero lediglich bitten, mit Gnade zu regieren. Die Vereinigung der Bürger, die nicht nur die Grundlage der römischen Militärmacht, sondern auch die entscheidende Basis sozialer Solidarität dargestellt hatte, war zerbrochen (Anderson 1974: 53-103; Mann 1986: 283-298). „An die Stelle des Wertes der Staatsbürgerschaft tritt eine allgemeine Gleichheit, die von allen Männern geteilt wird; an die Stelle des Staates als der Institution, die zur Vervollkommnung des Menschen beiträgt, tritt eine Zwangsgewalt, die auf ineffektive Weise versucht, das Leben erträglich zu machen" (Sabine 1963: 179f.).

Das Problem im späten Rom bestand darin, eine abstrakte Vorstellung universaler Staatsbürgerschaft mit einer starken politischen Verpflichtung zu verbinden, d.h. es galt die Frage zu beantworten, wie der durch die Staatsbürgerschaft verursachte Rückzug aus der Politik zu überwinden sei (Wolin 1961: 77f.). Diese in der antiken Welt herrschenden Spannungen zwischen der himmlischen Stadt vernunftbegabter Wesen und der von ihrem Eigeninteresse geleiteten Menschen der irdischen Stadt, sowie jene zwischen der moralischen Entwicklung des Individuums und der Notwendigkeit politischer Pflichten in der öffentlichen Sphäre wurden in großem Maße auch Teil des christlichen Erbes, dem das politische Leben als moralisch fragwürdig galt.

Der Begriff des Bürgers (citizen) wurde in der Antike von dem der Stadt (civitas) abgeleitet und entwickelte sich in römischer Zeit zum Begriff des Stadtbürgers (civitatus). Dieser etymologische Ursprung ermöglichte schließlich die Ableitung des französischen Begriffs citoyen von cité, einem Ensemble von Bürgern, das innerhalb einer Stadt begrenzte Rechte genoss. In Frankreich des zwölften Jahrhunderts findet sich deshalb die Vorstellung des citeaine und im dreizehnten Jahrhundert schließlich jene des comcitien (Dauzat 1949). Der citoyen war der „Bewohner einer Stadt, eines Ortes, eines freien Landes, das dieser liebt" (Nodier 1866: 145). Ein Bürger war ‚tapfer und rechtschaffen'. Es ist interessant, dass Rousseau im ‚Gesellschaftsvertrag' (1762) die häufige Verwechslung des Stadtbewohners und Bürgers beklagte. Er stellte fest, dass „aus Häusern ein Ort, aber erst aus Bürgern eine Stadt wird" (Rousseau 1973: 175). Im Englischen kann der Begriff des Bürgers vom mittelalterlichen Konzept des citizen abgeleitet werden, doch mindestens bis zum 16. Jahrhundert war dieser Begriff mit dem des Bewohners (deinsein) austauschbar. Diese enge Vorstellung des Bürgers als Bewohner einer Stadt war verbreitet und dauerhaft. ‚Bailey's Dictionary' (1757) definiert den Bürger knapp als den ‚freien Mann einer Stadt'; Browns ‚Dictionary of the Holy Bible' hingegen umfassender als „jenen, der über die Freiheit, Handel zu treiben und andere Freiheiten verfügt, die zu einer Stadt gehören" (1851: 241). Die Bewohner einer Stadt wurden deshalb gewöhnlich als Bürger bezeichnet, während jene außerhalb der Stadtmauern ‚Untertanen' waren (Downing 1988: 9).

Die Vorstellung von der Stadt und die historische Entwicklung autonomer Städte spielten eine entscheidende Rolle für die Entwicklung des philosophischen Denkens über Freiheit, Individualität und die Durchsetzung zivilisierten Verhaltens. Für Weber (1966: 233) war dies eine spezifisch westliche Konstellation: „(N)ur im Okzident findet sich das Konzept des Bürgers (civis Romanus, citoyen, bourgeois), weil es nur im Okzident Städte in diesem spezifischen Sinne gibt."

Für Webers Verständnis des einzigartigen Charakters des westlichen Rationalismus war die Staatsbürgerschaft folglich ein wichtiger Aspekt. Die Verbindung dieser Begriffe mit Vorstellungen von zivilisiertem Verhalten und der Zivilisation führten dazu, dass das Land zu verlassen, um in die Stadt zu gehen, typischerweise als Prozess der Zivilisation verstanden wurde, und in die Stadt zu gehen bedeutete deshalb, eine Person ‚zum Bürger zu machen'. In der Sozialphilosophie wurden mit der Stadt sehr unterschiedliche Bedeutungen assoziiert. Während Voltaire davon ausging, dass die Stadt den Kern individueller Freiheiten verkörpere, welche die falschen Hierarchien traditionaler, ländlicher Gesellschaften in Frage stellten, wurde die Stadt zu Beginn des 19. Jahrhunderts immer häufiger als großes Zentrum der Korruption und moralischen Dekadenz begriffen. Die deutsche Sozialwissenschaft des 19. Jahrhundert erlebte eine starke nostalgische Strömung für das Landleben und ländliche Lebensweisen. Diese romantische Nostalgie entstand um die Konzepte der Gemeinschaft und Gesellschaft im Werk von Ferdinand Tönnies (1979), obgleich dieser selbst nicht unbedingt die konservative Hinwendung zur ‚organischen' Gemeinschaft teilte (Mitzman 1971). Wie dem auch sei, das gesamte Problem einer melancholischen Rückbesinnung auf die Natur und die Entwicklung bürgerlicher Innerlichkeit und Einsamkeit sind älter: sie gehen auf den Romantizismus des 18. Jahrhunderts zurück (Lepenies 1972: 96). Als wichtigsten Gegenentwurf zur städtischen Gesellschaft, die sich mit dem Kapitalismus herausbildete, entwickelten die radikalen Humanisten in Deutschland eine Idealvorstellung des griechischen Stadtstaates. Schiller, Fichte und Hölderlin verbanden dazu die Kennzeichen der griechischen Polis mit jenen der mittelalterlichen Stadt, um eine Vorstellung bürgerlicher Kultur zu entwickeln, die als Alternative zu den entstehenden Industriestädten Deutschlands diente (Barasch 1968). Aus diesem Grund lässt sich ein klarer Unterschied zwischen dem sich herausbildenden Konzept der Staatsbürgerschaft in Deutschland und der stärker revolutionären Idee der Staatsbürgerschaft in Frankreich erkennen, die aus der Französischen Revolution hervorging.

In der deutschen philosophischen Tradition war die Vorstellung sozialer Rechte eng mit der Entstehung der bürgerlichen Gesellschaft verbunden. Hier galt der Bürger als ein Individuum, das aus dem familiären Kontext in die von ökonomischem Wettbewerb geprägte öffentliche Sphäre getreten war, welcher der Staat als diejenige Institution gegenüberstand, die als historische Verkörperung der Vernunft galt. Die Idee des Staatsbürgers war notwendig mit der Vorstellung des Wirtschaftsbürgers (burger) verbunden, und die Zivilgesellschaft deshalb in gewissem Sinn nur seine Sphäre. Im Deutschen reicht dieses Konzept der Bürgertums (burgerdom) zurück ins 15. und 16. Jahrhundert, als der Begriff der Bürgerschaft (burgership) die Einwohner innerhalb der Mauern einer Burg umfasste, die bestimmte Privilegien und Sicherheiten genossen. Die Bourgeoisie war das Produkt der Stadt, das durch körperliche und geistige Erziehung zu einer zivilisierten Beherrschung seiner Emotionen gelangte, und aus diesen Prozessen ging mit dem Bildungsbürgertum schließlich eine neue Statusgruppe hervor (Martin 1969: 138-145).

Im Holländischen findet sich eine entsprechende Vorstellung von Staatsbürgerschaft als eines Status, den jede Person genießt, die Mitglied der bürgerlichen Gesellschaft ist (burgermaatschappij). Es gibt darüber hinaus aber weitere Formen, wie die stadtburgerschap und staatsburgerschap, wobei das Konzept des staatsburger die Vorstellung einer moralischen Gemeinschaft der Staatsbürger (zedelijk lichaam van al de staatsburgers) einschließt (Kruyskamp 1961: 355). Viele der grundlegenden Komponenten des holländischen Rahmens der Staatsbürgerschaft resultieren aus den religiösen Konflikten des Goldenen Zeitalters. Im 17. Jahrhundert spielten die Vereinigten Provinzen eine bedeutende Rolle bei der Entwicklung der Neuen Wissenschaft. Gemeinsam mit Padua und Edinburgh war Leyden beispielsweise ein wichtiges universitäres Zentrum, doch auch für die Entwicklung der Naturwissenschaften, besonders der Medizin, war es von herausragender Bedeutung. Der Einfluss der Prinzipien dieser neuen Wissenschaften wird auch in der politischen Philosophie Spinozas (1632-1677) deutlich, dessen ,Tractatus Theologico-Politicus' (1670) entscheidend zur Verteidigung individueller Freiheit beitrug. Es waren jedoch die politischen Arbeiten von Simon Stevin van Brugge (1548-1620), in denen dieser durch die Analyse des Lebens eines holländischen Bürgers versuchte, den Charakter der Staatsbürgerschaft zu bestimmen. Stevins 1590 erschienene ,Vita Politica' (*Het Burgherlick Leven*) war ein Handbuch bürgerlicher Verhaltensregeln. Es wurde zur Zeit der großen sozialen und politischen Probleme während der Kommandoherrschaft Robert Leicesters (1585-88) geschrieben, und vermutlich aufgrund der Annahme, dass ein Individuum rational diejenige Gemeinschaft wählt, in der es leben will, kennt sein Konzept der Staatsbürgerschaft kein Recht auf Widerstand gegen die jeweilige Herrschaft. Dieser begrenzte Charakter der Staatsbürgerschaft ist ganz deutlich erkennbar in Stevins allgemeiner Regel bürgerlichen Lebens, nach der „jeder Einzelne immer jene als rechtmäßige Autorität anerkennen muss, die dort herrschen, wo er zu leben wählt" (Stevin 1955: 493). Der Staatsbürger ist hier ein die Gesetze befolgender Bürger, der seine natürliche moralische Sphäre innerhalb des Privaten findet, und aus diesem Grund schrieb Stevin in ,Materiae Politicae' ausführlich über die architektonischen Prinzipien, die den physischen Beziehungen zwischen den privaten und öffentlichen Bereichen eines Hauses zugrunde liegen müssen (Dijksterhuis 1955).

Während die Erhebung der Niederlande (1565-1598) zu einer nationalistischen, städtischen und patrizischen Kultur führte, die bis ins 18. Jahrhundert lebendig war, blieben die demokratischen Elemente der Patrizierherrschaft durch den Handelscharakter des holländischen Kapitalismus, den raschen Niedergang der Dominanz der holländischen Ökonomie im 18. Jahrhundert und den der Tradition verhafteten, dem Neuen ablehnend gegenüberstehenden Regenten schwach entwickelt (Boxer 1965). Obgleich Amsterdam und Rotterdam ihren offenen, kosmopolitischen Charakter bewahrten, setzte die Industrialisierung in den Niederlanden erst spät ein. Man kann davon ausgehen, dass der politische Horizont der holländischen Revolte durch eine starke protestantische Bindung an Herrschaft und Hierarchie begrenzt war (Parker 1977; Schama 1987), und aus diesem Grund ist die Idee der Staatsbürgerschaft auch im zeitgenössischen Holländisch noch immer mit einer engstirnigen, mittelklassetypischen Sicht der Welt konnotiert.

In der deutschen Sozialphilosophie übernahm Hegel das Konzept der bürgerlichen Gesellschaft von der Schottischen Aufklärung. Ebenso wie Adam Ferguson in seinem ,Versuch über die Geschichte der bürgerlichen Gesellschaft' (1767; dt. 1986) hatte John Millar in ,Vom Ursprung des Unterschieds in den Rangordnungen und Ständen der Gesellschaft' (1771; dt. 1985) versucht, einen systematischen Abriss über die soziale Entwicklung menschlicher Gesellschaften hin zu komplexeren Systemen zu liefern. Beiden ging es darum, die Herausbildung eines scharfen Gegensatzes zwischen der ,rauhen' Gesellschaft des schottischen Hochlands und der zivilisierten, kultivierten Welt der städtischen Zivilisation Edinburghs und Glasgows zu verstehen (Lehmann 1960). Ferguson ging davon aus, dass die Verfügung über Privatbesitz die entscheidende Trennlinie zwischen Zivilisiertheit und Barbarei darstelle, doch er befürchtete, dass der Egoismus der auf Handel gründenden Zivilisation die Bande der bürgerlichen Gesellschaft zerstören könnte. In Hegels Werk stellt die bürgerliche Gesellschaft jenes zwischen der Familie und den politischen Beziehungen des Staates liegende Terrain dar, auf dem der Staat die Kämpfe und Widersprüche miteinander konfligierender Interessen löst, indem er einen höheren, universalistischen Ausdruck der gesellschaftlichen Partikularismen verkörpert. Im Gegensatz zu dieser Hegelschen Idee begriffen Marx und Engels (1983) in der ,Deutschen Ideologie' von 1845 die bürgerliche Gesellschaft als das wahre ,Theater der ganzen Geschichte', wodurch der Staat zum Epiphänomen eines grundlegenden sozialen Prozesses wurde. Für Marx war der Staatsbürger der bürgerlichen Theorie lediglich ein abstraktes Subjekt, das die tatsächlichen Konflikte, die in der Grundstruktur der Gesellschaft lagen, verschleierte. In der

‚Judenfrage' bezeichnete Marx die politische Emanzipation der Juden deshalb
eher als unbedeutende und halbherzige historische Entwicklung angesichts der
Tatsache, dass es zu keiner grundlegenden Reorganisation der sozioökonomischen Struktur der Gesellschaft kam.

Während Marx sowohl der abstrakten Idee bürgerlicher Rechte als auch der
bürgerlichen Gesellschaft äußerst skeptisch gegenüberstand, überlebte letztere
in der kritischen Theorie im Werk Antonio Gramscis (1971), der die Zusammenhänge zwischen Staat, Gesellschaft und Ökonomie als Gegensatzpaare
zwischen Konsens und Zwang sowie privatem und öffentlichem Leben fasste.
Für Gramsci stellte die bürgerliche Gesellschaft nicht einfach den Bereich des
individuellen Willens dar, sondern ein System von Institutionen und Organisation, das in der Lage war, in einem von Konsens geprägten System Freiheit zu
erzeugen, wobei er davon ausging, dass der Staat bei dieser Selbstregulierung
der bürgerlichen Gesellschaft eine wichtige Rolle spielen könne.

In Deutschland führte das Ausbleiben einer bürgerlich-liberalen Revolution
und die Entwicklung des Kapitalismus ‚von oben' über die Bismarcksche Gesetzgebung zu einem sozialen Kontext, in dem die Bedingungen für ein volles
und dynamisches Verständnis der Staatsbürgerschaft eingeschränkt blieben und
eine Vorstellung des Bürgers als Trägers von Rechten vorherrschte. Ohne erfolgreiche Revolution und angesichts der fortbestehenden politischen Vorherrschaft der Junker konnte sich ferner nur eine schwach entwickelte bürgerliche
oder öffentliche Sphäre herausbilden. Das Luthertum verstärkte und legitimierte
diese politische Struktur, indem es sowohl die Rolle des Staates als Vertreter der
Volksgemeinschaft als auch jene als Führer des ins Private verdrängten Einzelnen überhöhte. Der private Bereich des Individuums und der Familie erhielt
dabei gegenüber der öffentlichen Sphäre in moralischer und erzieherischer Hinsicht enormes Gewicht.

In dem Maße, in dem der Staat zum moralischen Hüter des Volkes wurde,
gewann er an sozialer Achtung und auch an Macht über die bürgerliche Gesellschaft, und da das Luthertum keine normative Grundlage bot, die Widerspruch
gegen den Staat ermöglicht hätte, hing die Bourgeoisie Ende des 19. Jahrhunderts einer Ideologie an, die den Staat in einem gesellschaftlichen Kontext unterstützte, in dem es keine parlamentarische Macht gab. Die Souveränität lag bei
Recht und Staat, nicht bei gewählten Versammlungen, was dazu führte, dass der
„deutsche Liberalismus des 19. Jahrhunderts implizit die Unterordnung des
Individuums unter die moralischen Erwartungen des Volkes akzeptierte, während beispielsweise Gustav Schmoller überschwänglich die Vereinheitlichung
und Rationalisierung von Kontrolle durch die Bürokratisierung pries" (Lee
1988: 34). Im politischen Leben Deutschlands während des 20. Jahrhunderts
erzeugten die Auswirkungen des Ersten Weltkrieges, die militärische Niederlage und die Schwäche der Weimarer Republik eine Situation, in der für totalitäre
Lösungen geworben wurde. Carl Schmitts Überzeugung, dass es nicht Aufgabe

des Staates sei, mit dem Wahlvolk konsensuale Übereinkünfte zu treffen, sondern kühn und entschieden gegen seine Feinde vorzugehen, war die natürliche Folge dieser Entwicklungen. Für den individuellen Staatsbürger bedeutete frei zu sein, dem Staat zu dienen (Krieger 1957).

Eine Typologie der Staatsbürgerschaft

Diese unterschiedlichen historischen Wege zur Staatsbürgerschaft in Europa legen ein zweidimensionales Modell der Entwicklung von Staatsbürgerschaft nahe. Die erste Dimension stellt der Gegensatz von ‚aktiv‘ und ‚passiv‘ dar, der darauf gründet, ob Staatsbürgerschaft ‚von unten‘ erkämpft oder ‚von oben‘ verliehen wurde.[1] In der deutschen Tradition steht Staatsbürgerschaft in einem passiven Verhältnis zum Staat, weil sie im Wesentlichen Resultat staatlichen Handelns ist. Es ist wichtig festzuhalten, dass diese Unterscheidung innerhalb der westlichen Tradition tatsächlich entscheidend ist und in der Philosophie des Mittelalters, die zwei gegensätzliche Vorstellungen von Staatsbürgerschaft kannte, ihre Ursprünge hat. Schaut man von oben nach unten, so ist der König allmächtig, während die Untertanen Privilegien verliehen bekommen; schaut man von unten nach oben, so war ein freier Mann ein Staatsbürger, ein aktiver Träger von Rechten. In den nördlichen Stadt-Staaten Italiens förderte das Römische Recht ein populistisches Verständnis der Staatsbürgerschaft, welches das Volk (*populo*) als Zusammenschluss von Staatsbürgern begriff, die über einen bestimmten Grad an autonomer Souveränität verfügten (Ullmann 1975). Die

---

1 Die Idee aktiver und passiver Staatsbürgerschaft findet sich in der Rechts- und politischen Philosophie des Mittelalters (Ullmann 1975), wo sie das Resultat zweier kontrastierender Vorstellungen souveräner Macht war: zum einen derjenigen, die den König als *primus inter pares* begriff, und jener, in der der König als eigenständige und ausschließliche Quelle legitimer Macht verstanden wurde. Innerhalb eines feudalen Systems bezeichnen diese beiden Vorstellungen deshalb einen wesentlichen und permanenten Konflikt zwischen zentralisierter und dezentralisierter Macht, der einen Kampf um die Monopolisierung der Gewaltmittel beinhaltete (Giddens 1985: 53-60). In diesem Artikel verdankt sich die Idee der ‚von oben‘ durch den Staat verliehenen Staatsbürgerschaft einerseits, der ‚von unten‘ von eher lokalen, partizipatorischen, bürgerlichen Institutionen erkämpften Staatsbürgerschaft andererseits, der Arbeit von Lash und Urry (1987: 4-16). So wie man über die historische Organisation des Kapitalismus als eines ökonomischen Systems ‚von oben‘ (im Fall Deutschlands) oder ‚von unten‘ (im Fall Englands) reden kann, lässt sich innerhalb dieses Rahmens auch die historische Strukturierung politischer Gemeinwesen (durch die Herausbildung der Staatsbürgerschaft) analysieren. Diese spezifische Perspektive auf Staatsbürgerschaft beruht ebenfalls auf Claus Offes Analyse des Kapitalismus in den Begriffen eines Spannungsverhältnisses zwischen ökonomischen und politischen Funktionen (Offe 1985), doch zugleich stellt dieser Artikel zumindest implizit einen Versuch dar, die historische Soziologie Barrington Moores (1966) in eine politische Soziologie der Staatsbürgerschaft zu transformieren. Schließlich wurde meine Behandlung der Unterscheidung der privaten und öffentlichen Dimension von Charles Maier (1988) beeinflusst.

zweite Dimension besteht in der Spannung zwischen einer privaten Sphäre des Individuums und der Familie einerseits, der öffentlichen Sphäre politischen Handelns andererseits. Im Fall Deutschlands lag der Schwerpunkt auf der Sphäre des Privaten (der Familie, der Religion und der individuellen moralischen Entwicklung), die mit einem Verständnis des Staates als einziger Quelle öffentlicher Autorität gekoppelt wurde. Die vorgeschlagene Typologie ermöglicht es nun, den Fall Deutschlands mit anderen historischen Verläufen zu vergleichen.

Zwischen der englischen und deutschen Tradition politischer Partizipation besteht ein beträchtlicher Unterschied, und es war natürlich Max Weber, der die Aufmerksamkeit auf den historisch bedeutenden Unterschied zwischen der verfassungsrechtlichen Tradition innerhalb des römischen kontinentalen Systems und dem von Richtern erlassenen Recht innerhalb der Tradition des Common Law lenkte. Weber behauptete, dass das kontinentale Verfassungsrecht dem Individuum mehr Schutz gewähre, doch er unterschätzte die Bedeutung der Tradition des Common Law, das eine gemeinsame Grundlage für Rechte bot. Der Kampf gegen den absolutistischen Staat hatte in England zur Hinrichtung des Königs, einer Ausweitung parlamentarischer Herrschaft, der Verteidigung der Tradition des Common Law sowie der Durchsetzung individueller religiöser Rechte geführt. Natürlich wurde lange Zeit behauptet, dass die englische Tradition individueller Rechte tatsächlich die Entstehung einer ungleichen und rigiden Klassenstruktur begünstigte, da effektive soziale Rechte in individuellen Rechten auf Privatbesitz verankert waren, wodurch die Mehrheit der Bevölkerung von tatsächlicher sozialer und politischer Partizipation ausgeschlossen wurde (Macpherson 1990). Die Tatsache, dass es kein Heer gab und die Abhängigkeit des Staates von einer Kriegsflotte, die frühe Entwaffnung der englischen Aristokratie und die Inkorporation der städtischen Händler in die Elite, trugen seit 1688 zur langsamen und friedlichen Entwicklung der englischen parlamentarischen Demokratie bei (Anderson 1974). Nach der Demobilisierung der New Model Army blieben lediglich zwei Einheiten der königlichen Wache übrig, die im Wesentlichen Aufgaben bei Zeremonien zu versehen hatten. Die britische Armee wurde bis zum späten 19. Jahrhundert nicht modernisiert, so dass der Monarch das Parlament nicht mehr unter Druck setzen konnte (Downing 1988: 28). Ein wichtigerer Aspekt ist jedoch, dass der Erlass der Verfassung von 1688 den britischen Bürger als britischen Untertan bestimmte, d.h. als Rechtsperson, deren garantierte soziale Rechte von einem im Parlament sitzenden Monarchen erlassen werden. Das Verständnis des Bürgers-als-Untertan weist zwar auf die relativ weitgefasste Idee sozialer Rechte hin, doch zugleich auch auf den passiven Charakter der englischen zivilen Institutionen. Der Sieg über den Absolutismus in der Regelung von 1688 ließ einen institutionellen Kern zurück, (die Krone, die Kirche, das House of Lords und traditionelle Einstellungen gegenüber der Familie und dem privaten Leben), der das britische Leben auch weiterhin bestimmte. Erst die zerstörerische Kraft des Ersten und Zweiten Weltkriegs führte dazu, dass sich die britische Kultur, wenn auch widerstrebend, der modernen Welt öffnete.

Im Unterschied zum deutschen und britischen Fall war die französische Konzeption der Staatsbürgerschaft die Folge eines langen historischen Kampfes, der darauf abzielte, das rechtliche und politische Monopol der höfischen Gesellschaft innerhalb eines rigide in Stände unterteilten sozialen Systems zu brechen. Es ist die Gewalt dieser sozialen Transformation, die in den revolutionären Kämpfen des 18. Jahrhunderts zu einem äußerst aktiven Verständnis von Staatsbürgerschaft führte. Der alte Mythos, dass der König die Vielfalt der Ordnungen, Gruppen und Stände repräsentiere, zusammenfasse und miteinander verbinde, war im Zuge der politischen Konflikte des 18. Jahrhunderts verblasst. Revolutionäre politische Theorien, welche die absolutistische Konzeption der Souveränität zurückwiesen, folgten Rousseau, indem sie die Gesellschaft als Ansammlung von Individuen konzipierten, die in öffentlichen parlamentarischen Institutionen repräsentiert würden. Franzosen sollten über ein spezifisches Verständnis der Staatsbürgerschaft miteinander verbunden sein (Baker 1987), sie waren nicht länger Untertanen der Souveränität, sondern vielmehr zu Bürgern der Nation geworden. Es gibt deshalb zwei parallel verlaufende Entwicklungen: während der Staat zur Nation wird, werden aus Untertanen zugleich Bürger (Lindsay 1943). Die Differenzen zwischen der französischen und englischen revolutionären Tradition können durch die gegensätzlichen Konzeptionen des Bürgers bei Rousseau und Burke verdeutlicht werden (Nisbet 1986). Im ‚Gesellschaftsvertrag‘ behauptete Rousseau, dass die Lebensfähigkeit der Staatsbürgerschaft die Zerstörung aller intermediären Organisationen voraussetze, die den Bürger vom Staat trennen. Burke hingegen argumentierte in den ‚Reflektionen über die Revolution in Frankreich‘, dass das eigentliche Wesen der Staatsbürgerschaft im Fortbestand lokaler Gruppen, bestimmter Institutionen und religiöser Vereinigungen bestehe, die sich zwischen die souveräne Macht des allgemeinen Willens und das Individuum schieben. Burke ging davon aus, dass eine organisierte bürgerliche Gesellschaft über Hierarchie, Ordnung, Regulation und Zwang verfügen muss, doch ihr hierarchischer Charakter verhinderte zugleich die Entwicklung der Menschenrechte (Macpherson 1980).

Der amerikanische Fall stellt schließlich noch eine weitere Form der historischen Entwicklung westlicher Staatsbürgerschaft dar. Dieses Beispiel teilt mit dem französischen Fall die unbedingte Zurückweisung zentralistischer Macht, und es übernimmt auch den Diskurs über die Menschenrechte und die Privilegien unabhängiger Bürger, die ihre Forderung – ‚no taxation without representation‘ – in der ‚Boston Tea Party‘ symbolisch zum Ausdruck brachten. Das radikale Wesen der ‚Demokratischen Revolution‘ in Amerika beeindruckte Beobachter wie Alexis de Tocqueville tief, und er betrachtete Amerika deshalb als erstes demokratisches Makroexperiment in der modernen Geschichte. Das demokratische Fundament der Nation sah Tocqueville in der Abwesenheit einer

Aristokratie, der Erfahrung einer natürlichen Grenze und der Tatsache, dass keine etablierte Kirche existierte. Obgleich es eine radikale Tradition der Staatsbürgerschaft gab, die in einer unabhängigen Bürgerwehr zum Ausdruck kam, existierte die amerikanische Demokratie nichtsdestoweniger neben einem umstrittenen rassistischen und ausbeuterischen Süden. Darüber hinaus entwickelte sich der amerikanische Wohlfahrtsstaat erst spät und bot der Mehrheit der Bevölkerung nur sehr ungenügende Formen sozialer Staatsbürgerschaft und Möglichkeiten der Partizipation. Zur Erklärung der in dieser Hinsicht schwachen Tradition der Staatsbürgerschaft wird gewöhnlich auf die sehr starke Tradition des amerikanischen Individualismus und die ,checks and balances' des föderalen Systems hingewiesen. Amerikanische Staatsbürgerschaft kam im Spannungsverhältnis von Regionalismus und Zentralismus zum Ausdruck, was die Entwicklung eines nationalen Wohlfahrtsprogramms beschränkte. Zu einem gewissen Grad führten die Dominanz des Individualismus und die Bedeutung individuellen Erfolgs dazu, dass die ,öffentliche Sphäre' als individuelle Partizipation in freiwilligen Assoziationen begriffen wird. Amerikanern fällt es jedoch schwer, „dieses Idealbild auf die Kräfte und Institutionen zu beziehen, die zwar ihr Leben bestimmen, aber der unmittelbaren Anschauung nicht zugänglich sind" (Bellah u.a. 1987: 233). Das Politische gilt hier als moralisch fragwürdig, so dass diese kulturelle Analyse des amerikanischen Individualismus der Analyse Manns nicht widersprechen würde. Ganz im Gegenteil ergänzen sie eher einander, da in Amerika die Artikulation von Gruppeninteressen die Entstehung einer auf Klassenzugehörigkeit beruhenden Politik beschränkt.

Dieser historische Überblick sollte eine Kritik an Marshalls monolithischem und einheitlichem Konzept der Staatsbürgerschaft entwickeln, zugleich aber auch ein soziologisches Modell der Staatsbürgerschaft entwerfen. Dieses ist durch zwei Achsen gekennzeichnet: zum einen durch öffentliche und private Definitionen moralischen Handelns im Hinblick auf die Konstitution eines öffentlichen Raumes politischen Handelns, zum anderen durch aktive und passive Formen der Staatsbürgerschaft hinsichtlich der Frage, ob der Bürger lediglich als Untertan einer absoluten Autorität oder als aktiv politisch Handelnder verstanden wird. Dieses idealtypische Modell lässt sich auf spezifische Fälle anwenden. (Schaubild 2)

In Frankreich verband sich ein revolutionäres Verständnis aktiver Staatsbürgerschaft mit einem Angriff auf den privaten Raum von Familie, Religion und Privatheit. In einer passiven Demokratie wird Staatsbürgerschaft ,von oben' verliehen und der Bürger erscheint als bloßer Untertan (der Fall Englands im 17. Jahrhundert). Hingegen betont im Rahmen einer liberal-demokratischen Lösung eine tatsächliche Demokratie den Aspekt der Partizipation, doch dies wird oft von einer fortbestehenden Betonung von Privatheit und der Unantastbarkeit der individuellen Meinung begleitet. In einer plebiszitären Demokratie taucht der Bürger in die Heiligkeit des Staates ein, wodurch nur eine minimale

Partizipation im Hinblick auf die Wahl der Führer möglich ist, während wiederum dem Familienleben für die persönliche, moralische Entwicklung Vorrang gegeben wird (Maier 1988). Während die revolutionäre Demokratie zum Totalitarismus verkommen mag, kann die plebiszitäre Demokratie zum Faschismus führen (Lefort 1988). In der totalitären Demokratie „verhindert der Staat einen Einfluss der Privatsphäre auf die Politik, indem er den Egalitarismus ins Extrem steigert" (Prager 1985: 187).

Schaubild 2: Eine Typologie der Staatsbürgerschaft

STAATSBÜRGERSCHAFT

	von unten	von oben		
	Revolutionäre Französische Tradition	Passiver Fall Englands	+	Öffentlicher
	Amerikanischer Liberalismus	Deutscher Faschismus	-	Raum

Die Geo-Politik der Staatsbürgerschaft

Im Anschluss an Barrington Moore (1987) lässt sich feststellen, dass die verschiedenen Entwicklungspfade hin zu modernen politischen Gemeinwesen entscheidende Auswirkungen auf den Charakter der Staatsbürgerschaft haben. In historischer Hinsicht ist eine erfolgreiche bürgerliche Revolution bei der Entwicklung des modernen politischen Systems ein bedeutendes Moment für die Etablierung einer parlamentarischen Demokratie und den entsprechenden bürgerlichen Rechten. Die revolutionären Kämpfe gegen aristokratische Privilegien in der ‚Glorious Revolution' von 1688 und der Französischen Revolution von 1789 waren für die Durchsetzung der Vorstellungen von Souveränität und Staatsbürgerschaft, von Repräsentation und einem Gesellschaftsvertrag sowie für die Entwicklung des Konzepts der öffentlichen Meinung von grundlegender Bedeutung. Sie alle sind wichtige Dimensionen der Gestaltung des politischen Lebens (Baker 1987). Wenn deshalb der erfolgreiche revolutionäre Kampf gegen aristokratische Kräfte zumindest einen Aspekt zur Erklärung der historischen Herausbildung demokratischer Staatsbürgerschaft bietet, so liefern die fehlgeschlagenen liberalen bürgerlichen Kämpfe (wie in Deutschland 1848) ihrerseits einen Aspekt zur Erklärung des spezifisch bürokratischen, autoritären Charakters des politischen Lebens in Deutschland unter der aristokratischen Herrschaft der Junker (Dahrendorf 1965).

Im Gegensatz zu Moores erster Annäherung an das Problem der Ursprünge der Demokratie, welche die historischen Beziehungen zwischen Lords und Landbewohnern im Zuge der Entwicklung moderner Gesellschaften beinhaltete, beschäftigen sich aktuelle Annäherungen an die Demokratie (und implizit an die Staatsbürgerschaft) stärker mit der Bedeutung der Geo-Politik für langfristigen konstitutionellen Wandel. Gegenwärtige demokratische Politik verdankt den militärischen Siegen der ‚angelsächsischen Mächte‘ viel, doch aufgrund der nuklearen Bewaffnung wird „das auch von Kriegen hervorgebrachte Muster von Wandel” (Mann 1987: 352) keine Option mehr sein. Wenn wir jedoch eine viel längere Periode der westlichen Geschichte untersuchen, so zeigt sich, dass das Muster des Konstitutionalismus im frühen modernen Europa (parlamentarische Versammlungen, die Freiheit der Stadtstaaten, Dorfräte etc.) eine wichtige Grundlage für spätere demokratische Bewegungen bot. Gleichwohl vollzogen Gesellschaften, die von massiven internationalen militärischen Angriffen bedroht wurden, einen Wandel vom Konstitutionalismus zum militärisch-bürokratischen Absolutismus. Brian Downing (1988) hat gezeigt, wie bedeutend die unterschiedliche Militärgeschichte Brandenburg-Preußens, Englands, Schwedens und der Niederlande für das Überleben oder die Zerstörung früher Formen des Konstitutionalismus war.

Downing kritisiert Moore deshalb, weil er weder frühe Formen demokratischer Partizipation noch die Rolle der Kriegsführung als Faktoren in Betracht zieht, die Bedingungen autoritärer Herrschaft geschaffen haben. Downings These bestätigt gleichwohl die Bedeutung der langsamen Entwicklung der parlamentarischen Demokratie (Gradualismus) in der Geschichte Englands (gemeinsam mit der Rolle des Common Law, der Demilitarisierung und der isolierten Insellage) als Grundlage (passiver) Staatsbürgerschaft. Diese historischen Zugänge einer Geo-Politik der Staatsbürgerschaft entsprechen der in diesem Aufsatz entwickelten Typologie der Staatsbürgerschaft, da die Vorstellung einer ‚von oben‘ oder ‚von unten‘ entstandenen Demokratie einfach eine Version der Perspektive ist, die Moore zur Erklärung der Entstehung moderner Demokratien entwickelt. Hinzu kommt, dass der Massenkrieg in der Moderne Bedingungen erzeugt hat, unter denen es zu einer politischen Mobilisierung zur Einforderung von Rechten oder zur Gewährung von Rechten durch Vermittlung des Staates kommen kann (Turner 1986b: 67-78).

Entscheidender Beitrag dieses Artikels zu diesen komparativen Studien der Geschichte der Staatsbürgerschaft ist das Argument, dass die Art und Weise, in der der öffentliche Raum kulturell organisiert wird (hinsichtlich der Vorstellungen von Individualismus, Privatheit und dem moralischen Status der häuslichen Sphäre), wichtige Auswirkungen darauf hat, ob das Private als Bereich der Entbehrung oder als Arena moralischer Erfüllung begriffen wird. In antiken Gesellschaften war das Private definitiv ein Reich der Notwendigkeit und des Mangels, wohingegen es in modernen Gesellschaften, die die Erwerbsorientierung im öffentlichen Wettstreit um materiellen Erfolg hoch schätzen, als Bereich persönlicher Freizeit und Erbauung betrachtet wird. Wenn wir die historische Herausbildung der öffentlichen Sphäre tatsächlich als Entstehung des Politischen betrachten, so ist die strukturelle Beziehung zwischen privat und öffentlich sowie den damit einhergehenden jeweiligen kulturellen Bedeutungen ein entscheidendes Element eines jeden Verständnisses der Beziehungen zwischen Totalitarismus und Demokratie (Arendt 1986; Lefort 1986; Prager 1985). Der Übergang der Souveränität vom Körper des Königs auf die politische Körperschaft der Bürger ist deshalb ein entscheidender Wendepunkt in der Geschichte westlicher Demokratien, da er auf eine enorme Ausdehnung des politischen Raumes verweist, in der Tat auf die Entstehung politischer Räume.

Aus den revolutionären Konflikten des 17. und 18. Jahrhunderts resultierte ein ausgedehntes Verständnis politischer Partizipation und Mitgliedschaft. Die Entwicklung des Konzepts des politischen Bürgers war eine wichtige Begleiterscheinung der historischen Entstehung des Nationalstaats als der grundlegenden Einheit des gegenwärtigen politischen Lebens. Der Niedergang des Absolutismus und die Durchsetzung des Konstitutionalismus erzeugten eine Nische für die allmähliche Entwicklung parlamentarischer Rechte und politischer Partizipation. Marshalls Arbeit war deshalb von großer Bedeutung, weil sie eine theoretische Perspektive auf ein breiteres und tieferes Verständnis sozialer Mitgliedschaft eröffnete, die durch die Idee des Wohlfahrtsstaates, der institutionellen Verkörperung bestimmter sozialer Rechte und Ansprüche zum Ausdruck kam, wodurch die Staatsbürgerschaft zu einer Form legitimer Inanspruchnahme von Rechten transformiert wurde (Bell 1991).

Die Globalisierung der Staatsbürgerschaft

Während die Staatsbürgerschaft weiterhin die normative Grundlage für die Verteidigung des Wohlfahrtsstaates liefert, haben entscheidende Veränderungen der Organisation des globalen Systems einige Aspekte der Staatsbürgerschaft überflüssig und hinfällig werden lassen. Die gegenwärtige Welt ist durch zwei einander widersprechende soziale Prozesse strukturiert. Auf der einen Seite gibt es starke Kräfte, die regionale Autonomie und die Betonung des Lokalen fordern, auf der anderen Seite eine stärkere Vorstellung der Bedeutung des Globalen und globaler politischer Verantwortung. Das Konzept der Staatsbürgerschaft verändert und entwickelt sich deshalb weiter. Wir verfügen nicht über die konzeptionellen Begrifflichkeiten einer Idee globaler Mitgliedschaft, ein Kontext, in dem eine spezifisch nationale Identität anachronistisch erscheint. Die Ungewissheit des globalen Kontextes kann deshalb zu starken politischen Reaktionen führen, die den normativen Vorrang des Lokalen und Nationalen über das Globale und Internationale verteidigen werden (Robertson/Lechner 1985; Robertson 1987).

Angesichts der Probleme des Wohlfahrtsstaates in einer Phase ökonomischer Rezession, ist die Analyse der Staatsbürgerschaft in den letzten Jahren zu einem drängenden theoretischen Thema geworden, das sich jedoch nicht einfach auf eine Frage der normativen Grundlage wohlfahrtsstaatlicher Leistungen reduzieren lässt. Seine Bedeutung geht vielmehr weit darüber hinaus, denn es geht dabei sowohl um die globalen Konsequenzen von Perestroika und Glasnost in der Sowjetunion, als auch um die Implikationen der medizinischen Technologie zur Definition dessen, was als menschliches Subjekt/Bürger gelten soll. Während das Ziel, das Marshall mit seiner Theorie der Staatsbürgerschaft verfolgte, im Vergleich dazu relativ bescheiden war (ein Verständnis der Spannungen zwischen Kapitalismus und sozialen Rechten in Großbritannien), ist seine Formulierung der relevanten Themen für die Soziologie und Politischen Wissenschaften nach wie vor von großer Bedeutung.

Die Grenzen seines Ansatzes sind jedoch ebenso offensichtlich. Sein theoretischer Bezugsrahmen gilt als evolutionär, analytisch vage und ethnozentrisch. Manns komparative und historische Auseinandersetzung mit der Staatsbürgerschaft als ‚Strategie der herrschenden Klasse‘ verweist auf einige wichtige Richtungen, in die Marshalls Ansatz weiterentwickelt, und über den damit schließlich hinausgegangen werden muss. Meine Erläuterungen zu unterschiedlichen Typen der Staatsbürgerschaft stimmen daher mit Manns Kritik insofern überein, als nur eine historische Soziologie der Staatsbürgerschaft aus dem angelsächsischen Kontext des Marshallschen Ansatzes heraushilft. Zugleich habe ich aber behauptet, dass Manns These sich weder mit revolutionären Konzeptionen der Staatsbürgerschaft noch mit kulturellen Unterschieden der Definition des öffentlichen Raumes und auch nicht mit der Bedeutung des Gegensatzes von Status und Klasse für die Herausbildung der Staatsbürgerschaft auseinander setzt. So betrachtet er beispielsweise Geschlecht, Alter und Rasse als unbedeutende Variablen für die Erklärung ihrer Entstehung, und da Mann (1986: 222) Status als „den unbedeutendsten soziologischen Begriff" bezeichnet hat, ist es auch nicht überraschend, dass er völlig auf ihn verzichtet. Im Gegensatz dazu muss jedoch darauf beharrt werden, dass Status ein unerlässliches Konzept für die Analyse moderner Probleme der Staatsbürgerschaft darstellt (Turner 1988).

In diesem Aufsatz habe ich mich mit der Trennung von ‚öffentlich‘ und ‚privat‘ in westlichen Kulturen und dem Problem ‚aktiver‘ und ‚passiver‘ Formen der Staatsbürgerschaft mit zwei Dimensionen auseinander gesetzt, die

Mann nicht berücksichtigt, die zugleich aber über Marshalls Ansatz hinausgehen. Jede weitere Entwicklung einer Theorie der Staatsbürgerschaft wird sich
jedoch viel grundlegender auch mit Gesellschaften auseinander setzen müssen,
in denen Kämpfe um Staatsbürgerschaft notwendig mit Problemen nationaler
Identität und Staatsbildung im Kontext von Multikulturalismus und ethnischem
Pluralismus zusammenhängen. Die Gesellschaften, auf die der vorliegende
Artikel sich weitgehend konzentriert hat – Frankreich, Deutschland, England,
die Niederlande und das koloniale Amerika – waren zur Zeit ihrer nationalen
Entstehung in ihrer ethnischen Zusammensetzung relativ homogen, da es mit
Ausnahme Nordamerikas in diesen Gesellschaften kein internes Problem mit
Ureinwohnern gab. Im Hinblick auf ethnische Minderheiten, ethnischen Plura-
lismus und kulturelle Schmelztiegel war die Frage der Staatsbürgerschaft hier
deshalb einfacher. Das erklärt zum Teil, warum Ethnizität in den Ländern, die
Mann diskutiert, nicht problematisch war, doch in anderen Kontexten, wie etwa
Südafrika, dem Mittleren Osten, Australien und Neuseeland ethnische Migration einen wichtigen, wenn nicht entscheidenden Aspekt ausmachte (Turner
1986b: 64-84). Abschließend können wir deshalb zwei mögliche theoretische
Stränge für eine Weiterentwicklung des westlichen Verständnisses der Staatsbürgerschaft andeuten: zum einen geht es um eine Analyse der Bedingungen für
die Entstehung einer spezifischen Form der Staatsbürgerschaft in Gesellschaften, in denen Probleme ethnischer Komplexität sozusagen konstitutiv sind und
waren (z.B. Brasilien); zum anderen ist eine Analyse derjenigen Probleme erforderlich, die der Entwicklung globaler Bürgerschaft (global citizenship) als
politischem Gegengewicht zur Weltwirtschaft im Wege stehen.

Literatur

Alexander, J.C. (Hg.) (1985): Neofunctionalism. Beverly Hills: Sage Publications.
Althusser, L. (1971): Lenin and Philosophy and Other Essays. London: New Left Books.
Anderson, P. (1974): Lineages of the Absolutist State. London: New Left Books.
Arendt, H. (1986): Elemente und Ursprünge totaler Herrschaft. München: Piper.
Bailey, N. (1757): An Universal Etymological English Dictionary. London.
Baker, K.M. (1987): The French Revolution and the Creation of the Political Culture of the Old
    Regime. Oxford: Pergamon Press.
Baker, K.M. (1987a): Representation. In: ders. (Hg.) a.a.O., 469-493.
Barasch, M. (1968): The City. In: Wiener, P.P. (Hg.) a.a.O., 427-434.
Barbalet, J.M. (1988): Citizenship. Milton Keynes: Open University Press.
Bean, P./Ferris, J./Whynes, D. (Hg.) (1985): In Defense of Welfare. London: Tavistock.
Bell, D. (1991): Die kulturellen Widersprüche des Kapitalismus. Frankfurt/Main-New York:
    Campus.

Bellah, R./Madsen, F./Sullivan, W.M./Swidler, A./Tipton, S.M. (1987): Gewohnheiten des Her-
zens. Individualismus und Gemeinsinn in der amerikanischen Gesellschaft. Köln: Bund-
Verlag.
Bendix, R. (1964): Nation-Building and Citizenship. Studies of our changing Social Order. New
York: Wiley.
Berger, P.L. (1986): The Capitalist Revolution. New York: Basic Books.
Bernsdorf, W. (Hg.) (1969): Wörterbuch der Soziologie. Stuttgart: Enke Verlag.
Boxer, C.R. (1965): The Dutch Seaborn Empire 1600-1800. London: Hutchinson.
Brown, J. (1851): A Dictionary of the Holy Bible. Glasgow: Blackie.
Calvin, J. (1939): Institution de la Réligion Chrétienne. Vol. 4. Paris: Société les Belles Lettres.
Crouch, C. (1986): Sharing Public Space: States and Organised Interests in Western Europe. In:
Hall, A. (Hg.) a.a.O., 177-210.
Dahrendorf, R. (1965): Gesellschaft und Demokratie in Deutschland. München: Piper.
Darnsey, P. (1970): Social Status and Legal Privilege in the Roman Empire. Oxford: Oxford Uni-
versity Press.
Dauzat, A. (1949): Dictionnaire Etymologique. Paris: Larousse.
De Geest, A. (1984): Nieuwe Sociale Bewegingen en de Verzorgingsstaat. In: Tijdschrift voor
Sociologie, Jg. 5, 239-267.
Denoon, D. (1983): Settler Capitalism, the Dynamics of dependent Development in the Southern
Hemisphere. Oxford/New York: Oxford University Press.
Dijksterhuis, E.J. (1955): The Principle Works of Simon Stevin. Amsterdam: Swets and Zeitlinger.
Downing, B.M. (1988): Constitutionalism, Warfare, and Political Change in Early Modern Europe.
In: Theory and Society, Vol. 17, 1-56.
Engels, F. (1963): Anti-Dühring. In: MEW 20, 5-303. Berlin: Dietz Verlag.
Ferguson, A. (1767): An Essay on the History of Civil Society. Edinburgh: Edinburgh University
Press, 1966; deutsch (1986): Versuch über die Geschichte der bürgerlichen Gesellschaft.
Frankfurt/Main: Suhrkamp.
Finley, M. (Hg.) (1960): Slavery in Classical Antiquity. Views and Controversies. Cambridge:
Heffer and Sons.
Finley, M. (Hg.) (1974): Studies in Ancient Society. London: Routledge.
Foucault, M. (1984): Sexualität und Wahrheit. Der Gebrauch der Lüste. Frankfurt/Main: Suhr-
kamp.
Gallie, D. (1983): Social Inequality and Class Radicalism in France and Britain. Cambridge:
Cambridge University Press.
Giddens, A. (1982): Profiles and Critiques in Social Theory. London: MacMillan.
Giddens, A. (1985): The Nation-State and Violence. Vol. 2 of A Contemporary Critique of Histori-
cal Materialism. Cambridge: Polity Press.
Glazer, N.I./Moynihan, D.P. (1970): Beyond the Melting Pot. Cambridge, Massachusetts: MIT
Press.
Goldthorpe, J. (1978): The Current Inflation: Towards a Sociological Account. In: Hirsch,
F./Goldthorpe, J. (Hg.) a.a.O., 186-214.
Gouldner, A.W. (1965): Enter Plato. Classical Greece and the Origins of Social Theory. New York:
Basic Books.
Gramsci, A. (1971): Selections from the Prison Notebooks. London: New Left Books.
Green, D. (1987): The New Right. The Counter Revolution in Political, Economic and Social
Thought. Brighton: Wheatsheaf.
Haddon, J.K./Shupe, A. (Hg.) (1986): Prophetic Religions and Politics: Religion and the Political
Order. Vol. 1. New York: Paragon House.
Hall, A. (Hg.) (1986): States in History. Oxford: Basis Blackwell.
Halsey, A.H. (1984): T.H. Marshall: Past and Present 1893-1981. In: Sociology, Vol. 18, 1-18.
Hirsch, F./Goldthorpe, J. (Hg.) (1978): The Political Economy of Inflation. Oxford: Martin Robin-
son.

Holton, R.J./Turner, B.S. (1989): Max Weber on Economy and Society. London/New York: Routledge.

Hopkins, K. (1974): Elite Mobility in the Roman Empire. In: Finley, M.I. (Hg.) a.a.O., 103-120.

Jessop, B. (1978): Capitalism and Democracy: The best possible Shell? In: Littlejohn, G./Smart, B./Wakeford, J./Yuval-Davis, N. (Hg.) a.a.O., 10-51.

Kavanagh, D. (1978): Thatcherism and British Politics. The End of Consensus. Oxford: Oxford University Press.

King, D.S./Waldron, J. (1988): Citizenship, Social Citizenship and the Defence of Welfare Provision. In: British Journal of Political Science, Vol. 18, 415-443.

Klandermans, B. (1986): New Social Movements and Resource Mobilisation: The European and American Approach. In: Journal of Mass Emergencies and Disasters, Vol. 4, 13-37.

Krieger, L. (1957): The German Idea of Freedom. Chicago: Chicago University Press.

Kruyskamp, C. (Hg.) (1961): van Dale, groot Wordenboek de Nederlandse Taal. 's-Gravenhage: Martin Nijhoff.

Lash, S./Urry, J. (1987): The End of Organised Capitalism. Oxford: Polity Press.

Laski, H.J. (1962): The Rise of European Liberalism. London: Allen and Unwin.

Lee, P./Raban, C. (1988): Welfare. Theory and Social Policy. London: Sage.

Lee, W.R. (1988): Economic Development and the State in nineteenth-century Germany. In: Economic History Review, Vol. 41, 346-367.

Lefort, C. (1986): The Political Forms of Modern Society. Oxford: Polity Press.

Lefort, C. (1988): Democracy and Political Theory. Oxford: Polity Press.

Lehmann, W.C. (1960): John Millar of Glasgow (1735-1801). New York: Arno Press.

Lepenies, W. (1972): Melancholie und Gesellschaft. Frankfurt am Main: Suhrkamp.

Lindsay, A.D. (1943): The Modern Democratic State. Oxford: Oxford University Press.

Lipset, S.M. (1969): Political Man. The Social Bases of Politics. Garden City, N.Y.: Doubleday.

Littlejohn, G./Smart, B./Wakeford, J./Yuval-Davis, N. (Hg.) (1978): Power and the State. London: Croom Helm.

Lockwood, D. (1974): For T.H. Marshall. In: Sociology, Vol. 8, 363-367.

Macpherson, C.B. (1980): Burke. Oxford: Oxford University Press.

Macpherson, C.B. (1990): Die politische Theorie des Besitzindividualismus. 3. Aufl. Frankfurt/Main: Suhrkamp.

Maier, C.S. (Hg.) (1988): Changing Boundaries of the Political. Essays on the evolving Balance between the State and Society, Public and Private, in Europe. Cambridge: Cambridge University Press.

Mann, M. (1986): The Sources of Social Power. Vol. 1. A History of Power from the Beginning to A.D. 1760. Cambridge: Cambridge University Press.

Mann, M. (1987): Ruling Class Strategies and Citizenship. In: Sociology, Vol. 21, 339-354.

Marquand, D. (1988): The Unprincipled Society, New Demands and Old Politics. London: Heinemann.

Marshall, T.H. (1963): Sociology at the Crossroads. London: Heinemann Educational Books.

Marshall, T.H. (1965): Social Policy in the Twentieth Century. London: Hutchinson.

Marshall, T.H. (1981): The Right to Welfare and Other Essays. London: Heinemann Educational Books.

Marwick, A. (1974): War and Social Change in the Twentieth Century. London.

Martin, A. von (1969): Bürgertum. In: Bernsdorf, W. (Hg.) a.a.O.

Marx, K./Engels, F. (1983): Die Deutsche Ideologie. MEW 3. Berlin: Dietz Verlag.

Melucci, A. (1981): New Movements, Terrorism and the Political System: Reflections on the Italian Case. In: Socialist Review, Vol. 56, 97-136.

Mill, J.S. (1962): Utilitarianism, Liberty and Representative Government. London: Dent.

Millar, J. (1771): Observations Concerning the Distinction of Ranks in Society. London: John Murray; deutsch (1985): Vom Ursprung des Unterschieds in den Rangordnungen und Ständen der Gesellschaft. Frankfurt/Main: Suhrkamp.

Mills, C.W. (1966): Sociology and Pragmatism: The Higher Learning in America. New York: Oxford University Press.

Mitzman, A. (1971): Tönnies and German Society 1887-1914: From Cultural Pessimism to Celebration of the *Volksgemeinschaft*. In: Journal for the History of Ideas, Vol. 32, 507-524.

Moore, B. (1987): Soziale Ursprünge von Diktatur und Demokratie. Die Rolle der Grundbesitzer und Bauern bei der Entstehung der modernen Welt. Frankfurt/Main: Suhrkamp.

Nisbet, R. (1986): The Making of Modern Society. New York: New York University Press.

Nodier, C. (1866): Dictionnaire Universel de la Langue française (fifteenth edition). Paris: Pierre-Joseph Rey.

Offe, C. (1985): Disorganized Capitalism. Oxford: Polity Press.

Offe, C. (1987): Democracy against the Welfare State? Structural Foundation of neo-conservative political Opportunities. In: Political Theory, Vol. X, 501-537.

Parker, G. (1977): The Dutch Revolt. London: Allen Lane.

Parsons, T. (1963): Christianity and Modern Industrial Society. In: Tiryakian, E.A. (Hg.) a.a.O., 33-70.

Parsons, T. (1966): Societies. Evolutionary and Comparative Perspectives. Englewood Cliffs: Prentice Hall.

Parsons, T. (1971): The System of Modern Societies. Englewood Cliffs: Prentice Hall.

Parsons, T./Clark, K.B. (Hg.) (1966): The Negro American. Boston: Houghton Mifflin.

Parsons, T./Platt, G.M. (1973): The American University. Cambridge, Mass.: Harvard University Press.

Piven, F.F./Cloward, R.A. (1986): Aufstand der Armen. Frankfurt/Main: Suhrkamp.

Prager, J. (1985): Totalitarian and Liberal Democracy: Two Types of Modern Political Orders. In: Alexander, J.C. (Hg.) a.a.O., 179-209.

Robertson, R. (1986): Liberation Theology in Latin America: Sociological Problems of Interpretation and Explanation. In: Haddon, J.K./Shupe, A. (Hg) a.a.O., 73-102.

Robertson, R. (1987): Globalisation and Societal Modernisation: A Note on Japan and Japanese Religion. In: Sociological Analysis, Vol. 47, 35-42.

Robertson, R./Lechner, F. (1985): Modernisation, Globalisation and the Problem of Order in World-Systems Theory. In: Theory, Culture & Society, Vol. 2, 103-118.

Roche, M. (1987): Citizenship, Social Theory and Social Change. In: Theory and Society, Vol. 16, 363-399.

Roth, G. (1963): The Social Democrats in Imperial Germany. Totowa, N.Y.: Bedminster Press.

Rousseau, J.J. (1973): The Social Contract and Discourses. London: Dent.

Sabine, G.H. (1963): A History of Political Theory. London: Harrap.

Schama, S. (1987): The Embarrassment of Riches: An Interpretation of Dutch Culture in the Golden Age. New York: Alfred A. Knopf.

Schram, S.G./Turbett, J.P. (1983): Civil Disorder and the Welfare Explosion: A Two-Step Process. In: American Sociological Review, Vol. 48, 408-414.

Smith, A.D. (1986): The Ethnic Origins of Nations. Oxford: Basil Blackwell.

Stevin, S. (1955): Civil Life. Amsterdam: Swest and Zweitlinger.

Tiryakian, E.A. (Hg.) (1963): Sociological Theory, Values and Sociocultural Change. Essays in Honor of Pitrim A. Sorokin. New York: The Free Press.

Titmuss, R. (1963): Essays on the Welfare State. London: Unwin University Books.

Tönnies, F. (1979): Gemeinschaft und Gesellschaft. Grundbegriffe der reinen Soziologie. Neudruck von 8. Auflage von 1935. Darmstadt: Wissenschaftliche Buchgesellschaft.

Turner, B.S. (1984): State, Civil Society and National Development: The Scottish Problem. In: Australian and New Zealand Journal of Sociology, Vol. 20, 161-182.

Turner, B.S. (1986a): Equality. Chichester: Ellis Horwood, and London: Tavistock.

Turner, B.S. (1986b): Citizenship and Capitalism: The Debate over Reformism. London: Allen and Unwin.

Turner, B.S. (1988): Status. Milton Keynes: Open University Press.

Ullmann, W. (1975): Medieval Political Thought. Hammondsworth: Penguin Books.
Weber, M. (1966): The City. Glencoe, Illinois: The Free Press.
Wiener, P.P. (1968): Dictionary of the History of Ideas. Vol. 1. New York: Charles Scrivner's and Sons.
Wolin, S.S. (1961): Politics and Vision. Continuity and Innovation in Western Political Thought. London: Harrap.

Übersetzung: Jürgen Mackert

Personenregister

Sachregister

Verzeichnis der Autoren

Ralf Dahrendorf, geb. 1929. Lehrte Soziologie in Hamburg, Tübingen und Konstanz. War seit 1969 Mitglied des Deutschen Bundestages und Parlamentarischer Staatssekretär im Auswärtigen Amt. 1974-84 Direktor der London School of Economics. 1987-97 Warden des St. Anthony's College, Oxford. Wichtige Veröffentlichungen: Soziale Klassen und Klassenkonflikte in der industriellen Gesellschaft (1957); Gesellschaft und Freiheit (1961); Die angewandte Aufklärung (1963); Gesellschaft und Demokratie in Deutschland (1965); Fragmente eines neuen Liberalismus (1987); Betrachtungen über die Revolution in Europa (1990); Der moderne soziale Konflikt. Essay zur Politik der Freiheit (1992); After 1989 (1997); Ein neuer Dritter Weg? (1999).

Anthony Giddens, geb. 1938. Direktor der London School of Economics, zuvor Professor für Soziologie am Kings College in Cambridge sowie Gründer und Herausgeber von Polity Press. Arbeitsschwerpunkte: Klassische und moderne Sozialtheorie, Theorie der Moderne. Wichtige Veröffentlichungen: New Rules of Sociological Method (1976, dt. 1984); Contemporary Critique of Historical Materialism Vol. 1 und 2 (1981 und 1985); The Constitution of Society (1984, dt. 1988); Consequences of Modernity (1990, dt. 1995); Beyond Left and Right. The Future of Radical Politics (1994, dt. 1997); Reflexive Modernization (mit Ulrich Beck und Scott Lash 1994, dt. 1996); The Third Way. The Renewal of Social Democracy (1996, dt. 1999); The Third Way and Its Critics (2000).

David Lockwood, geb. 1929. Reserach Professor an der University of Essex, zuvor Lecturer an der London School of Economics und an der University of Cambridge. Fellow am St. John's College, Cambridge. Rockefeller Fellow an der University of California, Berkeley. Visiting Professor an der Columbia University. Wichtige Veröffentlichungen: The Black Coated Worker: a Study in Class Consciousness (1958, 2. Aufl. 1989); The Affluent Worker in the Class Structure, 3 Vol. (1968-69); Solidarity and Schism: The Problem of Disorder in Durkheimian and Marxist Sociology (1992).

Jürgen Mackert, geb. 1962. Dr. rer. soc. Wissenschaftlicher Mitarbeiter am Lehrstuhl für Allgemeine Soziologie an der Humboldt-Universität zu Berlin. Studium der Soziologie in Heidelberg, Berlin und Frankfurt. Arbeitsschwerpunkte: Soziologische Theorie, klassische und zeitgenössische Sozialtheorie, Soziologie der Staatsbürgerschaft, Migrationssoziologie, Politische Soziologie. Veröffentlichung: Kampf um Zugehörigkeit. Nationale Staatsbürgerschaft als Modus sozialer Schließung. (1999).

Michael Mann, geb.1942. Seit 1987 Professor für Soziologie an der University of California, Los Angeles (UCLA), zuvor Reader in Sociology an der London School of Economics. 1992/93 Visiting Professor am Instituto Juan March, Madrid, 1995-97 Visiting Professor am Birkbeck College an der University of London. Wichtige Veröffentlichungen: The Sources of Social Power. Vol. I. A History from the Beginning to A.D. 1760 (1986, dt. 1990/91); Capitalism and the Rise of the West (Hg. mit J. Baechler und J.A. Hall 1987); States, War and Capitalism. Studies in Political Sociology (1988); The Rise and Decline of the Nation-State (Hg. 1990); The Sources of Social Power. Vol. II. The Rise of Classes and Nation-States, 1760-1914 (1993, dt. 1998); Fascists (i.E.).

Thomas H. Marshall, geb. 1893, gestorben 1981 in Cambridge. Zunächst Historiker in Cambridge. Ab 1925 an der London School of Economics. Soziologe seit 1929. Tätigkeit in Wissenschaft und öffentlichem Dienst. 1939-44 Foreign Office Research Department. 1944-49 Head of the Social Work Department. 1949-50 British Control Commission in Deutschland. 1954-56 Chair of Sociology an der London School of Economics. 1956-60 Direktor der Social Science Division der UNESCO. Wichtige Veröffentlichungen: Citizenship and Social Class – and other Essays (1950, dt. 1981); Sociology at the Crossroads – and other Essays (1963); Social Policy (1965, 4. überarb. Auflage 1975); The Right to Welfare and other Essays (1981).

Hans-Peter Müller, geb. 1951. Professor für Allgemeine Soziologie an der Humboldt-Universität zu Berlin. Geschäftsführender Herausgeber des ‚Berliner Journal für Soziologie'. Wichtige Veröffentlichungen: Herrschaft und Legitimität in modernen Industriegesellschaften (mit Manfred Kopp 1980); Wertkrise und Gesellschaftsreform (1983); Gerechtigkeit, Diskurs oder Markt? (Hg. mit Lucian Kern 1986); Sozialstruktur und Lebensstile. 2. Aufl. (1993); Sozialer Wandel (Hg. mit Michael Schmid 1995); Soziale Ungleichheit und soziale Gerechtigkeit (Hg. mit Bernd Wegener 1995); Zeitgenössische amerikanische Soziologie (Hg. mit Steffen Sigmund 2000).

Talcott Parsons, geb. 1902, gestorben 1979 während einer Vortragsreise in München. 1927-1979 Harvard University. 1942 Präsident der Eastern Sociological Society; 1946 Gründer und erster Chair des Department of Social Relations der Harvard University; 1949 Präsident der American Sociological Association; 1967-1971 Präsident der American Academy of Arts and‚ Sciences. Wichtige Veröffentlichungen: The Structure of Social Action (1937); The Social System (1951); Toward a General Theory of Action (mit E.A. Shils u.a. 1951); Essays in Sociological Theory (revised ed. 1954); Societies (1966, dt. 1975); The System of Modern Societies (1971, dt. 1985); The American University (mit G.M. Platt 1972, dt. 1990); Action Theory and the Human Condition (1978); Talcott Parsons: The Early Essays (1991 Hg. von Charles Camic).

Bryan S. Turner, geb. 1945. Professor für Soziologie an der University of Cambridge, England, zuvor Professor an der Flinders University, Australia 1982-88. Professor an der Universität Utrecht 1988-90. Professor an der University of Essex 1990-93. Dean of Faculty of Arts at Deakin University, Geelong Australia 1993-98. Wichtige Veröffentlichungen: Citizenship and Capitalism (1986); Contemporary Problems in the Theory of Citizenship (Hg. 1993); Citizenship. Critical Concepts. 2 Vol. (Hg. mit Peter Hamilton 1994); The Talcott Parsons Reader (1999); Classical Sociology (1999); Rhetorics of Welfare (mit Susan Kenny und Kevin Brown 2000); Herausgeber der ‚Citizenship Studies'; Gründungsherausgeber von ‚The Journal of Classical Sociology' (mit John O'Neill).

Drucknachweise

Thomas H. Marshall: Staatsbürgerrechte und soziale Klassen. In: Thomas H. Marshall (1992): Bürgerrechte und soziale Klassen. Zur Soziologie des Wohlfahrtsstaates. Frankfurt/Main-New York: Campus, 33-94.

Talcott Parsons: Equality and Inequality in Modern Societies, or Social Stratification Revisited. In: Talcott Parsons (1977): Social Systems and The Evolution of Action Theory. New York: The Free Press, 321-380.

Ralf Dahrendorf: Citizenship and Beyond: The Social Dynamics of an Idea. In: Social Research (1974), Vol. 41, 673-701.

David Lockwood: Civic Integration and Class Formation. In: British Journal of Sociology (1996), Vol. 47, 531-550.

Anthony Giddens: Klassenspaltung, Klassenkonflikt und Bürgerrechte. Gesellschaft im Europa der achtziger Jahre. In: Reinhard Kreckel (Hg.) (1983): Soziale Ungleichheit. Sonderband 2 Soziale Welt. Göttingen: Otto Schwartz & Co., 15-33.

Michael Mann: Ruling Class Strategies and Citizenship. In: Sociology (1987), Vol. 21, 339-354.

Bryan S. Turner: Outline of a Theory of Citizenship. In: Sociology (1990), Vol. 24, 189-217.

Werner Fuchs-Heinritz, Rüdiger Lautmann,
Otthein Rammstedt (Hrsg.)
Lexikon zur Soziologie
3., völlig neubearb. und erw. Aufl. 1994. 763 S. Br. DM 78,00
ISBN 3-531-11417-4

Das Lexikon zur Soziologie ist das umfassendste Nachschlagewerk für
die sozialwissenschaftliche Fachsprache. Es bietet aktuelle, zuverlässi-
ge Erklärungen von Begriffen aus der Soziologie sowie aus Sozialphilosophie, Politikwissenschaft und Politischer Ökonomie, Sozialpsychologie, Psychoanalyse und allgemeiner Psychologie, Anthropologie und
Verhaltensforschung, Wissenschaftstheorie und Statistik.

Jürgen Friedrichs
Methoden empirischer Sozialforschung
14. Aufl. 1990. 430 S. ww studium, Bd. 28. Br. DM 26,80
ISBN 3-531-22028-4

Dieses Buch ist eine Einführung in Methodologie, Methoden und Praxis
der empirischen Sozialforschung. Die Methoden werden ausführlich
dargestellt und an zahlreichen Beispielen aus der Forschung erläutert.
Damit leitet das Buch nicht nur zur kritischen Lektüre vorhandener
Untersuchungen, sondern ebenso zu eigener Forschung an.

Rüdiger Jacob
Wissenschaftliches Arbeiten
Eine praxisorientierte Einführung für Studierende
der Sozial- und Wirtschaftswissenschaften
1997. 146 S. ww studium, Bd. 176. Br. DM 22,80
ISBN 3-531-22176-0

Voraussetzung für ein erfolgreiches wissenschaftliches Studium ist das
souveräne Beherrschen der Techniken wissenschaftlichen Arbeitens.
Dazu zählen neben dem Umgang mit wissenschaftlicher Literatur, der
Archivierung gelesenen Materials und der Erstellung von Manuskripten
und wissenschaftlicher Abhandlungen auch Präsentationstechniken
und die Moderation von Arbeitsgruppen. Dies ist die erste kompakte
Einführung für Studienanfänger und Studierende im Grundstudium.

AUS DEM PROGRAMM

Soziologie

www.westdeutschervlg.de

Erhältlich im Buchhandel oder beim Verlag.
Änderungen vorbehalten. Stand: April 2000.

Abraham-Lincoln-Str.46
65189 Wiesbaden
Tel. 06 11. 78 78 - 285
Fax. 06 11. 78 78 - 400

West
deutscher
Verlag